福祉国家変革の理路

労働・福祉・自由

新川敏光［著］

ミネルヴァ書房

はしがき――理想の力

福祉国家研究は、発展論から危機論、持続論、そして再編論へと変化してきた。筆者自身がその流れのなかに身を置いてきた。しかし流れから身を離し、福祉国家を振り返ると、それはどこかよそよそしい。福祉国家は、制度としては今なお存在する。しかし福祉国家の時代は終わり、福祉国家は変質を余儀なくされている。自由と平等を両立させようとする情熱と理念は失われ、自由競争を実現する制度枠組に関心が集中している。福祉国家は、二〇世紀という特殊な歴史的文脈のなかで生まれ、発展した政治経済システムであった。二一世紀の今日、福祉国家を生んだ歴史的条件は失われ、その理念を維持することは困難になっている。歴史的に固有な福祉国家の意味と意義は失われた。要するに福祉国家という政治経済システムの歴史的使命は終わったのである。

もとより国民生活における社会保障や福祉の重要性が低下したわけではないし、高齢化の下で将来的に維持可能な制度設計は喫緊の課題としてある。しかし福祉国家は、社会保障や福祉政策の単なる束ではない。もしそうなら、福祉国家という概念は冗長なものにすぎず、福祉国家研究は、社会政策研究と同義になる。福祉国家とは、資本主義経済と民主主義政治のせめぎ合いから生まれた二〇世紀型政治経済システムである。それは、二〇世紀という歴史的特定の段階において、先進経済諸国に共通にみられた現象である。したがって福祉国家は、各国固有の文脈から切り離された一つの理念型として論理的に構成することが可能である。

福祉国家は幾つかの下位範疇に分類することができる。その際に重要な手がかりとなるのは、エスピング－アンダーセン（エスピン－アンデルセン、エスピング－アンデルセンなどとも表記される）の類型論である。それは今日ではひび割れた骨董のように扱われがちであるけれども、彼の類型論の理論的意義と可能性は、十分突き詰めて論じられてこなかったように思われる。本書では、エスピング－アンダーセンの類型論がもつ政治経済学的な意義を改めて確認し、筆者なりにその理論的可能性を追求する。福祉国家を理念的に捉えた後、それを成立させた政治経済の文脈が今日失われ、福祉国家はその制度的多様性を維持しつつも、自由競争国家へと移行してきたことを明らかにする。自由競争国家システムを支えるのは新自由主義的合意である。この合意のなかで従来の経済をめぐる左右の対立軸は曖昧なものになり、国民の同定をめぐる文化政治が左右を分かつ重要なアリーナとして浮かび上がっている。そこでの対立はナショナリズムとグローバリズムの間にあるというよりは、むしろ閉ざされたナショナリズムと開かれたナショナリズムの間にある。開かれたナショナリズムは、国民国家を単純に否定するのではなく、その重要性を確認しつつ、その相対化を目指す。そのような文脈のなかに、多重的市民やグローバル市民という言説が位置づけられる。

文化政治が重要性を増す一方で、自由競争国家は国内のみならず世界規模での格差化を促しており、新たな形の階級政治の可能性が生まれている。とはいっても、「今こそマルクスを」と叫ぶのは、いささか単純にすぎよう。今日の階級政治の可能性は、たとえば社会運動ユニオニズムのように、伝統的労働運動と新しい社会運動に架け橋し、新自由主義合意と対抗する政治空間を創出することにかかっている。そのような階級政治の可能性は、マルクスの階級論を土台にしつつ、それとは異なる階級論を展開したヴェーバーの議論によってより的確に捉えられるように思われる。問われるのは、マルクス主義的階級形成ではなく、階級を権力資源とし、党派を形成する戦略である。

本書で最後に検討するのは、ベーシック・インカム論である。基本所得を無条件に与えようというアイディアは、新自由主義的合意への挑戦であるだけでなく、近代的労働観からの解放を目指すラディカルなものであり、異端の思想といってよかろう。しかしながら、それは、マルクス主義のような大きな解放の物語が崩れ去り、あたかも「他に選択肢がない」かのように新自由主義的合意が形成され、就労義務強化を図る福祉国家再編が進むなかで、新自由主義政治空間に亀裂をもたらし、再帰的近代における労働と福祉の関係を再構築する一つの手がかりとしてある。

本書の狙いは、政治学、社会学、経済学という学問の境界、あるいは理論研究、歴史研究、実証研究の棲み分けを侵犯し、福祉国家の変容をトータルに理解し、脱福祉国家政治の可能性を照射することにある。本書で示された理念型的理解はそれ自体が検証可能な仮説ではないが、現実を抽象した論理的構成物であり、現実に対して開かれたものである。理論的体系化はあくまでも現実を理解するための戦略であり、無限の反復過程の一齣にすぎない。

本書を通底する脱福祉国家という問題意識は、「福祉国家を超えて」と言い換えてもいいだろう。そのようなタイトルをもつ書は複数あるが、筆者の念頭にあるのはミュルダールの著である（Myrdal 1960［邦訳 1970］: cf. Howe 1982: Pierson 1991）。ミュルダールの研究は福祉国家の黄金期に著されたものであり、そこで開陳された見解の多くは、今日では古めかしく感じられることは否めない。彼は、西欧先進諸国の間では、福祉国家の政策と慣行がきわめて強固に確立されており、どんな政党もそれに反対できなくなっていると考えたが、新自由主義を経験した今日私たちはミュルダールの語る超党派的合意がいかにもろい砂上の楼閣であったかを知っている（Myrdal 1960: 121-122）。またミュルダールの語る「計画化」は中央集権化ではなく、地方分権や民主主義に基づく調整管理を指しているのだが、このような調整管理は、近代的合理性と啓蒙主義への過度な信頼に基づいているといわざるをえない。しかし福祉国家が「創造された調和」へと向かうことを彼が夢見たのは、それこそが福祉国家の限界を超えるために不可欠であるという冷徹な現状認識をもっていたからである。

ミュルダールは、「ひとたび国民的福祉国家が生まれ、西欧世界の民主主義政体で政治権力をもつ諸国民のなかに強固な支えを築いてしまえば、国際秩序の解体に代わる選択肢は、国際協力と相互調整によって福祉世界の建設を始める以外にない」と語る（Myrdal 1960: 129–130）。ミュルダールは、発展途上国における経済ナショナリズムをやむをえないものとして認める一方で、すでに福祉国家を実現している先進諸国では、国民福祉の向上だけではなく、全人類に自由と機会均等をもたらす普遍的友愛を目指すべきであると主張する（Myrdal 1960: 121）。

このようなミュルダールの「理想の力」への信頼は多分にエリート主義的な色彩をもつものであるが、注目すべきは、彼の議論が決して現実の福祉国家への楽観論から出てきたものではなく、危機感から生まれたものであるということである。彼は、福祉国家の黄金期にあって、福祉国家の深刻な問題を見据えていた。国民経済は国内での調整可能性を拡大し、進歩と安定を実現するにしても、それは対外的な柔軟性の欠如という犠牲の上に成り立つものであり、国際的不安定と分裂を結果すると考えていた。「西欧世界の豊かな国の民主的福祉国家が保護主義的であり、ナショナリスティックであるという事実に真っ直ぐ向き合わなければ、今日の、そして明日の国際問題に取り組むことは決してできないであろう」（Myrdal 1960: 119）。福祉国家が国民的連帯の上に築かれてきたという事実をミュルダールは認めながらも、次のステップとしてそれを乗り越える必要があることを繰り返し説く。それなくしては、国際的分裂という不安定と緊張が緩和されることはないと考えたからである。このように、ミュルダールは、現実の福祉国家の限界を深く認識していたからこそ、「理想の力」に訴えたのである。

ミュルダールの指摘した問題は、福祉国家への合意が崩れ、世界規模で格差化が進行する今日、より深刻さを増している。福祉国家や社会保障の再編、生活保障の確立という場合、ほとんどの議論は国民国家の枠組を所与とし、世界規模で進行する社会的排除と階層化について十分な配慮を払っていない。もちろん、国民国家の再編強化を単純に否定しても始まらない。グローバル化と自由競争強化のなかで、それは避けがたい一つの流れとしてある。しかしそのような傾向を相対化し、克服する可能性もまた存在する。ミュルダールの語る「理想の力」は、そのことを私たちに教える。福祉国家から自由競争国家への移行をみつめながら、その限界を超える政治の可能性、ミュルダールの訴えた「理想の力」を、私たちは今改めて考え直す地点に立っている。(1)

註

(1) ジョン・グレイは、「ユートピアの追求は、現実に対処する試みによって取って代わられねばならない」(グレイ 2011: 273: リクール 2011 参照)と語るが、ユートピアの追求が現実に対応する試みを生み出す可能性を忘れてはいけないだろう。

福祉国家変革の理路——労働・福祉・自由　目次

第一章　福祉国家の存立構造

福祉国家は歴史的に固有の文脈をもつ。本章では、特に重要と思われる文脈を辿りながら、福祉国家の存立構造を明らかにする。

1　福祉国家研究の視座

福祉国家といえば、生活保護や高齢者福祉、失業保険や年金、さらには育児保育など、いわゆる社会保障や社会福祉に絡む様々な政策が思い浮かぶだろう。このような一般的イメージは、広く共有されている。一国内において、あるいは複数の国家間において、福祉国家の発展度を測定する場合、誰でもまず社会保障支出水準の推移をみるだろう。つまり国内総生産（GDP）、あるいは国民所得に対して社会支出、あるいは社会保障支出がどの程度の割合を占めているかを調べる。このように福祉国家といえば、一般的にいって包括的な社会（保障）政策を展開する「大きな政府」であり、積極（行政）国家であると考えられる。

しかし社会保障支出水準をみることは、福祉国家の実態を知る出発点、単なる目安にすぎないことはいうまでもないだろう。仮に社会保障支出がＧＤＰの二〇％を上回っていれば、福祉国家であるとしよう。では一九・九％の国は福祉国家ではないのだろうか。二〇％という数字に特別の意味が込められているならともかく、そうでなければ二つの数字の違いは誤差の範囲にすぎない。さらにいえば、一五％の国のほうが、二〇％の国よりも福祉国家と呼ぶに「ふさわしい」場合があるかもしれない。たとえば年金や失業保障プログラムにおいて資格要件が寛大であり、給付の所得代替率が高いけれども、高齢化が進んでおらず、失業者も少ないために社会支出が一五％にとどまっている国と、資格要件が厳しく、所得代替率は低いけれども、高齢化が進み、失業率が高いため、二〇％の社会保障支出を行っている国を比べた場合、二〇％の国のほうが福祉国家として発展しているといえるだろうか。制度の寛大性を考慮して、一五％の国のほうがより発展した福祉国家であると判断してもおかしくない。このように、福祉国家の発展度を社会（保障）支出で測るというのはあくまでも目安にすぎず、福祉国家とは何かという問題に答えるものではない。

福祉国家を定義しようとすると、そもそも社会保障政策の拡充をもって福祉国家の発展と考えていいのかという疑問が湧く。たとえば社会主義国家が充実した社会保障制度を提供しているとして、それを福祉国家と呼ぶのかといえば、答えは明らかに否である。社会主義国家は社会主義国家であって、福祉国家ではない。社会主義とは、少なくともその理念においては、資本主義の廃絶、階級社会の揚棄を目指し、人民の平等と福祉を実現するものであるのに対して、福祉国家は、資本主義経済の発展と成熟を前提に（所与とし）豊かな社会のなかで一定の平等性を実現するプロジェクトである。福祉国家は多様でありうるが、社会主義国家ではありえないことは明白である。たとえ社会主義思想が福祉国家プロジェクトに大きな影響を与え、社会主義者が社会主義社会実現の途上に福祉国家を位置づけたとしても、実際には福祉国家は社会主義革命に対抗し、資本主義のなかで社会改良を目指すものとして実現したのである。福祉国家と社会主義国家は全く異なる経済体制を前提とするものであるから、両者を同様に扱うことはできない(1)。

それでは資本主義経済が豊かな社会を実現し、寛大な社会保障プログラムを提供していれば、その国は福祉国家なのだろうか。換言すれば、いかなる政治体制であろうと、経済体制と社会保障水準だけで福祉国家を定義することは可能なのだろうか。たとえば、独裁や専制政治の下で資本主義経済が繁栄し、社会保障支出が高水準に達しているとして、それを福祉国家と呼ぶのは適当だろうか。福祉国家は二〇世紀の二つの世界大戦を通じて生まれた総力戦体制であり、戦争国家であるといわれることがある。福祉国家が、人口の効率的な管理動員を目指すという側面があることは否めない。しかし他方において、福祉国家はナチス・ドイツの戦争国家（warfare state）に対抗する理念・戦略であったことも忘れてはならないだろう（ブルース 1984: 31）。第二次世界大戦後福祉国家は、例外なく民主主義政治体制下において生まれた。

福祉国家と民主主義政治体制の結びつきを、単なる偶然とみなすことはできない。福祉国家において、福祉は権利性を獲得する。したがっていかに寛大であろうとも、福祉が上からの恩恵として与えられている限り、そこに福祉国家は生まれない。福祉が権利性を伴うようになるのは、市民が自らの要求を統治・政策に反映することが制度的に担保されている政治体制、すなわち民主主義的政治体制においてのみである。福祉国家とは単なる物質的再分配政治ではなく、権利政治としてである。権利政治という観点から福祉国家を理論化する上で今日なお参照されるべきは、T・H・マーシャルのシティズンシップ論である。マーシャルは、シティズンシップ＝市民である資格（citizenship）を自由権（civil right）、参政権（political right）、社会権（social right）という三つの権利から構成されると考えた（Marshall 1964）。図式的にいえば、資本主義経済の発展のなかでまず自由権が、次に民主主義政治の成熟によって参政権が実現し、最後に福祉国家の誕生とともに社会権が確立する。

マーシャルの議論はそのイギリス的偏向がしばしば批判の的になってきたが、シティズンシップ論を自由権から立ち上げることには、一国の文脈を超えた理論的根拠がある。まず市民としての自立と平等、尊厳が認められなければ、ほかの権利は意味をなさないのである。(2) そして自由権の確立は、歴史的には資本主義経済発展のなかにみられる。資本主義経済が自生的秩序として生まれたものではなく、その成立過程において国家権力の介入が決定的な意味をもつことは、後発経済国はいうに及ばず、産業資本主義が最初に栄えたイギリスの場合においても明らかであるが、資本主義経済は一度成立すると、市場における自由な交換によって、あたかも自律的に維持再生産されるようにみえる (Polanyi 1957)。自由権は、このような「自律的」市場における自由交換に形式的根拠を与える。市民は自由かつ自立した個として市場に参入し、自らの意思によって水平的（対等な）交換関係に入るのである。

もとより自由権の領野が経済活動に限られているわけではない。しかし自由権とは、まずもって国家権力の限定、市民生活の「国家（権力）からの自由」を意味し、それが端的に表現されるのが市場を通じての経済活動なのである。自由権が主として消極的自由の擁護を意味するとすれば、市民の政治への積極的関与・自由は、消極的自由を超えた権利として種差化される。参政権は、政治に関わる積極的自由、すなわち「国家への自由」として定式化される。自由権が法の下での平等を実現するとしても、いやむしろそのことによって経済における非対称的関係（不平等）を維持・再生産・正当化するのに対して、参政権の確立、民主主義政治の実現は、経済的非対称的関係を政治的に是正する機会を提供する。換言すれば、参政権は、自由権が与える形式的平等性を実質的平等へと変えるチャンスとしてある。

とはいえ自由権と参政権を、予め調和的なものとみなすことはできない。個人の自由と尊厳は、現実には主権国家によって保障されているにせよ、理念としては国境を超える普遍的な原理であり、今日では国際的人権として認められている。これに対して積極的自由である参政権は政治的共同体への帰属を条件としている。絶対的な人間平等性を前提とする自由主義原理によって、参政権が実現することはない。普通選挙が可能となるのは、帰属によって与えられた平等性の範囲内においてである。たとえば国家（政治的共同体）への自由という場合、（主権）国家の意思決定への関与は当該国家の正統な成員であることを前提とする（シュミット 1970）。市民はデモスとして同質的であり、平等な存在なのである。デモス＝国民としての同質性は、異質な者たちを排除することによってのみ担保される。政治的平等とは、内部に属するものと排除されるものを確定すること、両者の間に境界を設定することによって実現される。自由権が無限の拡張性をもつのに対して、参政権は自己限定性をもつ。このように自由権は市場とより親和的であり、参政権は国民国家とより親和的である。両者の間には、原理的な緊張関係が存在する。

デモス＝国民としての社会統合は、国民言語・文化・物語の創造、生活様式の共有などによって実現する（Anderson 1983）。しかし国民が一つの言語や文化共同体、典型的には一民族によって構成される場合でも、資本主義経済は深刻な格差や階級対立を惹起し、国民としてのアイデンティティを阻む怖れがある。多民族社会であれば、国民的連帯の形成・維持は一層困難になる。国民は、領域確定によって他者（帰属しない者）を排除することによって成立するが、それによって国民としてのアイデンティティが担保されるわけではない。国民としての集合的アイデンティティを促進強化する上で、二〇世紀において大きな役割を果たしたのが、社会権である。社会権は、国民の最低限保障（ナショナル・ミニマム）に対する国家の義務であり、市民の権利である。これによって、国民＝市民としての最低限の連帯が確保される。社会権は自由権や参政権のように形式的権利ではなく、各国の生活水準に応じて実質的に保障されねばならない。したがって社会権は政治状況に左右されやすい、あるいは政治的意思決定に対して脆弱であるといえる。政治権力の党派性によって社会権の内容・水準は変わりうる。福祉国家という現象は、優れて政治的なものである。参政権と社会権は直截に連動している。民主主義政治を通じて福祉が権利化するところに、福祉国家が成立するからである。繰り返せば、福祉国家は、再分配政治であるだけではなく、権利政治としてある。

ところでいかなる権利も行使されて初めて実現する。たとえ権利への合意が存在しても、その行使については見解の相違、緊張関係が生まれることは稀ではない。たとえば統治する者は統治の合理性と効率から市民権を制限的に理解するかもしれない。行き過ぎた制限に対する市民の監視や異議申し立てがなければ、たとえ憲法に明記された権利であろうと形骸化する。権利は、それを求める政治的行動、すなわち権利の政治のなかで実現＝再現される。権利の政治は、所与の国家－社会関係を反映するだけでなく、それを変成する可能性をもつ。社会権は、市場の分配を市場外的力（政治）によって変更することによって国家と市場との関係を再調整する。再調整は、政策価値のプライオリティの見直しにつながる。社会権は、政治において平等という価値の重要性を高め、リベラル・デモクラシーの実現に寄与する。

以上のように、福祉国家が、資本主義経済と民主主義政治の発展という二つの文脈の交錯、両者のせめぎあいから生まれたものであると考えれば、比較福祉国家研究の対象は自ずと限定されることになる。かつて福祉国家発展要因分析のなかで生じた「政治は重要か？」論争は、こうした観点から再評価することができる。(3) 計量的福祉国家分析のパイオニアともいうべきハロルド・ウィレンスキーは、六〇カ国を対象として社会保障支出の伸びと経済発展、人口年齢構成、制度の成熟度、政治の違い（政治体制・イデオロギーの相違）等の相関関係を分析し、政治的要因が統計的にほとんど有意なものとして表れない、すなわち政治的要因は社会保障支出の伸びを説明する有効な変数ではないと主張した（Wilensky 1975: 45-49）。これに対してキャスルズ＝マッキンレーは、ウィレンスキーのサンプルが高所得国と低所得国両方を含んでいることの問題点を指摘した。低所得国では財源が限られているため、政策が経済発展に大きく左右されるのは当然である。しかしサンプルを高所得国に限れば、政治的要因（イデオロギー的違い）の重要性が明らかになる（Castles and Mckinlay 1979: 165）。サンプルを高所得国に絞ることは、実は研究対象を民主主義国に限定することであった。キャスルズ＝マッキンレーの主張は、比較福祉国家研究が比較民主主義政治研究であること、福祉国家の多様性は民主主義政治の違いによって生じることを示唆していたのである。「政治は重要か?」論争の後、計量分析においても対象国をOECD加盟国に絞ることが一般的となったが、近年では比較対象をラテン・アメリカや東アジア、さらには旧社会主義諸国に広げる試みがみられる。これらの新興諸国のなかにはリベラル・デモクラシーという要件を兼ね備えた国もあるが、そうとはいえない国も少なからず含まれている。もちろん非リベラル・デモクラシーの国々であっても社会保障政策は当然存在するので、比較政策研究を行うことは可能であるし、必要であるが、それと比較福祉国家研究が混同されてはならない。福祉国家研究の方法や理論の多くはリベラル・デモクラシー諸国を対象に開発されたものであり、安易にそれを非民主主義国に適用することはできないからである。

たとえば福祉国家発展における組織労働や社会民主主義勢力の影響力を問う権力資源動員論は、資本主義経済が発展し、民主主義政治が良好に機能していることを前提としている(Korpi 1978; O'Connor and Olsen eds. 1998)。政策アリーナのなかでの支持ネットワークや拒否点構造、拒否権プレーヤーの重要性などを指摘する新制度論もまた、民主主義政治を前提としている(Peters 1999; Bonoli 2000; Tsebellis 2002; Bonoli and Shinkawa eds. 2005)。したがって非民主主義諸国の社会政策を政治学的に分析する場合、従来の福祉国家研究の理論枠組を適用することには慎重でなければならない。

本書の狙いは、あくまでも資本主義経済と民主主義政治という文脈のなかで福祉国家の存立構造と変容を理論的に明らかにすることにある。

2 資本主義経済

資本主義的市場経済の発展は伝統的共同体の共助機能を弱体化し、都市生活者の貧困問題を深刻化する。その結果、教会や名望家による社会的な慈善活動に加え、公共の福祉機能を必要とするようになる。こうした過程をまず資本主義経済のメカニズムから考察してみよう。

資本主義経済においては、生産が市場取引を目的としてなされるだけでなく、労働力そのものが商品化される。マルクスは、市場における等価交換から資本蓄積が進行する（ようにみえる）という資本主義の「マジック」は労働力という「金の卵を産む」商品の存在によって可能になると考えた。すなわち労働者は、その労働力への対価以上の価値、剰余価値を産むと考えたのである（マルクス 1968：219 以下）。マルクスの剰余価値論にここで立ち入るつもりはないが、資本主義経済の本質が労働力を商品として売買するところにあるというマルクスの指摘には同意したい。

労働力商品は資本主義経済の要でありながら、資本主義経済のなかで再生産されることはない。労働力の再生産は市場外の社会関係、従来はもっぱら家族に委ねられてきた。したがって労働力商品の価値には、労働力を維持するだけではなく、それを再生産するための費用、家族を扶養する費用も含まれる。賃金は、労働力維持・再生産に足る家族賃金を意味する（cf. Gough 1979：22–23）。ここでいう家族とは、男性稼得者モデルを意味する。それは、男性が有償労働を行い、女性が育児や家事といった無償労働を分担するという家族モデルである。もちろん資本主義経済の初期段階においては児童・女性労働が安価な労働力として大いに利用されたわけであるが、産業化の進展に伴い、工場法等の労働規制が整備されると、生産労働の主たる部分は男性労働力によって担われるようになる。

こうして、今日では伝統的といわれる男性稼得者モデルが誕生する。

資本主義経済では労働力が商品として売買されるといっても、それは人身売買ではない。労働力を売ったからといって、労働者は資本家に人格的に服従するわけではない。労働力の売買は、形式的には自由な取引として成立するのであって、労働力は時間単位で売られるにすぎない。労働力が、時間の制限なしに丸ごと売られるなら、労働者は奴隷になってしまう。資本主義経済は、近代社会における市民間の自発的な交換を前提とする以上、奴隷制経済ではない。とはいえ両者は共存可能であるし、労働者の物質的生活状態が奴隷よりもよいかどうかは別問題である。(4)

貨幣経済が一般化し、市場的な交換関係が他の社会関係にも浸透するようになると、貨幣は市場経済における一般的価値形態であるにとどまらず、社会の一般的価値形態となる。言い換えれば、すべての社会関係は貨幣価値に翻訳され、評価されるようになり、社会は人格関係ではなく、物と物との関係のように立ち現れることになる。いわゆる物象化といわれる現象が生まれる。そこでは貨幣がメタ価値として、すべての社会関係を支配するようになる。とはいえ、物象化には積極面もある。労働力商品化は貨幣経済のもたらす物象化の端的な例であるが、それは他面では自由権の確立を意味していた。貨幣経済のなかで労働力を売る者は閉ざされた伝統的な共同体の時空から解放され、自由人となる。すなわち労働者は、過去ではなく未来のなかに、選択主体として存在する。選択の幅が現実にはいかに限られたものであろうとも、あるいは共同体的（第一次的）絆からの解放がむしろ支配と服従の強化を帰結したとしても、自己選択の可能性は近代的主体を立ち上げる必要不可欠の条件としてあった。

ところで労働力商品化は、資本主義経済にとって不可欠の前提であると同時に、それを不安定化する要因でもある。資本主義は市場で労働力を生産・再生産できず、外部（環境）から調達する必要があるため、外部に対して依存する、あるいは開かれたシステムとしてある。外部は、資本主義システムに新たなダイナミズムをもたらすが、同時にシステムの制御不能という問題を引き起こす（宇野・梅本 1976 参照）。通常の商品取引であれば、売買が成立すれば商品は買い手に渡り、売り手は舞台から退場する。買い手は好きなように商品を使用・消耗・処分すればよい。しかし労働力商品に限っては、売り手から商品を切り離すことができない。売り手から商品を切り離してしまえば、商品価値がなくなる。労働力商品は、売り手の存在を通じてのみ商品としての価値、すなわち労働を実現するからである。このように売り手としての労働者が身体として労働力を所有する以上、買い手は売り手の存在を必要とし、商品が不要になったからといって勝手に処分することはできない。せいぜい解雇するだけである。解雇された労働力は、商品の状態から商品ではない状態へと戻る。つまり失業者になる。運が良ければ、彼はすぐに新たな雇い主をみつけるだろうが、そうでなければ、労働市場からの退出を余儀なくされる。

労働力が商品になる前を未商品状態と呼ぶならば、一度商品化されてから商品ではない状態に戻ることを脱商品化ということができる。労働力未商品化状態といえば、典型的には身分上下関係のはっきりした伝統的共同体での生活が思い浮かぶ。そこでは個人は、いまだ近代的主体として形成されておらず、集団のなかに埋没し、共同体の相互扶助のなかで生きている。しかし労働市場で買い手のつかない労働者に対して、市場が救いの手を差し伸べることはない。商品ではなくなった労働者およびその家族の救済、脱商品化された労働力の維持・再生産は、市場外の機能に委ねられる。

蓄えのないその日暮らしの労働者が職を失った場合、頼るのはまず血縁関係であろう。伝統的共同体、家父長的大家族制度が残存していれば、労働者は、解雇され、新たな働き口がみつかるまで、帰郷するかもしれない。いわゆる相対的過剰人口は、伝統的共同体の残滓を色濃くもつ農村に吸収される。好景気によって再び労働力需要が高まれば、彼らはまた都市へと駆り出されるだろう。資本主義の拡大と縮小のショック・アブソーバーとなるこのような相対的過剰人口は、しばしば産業予備軍と呼ばれてきた。しかし失業者が大量に発生すれば、農村が彼らをすべて吸収することは困難であるし、資本主義経済の影響が農村に浸透するにつれ、伝統的家父長制の扶助機能そのものが低下していく。つまり農村が産業予備軍を蓄える能力は減退していくのである。したがって、都市失業者が血縁を頼って農村に戻るという選択肢は、脱商品化の安定したルートにはなりえない。

都市にとどまり、貧困に喘ぐ人々を救済する社会活動として、教会や名望家による慈善活動が挙げられる。広く人道愛や隣人愛、利他主義に基づいて困窮者救済を行うフィランソロピー思想は欧米社会では広く定着しており、慈善活動は今日においても重要な社会的役割を担っている。多くの国では、政府が助成金や税制上の優遇措置を通じて慈善活動を奨励している。しかし慈善活動が、社会的良心や同感に基づく自発的なものである以上、脱商品化への制度的保障とはなりえない。そこでは、労働者は恵みを施される対象であって、権利主体ではない(5)。失業のリスクを抱える賃金労働者の数は、資本主義が発展すれば不可逆的に増えていく。戻るべき故郷を失った失業者は路頭に迷うことになる。深刻な不況や恐慌によって大量の失業者が街頭に溢れるなら、民間の慈善活動では対応しきれない。資本主義経済が生み出す貧困という社会問題を管理するためには公的対応が要請され、早晩国家が最後の福祉提供者として登場することになる。国家は、資本主義経済の誕生において決定的役割を果たすだけでなく、その維持・再生産においても不可欠の役割を担うことになるのである。国家は、資本蓄積を促進すると同時にその機能を民主主義国家として正当化し、社会統合を実現しなければならない（O'Connor 1973: Gough 1979）。

国家が脱商品化後の生活保障を行うことを、本書では脱商品化の制度化と呼ぶ。このような用語法は、福祉国家研究のなかでよく知られているエスピング－アンダーセンの用語法とは多少ずれる。彼は、ここでいう脱商品化の制度化を脱商品化と呼んでいる（Esping-Andersen 1990）。脱商品化は労働市場からの退出を国家福祉によって制度化することであると捉えても、福祉国家を前提とする場合は大きな問題を生まないが、脱商品化が国家福祉以外によって支えられることはありうるし、歴史的にも資本主義初期段階ではむしろそれが普通であった。またポスト福祉国家の可能性を探る上でも、国家福祉以外の脱商品化のルートを考慮する必要がある。以上の理由から、本書では脱商品化一般と脱商品化の制度化とを概念的に区別しておく。ただし福祉国家の文脈において脱商品化の制度化を意味することが明らかな場合は、単に脱商品化と記す場合もある。

脱商品化の制度化は、失業のように一時的に労働市場を退出する場合と労働能力の減退・喪失によって完全に労働市場から退出する場合とに分けられる。いずれの場合でも、国家が生活保障を提供するという点では同じであるが、一時的な労働市場からの退出の場合、再商品化が前提となる。つまり脱商品化過程は再商品化過程へと継ぎ目なく移行することが期待される。そこで労働市場の需給バランスによる再商品化が円滑に機能しない場合は、再商品化の過程に国家が介入することになる。いわゆる労働市場政策には労働力商品化だけでなく、再商品化を促す政策が含まれるのである。加齢による労働市場からの退出それ自体は不可避の過程であるが、今日先進福祉国家では高齢化とそれに伴う社会保障財政の膨張に対して労働市場からの退出を遅らせようという動きがみられる。

労働力商品の抱える矛盾から福祉国家へと到る道は、まっすぐでも平坦でもない。福祉国家誕生の背景には、まず資本主義の変質があった。一九世紀的な自由主義的資本主義経済において、市場への大規模な国家介入は認められない。市場の「自己調整」機能を信じるなら、国家の役割は、市民が寝静まった後に「戸締まり、火の用心」をする夜警のそれでいい。[(6)] このような夜警国家観が支配的であれば、福祉国家的再分配政策が正当化されることはない。福祉国家誕生のためには、国家の福祉提供が資本主義経済に対して積極的意味をもつことが認められる必要がある。こうした文脈で重要なのが、資本主義経済のフォーディズム的展開である。

自由主義的資本蓄積体制が第一次世界大戦によって最終的に崩壊し、混乱の戦間期を経て、第二次世界大戦後支配的な資本蓄積体制として登場するのがフォーディズムである。アメリカの自動車メーカーであるフォード社は、徹底した生産過程の合理化、テイラー主義による一商品（T型フォード）の大量生産によって生産コストを大幅に引き下げ、戦間期に車を上流階級の贅沢品から大衆的な耐久消費財に変えた。しかしテイラー主義の要請する単純作業の反復は生身の労働者にとって過酷なものであり、離職者の増加に悩まされたフォード社は、大幅賃上げによって労働力を確保しようとする。フォード社の取り組みは、第二次世界大戦後マクロ・レベルにおける資本主義蓄積モデルの先駆けとなった。フォーディズム的蓄積様式の基本的特徴は、内包的な大量生産大量消費システムにある（山田 1991：1994）。大量生産を可能にしたのは技術革新や生産過程の合理化であるが、生産性向上のためには労働者の協力が不可欠であり、生産性向上に応じた賃金（生産性インデックス賃金）は、そのための強力なインセンティヴとなる。生産性インデックス賃金は、労働者の「ブルジョワ化」、「豊かな社会」を実現する。労働者は生産するだけでなく、消費者としても資本主義経済システムに包摂される。このようにして資本主義は空間的拡がりではなく国内での生産性向上と消費拡大によって、いわば内包的に資本蓄積を実現し、経済発展を実現するルートを開拓する。

フォーディズムが新たな資本蓄積体制として普及したのは、第二次世界大戦後アメリカ主導で形成された国際的経済秩序、IMF－GATT体制の下においてである（パックス・アメリカーナ）。IMF－GATT体制下では国際的自由貿易が標榜されるものの、無軌道な国際的自由競争から加盟国の国内秩序を尊重する様々な工夫が導入された。IMFは自由貿易を活発にするため安定した為替レートを設定したが、それは金本位制に基づく厳密な固定相場制ではなく、アジャスタブル・ペッグ制（調整可能な固定相場制）であった。基本的にはドルだけが金との兌換義務を負い、各国通貨はドルとの関係で平価が定められ、「基礎的不均衡」を是正するためには加盟国の平価変更が認められた。またIMF加盟国が赤字に陥ったときは、IMFの支援を要請できる（アイケングリーン 1999：134）。

GATTは、最恵国待遇原則（加盟国間の産品の無差別取り扱い）や内国民待遇原則（国内外の産品の平等な取り扱い）、輸出入数量制限禁止を謳っていたが、現実には一律無条件の関税引き下げは実現されず、すでに存在する優遇措置は認められたし、関税同盟や自由貿易圏の形成も許された。また輸出入数量制限は、貿易収支改善のために最もよく用いられる手段の一つとなる。戦後自由主義体制の特徴として注目されるのは、資本の移動規制である。パックス・アメリカーナにおいては商品の国境を超えた自由な移動は促進されたが、資本の移動は厳しい規制と監視の下に置かれた。ケインズ主義的需要管理政策は、このようなアメリカを盟主とする国際的経済システムの下で実現したのである。

ケインズは、周知のように大量生産に見合う消費が実現していない、すなわち供給に対して需要が十分に生み出されていないところに二〇世紀前半の経済危機の本質をみた。フォーディズムにおける生産性インデックス賃金は、過少需要を克服する試みとして理解できる。福祉国家的再分配政策もまた需要喚起効果をもつ。さらに福祉国家的再分配政策は、国民生活の質を向上させ、フォーディズムに適合的かつ良質な労働力を提供し、労資＝労使和解体制を実現し、社会統合を促進する。このように第二次世界大戦後に復活した自由主義は、自由放任ではなく管理された自由主義、ジョン・ラギーの用語に従えば「埋め込まれた自由主義」として再建された（Ruggie 1983）。アメリカを盟主とする自由貿易体制と国内的保護体制によって、国際協調と国内平和が実現したのである。[7]

3　リベラル・デモクラシー

自由主義と労働

自由主義段階における資本主義国家は、救貧法時代、失業者を犯罪者と同様に取り締まってきた。イギリス福祉国家の先駆者といわれるジェレミー・ベンサムが、パノプティコンの設計者であったことは、偶然ではない。パノプティコンは施設の効率的な管理運営を行うというだけではなく、それ以上に犯罪者や受給貧民の怠惰を規律の内面化によって矯正することを目的としていた（Foucault 1975；西尾 2005）。ベンサムの後継者であり、一九世紀前半において救貧法改正、公衆衛生制度の確立に多大な貢献を果たし、イギリス福祉国家の礎を築いた一人といわれるエドウィン・チャドウィックは、中央集権的統制の熱心な提唱者であった（ブランデイジ 2002）。

ベンサムのパノプティコン構想が当時のイギリスでは実現されなかったとはいえ、チャドウィックが主導した一八三四改正救貧法に、その理念は色濃く反映されている。そこで示された救済三原則とは、「全国的統一性の原則」、「劣等処遇原則」、「院内救済」である（安保 2005；江里口 2008）。「全国的統一性の原則」とは、従来救済が地方単位（「教区連合」や「貧民保護委員会」）で個別に行われていたことを改め、中央管理と統制によって取扱いの公正（画一化・均質化）を図ろうというものである。「劣等処遇原則」は、救済が就労意欲を減退させ、怠惰を助長してはならないという信念に基づき、就労者の最低生活水準以下に救済を抑えるという原則である。救貧院は一六世紀から存在していたといわれるが、一八三四年改正救貧法では、救済対象者は救貧院への入所を義務付けられることになった。真に救済が必要であるかどうかが厳格に審査され、かつ就労可能な者たちとそうではない者たち（児童や高齢者など）を区別した。入所者は特定の制服を与えられ、男女子供はすべて別棟に収容される。

このような救貧制度の規律強化は、公助が労働倫理を損ない、怠け者を助長することがないようにするためである。救貧院は、貧困者を社会から隔離し、もって治安を維持し、貧困者を「鍛え直す」こと、すなわち生活の規律と勤労意欲を身につけさせることを主たる目的としていた（樫原 1973；金田 2000）。一八三四改正救貧法の三原則が、現実には必ずしも適用されなかったことは今日ではよく知られている。救済を中央が管理統制することには限界があったし、現場での反発も強かった。また救貧院は、児童、高齢者、障害者、就労可能者などを一緒に収容する一般混合ハウスが多く、しかも院外救済もなくならなかった。一九〇九年時点で院外救済への支出は、ブリテン全体の地方当局による福祉関係支出の三分の一ほどになっていたといわれる（江里口 2008：113；安保 2005）。このように一八三四年救貧法の三原則が厳格に実施されたわけではないが、中央の画一的統制という方向性が福祉国家へとつながる一つの流れとなったことは間違いない。

労働が商品経済に包摂され、労働力が商品化される過程は、近代的労働規範が形成される過程そのものであった。マックス・ヴェーバーは、『プロテスタンティズムの倫理と資本主義の精神』のなかでプロテスタンティズム、なかでもカルヴァニズムにみられる世俗内禁欲主義、神の恩寵を信じ、神によって与えられた職（天職）に専心するという生活態度こそが、資本主義の発展をもたらしたと指摘した（ヴェーバー 1989）。このヴェーバー・テーゼは、多くの批判に晒されてきたが、物欲や拝金主義ではなく、信仰、宗教的価値の内面化による自己節制と勤勉こそが資本主義発展の原動力となったという逆説的な論理展開は、今なお知的霊感を失わない。

ヴェーバー・テーゼがアイディアの重要性を強調し、そのことによって公式マルクス主義テーゼ（唯物史観）の偏向を是正する重要な役割を果たしたことは間違いないが、世俗内禁欲というアイディアが生産において果たした役割については、控えめに言っても、割り引いて考える必要があるだろう。ヴェーバーが取り上げたベンジャミン・フランクリンのように、蓄財し、資本を形成する動機づけとして世俗内禁欲は説得力をもつとしても、己の労働力を売ることによってかろうじて糊口を凌ぐ者たちにとってそのテーゼがどれだけ当てはまるかは疑問である。労働が苦役でしかない者たちに勤勉を身につけさせるには、上述のように、まず物理的強制力（処罰）によって外から規律を押し付ける必要があった。勤労精神の内面化は、救貧院だけでなく、学校と監獄といった近代的制度を通じても行われた（今村 1998）。

エレン・M・ウッドは、ヴェーバーの労働倫理観には西欧資本主義社会の経済学説に典型的にみられる労働と資本家の活動との混同があると指摘し、こうしたイデオロギーの最も早い表明としてロックの『統治二論』を挙げている。近代経済学の通説では、生産するのは労働者ではなく、資本家であると想定されている（Wood 1995:

156-157：ロック 2007 参照）。つまり働かせて、生産させる資本家が、自ら生産しているとみなされている。ウッドによれば、労働と「勤勉」という美徳は労働活動それ自体ではなく、労働者を雇い、財産を生産的に活用する者に対して与えられている（Wood 1995：157-158）。資本を用いて設備・材料・労働力を調達し、生産する活動こそが、ヴェーバーが考えていた労働であるとすれば、資本をもたず生産労働に従事する者は、そもそも資本主義的精神の獲得に失敗した者たちであり、彼らは外部から教育や制裁を通じて訓育され、規律化される必要がある。

このような労働観は決して過去の遺物ではなく、今日においても容易に見出すことができるが、貧困を個人の責任に帰すような考えは、一九世紀後半には（少なくとも一度は）社会調査の発展や社会主義思想の普及によって弱められていった。失業や貧困は資本主義経済が構造的に生み出す問題であり、社会的対応が必要であるという認識が広く共有されるようになったのである。失業し、貧困に喘ぐ人々は、処罰される対象から救済される対象へと変わり、さらには市民という主体的存在になっていく。

リベラル・ソーシャル・デモクラシー

二〇世紀後半福祉国家を生んだ政治体制は、通常リベラル・デモクラシーといわれるものである。今日私たちはリベラル・デモクラシー（自由民主主義）という言葉を何の疑いもなく使用しているが、すでにみたように自由権と参政権は予定調和的なものではないし、自由主義者＝民主主義者であったわけでもない（福田 2009：48-51；トムスン 2003：第5章参照）。リベラル・デモクラシーは、政治的左右の対立のなかで両者の基本的合意の枠組として形成されたのである。

政治的左の中心となる社会主義思想と運動をみれば、さらに左右に弁別できる。資本主義を転覆する革命を主張するのが左翼左派であり、その代表例がマルクス主義である。マルクス主義にとって、福祉国家とは原則的には革命を先延ばしにする資本主義の延命策とみなされる。他方左翼右派というのは、イギリスのフェビアン協会やドイツのベルンシュタインといった修正主義者たち、今日一般に社会民主主義として知られる勢力であり、彼らは資本主義経済のなかで社会改良を通じて労働者階級の状態を改善し、市場を管理する戦略を積極的に擁護、推進してきた。(8) 社会民主主義からみれば、福祉国家は社会改良の輝かしき成果ということになる。

社会権の確立と福祉国家の発展からみて、イギリスのフェビアン協会、とりわけその指導的立場にあったウェッブ夫妻の功績は大きい。フェビアン協会は、中産階級知識人のクラブであり、いかなる政治的党派からも独立した存在であった。彼らは貧困に喘ぐ労働者階級に大いに同情し、制度的救済を求めた。しかし彼らにとって労働者はあくまでも救済の対象にすぎず、労働者に政治的主体としての能力を認めていなかった。ウェッブ夫妻は、主要政党や政治家に裏舞台（サロン）で影響力を行使することを好み、独立の労働者政党の結成に対しては懐疑的であった。したがってフェビアン協会は、労働組合や労働党とは当初必ずしも親密ではなく、同協会が名実ともに労働党の理論的政策的ブレインとなるのは、第一次世界大戦後であった（名古 2005：198）。(9)

社会民主主義は、自由主義に対抗し、実質的平等性を目指す。社会民主主義の目指す平等性が、福祉国家的再分配政策に止まらず、資本の国有化から階級社会の解消へと、すなわち社会主義へと通じる道であるなら、たとえそれが漸進的社会改良であろうとも資本主義にとって脅威となる。福祉国家的再分配政策は、社会統合を実現するだけでなく、有効需要を創出し、国民経済の発展にとってプラスに働くが、資本の国有化は、資本主義経済の根幹である私有財産制を揺るがすものとなる。社会民主主義は、それが社会主義である限りは、再分配にとどまらず国有化を求めるはずであるが、現実には国有化はなされても部分的なものにとどまり、資本主義経済を脅かすものとはならなかった。

第二次世界大戦直後に政権についたクレメント・アトリー率いるイギリス労働党は、ベヴァリッジ・プランの実現、再分配政策の実施とともに基幹産業の国有化を目指した。しかし一九五一年にチャーチル保守党が政権に就くと国有化路線は撤回され、その後労働党が政権に復帰する度に散発的な国有化は試みられるものの、次第に国有化政策は色あせ、形骸化していく。G・D・H・コールは、一九五一年一〇月三〇日に行われた「ウェッブ記念講演」において、一九四五年労働党は福祉サービスの飛躍的発展と相当程度の国有化を約束する政策綱領によって勝利を収めたが、社会主義に向かう委任を求め、認められたわけではないし、仮にそのような委任を求めても社会主義が優勢な社会を建設するほど長い間労働党が議会において多数派を維持することは困難であると指摘し、労働党政権の意義は、所得再分配と社会サービスの拡大が資本家の手から産業の大部分を取り上げなくとも可能であることを示した点にあると評価している（Cole 1952: 27-28; 岡 1982）。コールがいち早く喝破したように、労働党の福祉国家戦略とは社会主義への移行を棚上げしたところに実現したものであった（クロスランド 1961; リー＝ラバン 1991参照）。

中央統制による国民効率の向上という点では、社会民主主義者たちはベンサムやその弟子チャドウィックと共鳴する。やがてイギリス福祉国家は、その中央集権化や官僚主義に対する厳しい批判を浴びることになるが、そもそもフェビアン社会主義は、エリートによる中央統制指向を色濃くもつものであった。ウェッブ夫妻のナショナル・ミニマム論が国民的効率を向上させ、ひいてはイギリス帝国の栄光を取り戻そうというテクノクラート的発想をもつことは夙に指摘されてきた（最終的に彼らはスターリン主義に傾倒した）。また社会民主主義のお手本とされるスウェーデン福祉国家をみても、かのレーン＝メイドナー・モデルは、国民効率を最大化する資本蓄積戦略であり、社会工学の枠ということができる（新川 2007; 2011a）。

マルクス＝エンゲルスが「万国の労働者、団結せよ」と共産党宣言を結んだときから、二つの世界大戦を経て、資本主義諸国における社会主義の主流は社会民主主義となり、それは国民経済の繁栄と国民福祉向上のバランスをとる中央統制的国家を推進する存在となる。社会主義の夢は、「国家からの解放」から「国家への解放」に変わる。マルクス＝エンゲルスが夢見たように労働者階級は国家を超える人間解放の担い手ではなく、国民として経済を繁栄させ、国家の栄光を担う存在、すなわち国民国家の支柱となる。したがって、福祉国家は、マルクス主義からすれば資本主義の延命策であろうし、ポストモダンからみれば、労働者を国民として標準化・規格化・規律化するものである。どちらの指摘も間違っていないが、福祉国家は資本蓄積の手段にすぎないわけではないし、単なる管理国家でもない。福祉国家は、近代的な市民の政治的共同体を実現するのである。福祉国家は「統治される客体」にすぎなかった労働者階級を「統治する主体」へと変貌させる。労働者は市民として、「統治される客体」＝「統治する主体」となったのである。

マルクス主義政党であったドイツ社会民主党のなかで修正主義を唱えるという困難な道を選択したのが、エドゥワルト・ベルンシュタインである。彼はロンドンで一二年間の亡命生活を送るが、そこでベンサム、J・S・ミル、リチャード・コブデン等の自由主義者たち、さらにはウェッブ夫妻を始めとするフェビアン主義者たちから多大な影響を受けたといわれる（Steger 1997: 亀嶋 1995）。彼は、「資本主義は資本家と労働者という二大階級への両極分解を惹起し、窮乏化のなかで労働者階級は革命を実現する主体として団結する」というマルクス主義テーゼに疑問を呈し、資本主義経済は二大階級への両極分解を引き起こしておらず、労働者に貧困ではなく豊かさをもたらしうることを指摘し、もって経済決定論を否定し、国家（政治）の民主化が資本主義の矛盾を緩和する可能性を示唆した（Bernstein 1993: Esping-Andersen 1985: 19-20: 新川 2007）。

ベルンシュタインの主張は、マルクス主義陣営内においてマルクス主義の教義を否定するラディカルな試みであり、当然強い反発を受けた。イギリスのように産業化が早くから進み、民主主義政治が着実に進展していた国とは異なり、後発資本主義国家であり、権威主義体制下にあったドイツでは、ベルンシュタインの主張はむしろ非現実的なものと受け止められたのである。一九〇三年ドレスデン社会民主党大会の場で、マルクスの教えに忠実であろうとするカウツキーたち正統派にベルンシュタインの修正主義は敗れ去る。ドイツ社会民主党が最終的にマルクス主義と訣別するためには、一九五九年のバート・ゴーデスベルク綱領を俟たねばならなかった（レッシェ＝ヴァルター 1996：Steger 1997 参照）。

政治的右に目を向ければ、こちらもまた左同様大きく二つに分けられる。自由主義と保守主義である。[10] 自由主義を広く「国家からの自由」を求める立場と理解するなら、それは王権の制限を求めた中世の貴族や身分制議会の動きにまで遡ることができる。しかし近代における自由主義は、伝統という文脈から切り離された個人の普遍的自由権を想定する。自立した個人の合理的判断こそが自由を実現する基盤とみなされる。古典的自由主義（自由放任主義）の立場からすれば、自助こそが福祉の基本であり、公助は市場原則を擾乱し、国民福祉の最大化を損ねるものと考えらえる。就労可能な者の貧困は、勤労意欲の欠如、怠惰、無規律の結果とみなされる。このような古典的自由主義の立場からは脱商品化の制度化、福祉国家擁護の声は生まれない。

しかし自由主義のなかにも、貧困は個人の問題ではなく社会問題であることを認め、その解決のために政治が積極的役割を果たすこと、場合によっては市民の自由を制限することをも辞さない修正（介入的）自由主義（イギリスの文脈ではニュー・リベラリズム）の立場が生まれる。社会主義は社会民主主義を通じて右に、自由主義は修正自由主義を通じて左に移動する。このような左右の歩み寄りによって、リベラル・デモクラシー体制は実現する。自由主義と社会主義の対立関係は、敵対関係から民主主義政治の枠内における対抗・競合関係へと変質する。リベラリズムとデモクラシーはソーシャリズム（平等主義）によって媒介される。平等主義による市民＝国民形成によって、リベラル・デモクラシーは実現する。このように考えるなら、リベラル・デモクラシーとは、実はリベラル・ソーシャル・デモクラシーと呼ぶべきものといえる。

イギリスを例にとれば、T・H・グリーン、J・A・ホブソン、L・T・ホブハウスといったニュー・リベラリズムの系譜が、社会改革と福祉国家誕生に大きな影響を与えた（小野塚編 2009；ウィントロープ編 1983；村田 2007；若松 1991；山本 2009；ホブハウス 2010；大水 2010；グリーン 2011）。ニュー・リベラリズムは経済的自由に対して一定の制限を加えることを認める。T・H・グリーンは、公共善実現のために経済的自由主義を修正し、個人の自由にも制限がありうるという考えを展開した（田中 2011：193；2013）。ニュー・リベラリズムを背景に、二〇世紀初頭自由党政権の下で福祉国家に向けた大きな一歩が踏み出される。一九〇六年労働争議法、労働者災害補償法、学校給食法、一九〇七年学校保険法、一九〇八年老齢年金法、炭鉱夫八時間労働法、児童法、一九〇九年職業安定所法、一九一一年には国民保険法と、立て続けに重要な社会立法が実現したのである。リベラル・リフォームを牽引した政治家として特筆すべきは、ロイド・ジョージとウィンストン・チャーチルであり、官僚としてはウィリアム・ベヴァリッジとルウェリン・スミスであった（村田 2007；ハリス 1995）。

このようなリベラル・リフォームのなかに、社会民主主義の影を見出すことはさほど困難ではない。自由・保守の二党制の下では自由党は労働組合の支持を受けていたが、一九世紀後半には左翼のなかで独立した政治勢力結成の動き（社会民主同盟や独立労働党）が活発化する。そして一九〇〇年労働代表委員会が生まれ、一九〇六年にはついに労働党が結成される。こうした社会主義勢力の台頭に抗し、自由党は、労働者を含む広範な国民的支持基盤形成を狙ったといえる。リベラル・リフォームを現場で担ったスミスとベヴァリッジは、ともにフェビアン社会主義の洗礼を受けていた。とりわけベヴァリッジは、一時フェビアン協会の準会員となるほどフェビアン社会主義に接近していた。リベラル・リフォームにおいてベヴァリッジは強制的社会保険を推進し、ウェッブ夫妻はこれを批判する側に回ったことから、両者の関係は一時緊張したものになるが、交友関係は終生途絶えることがなかったといわれる（ハリス 1995；1997；1999；江里口 2008）。ベヴァリッジは、一九〇四年初めてウェッブ夫妻のナショナル・ミニマム論に接し、当初は批判的だったものの、やがて熱心な擁護者となり、ナショナル・ミニマム論は彼自身の思想的バックボーンとなる（ハリス 1995：128-133）。ルウェリン・スミスもまた「官僚となった前フェビアン主義者」といわれるほど、一時はフェビアン社会主義から強い影響を受けていた（ハリス 1995：218）。

このように自由主義と社会主義の接近はリベラル・リフォームの過程においてすでにみられる。しかしこの時代の社会改革をもってイギリス福祉国家の誕生とみなすことはできない。イギリスにおいて一九世紀後半選挙権が拡大されていったとはいえ、男子普通選挙制度の導入は一九一八年であり、包括的な社会保障システム構想は一九四二年のベヴァリッジ報告を俟たねばならなかった。(11) ベヴァリッジ報告は文字通りベヴァリッジ個人の報告書であり、戦時下内閣がこれを積極的に評価したわけではなかったが、国民に熱狂的に支持され、国際的にも注目を浴びた。戦後アトリー労働党は、ベヴァリッジ構想を受け入れ、包括的社会改革を敢行した。ここに社会権思想を伴う福祉国家が初めて誕生する。

改めて注意を喚起するなら、福祉国家は一国主義的な経済管理能力を前提にするものであり、そのような管理は「埋め込まれた自由主義」という第二次世界大戦後に形成された国際システムのなかで可能になったのである。福祉国家は超党派的合意、あるいは社会民主主義的合意に基づくといわれる。左右の歩み寄りによって福祉国家が実現したという意味で、福祉国家は超党派的な合意に基づくのである。そしてその超党派的合意は、社会改良と平等主義への指向性を強めたという点で社会民主主義的合意ということができる。

保守主義

リベラル・デモクラシーが左右の接近、社会民主主義と修正自由主義という二つの理念の競合関係から捉えられるなら、自由主義と並ぶ右のもう一つの立場、保守主義はリベラル・デモクラシーのなかでどのように位置づけられるのだろうか。革命的社会主義のように、リベラル・デモクラシーには適合しない思想なのであろうか。そうではない。保守主義もまた、リベラル・デモクラシーにとって不可欠の構成要素である。

そもそも保守は「主義」ではない、あるいは自由主義や社会主義のように一個の思想体系として語ることはできないといわれることがある。現状への固執や変化への抵抗を保守的態度と考えれば、それを保守主義とみなす必要はない。マンハイムは、このような保守的態度を普遍的人間特性とみなし、伝統主義と呼んでいる（マンハイム 1997: 19）。保守的態度は、一個の思想としての体系性をもたず、既存の権威（宗教や王権）や伝統、慣習に帰依する性向を意味するにすぎない。保守が保守主義という一個の思想となるためには、伝統的権威・価値・共同体を攻撃する自由主義との対決を経る必要があった。

アメリカの社会学者ロバート・ニスベットは、保守主義哲学が、思想史上稀にも、エドマンド・バークという個人、しかも彼のフランス革命という一つの事件への反応として生まれたものであると指摘している（Nisbet 1986: 1）。ニスベットの言が誇張を含むことは否めない。バークの前にリチャード・フッカーの名前を挙げることもできようし、フッカー、バークのように宗教との結びつきの濃い思想とは異なる世俗的保守主義の流れを指摘することもできる（クイントン 2003; 北岡 1985）。しかしバークの著した『フランス革命の省察』が今日に至るまで保守主義の聖典の位置を占めていることは紛れもない事実であり、その意味ではニスベットの言は正鵠を射ているのである。バークの省察のなかには保守主義の基本的考えが、余すところなく語られている（Burke 1913）。

バークの『フランス革命の省察』のなかで初めて体系的に語られ、今日に至るまで一貫して認められる保守主義の特徴を要約するなら、人間存在というものが完全に自立的でも理性的でもなく、だからこそ個人を超える宗教や価値、権威が必要であり、そのような文脈のなかでこそ個人の自由は実現されるということになる。保守主義は、反動主義とは異なり、自由を否定するわけではない。ただ人間理性への懐疑、人間は本来的に不完全な存在であるという認識ゆえに、不足を補うものとして歴史のなかで培われてきた伝統的な慣習や制度、有機的社会関係を重視するのである。したがって伝統と社会の有機性を否定し、過去との断絶を求めるような変革には断固反対するが、変化そのものを否定するわけではない。変化は、あくまでも伝統的価値や制度を破壊しない漸進的発展でなければならないと考えられる。個人の自由とは普遍的権利として存在するのではなく、伝統と共同性のなかで実現される文脈依存的なものである。したがって伝統や共同性の破壊は自由の否定につながる。(12) 自由と権威は個人から家族、教区、教会、国家、究極的には神へと連なる集団と結社の連鎖のなかに分かちがたく結びつけられているのである(Nisbet 1986: 36)。

このような保守主義の立場からすれば、福祉は伝統的絆のなかで実現されるのが望ましいことになる。福祉は、最も身近なところから、すなわち家族、近隣共同体、職場といったレベルから順次提供されるべきなのである（いわゆる補完性原理）。無論教会や名望家の慈善活動も、重要視される。このように伝統的絆や共助の価値のような固有の歴史的文脈を重視するので、保守主義は必然的に普遍主義原則に基づく国家福祉提供に対しては消極的となる。しかし保守主義の場合、普遍主義への抵抗は強いが、社会への公的権威の介入に対しては「国家からの自由」を標榜する古典的自由主義のように強く反発することはない。ドイツにおいてビスマルクが社会政策を展開していた頃、イギリスにおいて安定政権を築いたディズレイリ保守党は、対外的には帝国主義的政策を推進する一方、国内的には労働者の住宅衛生環境の改善や労働組合強化などに取り組み（いわゆるトーリー・デモクラシー）、後年の自由党の社会改革に到る道を切り開いたのである（クイントン 2003: 132-133; 戸澤 2010)。

保守主義は自由主義の脅威を契機に生まれるが、暴力革命を目指す社会主義思想とも当然対立する。しかし自由主義といっても国家権力を用いた穏健な改良主義を目指す修正自由主義が自由主義陣営のなかで主流になると、保守主義と自由主義の関係は改善される。同様に、保守主義と社会民主主義の関係も決して敵対的なものではない。

一言でいえば、保守主義はリベラル・デモクラシーと親和的なのである。もとより保守主義は、リベラル・デモクラシーを特徴づける思想ではない。リベラル・デモクラシーは近代の産物であり、合理主義と進歩史観を兼ね備えた自由主義と社会主義こそが近代政治の正統な担い手なのである。保守主義は、自由主義（修正自由主義）と社会主義（社会民主主義）の間を媒介し、リベラル・デモクラシーの円滑な機能を助ける。保守主義は、右の陣営に属するが、集団主義と社会的連帯の重視という点では（その意味するところは同じではないにせよ）、社会主義と共通性をもつ。[13] 自由主義と社会主義、双方が理想主義を内包するのに対して、保守主義の特徴は、その現実主義にある。異なる二つの理想が野放図に自己主張すれば、両者の折り合いは不可能になる。保守主義の現実主義こそが、自由主義と社会主義という二つの異なる理念が折り合う場を提供する。自由主義と保守主義は、やがて福祉国家を切り崩す新たな結合（ネオ・リベラリズム）を遂げることになるが、それは後の話である（第三章において詳論する）。

自由主義、保守主義、社会主義、三つの思想に共有する価値は自由である。自由主義は、個人の理性的判断こそ自由をもたらすと考える。だからこそ啓蒙が重要になる。保守主義は集団的伝統や信仰のなかでこそ自由が実現されると考える。社会主義は実質的平等が実現されて、初めて真の自由が実現されると考える。リベラル・デモクラシーのなかにはこれら三つの思想が織り込まれている。

4　福祉国家の多様性

福祉国家の三類型

福祉国家を支えた政治経済体制はリベラル・ソーシャル・デモクラシーであり、そこにみられる中心的思想として、自由主義と社会民主主義、そして保守主義が確認される。これら三つの思想から福祉国家の多様性を捉えると、福祉国家の三類型が生まれる。エスピング－アンダーセンのいう『福祉資本主義の三つの世界』である（Esping-Andersen 1990）。エスピング－アンダーセンは、支出のみから福祉国家の発展度を測る従来の手法を批判し、給付水準や資格要件の寛大さなどを考慮した脱商品化指標を作成し、福祉国家を脱商品化スコアの高い順に、社会民主主義レジーム、保守主義レジーム、自由主義レジームという三つに分けた。

ここで留意したいのは、エスピング－アンダーセンは福祉国家の発展段階を三つに分けたのではなく、福祉国家の発展の系を三つに分けたということである。脱商品化（の制度化）が高い、低いというと、当然高い方が低い方よりも福祉国家として発展していると考えがちであるが、脱商品化の低いレジームから高い方へと発展するという関係は想定されていない。異なる三つの福祉国家類型は、一つの方向に収斂するものではない。資本主義経済の発展と民主主義政治という文脈のなかで三つの類型は異なる系として、独自の発展を遂げたと考えられる。しかしエスピング－アンダーセンの三類型は、三つの政治アイディアと照応するとはいえ、類型論としてはなお改善の余地がある。

エスピング－アンダーセンの三類型に対しては、第四の類型を示唆する研究が相次いで公刊された。たとえばキャスルズ＝ミッチェルは、オーストラリア、ニュージーランドという国が自由主義とは異なる、当初所得の平等性が高い賃金稼得者モデルともいうべき類型を示していると主張した（Castles and Mitchell 1992）。またエスピング－アンダーセンの類型のなかではイタリアは保守主義類型のなかにあるが、M・フェレーラは、南欧諸国が保守主義とは異なる独自の類型を成していると考えた（Ferrera 1996）。エスピング－アンダーセンはこれらの指摘に対して、南半球の二つの国は確かに興味深い事例ではあるが、両国における自由主義改革の結果、もはやアメリカ的自由主義と区別する必要がなくなったとし、南欧（そして日本）については、家族主義的色彩が非常に強いものの、独立した類型とまではいえず、保守主義の下位範疇であるとした（Esping-Andersen 1999a）。

しかしエスピング－アンダーセンの脱商品化指標がそもそも労働力商品化に困難を抱える女性の状況を捉えていないと批判し、女性の労働力化を支援する国家政策を福祉国家のもう一つの特徴として捉えることによって、やはり第四の類型を示唆する研究がある（Siaroff 1994: cf. Sainsbury ed. 1994: Sainsbury 1996）。エスピング－アンダーセンは、このような批判を受け入れ、女性の家族からの自立度を測る脱家族化という指標を作成するのだが、今度は脱商品化指標を使用せず、脱家族化指標だけを用いて改めて三類型を確認している（Esping-Andersen 1999a）。これは、福祉国家を理解する上で不可欠な概念を放擲してまで三類型を守ろうとするものであり、理論的にはむしろ後退であるように思える。

本節では、脱商品化という指標を放棄することなく、福祉国家の第四の類型を論理的に導出する。その際、脱家族化の問題を考える前に、商品化と脱商品化という二つの軸に沿った福祉国家の四類型を確認する。脱家族化現象は、女性の労働力化が進む現代（再帰的近代）において重要性を増しているが、それ以前においても脱商品化のみから福祉国家を類型化することには問題がある。労働力商品化は基本的に経済的現象であるとはいえ、国によっては雇用に対する政策介入が強くみられるからである。

労働－福祉ネクサス

第四の類型の可能性を示唆する研究は、一様に脱商品化という概念を十分に吟味することなく別の基準に代えている。エスピング－アンダーセン自身、脱商品化に代え、脱家族化指標を用いるようになった。しかしすでに詳しく論じたように、労働力の商品化と脱商品化は、資本主義経済から福祉国家を導出する上で中核となる概念なのである。福祉国家は、労働力商品化と脱商品化の一連の過程から理解できる。図式的にいえば、市場経済において労働力商品化がなされ、民主主義政治において脱商品化は制度化される。しかしよくみると、商品化の段階において

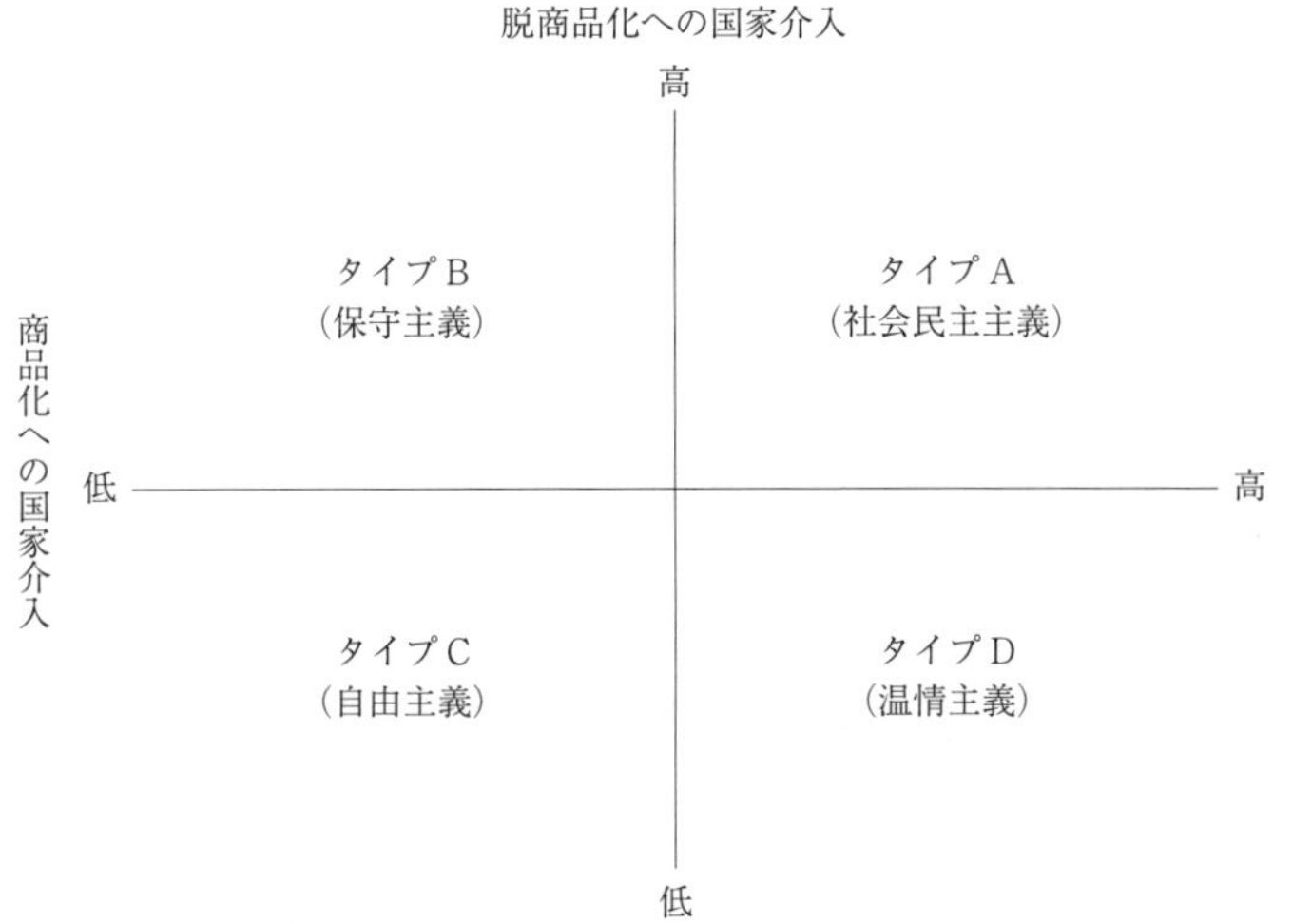

図1－1　労働－福祉ネクサス

出所：筆者作成。

すでに国家介入が認められる。たとえばケインズ主義的景気刺激策は労働市場における需要を高め、完全雇用を実現しようとする。また国家が市場の求める労働力を創出するための教育や訓練プログラムを提供することもある。さらに特定層（若年者や高齢者など）の雇用促進のために財政支援を行うこともある。商品化と脱商品化双方への国家の介入度を軸に労働－福祉ネクサスを考えると、図1－1のような四つのパターンが考えられる。[14]

　タイプAの場合、社会権が高度に制度化されており、政府が雇用維持のために積極的に労働市場に介入する。介入方式としては、需要管理政策はもとより、労働技能を高める教育や訓練の場を提供することが考えられる。このような例として、すぐに思い浮かぶのがスウェーデンであろう。スウェーデンでは同一労働同一賃金原則に基づいて収益性の低い企業を整理するとともに、その結果生まれた余剰労働力に対して国民経済の見地から再訓練・再配置を行う。労働能力をもつ者を可能な限り活かす動員戦略を前提として、寛大な脱商品化政策がとられる。

　このような労働－福祉ネクサスは、労働者が高度に組織化されている場合に生まれやすいと考えられる。組織労働が強力な場合、政府はそれと対抗するのではなく、協力して労働市場政策を行うのが効果的である。両者の協力関係は政府が労働組合の友党である場合、典型的には社会民主主義政党の場合、より容易に実現されるだろう。強力な組織労働と社会民主主義政権を所与とすれば、経営側としてもこのような協力体制に参加するのが合理的選択となる。典型的には政労使の間にコーポラティズムのような合意形成手続きが制度化されるならば、タイプAが生まれる可能性が高い。

コーポラティズム体制は、ヨーロッパの小国において多くみられる。小国の経済発展は貿易に依存せざるをえない場合が多く、政労使は国際競争力に対して敏感となり、一丸となって産業合理化に取り組む傾向があるためと考えられる（Cameron 1984; Katzenstein 1985）。小国では産業構造が比較的単純なことも、労使の中央集権化や政治的介入・統制を効果的に促進する条件である。スウェーデンにおけるレーン＝メイドナー・モデルはコーポラティズムの代表例であるが、そこでは、同一労働同一賃金原則に基づいた中央賃金決定を通じて生産性の劣る企業を整理し、積極的労働市場政策を展開することによって産業合理化と国民経済発展を図る（新川 1997；2007）。

社会保障は手厚いが、労働市場への国家介入が小さいタイプBは、エスピング－アンダーセンのいう保守主義レジームと適合的である。労働市場への国家介入度が低いといっても、労働市場が自由主義的なわけではない。むしろ労使の間で調整メカニズムが制度化されているため、政府が直接介入する程度は低いと考えられる。政府は、自主的な労使の調整を尊重・維持する後見役となる。社会保障についていえば、ギルド的な相互扶助制度から発展した職域ごとの社会保険制度が基本であるが、給付は寛大であり、脱商品化の制度化は進んでいる。タイプBの国々、たとえばドイツやオランダなどにおいては、労働者階級の組織化は総じて高く、企業を超えた産業別、ときには全国レベルでの労使協調がみられるが、組織労働は社会民主主義レジームのように包括化、中央集権化されておらず、コーポラティズム的な体制が敷かれることがあっても、スウェーデンのような包括的な積極的労働市場管理はみられない。

タイプAと対照的なのが、タイプCである。そこでは政府は自由競争実現のために必要な規制を設け、必要最小限の教育機会提供や需要管理を試みることはあっても、基本的に政府は労働市場に介入しない。脱商品化は、必要最低限の制度化にとどまる。これは、エスピング－アンダーセンのいう自由主義レジームと重なるものであり、その典型例はアメリカである。アメリカは豊かな労働力をもち、移民の恒常的流入もあって、再訓練・再教育によって労働力を「再活用」しようという強い誘因をもたない。代替可能な、場合によってはより魅力的で安価な労働力の調達が期待できるからである。商品化介入への消極的態度は、国内市場が大きく、貿易依存度が低いことによっても助長される。ヨーロッパ小国のように、国際競争力向上のために政労使一丸となる必要はなかった。アメリカの脱商品化政策をみれば、所得代替率の低い公的年金はあるものの、貧困者に対しては限定的な資産調査付き福祉が提供されるだけであり、国民全体をカバーする医療保険はいまだに実現していない(15)。

タイプCにおいては、労働組合組織率が低く、労使の協力関係がコーポラティズムのような形で制度化されていない。自由主義イデオロギーの支配的なアメリカでは、市場経済における労働組合の役割に対して懐疑的な声が強く、労働組合の政治的影響力は限定的である。労働組合は、民主党の支持団体の一つにすぎない。イギリスをみれば、戦後一九七〇年代までは労働組合組織率は北欧ほどではないにしろ高いレベルを維持し、戦後すぐに労働党が政権を握り、福祉国家建設を果たした。その後労働党と政権を交互に担う保守党もこうした福祉国家体制を受け入れ、「合意の政治」を実現した。いわゆるバッケリズム（Butskellism）が生まれたのである(16)。しかしイギリスの場合、労働中央組織（TUC）の末端への統制力は弱く、コーポラティズム的合意を通じて生産性向上を実現することはできなかった。最終的には労働党政権に離反する形でTUCはストライキを敢行し、いわゆる「不満の冬」（一九七八～七九年）が勃発する。労働党内におけるラディカル・レフトの出現、保守党内における新自由主義勢力の台頭によって揺らいでいた「合意の政治」は、これによって最終的に瓦壊する。一九七九年五月にマーガレット・サッチャーが政権を握ると、徹底した通貨管理をはじめとする新自由主義政策、労働組合の弱体化を狙った法規制が相次いで導入され、一九八五年炭鉱ストの敗北によってイギリス労働運動は壊滅的打撃をうける（Hall 1986）。

政府が商品化過程に介入する程度は高いが、脱商品化への介入レベルは低いパターン、タイプDは、国家が経済成長を主導する開発主義レジームにおいて認められる。ただし非民主主義的な開発独裁国家は、本書でいう福祉国家の範疇には入らない。第二次世界大戦後の資本主義繁栄の時代、「黄金の三〇年」を経験した民主主義国家のなかで、タイプDに入るのは日本である。戦後日本の社会保障は、保守主義同様に職域別社会保険を柱としているが、給付水準が低いため、企業福祉や個人貯蓄に依存する部分が大きい。つまり脱商品化の制度化は低く、この点では自由主義と共通している。他方商品化への介入度をみれば、日本ではスウェーデンのような積極的労働市場政策がとられていたわけではないが、生産性の低い部門に対して政府が税制上の優遇措置や補助金・融資制度を通じて支援を行ったことは広く知られている。こうした政策は、従来利益誘導政治、公共事業のバラマキ、土建国家などと批判されてきたが、それによって生産性の低い部門を守り、雇用を維持してきたという点が近年再評価されている（宮本 2008：2009）。スウェーデンでは生産性の低い部門を合理化し、余剰労働力を国際競争力のある部門に再配置する積極的労働市場政策がとられたのに対して、日本では生産性の低い部門を守ることで雇用を維持した。つまり日本では、スウェーデンとは全く逆の方向で労働市場への介入がなされたのである。このような国家の商品化への介入形態は、スウェーデンとの対比でいうなら消極的労働市場政策と呼ぶことができる。

戦後の民主化のなかで日本の労働組合組織率は一九四九年には五五％を超えたが、ドッジ不況とそれに続く企業整理によって一九五〇年代に入ると数年の間に三〇％台にまで落ち込み、一九七〇年代半ばまで三三％前後で推移し、その後長期低落傾向に入る。ちなみに、二〇一三年六月現在の労働組合組織率は一七・七％である。組織率低下が続くなかで一九八〇年代には労働戦線統一運動が本格化し、一九八九年には日本労働組合総連合会（連合）が結成されるが、組合組織率の低下に歯止めはかかっていない[17]。そもそも日本の労働組合は企業別に結成され、産業別組合や全国組織の統制力は弱く、企業横断的な労働者の連帯感は企業労使の一体感に比べて薄かった。企業別労働組合運動の関心は、企業を超えた再分配政策よりも企業内での成果配分にあった（新川 1997；2007）。

先に指摘したリベラル・デモクラシーを構成する思想との照応関係でみると、タイプDは、自由主義、保守主義、社会民主主義、いずれにも適合しない。タイプDにあえてラベルをつけるならば、パターナリズム（温情主義）ということができる。自由主義、保守主義、社会民主主義においても、パターナルな政策はとられるが、それはあくまで限定的なものにすぎない。これに対してパターナリズムを第一の統治原理とする国家とは、国家が慈父の如く社会を抱え込む統治形態であり、一般的には非民主主義的な政治体制がイメージされる。民主主義が市民社会の成熟を前提とするならば、パターナリズムは第一の統治原則とはなりえない。しかし民主主義制度が市民社会の成熟を待たずに移植される場合、非民主主義的な伝統的価値であるパターナリズムが色濃く残る場合がありうる。日本の場合は、そのような例と考えられる。

ジェンダー‐福祉ネクサス

福祉国家は、男性稼得者モデルを前提として形成されたため、労働‐福祉ネクサスで捉えられるのは、基本的に成年男性である。もちろん男性並みに働く女性は数多く存在するし、そのような「キャリア・ウーマン」が福祉国家から排除されているわけではないが、女性は家事労働の負担があるため、労働力商品化への障壁が高い。男性稼得者モデルは、産業化の段階においては、女性を過酷な労働から守るという積極的な意味があったし、専業主婦という存在は男性の稼得賃金上昇があって初めて可能になることを考えれば，それなりの積極的意味はあった。しかし産業社会の成熟は女性の教育機会を拡大し，雇用を性差中立的にし，女性の労働力化を促進する。そうなると男性稼得者モデルにおける女性保護という論理のもつ家父長的権力性が露わになってくる。

こうして女性の労働力化，経済的自立を支援する政策を考慮した福祉国家研究の要請が高まる（Siaroff 1994；Sainsbury 1996；Sainsbury ed. 1999）。これに応え，エスピング－アンダーセンは脱家族化という概念を提唱する。「脱商品化という概念は，賃労働関係に全面的かつ後戻りできない形で組み込まれている個人に対してだけ意味をもつのであって，多くの女性は制度的に未商品化の状態にある。労働者が市場に依存するのに対して，彼女たちは家族に依存している。したがって，彼女たちにとって，重要なのは，脱商品化ではなく，脱家族化である」（Esping-Andersen 1999a：45）。エスピング－アンダーセンによると，脱家族化とは，「個人の家族への依存を軽減し，家族や婚姻上の互酬関係とは切り離されて個人が経済的資源を自由に活用する能力を最大化するような政策」を指す（Esping-Andersen 1999a：45）。しかし女性の経済的自立は政策によらずとも生じるので，ここでは脱家族化とは，男性稼得者モデルの規範力が減退し，女性の経済的自立が高まり，家族が多様化する過程と捉える。脱家族化政策とは，そのような女性の経済的自立と家族の多様化を支援する政策である。したがって脱家族化とは男性稼得者モデルからの離脱を意味するが，家族一般の否定を意味するわけではない[18]。

脱家族化は，個人の自立を促すという点では，ウルリヒ・ベックが『危険社会』において提起した個人化という概念と共通点をもつ（ベック 1998）。しかし個人化という現象は，近代において自由権の確立がもたらした普遍的現象であり，福祉国家における女性の労働力化という特定の現象を分析する概念としては広すぎる。さらにいえば，ベックのいう個人化という概念は，現実を歪める可能性がある。今日リスクが個人化しているというのは，控えめにいっても限定的なものにすぎない。たとえば環境破壊のもたらすリスクは，階級や貧富の差と無関係であろうか。

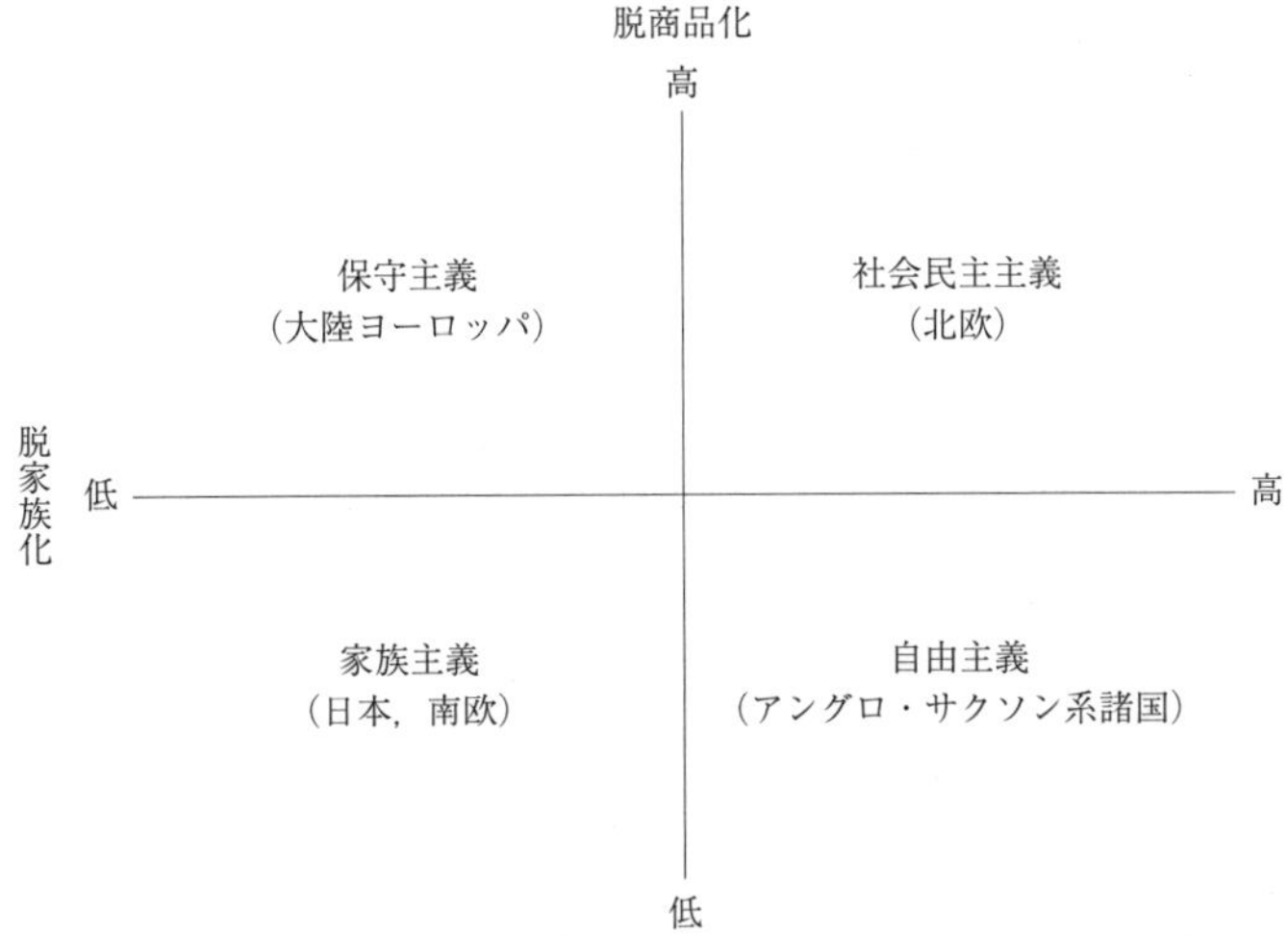

図1－2　ジェンダー－福祉ネクサス

出所：本図は新川（2009b）に初出であるが、それ以前に渡辺（2004）がある。

安全な食品、安全な避難場所へのアクセスには、経済格差に基づく不平等がある。そこに表現される非対称的関係を見出し、バラバラにみえる個人をつなげようとする運動こそが、政治的な営みであるといえる。

ここで脱商品化と脱家族化という二つの基準から四類型を作り、労働－福祉ネクサスの類型と比較するなら、両者の対応関係は一目瞭然である。ただし図1－1ではタイプD（温情主義）としていた類型を家族主義とし、例として南欧を加えてある。

以下、前項の説明と重なる部分もあるが、典型的事例を引きながら、各類型についてみる。まず社会民主主義類型であるが、この類型はいわゆる福祉国家という理念と最もよく合致する（宮本 1999 参照）。脱商品化をみれば、再分配が普遍主義原則に基づいて行われており、社会権が最もよく確立していると考えられる。市民に遍く社会権を保障する財源として、最もふさわしいのは税である。もとより税を払うのは市民であり、社会権には労働の義務が伴うことはいうまでもないが、福祉と労働の権利義務関係は社会として担保されていればよいのであって、個人レベルではこの関係は緩められている。

とはいえ、税ですべての社会保障給付をまかなうというのは現実的ではない。税負担を考えれば、どうしても給付は浅く広くなり、個々の市民の生活水準や選好に対応することができない。そこで、税と社会保険の組み合わせが一般的となる。社会保険では保険料拠出が給付の資格要件となるが、強制加入の一元的包括的制度の場合、普遍主義原則を維持していると考えてよい。社会保険は、民間保険では排除されるような支払能力の低い者やリスクの高い者をも包摂する社会的連帯システムである。

社会民主主義類型では、社会サービス拡充を通じて女性の労働市場参加を促進し、脱家族化を高める。社会サービスを拡充することは、多くの女性に雇用機会を提供するだけでなく、政府が同一労働同一賃金原則に基づき賃金水準・雇用条件を整備するため、労働市場における女性への差別的取り扱いは是正され、性別によって労働市場が二重化するという現象（デュアリズム）は解消される。ただし、女性雇用が社会サービスに集中する「女性労働のゲットー化」といわれる問題が生まれる可能性はある。

自由主義の典型といえるのが、アメリカである。自立自助の文化が浸透しているアメリカ社会では、公的福祉は最小限のものにとどまる。それを象徴するように、アメリカで Social Security といえば公的年金のことであり、しかもその給付水準は低いため、企業福祉や個人貯蓄が極めて重要な役割を果たす。医療においては、アメリカでは、貧困者と高齢者を例外として、医療保障はもっぱら民間保険に委ねられ、企業が民間保険会社との契約によって被用者の医療保障を提供してきた。オバマ政権における医療改革は、このような現状を抜本的に変えるものではない（cf. Howard 1997; Hacker 2002; Davidson 2010; 天野 2009）。とはいえ、民間医療への依存というのは、アメリカの特殊例であり、自由主義の一般的特徴ではない。イギリスやカナダでは普遍主義原則に基づく医療保障が実現している。

自由主義モデルにおいて脱家族化が高いのは、政府の社会サービスが充実しているためではなく、労働市場に家事労働を担う安価な労働力が存在するためである。家事労働の市場化によって、有能な女性は家庭に閉じ込められることなく、自らのキャリアを追求することができる。家事労働の市場化は雇用の拡大を意味するが、有償の家事労働を担う大半は女性であり、彼女たちは多くの場合高い教育や技能をもたず、低賃金によって働かざるをえない存在である。このように自由主義レジームにおける女性の労働力化は、女性労働市場のデュアリズムを前提とし、それを拡大する。

保守主義は、ギルド型の相互扶助システムから発展した職域ごとに分立した社会保険制度を特徴としており、大陸ヨーロッパで広くみられるモデルであるが、代表的な保守主義レジームといえばドイツである。職域ごとの社会保険はビスマルクによって初めて導入されたため、ビスマルク型モデルとも呼ばれる。先に一元的包括的な社会保険は普遍主義的なものとみなしうると指摘したが、職域別に分立した社会保険も、各制度間で財政調整が進み、拠出や給付の平等化が進む場合、実質的に普遍主義を実現しうる。経済成長が長期にわたって維持される場合（たとえば戦後資本主義の「黄金の三〇年」間）、このような現象が生じうる。保守主義の場合、女性の就業率は低く、専業主婦たちは男性稼得者を通じて給付を受け取ることになる。

保守主義の寛大な社会保険は、女性が家庭にとどまりケア労働を提供することを前提とし、男性稼得者モデルを再生産するものであった。したがって政府の提供する社会サービスは低水準にとどまる。他方、労働市場規制が厳しく、雇用保護が手厚いため、自由主義モデルのように安価なケア労働が労働市場に溢れているわけではない。結果として、脱家族化の傾向は抑制され、男性稼得者モデルが維持・再生産されることになる。保守主義モデルと社会民主主義モデルの最大の違いは脱商品化の高低ではなく、女性の社会進出に友好的な環境を提供するかどうかという脱家族化政策の違いにある。

最後に、家族主義モデル（労働－福祉ネクサス類型では温情主義モデル）をみる。エスピング－アンダーセンは脱家族化指標を用いて三類型を再検討した際に、南欧や日本は保守主義のなかでも家族主義的色彩が強いことを認めながらも、家族主義を保守主義の下位範疇として分類した（Esping-Andersen 1999a）。しかし家族主義は、ジェンダー－福祉ネクサスの四類型論では独立した一つの範疇として浮かび上がる。家族主義と保守主義は、脱家族化が低いという点では共通しているが、脱商品化において大きな違いがある。家族主義では保守主義同様に職域別の社会保険が一般的にみられるが、保守主義に比べて給付水準が低い（Ferrera 1996; Katrougalos and Lazaridis 2003）。社会サービスは、保守主義同様発達しておらず、女性は無償の家事労働に従事することが期待される。両者の間にある家族の役割の違いは図1－2では表れないが、脱商品化が低い家族主義類型では家族の果たす福祉機能は、必然的に保守主義以上に大きくなると考えられる。

家族主義モデルについて、宮本・ペング・埋橋の先駆的研究を紹介しよう。彼らは、日本と南欧諸国との共通点として、児童支援パッケージの水準が低いこと、公的扶助支出が小さいこと、失業保険の給付期間が短いこと等を指摘している（宮本・ペング・埋橋 2003: 311-314）。また大沢真理の紹介するＯＥＣＤによる「仕事と家庭の調和施策および関連するフレキシブル就労措置の要約指標」をみれば、保育サービスや出産休暇・育児休暇などを含む平均指数において、地中海沿岸諸国と日本が最低レベルで一つの集団をなしている（大沢 2007: 146-147）。

宮本・ペング・埋橋はまた、日本と、台湾、韓国との類縁性を指摘し、これらの国々を家族中心的福祉レジームと呼んでいる。

日本、韓国、台湾では国家の家族に対する福祉の期待が欧米福祉国家と比べて圧倒的に高い。しかしそれは単に「補足性」を前提にしているというだけではなく、家族と国家との間に企業と地域（村）が帰属団体の基本単位として組織され、社会保障制度がこれら三つの部門（「家族」、「会社」、「地域社会」）によって組み立てられ、そして制度化されているという特徴をもっている（宮本・ペング・埋橋 2003：303）。

宮本・ペング・埋橋は、慎重に言葉を選びながらも、南欧と日本を含む東アジアの類縁性を示唆している。ここで注目したいのは、家族と国家との間に企業と地域（村）が介在しているという指摘である。近代化のなかで家族を包む地縁に基づく有機的関係が衰退し、その福祉機能は低下すると一般的には考えられるが、アジア諸国のなかでは伝統的共同体が残存するだけでなく、ときには企業がそれを代替する機能を果たしている。したがって他のレジームとは異なり、家族主義モデルでは家族が地縁や擬似共同体をも包摂する広い概念となっている。

ただしこのような家族主義は伝統的社会の特徴であって、資本主義経済と民主主義政治の遅れに起因するとも考えられる。民主化とEU加盟を果たした南欧では社会支出の対GDP比が近年大きく伸び、保守主義諸国に迫る勢いである。イタリアはドイツのレベルと変わらず、ポルトガル、スペイン、ギリシアも二〇％を超えている（OECD 2011）。韓国や台湾などの東アジアではまだ社会支出がGDPの一〇％以下であるが、これは資本主義と民主主義の経験が浅いためと考えられる（宮本・ペング・埋橋 2003；武川編 2008参照）。家族主義は論理的には一個の範疇として弁別されるが、それは他の三つの類型のように近代思想のバックボーンをもたず、残余的過渡的範疇という色彩が強い(19)。

ところが日本の場合は、異なる。戦後すぐに民主主義政治を導入し、「黄金の三〇年」の恩恵をどこよりも多く受けながら、家族主義的特徴を維持した。それどころか、一九七〇年代中葉に唱えられ、やがて政府の基本方針ともなった日本型福祉社会論では、私的福祉（家族福祉、企業福祉）によって公的福祉を抑制することが目指されたのである。しかしその日本においても、グローバル化、少子高齢化のなかで家族主義は近年大きな挑戦を受けている

（新川 2005：2009b：2011b：辻 2012）。

以上、本章では福祉国家とは何か、その存立を支える経済的政治的思想的条件とは何かを明らかにした後、福祉国家の多様性について論じた。次章においては、福祉国家をささえるマクロな政治的要件である民主的階級闘争の変質（もしくは衰退）について考察する。

註

（1）社会主義が実際に高福祉、平等性を実現したかどうかは、別問題である。ここで指摘したいのは、福祉国家と社会主義国家が対立する理念であるということである。

（2）近年移民にはまず社会権が付与されるという議論を目にすることがあるが、にわかには首肯しがたい。不法入国者や不法滞在者の場合、緊急避難的に福祉の受給が認められるにしろ、それが市民権として与えられているわけではない。合法的に市民となった者については、当然三つの権利すべてが付与されるわけであって、社会権から先に与えられるわけではない。社会権がまず付与されるというのは、移民が福祉国家の提供するセイフティネットに依存する割合が高いという認識（それ自体が検証される必要がある）を示しているにすぎず、その認識は移民が市民としての就労納税義務を果たさずに福祉を受給しているという福祉ショービニズムの批判と共鳴する。

（3）筆者はかつてこの論争について紹介・検討したことがある（新川 1993：2005 参照）。

（4）初期資本主義段階において労働者が、物質的に奴隷よりも恵まれていたとはいえなかった（マルクス 1968：第八章参照）。奴隷は貴重な財産であり、その死は所有者にとって財産の損失になる。他方労働力を買う資本家は、労働を果たした後にその者が死んでも、直接財産的損失も被るわけではなく、その者の健康に特段の関心を払う必要はない。

（5）慈善活動が福祉国家によって衰退したわけではない。両者の間にトレードオフ関係はない。むしろ福祉国家において、福祉ヴォランタリズムは拡大する傾向がある（Hall 1999：Rothstein 2001：岡村・高田・金澤編 2012）。

（6）とはいえ、このような夜警国家観は第一義的には資本家階級の自由な利潤追求、経済活動を正当化するものであって、社会的周辺に位置する階層からみれば、国家は昼夜の別なく彼らを厳しく取り締まる存在であった。自由主義段階における資本蓄積とは、自由な営利活動と低賃金労働、それを裏付ける選択的国家介入によって特徴づけられる。

（7）フォーディズムに関して、より詳しくは、新川・井戸・宮本・眞柄（2004）の第一章を参照されたい。

（8）社会民主主義という概念を本書ではマルクス主義やその他の革命的社会主義と区別して使用しているが、歴史的にみれば、それは社会主義と同義に用いられたこともある。ドイツ社会民主党の「社会民主」という呼称は、まさにそのような例である。社会主義、社会民主主義、共産主義という概念の交錯した関係については、薬師院（2011）が簡潔明瞭に説明している。

（9）E・J・ホブズボームによれば、フェビアン主義者は独立の労働者政党の結成に反対し、一九一四年シドニー・ウェッブが労働党執行部に加わる前は、フェビアン主義者は労働党をあまり重要と考えず、他の政治的企図がすべて失敗に終わり、他に選択肢がなくなって初めて重視するようになった（ホブズボーム 1968: 227）。ただしロイドン・ハリスンは、ウェッブ夫妻がそれ以前からイギリス労働運動に影響を与える特別の協力関係をもっていたと指摘している（ハリスン 2005: 259–267）。名古（1987: 2002: 2005）も参照のこと。

（10）自由主義は伝統社会に挑戦する近代固有の思想であり、本来保守とは緊張関係にある。しかし両者は政治的二項対立のなかでは、すなわち左翼、とりわけ社会主義との対抗関係においては、政治的右として一括できる。

（11）ドイツをみれば、一八七〇年代に宰相ビスマルクは、疾病保険、労災保険、退職年金といった社会保険を導入した。これらの社会保険は、大陸ヨーロッパ諸国の社会保障制度のさきがけとなり、イギリスの社会政策にも少なからぬ影響を与えることになった。それでは、ビスマルクの社会保険がドイツ福祉国家を生んだのかといえば、そうとはいえない。ビスマルクによる社会保険立法が社会主義者鎮圧法というムチとセットであり、男子普通選挙が認められたとはいえ、ドイツ帝国議会の役割は限定的なものにとどまっていた。当時のドイツにおいては、自由主義も民主主義も十分根付いてはいなかったのである。したがって、ビスマルクの時代、ドイツ福祉国家の礎となる社会保険制度が生まれたことは事実であるが、それはあくまでも上からの革命予防策の一環であり、社会権の確立というにはほど遠い。

（12）Burke（1913）、Nisbet（1986）のほか、ハイエク（1992）、マンハイム（1997: 2006）、北岡（1985）、クイントン（2003）、中澤（2009）、野田編（2010）を参照。

（13）カナダには、かつてその社会改革重視の立場ゆえに、レッド・トーリーと呼ばれる保守党が存在していた（Horowitz

1968：1987)。

(14) 労働－福祉ネクサスの重要性についてエスピング－アンダーセンは早くから指摘していたが、近年わが国においてこの方面で重要な業績が生まれている（Esping-Andersen and Regini eds. 2000：宮本 2008：2009)。ここでの類型は、宮本（2009）が提示しているモデルと同様のものであるが、本書の理論関心に基づき、異なる概念を用いている。

(15) クリントン政権の福祉改革によって、貧困者福祉は一層限定的なものとなった（Weaver 2000)。

(16) 一九五一年総選挙の結果、労働党は保守党に政権を譲ることになるが、政権交替は経済政策に大きな変化をもたらさなかった。これは戦後イギリスにおける「合意の政治」を象徴する事件と考えられ、労働党時代の蔵相H・ゲイッケル（Gaitskell）と保守党の蔵相R・バトラー（Butler)、二人の名前を結びつけ、バッケリズム（Butskellism）という表現が生まれた（高川 1992 参照)。このような「合意の政治」を神話として退ける見解もあるが（Kelly 2002)、一九七〇年代には両党内において急進派が台頭し、対決型の政治が表面化したことを考えると、それ以前の政治を「合意の政治」として特徴づけることは妥当であろう。

(17) なお一九八〇年代には組織率は下がっていたとはいえ、それは雇用者数の増加によって生じたものであり、組合員実数は減っていない。しかし一九九四年を境に実数でも減少が始まり、二〇一一年にはついに一〇〇〇万人の大台を割った。

(18) 男性が無償労働に従事し、家族に依存している状態もありえるが、無償の家事労働に従事する者は歴史的には大多数が女性であるため、ここでは無償の家事労働者＝女性として単純化している。

(19) 韓国、台湾は東アジアにおいて日本に次いで経済発展、民主化を遂げた国々であり、女性の労働力化率は低く（日韓台とも五〇％程度)、女性の家事労働が当然視され、脱商品化の制度化が脆弱であるという点では、家族主義的特徴が顕著である。しかし家族主義を再生産する優遇策（政府の税制や社会保障政策)、企業福祉は日本が最も手厚く、台湾にはほとんどない。台湾では女性の労働力化率は低いものの、年齢別労働力化率をみるとほぼ台形であり、日韓のようなM字にはなっていない。すなわち台湾では結婚・出産に伴う女性の労働市場からの退出がみられないのである。これは、台湾ではベトナムやインドネシアなどから安価な家事労働力を輸入することによって家族主義が維持されているためと考えられる。台湾では、外国人労働者を通じて再家族化が行われているのである（新川・林・安 近刊)。

第二章　階級政治と権力資源動員論

前章において福祉国家のバックボーンとなる政治思想とそれらの関係性を論じ、いわゆるリベラル・デモクラシーをリベラル・ソーシャル・デモクラシーとして捉え直したが、本章では福祉国家の推進力として階級政治を取り上げ、その変容と今日的課題について検討する。

1　階級闘争

革命的階級闘争

階級闘争といえば、通常思い浮かぶのは（今日では何も思い浮かばない読者が大半だとは思うが）、民主主義をブルジョワ民主主義として否定し、暴力革命を目指す社会主義運動であろう。こうした通念は、マルクス＝エンゲルスの『共産党宣言』に依るところが大きい。『共産党宣言』テーゼによると、資本主義経済は資本をもつ者たち（資本家階級）ともたざる者たち（労働者階級）という二つの階級を生み出す。(1) そして両者の利害は基本的に対立する。資本家は、利潤追求のため労働コストをできるだけ低く抑えるため低賃金労働を強要し、労働者は窮乏化する。自らを縛る鉄鎖以外何も失うものをもたない労働者たちは、このような状況に抗して団結し、社会主義革命のために立ち上がる（マルクス＝エンゲルス 1952）。

古くから論じられてきたのは、いかにして労働者が階級意識を獲得し、社会主義革命の担い手となるのかという問題である。産業資本主義は労働者の生活様式や習慣などを平準化し、階級意識の形成を助長するといわれることがある（タロー 2006: 44 以下；Russo and Linkon 2005）。労働者は生産現場において共通の労働条件の下に置かれているだけでなく、日々同じような生活を営み、交流することで、お互いの「仲間意識」を育んでいく。労働者文化の形成・再生産が、労働者を階級として団結させる原動力になるといわれる。しかし仲間意識が形成されたとして、それが社会主義革命を目指すものである保証はどこにもない。労働者は、なぜ自分たちの直接的な利益の獲得、賃上げや労働条件の改善のために闘うことで満足してはいけないのか。

この問題に真正面から答えようとしたのが、レーニンの前衛党論である（レーニン 1968）。労働者の自発的団結は「ものとり主義」を超えないと考えたレーニンは、労働者階級を革命へと導く前衛党の役割を強調した。前衛党こそ、労働者階級を革命へと導く政治的エージェントなのである。レーニンの前衛党論は、資本主義から社会主義への移行の必然性をみる神の視点を導入する。前衛党こそ、労働者が真の自由へと至る道を知る。それは、社会主義革命にほかならない。労働者が革命へと向かわないとすれば、それは彼らがブルジョア的虚偽意識に捕われているからである。前衛党はそのような迷える子羊を覚醒させ、革命へと導く。そうすることで前衛党は、労働者に真の自由（積極的自由）を与えることができる。

レーニンの前衛党論では、個々の労働者の主体性は認められないことになる。彼らに選択の自由はない。当然民主主義は否定される。歴史的使命を認識しない選択の自由（たとえば私生活に籠るといった消極的自由）などは、真の自由ではない。レーニンの前衛党論は、リベラル・デモクラシーを否定するものである。自由と民主主義を認めるのであれば、党の方針は開かれた討論と合意形成の手続きに従うしかない。そのためには、まずもって党の神格化が否定されねばならない。労働者階級の使命もまた、予め定められたものとは考えられない。それは、彼ら自身が選び取るものである。レーニン主義的な前衛党論から平等主義を展望することは可能であろうが、それはリベラル・デモクラシーの否定の上に開かれる地平である。

レーニンは、民主主義国家・政治の可能性を認めない。資本主義において国家は支配階級の道具であり、被支配階級を抑圧する暴力装置にほかならない。「民主主義が高度に発達していればいるほど、ますます取引所や銀行家がブルジョア議会を自分に従わせている」のであり、「搾取者は、国家を、かならず、被搾取者にたいする自階級すなわち搾取者の支配の道具に転化させる」のである（レーニン 1970: 17, 21）。したがって階級対立・紛争の解決は、現行の民主的資本主義体制を転覆する以外にはありえない。レーニンは、定かではない未来（社会主義）のために、ようやく形を整えつつあった民主主義の可能性を無造作に放棄してしまう。

民主的階級闘争

社会民主主義の源流は幾つもあるが、マルクス主義の内部にあってマルクスの命題を実証的に反駁したという点では、前章で触れたベルンシュタインの功績が大きい。彼は二大階級への両極化というマルクス主義テーゼが現実によって裏切られていることを指摘し、労働者階級の生活改善の可能性を議会制民主主義のなかにみた（Bernstein 1993）。ベルンシュタインは、まさにマルクスの主張した科学的態度によって、マルクス主義の教条化を防ごうとしたのである。ベルンシュタインの修正主義は、資本主義内における漸進的社会改良の追求であり、暴力革命によって体制転覆を企むレーニン主義とは一線を画する。ベルンシュタインは、資本主義国家が同時に民主主義国家であることの意味を理解し、資本主義経済に対抗する民主主義政治の可能性を追求した。

労働者は、生産現場においてはその経済的資源の非対称性から資本家に対して圧倒的に不利な立場に置かれるが、民主主義政治の場では市民として資本家と対等に政治的権利を行使できる。民主主義政治においては数が最も重要な資源であり、労働者階級はこの点において資本家階級の優位に立つ。したがって労働者にとって、生産現場で直接資本家と対峙するのではなく、議会で多数派を形成し、立法によって社会改良を図ることは合理的選択である（新川 1997: 12-14; Przeworski 1985: 11-12）。議会における社会立法は、翻って生産現場における労使交渉の制度化を促進する。

社会民主主義勢力は、福祉国家につながる再分配による平等化を提唱した。彼らは、国家権力を最大限利用することによって再分配政策を展開し、甚だしい不平等を是正し、社会権を確立することを求めたのである。社会民主主義は、国家を超えた労働者の団結による社会主義革命の遂行という人類解放の物語を、一国主義的な社会改良という国民の物語に変えた。S・M・リプセットは、このような社会主義運動の変質を階級闘争の民主的翻訳と呼んだ。階級闘争は、民主主義を否定するものから、その内部で政治的影響力行使を追求するものへと、すなわち「民主的階級闘争」へと変わったのである（Lipset 1981: cf. Lipset and Rokkan eds. 1967）。近年シャンタル・ムフが闘技民主主義を提唱しているが、リプセットの民主的階級闘争論はその先駆けとしてある（ムフ 2005: 2006）。

J・H・ゴールドソープは階級闘争の制度化、民主的階級闘争テーゼを、以下のように的確に要約している。産業化が進むと、国民国家形成過程から派生した分化、たとえば宗教や地域的分岐は政治的重要性を減じ、階級的分岐の重要性が着実に増す。成熟した産業社会では、政治組織と政治的党派は実際上ほとんどの場合階級に基礎を置く。階級紛争はしばしばリベラル・デモクラシー政治の創造に貢献してきたのであって、こうした紛争は必ずしも、あるいは典型的な場合でさえ、政治を革命的転覆の場へと変えることはない。むしろリベラル・デモクラシーは、階級的政治行動をそのなかに封じ込め、同時にそれが効果的に表現されるような制度的文脈を提供するのである

（Goldthorpe 1996：196）。

社会民主主義勢力が福祉国家を推進するという理論枠組は、権力資源動員論（権力資源論、権力資源バランス論などともいわれる）として知られる（Korpi 1978；O'Connor and Olsen eds. 1998）。権力資源動員論では、労働者階級を権力資源として捉え、それが動員されると、すなわち労働者が組織化され、団結力が増すと、労働者階級の政治的影響力は大きくなると考えられる。労働者階級の支持によって議会多数派を形成し、そして／あるいは政権を獲得すれば、労働者政党は、雇用確保を最優先し、社会的公正を実現するために再分配政策を行い、資本主義国家の福祉国家化を促進すると想定される。しかし労働者階級に依拠する政党が、なぜ労働者階級を超える利害に訴え、社会的連帯プログラムを推進するようになるのだろうか。

労働者階級の権力資源動員のためには、他の階級とは区別された労働者の権利や利害を実現する囲い込み（ゲットー）戦略が有効である。社会主義思想は、労使の二項対立を浮き彫りにし、労働者が自らの利害を守るためには、資本＝経営側に対して団結し、対抗する必要があると教える。しかし階級的利害に訴えれば、労働者階級が動員されるかといえば、事態はそれほど単純ではない。労働組合が団体交渉を通じて賃上げや労働条件の改善を果たしたとして、その成果が全被用者に適用されるならば、個人としては労働組合に参加せず（参加コストを支払わず）、労働組合の成果（便益）を享受すること、すなわちフリーライドすることが合理的選択となる。しかし誰もがフリーライドしようとすれば、組織化は失敗し、労働組合の成果は画餅に終わる。

このようなディレンマを克服する方途を示唆するのが、M・オルソンのいう選択的誘因である（Olson 1965）。労働組合は、組合員だけが得られる誘因を通じて組織化を図る。たとえば組合員だけが加入できる貯蓄・融資・年金プランなどの提供や各種活動（時代と場所によって魅力的な活動は異なるだろうが、芸術鑑賞や文化活動、スポーツ・イベントなどは過去によくみられた）は選択的誘因として働くだろう。ヨーロッパにおいてゲント制（労働組合が公的失業保険を運営する制度）をもつ国々で組合組織率が高いことが知られており、同制度が選択的誘因を提供していると考えられる（Rothstein 1992）。

しかし選択的誘因を用いて労働者階級が組織化されたとしても、政治的権力を獲得するには権力資源動員はなお十分とはいえない。たとえ一〇〇％の肉体労働者（ブルー・カラー）が組織化されても、彼らが就業者の過半数を優に超えなければ（歴史的にそのような例はほとんどみられない）、労働者政党が政治的に多数派を形成するには、「労働者＋α」の権力資源動員を図る必要がある。そのため、農業人口が多い産業化の初期段階では、いわゆる労農提携（赤緑同盟）戦略が有力となる。国内農業の保護（高関税や補助金など）を条件に、労働者政党が農業人口の支持を獲得することは、歴史的に稀ではない。しかし産業化が進めば、農業人口が減少し、事務職従事者が増えるので、労働者政党は農業人口に代わってホワイト・カラーの支持を動員する必要が生まれる（赤白同盟）。福祉国家戦略は、このような赤白同盟の文脈から理解することができる。すなわちそれは、ブルー・カラーを超えた被用者一般、さらには国民全体の利害に訴え、労働者政党が権力資源動員を拡大し、政治的ヘゲモニーを獲得しようという戦略なのである（渡辺 2002 参照）。

古典的自由主義段階においては、労働者階級の権力資源動員に対して国家や資本は基本的に敵対的であると考えられる。個人による自発的交換という原則からすれば、労働者が団結して経営側との交渉に臨むことは、それだけで資本主義経済への脅威と考えられ、弾圧の対象となる。しかし民主主義の成熟は国家をより階級中立的なものにするし、フォーディズムの時代になると経営側は労働者の団結権、団体交渉権、争議権を認め、労使和解体制を築くようになる。経営側からみて、労働組合は労働者を規律化し、統制する手段として有効な場合もある。たとえ組織労働が経営から独立した強力な存在であっても、その運動が穏健な改良主義的なものであれば、経営側はその力を抑えこむのではなく、協力関係を築くことで生産性を改善する可能性が生まれる。コーポラティズムは、そのような協力体制の代表例と考えられる。

ポントゥソンによれば、スウェーデンの経営者団体（ＳＡＦ）は、二〇世紀初頭から労働組合の全国組織（ＬＯ）が傘下労組への統制力を強め、中央賃金交渉制度を実現することを望んでいた。彼によれば、その背景には金属産業と建設産業の緊張・対立関係があった。国際競争に晒される金属産業では労使ともに賃上げに慎重であったのに対し、国内市場に依存する建設産業ではそのような配慮がなく、労組の賃上げ要求に経営側が譲歩するパターンが続いていた。金属産業経営者としては賃上げ競争を避けたいが、かといって産業間の賃金格差を放置すれば、優秀な人材を建設産業に奪われ、長期的には国際競争力の低下を招く。他方鉄鋼労組としても、建設産業との賃金格差を長期にわたって放置すれば、存在根拠を失いかねない。こうして鉄鋼産業労使の利害は建設産業の賃金抑制で一致し、階級横断的な連合（階級交叉連合）が結成される。彼らが目指したのはＬＯを中央集権化し、政労使の頂上組織レベルで賃金を決定することで、すなわちコーポラティズムを通じて全産業に賃金統制を及ぼし、建設業界の動きを牽制することであった。このようにスウェーデンの組織労働の中央集権化は、労働者階級が資本に対抗して団結するという単純な権力資源動員の成功物語ではなく、輸出指向産業と国内指向産業の利害対立を背景とした階級交叉連合を経由して実現した（Pontusson 1991; 1993; 新川 1997; 2007）。ポントゥソンの階級交叉連合論は、階級的権力資源動員が当初から階級ラインにそって直線的に進行するのではなく、産業間対立を媒介して促される可能性を示唆する。

しかし「ゲットー戦略」と「階級間提携戦略」との間には、深刻なディレンマがある。「ゲットー戦略」は労働者の集団的アイデンティティを育み、団結力を高めるだろうが、閉鎖的戦略であるため他の階級との連帯にとってはマイナスに働く。他方「提携戦略」は一階級を超える権力資源動員を可能にするが、労働者階級の凝集力を希薄化する危険性をもつ。プシェボスキはこうしたトレードオフ関係を「社会民主主義のディレンマ」と呼んだ

（Przeworski 1985）。この説に従えば、福祉国家の成功は階級的結束力を侵食し、民主的階級闘争を困難にすると考えられる。福祉国家は、労働者に完全なシティズンシップを賦与するが、市民とは、いうまでもなく労働者階級ではなく、国民（nation）のことである。福祉国家は、階級を普遍的資格としての市民のなかに回収する。他方階級として国境を超える連帯は国境によって分断される。つまり階級としての普遍性は、国民の物語のなかに回収される。(2)

2 階級という方法

階級概念は多義的である。(3) あまりに多義的なため、その使用に消極的な声もある（cf. Calvert 1982; Hindess 1987）。しかし多義的であることをもって排除していけば、社会科学の主要概念はほとんどなくなる。国家、権力、権威、民族、どれ一つとして一義的に意味内容が確定されているものはない。しかしだからといってこれらの概念を放擲してしまえば、私たちは政治を理解する術がなくなる。(4)

とはいえ、日本語で階級といえば、独特の禍々しさが付きまとうことは否定できない。マルクス＝エンゲルスが『共産党宣言』において「すべてこれまでの社会の歴史は階級闘争の歴史である」と宣言して以来、階級は政治空間を徘徊する妖怪となったのである（マルクス＝エンゲルス 1952: 26）。(5) しかしマルクス主義階級論のなかには大きな学問的貢献を果たしたものもあるし、(6) 非マルクス主義的階級分析も少なからずある。階級分析は、社会科学のなかで長らく重要な位置を占めてきたのである。ところが一九九〇年代になると、公然と「階級の死」が語られるようになる（Pakulski and Waters 1996）。(7) 本節では、このような「階級の死」をめぐる論争を紹介しながら、階級論の限界と可能性について検討を加える。

「階級の死」論争

階級パラダイムが有効であったのは産業化時代に限られ、脱産業化時代の到来によってそれは無効化となったという指摘は繰り返しみられる。たとえばロバート・ニスベットは、一九五〇年代末に、すでに階級論の有効性を否定していた。社会階級という概念は、現代アメリカや西欧社会の富、権力、社会的地位に関するデータの分類としては、ほとんど役に立たないと彼はいう。民主主義、経済的社会的多元主義、道徳的個人主義などの成熟と教育機会の拡大は、社会的権力と地位の新しいパターンを作りだし、階級を時代遅れのものにした。すなわち経済権力と政治権力の分離、経済における所有と経営の分離、製造業からサービスセクターへの雇用のシフト、それと教育レベルの向上と大規模な社会移動は安定した階統制の崩壊を促し、階級分岐は多元的、流動的、持続的な地位の不平等に取って代わられた（Nisbet 1959）。

ニスベットの論文は、直ちに反撃を受け（Heberle 1959）、その後も階級分析が着々と積み重ねられていったことを鑑みれば、その影響力はさほど大きなものであったとはいえない（Westergaard 1972: Westergaard and Resler 1975: Goldthorpe 1980: Wright 1978: 1985: 1997）。しかしニスベットの議論は、三〇余年を経て蘇る。クラーク＝リプセットが階級概念の有効性に疑問を投げかけ、「階級の死」論争に火をつけたのである（Clark and Lipset 1991 in Lee and Turner eds. 1996）。リプセットはかつて民主的階級闘争論を提唱したアメリカ社会学の泰斗であったため、彼らの論文は大きな反響を呼ぶ。クラーク＝リプセットは、階級による階層化とは人々が一つ、あるいはそれ以上の基準に基づいて明確な階層、階級に分化されることであり、社会階級とは生産手段へのアクセスの相違および通商・消費へのアクセスの相違から生じるという。階級意識とは、こうした社会的範疇が明確な態度や文化、行動パターンを発展させた時に生じる。しかしクラーク＝リプセットによれば、今日ではこうした伝統的な階統制は崩れ、新たな階層化が生じている。労働の変容に伴うホワイトカラー、非肉体労働者を含む中間層が拡大し、職場以外の社会関係、社会階級と区別された生活様式の重要性が高まり、階層構造は断片化されるようになった（Clark and Lipset 1991 in Lee and Turner eds. 1996: 42-45）。

経済組織をみれば、複雑性の増加によって中央集権的な大企業よりも小さな企業が競争力を高め、翻って柔軟な専門化の要請は集団主義を弱め、個人主義を昂進する。家族関係においても伝統的な権威主義は弱まり、平等な関係が強くなる。社会的移動性は家族によって決定されず、能力や教育がより重要な役割を果たすようになる（Clark and Lipset 1991 in Lee and Turner eds. 1996: 46-48）。生活様式が多様化し、経済の決定力が弱まり、社会文化の重要性が高まることによって、政治は階級ラインに沿って組織化されなくなる。各国のアルフォード指数は、西欧諸国では軒並み低下している。(8) 従来の右左の対立空間は変質しており、新しい左翼は、伝統的な政治争点よりも脱産業主義的な価値を擁護し、社会的問題に関心を向けている。階統制が緩み、より豊かになり、より教育を受けた人々は、伝統的階級政治から離れていく（Clark and Lipset 1991 in Lee and Turner eds. 1996: 45-46）。クラーク＝リプセットは、階級概念を完全に放棄するのではなく、他の概念によって補完するとも記しているが、その主張は階級概念の有効性をほぼ全面的に否定しており、ニスベット論文を彷彿させるものである（Clark and Lipset 1991 in Lee and Turner eds. 1996: 44）。

R・E・パールは、より端的に階級論の台頭した歴史的背景と特殊性に注意を促し、それらの変化が階級の終焉をもたらしたという。階級論は、一九世紀のイギリスにおいて発展した。つまり階級論は、資本の集中化が進み、生産諸関係の明確な構造がブルジョワジーとプロレタリアートの対立関係を鮮明なものにし、国家介入と公的セクターの雇用がほとんど重要性をもたなかった時代の産物である。当時、国民はよりまとまった実体であるかのようにみえ、革命階級が国家権力を握るという予測が実践的かつ刺激的なものであった。しかし二〇世紀に入ると、こうした事情は大きく変わる。製造業雇用者は大きく減少し、伝統的な肉体労働者は数の上で重要性を減じた。製造業に依拠した階級モデルは、専門化・サービス化を経た産業構造には適さないものとなる。さらに経済の国際化によって、政治的にも国民国家を超える動きがみられる。今日では、国家以外のアイデンティティのあり方や社会意識がより大きな実践的な意味をもつようになったのである（Pahl 1989 in Lee and Turner eds. 1996: 94-95）。結論として、パールは、階級概念が今日ではもはや役立たなくなっているにもかかわらず、なお有用であるかのように欺くのは止めよう、「（裸の）王様に服を着せようではないか」と呼びかける（Pahl 1989 in Lee and Turner eds. 1996: 97）。

他方、階級論擁護派であるフート＝ブルックス＝マンザ（Hout, Brooks, and Manza、以下ＨＢＭと略記）は、クラーク＝リプセットの提示する資料は非常に選択的であり、階級の重要性を示すデータを完全に無視していると批判する（HBM 1993 in Lee and Turner eds. 1996: 50）。またＨＢＭによれば、クラーク＝リプセットは階級と階統制（hierarchy）を混同している。階統制は、順位づけ可能なあらゆる種類の区別に適用される概念であるのに対して、階級は生産手段そして／あるいは労働市場と個人との関係に言及する概念である。①階級は、物質的利益の中心的決定要因であり、②構造的に規定された階級は、社会変革を求める集団を生むか、あるいはその形成に影響を与え、③階級帰属は、生活機会と個人の行動に影響を与える（HBM 1993 in Lee and Turner eds. 1996: 50-51）。クラーク＝リプセットは階統制を定義せず、それを階級と交換可能なものとして用い、階級から生み出される不平等と階層化の非階級的形態を混同することで、現代資本主義社会の階級的不平等の問題を無視している。具体的にいえば、①富の不平等、②富者が政治過程に影響を与える能力、③教育機関が世代間において特権を伝達する役割などをクラーク＝リプセットは無視している（HBM 1993 in Lee and Turner eds. 1996: 51-52）。

クラーク＝リプセットの主張は、アルフォード指数に基づいてなされているが、ＨＢＭは、クラーク＝リプセットが具体的に比較した五カ国のなかでアルフォード指数が最も高いのはスウェーデンであり、そこでは所得平等性が最も高く、これに対してアルフォード指数の最も低いアメリカで、最も所得不平等性が高いという事実を指摘する。このことは、ＨＢＭによれば、階級政治こそが平等を促進し、階統制を切り崩すことを意味している（HBM 1993 in Lee and Turner eds. 1996: 54）。ゴールドソープは、そもそもアルフォード指数によって階級政治の衰退を測ることは困難であると指摘する。アルフォード指数は階級を労働者階級とそれ以外とに単純に二元化することによって算出されるものであり、二つ以上の階級、政党が存在すれば有効な結果は得られない。また左翼以外の階級と政党との関係が考慮されていない点にも問題がある（Goldthorpe 1996: 200）。ゴールドソープは、イギリス、アメリカ、フランス、イタリア、オランダ、アイルランドといった国々における投票行動研究を概観し、階級的投票行動が一貫して低下しているという明白な傾向はないと結論づける（Goldthorpe 1996: 202-206）。

しかし脱産業化のなかで階級的団結と行動が困難に陥ったという事実を認めないわけにはいかないだろう。産業社会に特徴的な物質主義的・集団主義（階級）的価値や指向性が衰退し、アイデンティティや環境といった新たな価値が重要性を増し、それに伴って労働者の階級形成は一層困難なものになると考えられる（Inglehart 1990: Kitschelt 1994: 新川 2004a）。また脱フォーディズム的産業編成への転換、製造業から情報・サービス産業本位への移行に伴い、労働市場で求められる労働力は、同質的な単純労働力から専門・技能の分化した多様かつ柔軟性に富んだ労働力へと変わった。一般に新しい産業分野では製造業のような規模のメリットが働かず、企業規模は小さくなり、さらに仕事の質からいっても個人化が進み、階級的権力資源動員への誘因は弱くなると考えられる。

ゴールドソープやＨＢＭの反論にもかかわらず、階級ラインに沿った投票行動の衰退は、否定しがたい（Nieuwbeerta and Graaf 1999: Nieuwbeerta and Ultee 1999）。そもそも社会主義政党は、得票率を一貫して低下させている。オーストリア、ベルギー、デンマーク、フィンランド、フランス、ドイツ、アイルランド、ルクセンブルグ、オランダ、ノルウェー、スウェーデン、スイス、イギリス、一三カ国における社会主義諸政党の平均得票率をみると、一九五〇、六〇年代は三三・二％であったが、七〇年代になると三一・七％、九〇年代では二九・二％、二〇〇〇年代（二〇〇〇～二〇〇九年間）になると二六・六％にまで低下している（Moschonas 2011: 53）[9]。「階級はまだ完全に死んでいないにせよ、その差し迫った死の噂は決して誇張されたものではない」（Nieuwbeerta and Ultee 1999: 147）。

それでは一九九〇年代にヨーロッパでみられた社会民主主義政党の鮮やかな復権は、一体何を意味したのだろうか。周知のように、戦後資本主義の「黄金の三〇年」が一九七〇年代中葉に終わると、ヨーロッパ社会民主主義は長い低迷期に入る。イギリスでは福祉国家解体を叫ぶ新自由主義者マーガレット・サッチャーの率いる保守党、ドイツではヘルムート・コール率いるキリスト教民主同盟（ＣＤＵ）が政権党として君臨し、ヨーロッパ最強の社民を誇ったスウェーデン社会民主労働党ですら保守勢力に政権を奪われるなど、一九八〇年代はヨーロッパ社民にとって冬の時代となった。フランスでは例外的に社会党の大統領が登場するが、ミッテラン大統領は一九八二年には経済悪化（インフレ進行と失業率上昇）に対応するため早々と自由主義的経済政策へと方向を転換し、その後はシラクやパラデュールの保守内閣との共存（コアビタシオン）を余儀なくされた。

ところが一九九〇年代に入ると、イギリスをはじめとする多くの国で社民勢力が政権を獲得し、一時ＥＵ一五カ国中一二カ国は社民が政権を握っていた。社民の再生を象徴するのが、もはや保守一党優位体制に変わったとまで囁かれたイギリスにおいて労働党が政権に返り咲いたことである。ブレアは「第三の道」によって旧左翼勢力と訣別し、労働党がグローバル化に対応した新たな中道左派政党（ニュー・レイバー）に生まれ変わったことを印象づけた。ドイツに誕生したシュレーダー社民政権は「新しい中道」を唱え、ブレアの「第三の道」に同調する。各国の社民政権の多様性を無視することはできないが、この時代ヨーロッパの左翼政党は中道化によって中間層の支持を拡大したことは間違いない。社民が伝統的な「大きな政府」路線を修正し、市場指向の強い層にも浸透したこと、他方では脱産業主義的な価値を取り込むことに一定程度成功したことが、社民復活の鍵となった（Kitschelt 1994）。

表2－1　労働組合組織率の変化（雇用者のみ）

	1970年	1980年	1989年
スウェーデン	68	80	85
デンマーク	60	77	73（88年）
フィンランド	51	70	71
ノルウェー	51	57	57
ベルギー	46	57	53
アイルランド	53	57	52
ルクセンブルク	47	52	50
オーストリア	60	54	46
オーストラリア	50	49	42
イギリス	45	51	42
イタリア	36	49	40
カナダ	31	35	35
西ドイツ	33	37	34
日　本	35	31	27
スイス	31	31	26
オランダ	37	35	25
アメリカ	30	23	16
フランス	22	19	12

出所：Visser（1992），p. 19の表1.1を簡略化したもの。

社民政党は、伝統的な労働者階級以外の権力資源動員に成功したのである。

こうした社民政党の戦略変更の背景には、組織労働の衰退がある。最初にジェル・ヴィッサーの研究に基づいて、先進一八カ国の一九七〇～八九年の労働組合組織率の低下を確認しよう。表2－1をみれば、この時代アメリカ、日本等六カ国の労働組合組織率は、一貫して減少傾向にある。七〇年から八〇年にかけては横ばい、もしくは増加を示し、その後減少した国は八カ国ある。七〇、八〇、八九年の時点を比較して、横ばいもしくは増加を示し、減少が全くみられないのは、わずか四カ国である。とりわけ八〇年代には一八カ国中一四の国で労働組合組織率の減少がみられる（Visser 1992: 19）。

その後も労働組合の組織率低下に変化の兆しはみられない。ＥＵ加盟国平均では一九八〇年三九・七％から一九九〇年三三・一％、二〇〇二年二六・三％へと減少している。スウェーデン、フィンランド、デンマークといった北欧諸国は、なお高い組織率を誇っているものの、二〇〇三年の数値は、各々七八％、七四・一％、七〇％であったのが、二〇〇八年には六八〜六九％まで下がっている（スウェーデンの落ち込みが最も大きい）。イギリスは一九八〇年には五〇・七％であったが（ヴィッサーの表では五一％）、サッチャー政権時代に激減し、最近では三〇％を大きく割っている。かつては三五％程度あったドイツの二〇〇八年の数字は一九・一％であり、一八・二％の日本とあまり変わらないものになっている（Bieler and Schulten 2008: 236; OECD 2011）。(10)

二つの階級論

「階級の死」を主張する論者は、現実の階級行動の衰退を指摘するだけではなく、階級論の論理構成に対しても批判を加えている。R・E・パールは、階級論がSCAモデルに依拠していると批判する。構造（structure）が意識（consciousness）を規定し、意識は行為（action）を規定する、あるいは意識を媒介に構造は行為を規定すると考えるのがSCAモデルである。たとえばアメリカにおけるE・オーエン・ライト、イギリスにおけるゴールドソープの階級分析はどちらも構造レベル（雇用）に焦点を当てているが、なぜ彼らが構造を調査するのかといえば、単に分類それ自体を求めているわけではなく、暗黙裡にSCAモデルに依拠し、構造が行動を規定していると考えるからであるとパールは指摘する（Pahl 1989 in Lee and Turner eds. 1996: 89-92）。SCAモデルを前提としなければ、個人、世帯、職業、雇用関係の分類、あるいは各範疇の世代間、世代内の移動を測定しても、つまり構造を分析しても、それらがどのように意識や行為に影響を与えるかはわからないはずである（Pahl 1989 in Lee and Turner eds. 1996: 89-92）。しかしパールによれば、SCAの因果連鎖は十分に解明されておらず、現実にSCAモデルが有効であるという経験的な報告はほとんどない。分類法としても、階級概念は富者の生活様式を理解する役にはたたないし、貧困問題に何か新たな発見を付け加えるわけでもない。さらに階級分類の客観的な基準は存在せず、国際比較をするために階級概念を操作化することはほとんど不可能であるとパールは断ずる（Pahl 1989 in Lee and Turner eds. 1996: 94）。

パールのいうSCAモデルが、マルクスの階級論を指すことは明白である。マルクスの階級論を図式的に要約すれば、生産諸関係、所有と統制のあり方によって階級関係が規定される。階級関係は本質的に搾取に根ざすものであり、したがってその基本的性格は対立と紛争にある。階級対立・紛争は社会変革の原動力であり、階級は歴史的役割を担う存在である。マルクスにとって階級は共同体的な存在であり、個がいかにして結束し、集団を形成するのかという問題は等閑視されている（Holton 1989 in Lee and Turner eds. 1996: 27）。そもそも唯物史観によれば、意識は物質的な基盤に規定されるのであるから、同じ物質的条件下にある者たちは同じ意識を持ち、おのずと団結すると考えられる（マルクス 1956: 13）。すなわちマルクスにおいては資本主義的生産諸関係が経済的階級を生むだけでなく、政治的（革命的）主体をも生むと考えられており、経済範疇としての階級と政治的行為主体としての階級との間に溝はない。

しかしマルクスの記述のなかには、SCAモデルに適合しない部分もあることはよく知られている[11]。たとえば、『哲学の貧困』のなかでマルクスは、共通の利害関係はそれ自体一つの階級であるが、そのような即自的階級は政治闘争を通じて対自的階級になると主張している（マルクス 1954: 231）。『ドイツ・イデオロギー』では、「バラバラの諸個人は、彼らが他の階級に対して共通の戦いを遂行しなければならない限りにおいて階級を形成する。そうでなければ彼らは競争者として互いに敵対関係にある」と喝破している（マルクス＝エンゲルス 1966: 135）[12]。これらの文章を読むと、マルクスは即自的階級と対自的階級を区別しており、即自的階級が対自的階級になるためには闘争が必要であると考えていたことがわかる[13]。アカデミックなマルクス主義者であるE・オーエン・ライトは、SCAモデルを前提とするのではなく、それを仮説として提示し、ミクロなレベルでの階級意識とマクロなレベルでの階級形成の相互連関を経験的に検証しようとしている（Wright 1997: Part IV）[14]。このようにマルクスやマルクス主義者といえども、全面的にＳＣＡモデルに依拠しているわけではないが、一般に流布しているマルクス主義的階級論に対してＳＣＡモデル批判は妥当であるといえる。

しかし非マルクス主義的な立場から階級分析を行っていたゴールドソープたちからすれば、パールの批判は的外れである。ゴールドソープ＝マーシャルによれば、第一に、階級分析はマルクス主義とは無関係である。パールは階級分析を行う研究者が階級闘争を社会的変革の原動力であるとみなす歴史主義に加担していると考えるが、実はほとんどの研究者は反歴史主義の立場をとっている。第二に、階級分析は階級的搾取論をとらない。階級関係に紛争はつきものと考えるが、労働価値説やマルクス主義の搾取論に与するわけではなく、一つの階級の利益が、必ずしも他の階級の損失を意味するとは考えない。第三に、ゴールドソープ＝マーシャルの採用する階級分析は、階級に依拠した集合行為の理論とは無縁である。最後に、彼らは政治行動を階級関係の発現、構造的に与えられた階級利害の追求とは捉えない（Goldthorpe and Marshall 1992 in Lee and Turner eds. 1996: 99–101）。ゴールドソープ＝マーシャルによれば、階級分析はいかなる特定の階級理論にもコミットせず、研究プログラムにコミットするにすぎない。競合する理論が提出され、定式化されることは、研究プログラムとしては何ら問題ではない。理論の優劣は、発見的説明的な有効性によって評価されるのである（Goldthorpe and Marshall 1992 in Lee and Turner eds. 1996: 98–99）。このようにゴールドソープたちによれば、階級分析は、研究プログラムにコミットしており、たとえ異なる概念、理論を支持していても、それらを検証しようとする姿勢を共有している。パールはライトとゴールドソープの階級分類の違いを致命的欠陥のように語るが、そうした違いは実証研究において何ら障害ではなく、要は競合する概念アプローチを評価するための公正な手続きがあるかどうかである。

しかしリプセットたちは、階級をマルクス主義的な二元論でみなければ、階級の政治的重要性が減じてしまうと批判する（Clark, Lipset, and Rempel 1993）。階級論をマルクス主義的理解に限定してしまうことには賛成できないが、ゴールドソープ＝マーシャルが主張したように理論へのコミットなしに階級分析が成立しうるのかという疑問は当然といえよう。階級に理論上特別の意味を付与しないのであれば、人種、民族、性別ではなく、階級に研究対象を絞ることの根拠はどこにあるのか。ゴールドソープたちは研究の中立性・開放性を主張しながら、実際の研究では階級分岐と移動性に関心を集中しており、非階級的分岐にはほとんど関心を払っていない（Pakulski and Waters 1996: 22-23）。階級構造が資本主義社会の基本的分岐や亀裂を反映していると考えないのなら、階級を研究プログラムの中心に置く意味はないはずである。いかに概念の操作化や数量分析によって科学的厳密化を図ろうとも、もっぱら階級を研究対象とすること自体のなかに価値観や認識枠組としての理論が含まれている（Turner 1996）。

ジョン・スコットは、ゴールドソープたちの階級概念を操作化しようとする努力に敬意を表しながらも、理論的コミットを否定することに対しては疑義を隠さない。理論的前提なしに競合する階級概念のなかで説明能力のより高い概念を選択するという主張は、スコットによれば、馬の前に馬車をつけるようなものである。社会科学において重要なのは説明能力から定義を行うことではなく、理論的根拠をもつ概念の説明能力を評価することにある。たとえ背の高さが生活様式や生活条件に関して職業範疇よりも高い予測・説明能力をもつとしても、階級を背の高さから定義する者はいないだろう。階級という概念を用いるときには、意識せずとも一定の理論前提を受け入れているのである（Scott 1994）。

スコットの議論は正鵠を射たものであるが、理論前提がマルクス主義のそれに限られるわけではないことについては、重ねて注意を喚起したい。階級論には、大きくわけて「強い階級」論と「弱い階級」論がある（cf. Holton 1989 in Lee and Turner eds. 1996）。前者はＳＣＡモデルに適合的な理論であるが、後者はＳＣＡモデルを否定する。「強い階級」論の代表がマルクスであるとすれば、後者の代表的論客はヴェーバーである。「弱い階級」論においては、客観的な階級のグルーピング（構造）と階級形成（意識）、階級行動との間に必然的な関係があるとはみなされず、いわんや階級がある特定の歴史的使命を担う存在であるとは想定されていない。しかし「弱い階級」論は、ゴールドソープ＝マーシャルのように理論的コミットを否定する立場とも異なる。資本主義的市場社会を他の経済社会システムと区別するものとして、階級は理論上特別な位置を与えられる。階級を経済的範疇として捉え、所有と生産関係が階級を導出する重要な契機であると考える点において、ヴェーバーはマルクスと同様であるが、ヴェーバーは、マルクスとは異なり、個人の「生活機会」から階級を限定的に捉える。各人の生活機会にとって市場における機会が決定的な意味をもつ。階級とは共同体ではなく、同じ階級状況にある人々の集まりにすぎない。

ヴェーバーの階級論の特徴は、第一に、方法論的個人主義に立ち、階級をいわばゲゼルシャフト的に捉えていることである（Holton 1989 in Lee and Turner eds. 1996：27）。第二に、マルクスが階級関係の本質を生産関係における搾取に見出し、その構造を少なくとも歴史の始まり（原始共産制）と終わり（共産主義社会）を除けば、歴史通貫的なものとみなしたのに対し、ヴェーバーの場合市場を媒介としない生産関係を階級関係とはみなさない。第三に、所有関係の重要性はヴェーバーも認めるが、それはあくまで市場状況に影響を与える一要因にすぎず、教育や資格などもそれと並んで個人の階級状況を規定する重要な要因と考えられる。第四に、階級は共同体や共同行為の基礎として潜在的重要性をもつが、それらの実現は必然ではなく、あくまで条件依存的なものにすぎない。当然のこととして、階級がアプリオリに歴史発展の原動力とみなされることはない。

さらにヴェーバーは、マルクスのように資本主義社会を階級一元論で捉えず、Stand（地位・身分）と並行的に論じている。マルクスは、資本主義社会では前近代的な身分関係は解消し、社会構造は階級によって一元化されると考えたが、ヴェーバーは経済的範疇としての階級とは異なる社会的栄誉の評価を階層化の独立の契機として捉えている。階級とは開放的な市場におけるバラバラな個人の生活機会の束にすぎないのに対して、地位・身分は共同体的関係を前提にする。なぜなら、栄誉の評価は金銭的価値とは異なり、普遍的というよりは特殊な価値であり、閉鎖的ネットワークを前提とするからである。階級は資本主義体制において普遍的であるのに対して、地位・身分は共同体ごとに特殊個別的なものである。階級が経済的関係によって規定されるとすれば、地位・身分は社会的関係によって規定される。ヴェーバーは両者が重複する可能性を否定しないが、両者を原理的には異なる階層化の契機として捉えている（Weber 1946: 180-194）。階級と地位・身分の関係をみるときに重要な概念が党派である。ヴェーバーは、党派は権力の家の住人であるという。党派的行為は、権力の獲得のためになされ、計画的に特定の目標に向けられる。党派は「階級状況」あるいは「地位・身分状況」を通じて定められた利害を代表することもあるが、純粋に一つを代表する党派である必要はない。ほとんどの場合、党派は部分的に階級的党派であり、部分的に地位・身分的党派である。しかし時としてどちらでもないことがありうる（Weber 1946: 194）(15)。

以上のようなヴェーバーの議論は、権力資源動員論の原型とみなしうるものである。経済的利害の配分、社会的栄誉の配分は、それによって生活機会を規定するという意味で権力関係を形成する。こうした権力関係の確定、強化、変更を求めて、党派は活動する。つまり階級、地位・身分状況のなかに党派を形成するための権力資源がある。階級という権力資源を動員し、共同行為を行うのは、労働組合や政党といった組織である。その意味で階級を行為主体ということは、国家を行為主体という場合と同様に、便宜的なものにすぎない。

ヴェーバーの議論のなかには、権力資源動員に関わるもう一つ重要な概念がある。社会的閉鎖化である。社会的閉鎖化とは、特定の有資格者に資源や機会へのアクセスを制限し、彼らの報酬を最大化する過程を意味する。社会的閉鎖化は特定党派が権力を独占維持し、他集団を排除することを可能にする。それが経済的利害に沿ってなされる場合には、社会的閉鎖化は階級関係の構造化を生む。マルクスが階級論の中心に所有関係を置いたのは、それが資本主義社会に固有かつ基本的な社会的閉鎖化の契機であると考えたからである。高度な産業社会、脱産業社会においては、教育・訓練に基づく特定資格の獲得もまた社会的閉鎖化の重要な手段となる。

ヴェーバーは資格主義について、「大学や経営専門大学から卒業証書を得ることが普及し、あらゆる分野で教育修了証の獲得が一般的に要求されるようになると、職場で特権階層の形成が進行する」と指摘している（Weber 1946: 241）。資格証明はまた、その保有者が婚姻等を通じて上位の社会的地位・身分を獲得することを助ける。つまり資格は、経済的特権のみならず、社会的特権を獲得する手段ともなる。資格とは、一般的にいえば、ある特定の専門能力や技能を取得したことを証明するものである。しかし資格主義という場合、そこには特定の生活機会の独占が含意されている。資格は効果的な業務遂行からみて合理的と考えられる以上に、有資格者の特権（レント）を保護するものとなる。さらに資格は、有資格者の間での能力の違いを隠蔽し、最も行為能力に劣る有資格者を守る砦ともなる。有資格者の業績達成評価は通常同輩によって行われるが、資格の正統性を脅かしかねない厳しい評価は自分の拠って立つ基盤を侵蝕する怖れがあるため、回避される傾向がある。したがって同輩審査によって、資格への一般的期待と実際の業務達成との間に決定的な溝があると指摘されることは、社会的注目が集まる場合を除けば、ほとんどありえない。かといって素人と専門家の間には大きな情報の非対称性が存在するため、素人が専門家の行動をチェックすることは難しい。

他方において資格は、出自、性別、民族といった特性とは異なり、自らの能力と努力によって獲得可能なものであり、資格を獲得することで生活機会を拡大できるため、教育の機会均等を通じて資格へのアクセスを開放的なものにし、社会的移動性を高めることができる。つまり資格は、社会的帰属が経済的不平等、階級の構造化に直結することを防ぐチャンスでもある。しかしながら、すでにみたように、階級的格差が教育達成度格差に結びつき、階級構造の再生産を生むとすれば、資格は社会的閉鎖化を生むだけではなく、その閉鎖性を階級関係として再生産することになるだろう。

以上のように、ヴェーバーの議論に即して「弱い階級」論をみれば、それがSCAモデルとは無縁であることがわかる。階級を資本主義経済の基本範疇として認めながらも、それと並行して社会的階層化をもたらす契機として社会的身分・地位を考え、各範疇における権力関係を確定・変更する政治的行為主体として党派を捉えることができる。社会的閉鎖化は、権力関係を構造的に再生産するメカニズムである。「弱い階級」論は、権力資源動員論として捉え直すことができる。

「弱い階級」論の地平

ヴェーバーの「弱い階級」論に立てば、マイノリティの権利主張や承認の政治と階級論とを統合的に捉えることができる。両者は経済的分岐・階層化と社会的分岐・階層化という別の（場合によっては重複する）権力資源動員の契機をもつ福祉国家は国民国家を維持再生産する役割を担うが、国民国家はなによりも民族として観念される文化共同体を基盤として形成された。福祉国家はそのような文化共同体が階級的に分断されることを防いできた。

しかし今日多くの福祉国家では国民主流派の文化や生活様式とは明確に異なる民族的少数派や移民の存在が大きくなり、彼らの社会権をめぐって社会的緊張が生じている。そしてこのような福祉国家的社会統合の揺らぎは、多文化主義政治の失敗として語られることが多い（テイラー 1996：ガットマン編 1996：キムリッカ 1998：Watson 2000）。したがって党派は福祉国家の揺らぎに対応するためには、階級政治（経済的階層化）だけではなく文化政治（社会的階層化）に対応した戦略を提示する必要がある。国民をめぐる文化政治については第四章で検討することとし、本項ではジェンダー、リスク社会と階級論の関係を「弱い階級」論の立場から整理しておこう。

ジェンダー

雇用構造分析を中心とする階級分析では、男性稼得者世帯を分析単位として用いるのが普通であった。ゴールドソープはこうした伝統的手法に則ってイギリスの階級構造を分析した。これに対して、調査が男性を対象とし、女性は妻としてのみ調査に含まれているとの批判が浴びせられた（Goldthorpe 1980: Crompton 1993）。クロムプトンは、「抽象的、歴史的な階級論でジェンダーが無視されていても、それはあくまで階級に関する理論であってジェンダーに関する理論ではないから、やむをえない。しかし雇用構造分析となると、雇用構造それ自体がジェンダー化されているのだから、話は別である」と指摘する（Crompton 1996）。

これに対してゴールドソープは、階級分析の単位は家族であり、家族の階級位置は世帯主のそれとみなすことができ、世帯主は通常男性であると反論している（Goldthorpe 1983: 1984）。つまり、階級分析の単位を家族とみなせば、世帯主として女性が登場しないことは、社会の性差別の構造を反映するものであっても、階級分析の偏向を意味するものではない。しかしゴールドソープの階級分析の前提は、家族の支配像が男性稼得者世帯であった時代には妥当であるにせよ、女性の労働力化が進むと十分に社会的現実を捉えられなくなる。ゴールドソープ自身、その後男性稼得者の位置を自動的に家族の階級位置とみなすのではなく、家族のなかで男女を問わず物質的により支配的職業に就く者の階級位置を家族の位置とみなし、さらに家族を調査対象とするとしながらも、女性個人を階級範疇に取り込むなどの修正を行っている（Erikson and Goldthorpe 1987: 1988: 1992a: 1992b）。

E・O・ライトの場合、そもそも階級分析の単位を個人に置いているので、ゴールドソープの陥った問題から免れている。またライトは専業主婦を含む扶養家族や失業者、年金生活者、学生など、職業調査から零れ落ちる人々を階級分析に取り込むために、直接的な階級関係に加えて媒介的階級関係という概念を導入している。たとえば労働者階級家族の子供は、生産システムへの彼らの（家族を通じた）媒介的関係によって労働者階級のなかに位置づけられる（Wright 1997: 257–260）。階級構造を直接的階級関係と媒介的階級関係の統一体として捉えることによって、ライトは、男性稼得者モデルから逸脱する階級構造を剔出しようと試みている。

マルクス主義フェミニズムは、従来の階級論が女性労働を等閑視してきたことを指摘し、糾弾してきた。とりわけ雇用構造から階級分析を行う場合、女性の家庭内労働が無視されてきたことが問題とされる。資本主義体制は、生産労働と再生産労働とを分け、生産労働にのみ交換価値を与えた。その結果再生産労働を受け持つ女性の経済的位置は生産労働を担当する男性に従属するものとなった。男性優位の社会では、女性が労働市場に参加しても、不利な条件下での労働を余儀なくされる。このようにして、女性は二重に搾取されてきたと考えられる（大越 1996: 38-45: エンゲルス 1965 参照）。

性差が個人の階級状況に与える影響は大きい。学歴や資格・能力等と並んで、場合によってはそれ以上に性差が生活機会を左右する。しかしジェンダーの問題を階級的視座のみから理解することはできない。資本主義的生産様式や階級関係の維持に性差別が深く関わっていることは事実であれ、性差別のイデオロギーと慣行は生産関係や市場状況によって一義的に規定されるものではなく、むしろ社会的地位・身分関係に関わると考えられる。すべての女性が同様の所有・生産関係の下にあるわけではないし、従属的地位にある点では同じでも、資産家の妻と貧困者の妻とは、配偶者の市場位置を媒介に異なる階級状況に置かれる。ジェンダーの問題は、階級的階層化と社会的階層化という二つのモメントから総合的に捉える必要がある（cf. Goldthorpe 1983: Lockwood 1986: Wright 1997）。

ジェンダーによる階層化と支配の問題を捉える概念が、パトリアーキー（家父長制）である。この概念によって、「フェミニズムは男性中心の支配システムの全体像を端的に表現する言葉をもちえた」といわれる（大越 1996: 159: cf. Walby 1986）。ただしパトリアーキーは、本来歴史的に限定された家族関係やイデオロギーを意味する概念であり、それを男性支配という超歴史的、社会横断的概念として用いることへの疑義、あるいはそれが男女関係の多様性を無視することへの批判もある（Lockwood 1986）。

リスク社会

アイデンティティ／承認の政治と並んで、新しい政治の流れとして指摘されるのが環境政治である。なかでもウルリヒ・ベックのリスク社会論は、階級社会論への挑戦として大きな影響力をもった。

産業化が生んだ負の遺産である環境破壊のなかに、ベックは階級社会からリスク社会への移行をみた。ベックによれば、「単純な近代化」は産業社会をもたらしたが、今日こうした単線的近代が生み出した様々なリスクへの対応に迫られる再帰的近代の段階に入った。産業社会では富の分配が中心的課題であり、階級が社会の原動力となったが、今日ではリスクへの対処が問題なのである。「富にあってはこれを所有することができるが、リスクにあってはこれに曝されるのである」（ベック 1998: 30）[16]。「リスクは、それが及ぶ範囲内で平等に作用し、その影響を受ける人々を平等化する。……この意味ではリスク社会は決して階級社会などではなく、そのリスク状況を階級の状況として捉えることはできない。リスクの対立を階級の対立として捉えることもできない」（ベック 1998: 51）。「近代化に伴うリスクが全体に広がることによって社会の原動力（ダイナミズム）は解き放たれる。もはや階級というカテゴリーによって、この原動力（ダイナミズム）を捉え理解する事はできない」（ベック 1998: 57）。

ベックによれば、「福祉国家によって保護された労働市場の力学は、社会階級を資本主義のなかで弱体化させるかあるいは消滅させる」（ベック 1998: 139）。ベックは今日においても社会的不平等が存在することを認めるが、不平等は個人化されているという。この個人化という概念が、ベックの再帰的近代論の鍵となる。今日近代内部で変化が生じており、「人間は、産業社会の社会形態――階級、階層、家族、男女の性差状況――から開放される」（ベック 1998: 138）。「個人化は、……人間の人生があらかじめ決められた状態から解き放たれたことを意味している。つまりまだ確定されていないもの、個々人の決定に左右されるものとなったということ、人生の成り行きが個々人の課題として個人の行為に委ねられているのだということである」（ベック 1998: 226）。

ところですでに指摘したように、個人化は、たとえ再帰的近代において顕著になるにせよ、近代を通貫する現象である。個人化は、自由主義とともに始まる。しかしベックは再帰的近代に個人化の新たな局面をみて、階級社会を否定するリスク社会論を組み立てた。リスクの分配が富の分配とは性質が異なること、階級やその他の社会的分岐を横断することは、ベックのいう通りであろう。しかしながらリスク社会の到来が、階級社会パラダイムの無効を告げるとまではいえない。ベック自身認めるように、環境破壊による影響は現実には明らかに富の分配と深く関わる（ベック 1998: 48–50）。リスクが蔓延し、極限に達すれば、財の違いは意味をもたないかもしれないが、そのような最終的破局に至る過程では生活環境から食の安全に至るまで、富の不平等によってリスクは構造化されているといえる。

であるならば、ベックのいう個人化は、むしろ党派による権力資源動員の失敗として捉えられるべきであろう。近代の個人化においては確かにまだ伝統的共同体が存在したし、家族の絆は強かっただろう。しかしそのようなつながりから、民主主義政治の主体を立ち上げることはできなかった。階級という新しい絆を「発見する」必要があった。今日リスクの個人化が顕著になっているとすれば、それはリスクの非対称的配分構造を明らかにし、連帯の契機を見出すことに失敗している証左と考えられる（cf. Esping-Andersen 1999b: 2006）。

3　世界の格差化

階級論の有意性

「弱い階級」論はＳＣＡモデル批判から免れるにせよ、階級的権力資源動員が弱まっているとすれば、階級論そのものがもはや意味をもたないのかもしれない。原純輔・盛山和夫によれば、職業階層の間で経済的関係として生じる利害対立は一時的偶然的であり、経済関係は本来相互利益的なものなのだが、基礎財の不平等という絶対的貧困が存在していた状況では、これを政治的言説にのせるために階級という概念が用いられたにすぎない（原・盛山 1999: 210–214）。階級と政治との関係は、マルクス主義のテーゼとは全く逆に、「政治という公共的な場において意味を持つ形で現れる階層的現象が『階級』として表象されたのである」（原・盛山 1999: 153）。今日では、このような階級なるものの社会的意味は失われた（原・盛山 1999: 215）。

経済的不平等を階級という権力資源として認め、動員することとは、運動のなかで階級が認識され、実現するということである。階級とは、運動のなかで社会的に構築されるものである。したがって階級の外延は、予め定められているわけではない。階級という概念によって動員戦略が成功したときに初めて階級の具体的内容が与えられる。このように考えるなら、一九世紀イギリスにおける階級形成を「民衆の政治」という観点から再解釈する試みは、階級政治を否定するものではなく、階級政治は生成の過程のなかで、時には「階級横断的に」生まれるものであること、すなわち社会的に構成されるものであることを明らかにするものといえる（マックウィリアム 2004: 181）。階級を実体論的に突き詰めようとすれば、実はそれが実体ではなく、社会的に構築されたものであることが明らかになる。

かつてブレイヴァーマンは豊かな社会論に真っ向から反撃し、資本主義の本質は搾取と支配にあり、資本は労働の従属性を維持するため長期的には労働の質の低下（単純化）、プロレタリア化を謀ることは必至であると説いた。たとえ一時的に専門化や技能の高度化が生じても、次の段階で資本はそれを単純な労働過程に分解する事によって搾取と支配の構造を守ろうとするので、労働のプロレタリア化は長期的には避けられないというのである（Braverman 1974）。ブレイヴァーマンの議論は、非マルクス主義者の支持を受けられなかったし、マルクス主義者であるE・O・ライトですら、一九六〇〜九〇年間のアメリカについてブレイヴァーマンの主張はデータ的に裏付けられないと指摘している（Wright 1997: ch. 3）。

しかし「豊かな社会」論がすっかり色あせ、世界の格差化・階層化が進行している今日、ブレイヴァーマンの議論は改めて注目に値する。ＬＩＳ（Luxembourg Income Study）のデータベースを用いた研究では、オーストラリア、カナダ、フランス、ドイツ、オランダ、スウェーデン、英国、米国において、一九八〇年代にはすでに賃金格差が拡大していたといわれる（Myles and Turegun 1994 in Lee and Turner eds. 1996）。前世紀末のアメリカでは格差拡大の実態を『新階級社会』と呼ぶ社会学者も現れた（Perrucci and Wysong 1999; Jones 1997）。

二一世紀に入って、世界の格差化はさらに加速している。グローバル化の進行は、世界規模での富の集中と貧困の蔓延を惹起している。不安定という言葉と労働者階級という言葉を組み合わせたプレカリアート（precariato）という言葉は、二〇〇三年イタリアの落書きのなかから発見されたといわれるが、瞬く間に世界中に広まった。ある研究によれば、世界のジニ係数（ここでは、〇から一〇〇までの値で表されている。〇に近いほど所得の平等性が高く、一〇〇に近づくほど所得格差が大きい）は一九八〇年には四三から四六程度であったものが、一九九九年には五四、二〇〇五年には六七となっている。一九九〇年代末には、発展途上国の雇用（農業を除く）の四分の三、ヨーロッパ一五カ国平均では全雇用の三分の一が非正規雇用となっている。南北格差も拡大している。一九九〇年アメリカの平均所得はタンザニアの平均所得の三八倍であったが、二〇〇五年には六〇倍以上になった。控えめに見積もっても、世界で最も豊かな上位五〇〇人の所得合計は、最も貧しい四億一六〇〇万人の総所得を上回ると推計される（Bieler, Lindberg, and Pillay 2008: 10）。

ＩＬＯの Global Employment Trends 2012 によれば、世界の労働人口は三三億人であり、そのうち二億人が失業している。さらに九億人がその家族と一日二米ドルの貧困線以下の生活を余儀なくされている。この数字のなかには先進国の貧困者は含まれておらず、実態はより深刻であると考えられる。リーマン・ショック以降、失業率は高止まりしている。二〇〇七年当時からみれば、失業者は二七〇〇万人増えており、二〇一〇年には五・一％、二〇一一年には四％の経済成長があったにもかかわらず、失業率は六％から下がっていない（ILO 2012: 31）。いわゆる「雇用なき成長」が起こっていると考えられる。

今日貧困の問題は、富の絶対量の不足ではなく、分配にある。トリクルダウン効果（上層の潤いが下層へとこぼれ落ちる）なるものが、たとえあったとしても、最底辺層では喉の渇きを潤すにも足りない僅かなものにすぎない。市場による分配は、多くの人々の生存権を脅かし、社会的公正を損なうものとなっている。このような状況のなかで、再分配は喫緊の課題となっている。

社会的公正の追求、格差是正は、単なる道徳的要請ではない。疫学者のウイルキンソン＝ピケットは、経済発展と平均寿命の間に相関関係がみられること、しかし先進国ではそのような関係が消え、むしろ各国の貧富の差と平均寿命が相関していることを指摘している（ちなみにアメリカの州レベルでみても、その関係が明らかになる）。さらに格差が大きい社会では、犯罪率が高く、社会的移動性が低く、社会的信頼が低くなる傾向も浮かび上がる（ウイルキンソン＝ピケット 2010：ライシュ 2002：2008 参照）。彼らの研究は、人間が社会的存在である以上、個人がよく生きるためにはよい社会環境が必要であり、よい社会環境実現のためには平等化が効果的なことを示唆している。

格差社会日本

日本において格差社会論が取り沙汰されたのは、なお記憶に新しい。平等主義神話から覚醒しきっていなかった国民は、リーマン・ショックによって自由主義化がもたらした低賃金・不安定雇用という現実に冷水を浴びせられた(17)。二〇〇八年末東京日比谷公園に開設された年越し派遣村は、働けど貧困から抜け出せない「ワーキング・プア」や、雇用保障がなく、簡単に解雇される「派遣切り」の実態を浮き彫りにした（宇都宮・湯浅編 2009：年越し派遣村実行委員会編 2009）。年越し派遣村は二〇一〇年には打ち切られたが、社会的下層の困窮が改善されたわけではない。二〇一二年の報道では、なお一一都道府県において最低賃金が生活保護水準を下回っている（『読売新聞』二〇一二年七月二六日）。

わが国における格差拡大は、二一世紀に入って俄に生じた現象ではない。日本における社会的不平等は、指標によっては一九七〇年代中葉から拡大しつつあった（渡辺 1993-1995；原・盛山 1999；橋本 1999；新川 1993；2005）。一九九八年に公刊された橘木俊詔『日本の経済格差』は、ジニ係数からみたわが国の経済格差がヨーロッパ大陸諸国よりはるかに大きく、アメリカ合衆国と競うほどの数値になっていると指摘し、大きな反響を呼んだ（橘木 1998）。橘木の研究は様々な批判を浴びたが、わが国のジニ係数の上昇そのものは否定できず、その背景の一つとして労働市場の規制緩和、雇用の柔軟化があることは疑いがない（大竹 2005；白波瀬編 2006）。

中野麻美は一九九〇年代後半に正規雇用と非正規雇用の両極化が急速に進み、しかもそのなかで労働法による規制が機能せず、働き手が自己責任で、実は使用者側本位の値段で成果物やサービスを提供する労働の液状化がみられると指摘し、それを「雇用の融解」と呼んだ（中野 2006：9）湯浅誠は、中野が描き出した「労働ダンピング」ゆえに働いても貧困に陥る、いわゆる「ワーキング・プア」が生まれ、しかも一度そこに落ち込むと這い上がることが極めて困難であり、底辺へと滑り落ちていくしかない「すべり台社会」ともいうべき現象が日本で起こっていると指摘した（湯浅 2008）。竹信三恵子は非正規雇用と正規雇用両極における「雇用の融解」という中野の主張を再確認するとともに、雇用・賃金・労働条件を最も手厚く守るはずの行政こそが、低賃金不安定雇用を創り出していること、労働コスト削減が「お客様（消費者）」のためといいながら、実は過度の合理化を生み、消費者へのサービスの質低下を招いていると批判する（竹信 2009）(18)。

格差そのものは、自由競争を前提とすれば、当然生まれる。しかし格差が甚だしく、世代を超えて固定・再生産されるようになれば、それはリベラル・デモクラシーにとって脅威となる。階級的背景が教育的達成度に与える影響は減少しておらず（Shavit and Blossfeld 1993）、階級的位置が親から子へ世代間で受け継がれる割合は一定しているとすれば（Erikson and Goldthorpe 1992a）、貧困家庭に生まれた子供はスタート・ラインにおいてすでに不利な立場に置かれることになる。そのような不平等は私的所有を前提とする社会では受け入れざるをえないだろうが、生まれてくる子供にとっては全くの偶然である以上、偶然によって被る不利益に対してはできるだけの代償や是正策を講ずる必要がある。そのような対策は個人を救うだけではなく、社会の活力維持のために不可欠である。

佐藤俊樹は、ＳＳＭ調査（社会階層と社会移動に関する全国調査）に依拠して日本におけるホワイト・カラー雇用上層では世代間の階層再生産機能が一九五五年から八五年にかけては減少したのに対して、一九九五年では増加に転じたと指摘している（佐藤 2000）。苅谷剛彦は、学力格差が、社会階層の違いによる子供の学習意欲や関心・興味の違いと関係することを明らかにした（苅谷 2001）。事実としての格差以上に深刻なのは、中流感覚・神話が崩壊し、それに伴って意欲や将来の展望に格差が生まれていることだろう。山田昌弘は「希望格差」、三浦展は「下流化」という表現でこうした問題を捉えている（山田 2004；三浦 2005；林 2005 参照）。彼らは、社会的下層に位置する者たちが自らを敗者として追い込んでいくメカニズムを描いている。個人の選択は私的・自発的なものであるとしても、構造化され、不平等を再生産する機能をもつ（Willis 1978）。

「階級の死」が論じられる背景には、「豊かな社会」が階級的不平等、貧困という「旧い問題」を解決したという前提があった。もちろん「豊かな社会」において不平等や貧困がなくなったわけではない。「豊かな社会」における（構造的）貧困の存在は至る所で指摘されていた。しかしもはやそれが優先順位の高い政治的アジェンダとは思われなくなっていた。ところが今日「豊かな社会」の神話は崩れ去り、あちこちで階級という言葉が囁かれる。しかしそれが「マルクスへの回帰」論にとどまる限り、階級論の新たな可能性は生まれないだろう。旧い階級論は分解され、新たな社会的連帯の可能性を探るものとして再構築される必要がある。

グローバル階級論

格差社会が世界大での現象であるとしたら、階級論を再び国境横断的に立ち上げる可能性が生まれるかもしれない。レズリー・スクレアは、超国家企業を経営する者たち、彼らの活動を支援しグローバル化する官僚や政治家、高度専門職者たちや彼らが活動する諸機関、これらが超国家的資本家階級を形成しているという。「彼らは階級である。なぜなら、彼らは生産、分配、交換関係によって規定されているから。彼らは資本家階級である。なぜなら、彼らは個人もしくは集団として、資本の主要形態を所有し、そして／あるいは統制するから。彼らは超国家的資本階級である。なぜなら彼らは、現実であれ想像であれ、いかなる国民国家の利害をも超え、グローバルな資本の利益を追求すべく、国境を超えて活動しているからである」(Sklair 2001: 295)。

サスキア・サッセンも同様にグローバルな支配階級の誕生を指摘しているが、彼は企業経営者と彼らの活動を支援する国際的な官僚たちのネットワークを区別し、別個の階級としている。両者は必ずしも同一の利害を追求しているわけではないからである(Sassen 2004)。サッセンは、もちろんグローバル化から不利益を被る階級の存在も指摘している。これには労働組合だけでなく、環境保護や人権保護などの各種社会運動が含まれる。今日各種NGOや世界社会フォーラムのような反グローバリズムの運動、ネットワークが構築されていることからわかるように、グローバル化から不利益を被る階級(と想定されるもの)は、ローカルかつグローバルな存在である。環境問題や難民救済等に関わる非政府機関の活動が国際的なネットワークをもつことはいうまでもないが、企業活動がグローバル化した結果、労働組合もまた関係各国の労働組合と情報や意見交換を密にし、工場閉鎖や移転、労働権の侵害に対して共同戦線を張るケースがみられる。移民の増加は都市そのものを脱国民国家化するし、家族が複数の国境を超えて存在するという事態は国境の相対化を促す。(Sassen 2004: Sklari 2001: カリニコス 2004: ネグリ＝ハート 2004 参照)。

しかし資本のグローバル化や超国家企業の出現やそれに対する反対運動から、グローバルな階級を直ちに確認できるわけではない。グローバルな階級という概念は、むしろ挑発的なものであるといえよう。それは、貧困という問題が、福祉国家以前のように個人の責任から語られることが多くなった今日、不平等は資本主義が構造的に生みだしていること、しかもそれが一国レベルではなく世界レベルで起きている現象であること、経済格差は支配と服従の問題であることを告発している。ジェレミー・シーブルックはいう。「階級というのは図式的な変化の問題ではない。階級とは、血の通った人間が不正と屈辱とをどのように噛みしめたか、彼らが社会のヒエラルキーと秩序のなかで特権をどう正当化し、抑圧にどう抵抗したかという、まさに一編の物語なのである」（シーブルック 2004: 66）。

不平等について、たとえば所得を五分割し、その最上層と最下層が所得全体のどれだけを受け取っているか、その格差が時系列的にどのように変化しているのかが論じられる。あるいは貧困をみれば、中間所得の五〇％以下の世帯はどれだけあって、それが時系列的にどのように変化しているのかが論じられる。所得や貧富は、統計上は連続的な差であり、その統計のなかに各人・各世帯は位置づけられる。階級という概念は、個人がそのような統計の連続性のなかに解消されることを拒絶する（シーブルック 2004: 67）。それは、もたざる者たち、グローバル化によって価値剝奪された者たちが孤立した個人として市場主義的な言説空間に回収されることを拒否し、価値剝奪という共通性において政治的動員を図る可能性としてある。したがって、グローバルな階級関係のなかで政治動員の可能性を論じることは、国際的労働者階級の連帯を再構築する試みとして理解できる。それは、福祉国家が実現した国民的連帯による社会的保護が資本のグローバル化によって困難になっている今日、改めて労働運動の国際的連帯の意義を確認する作業といえよう。

冷戦時代国際自由労連はアメリカのビジネス・ユニオニズムの影響下にあったが、冷戦終結後は東側労組も参加し、国際労働機関（ＩＬＯ）と協調してディーセント・ワーク・フォー・ディーセント・ライフ（まともな生活のためのまともな仕事）を求め、資本のグローバル化のなかで多国籍企業の労働権の侵害や社会的正義に反する行動への監視を強めている。二〇〇六年には国際自由労連はキリスト教系の国際労連と合併し、国際労働組合総連合（ＩＴＵＣ）を創設した。国際自由労連は、一九九〇年代後半から国際産業別書記局（ＩＴＳ）とともに多国籍企業に対して労働慣行のルール化を求めていたが、ＩＴＳから衣替えしたグローバル・ユニオンは多くの多国籍企業との間で国際枠組協定を結ぶに至っている。労働慣行のルール化が任意の一方的なイニシアティヴであるのに対して、国際枠組協定は、国境横断的な労使の団体交渉の誕生として注目される。協定の内容は様々であるが、基本的にＩＬＯの中核的労働基準（結社の自由、団体交渉権、労働代表の差別禁止、強制労働の廃止、雇用における差別防止、同一価値労働への同一賃金など）に沿ったものとなっている（小川正浩 2009 参照；http://www.eurofound.europa.eu/areas/industrialrelations/dictionary/definitions/internationalframeworkagreement.htm、二〇一三年七月七日閲覧）。

国境横断的な団体交渉によって多国籍企業の行動を監視・牽制する動きは、ＥＵ統合が進む欧州においてより具体化・実質化している。ヨーロッパでは労使間にソーシャル・パートナーシップの伝統があり、欧州労働組合連合（ＥＴＵＣ）は一九九〇年代から経営側と積極的に社会対話を繰り返し、ソーシャル・ヨーロッパ（欧州レベルでの社会的保護システム）の実現を目指してきた（小川有美 2009 参照）。産業レベルでは、国際枠組協定以上に詳細な内容を盛り込んだ欧州枠組協定も生まれている（ESP 2006 参照）。とはいえ社会対話はソーシャル・ヨーロッパを実現するには程遠く、ソーシャル・パートナーシップは名目的象徴的なものにすぎず、新自由主義的な雇用柔軟化にお墨付きを与える結果に終わっているとの批判もある。たとえばデンマークやオランダが率先し、今日ＥＵレベルでも提唱されているフレクシキュリティ（雇用の柔軟化と社会保障の同時実現）戦略は、現実には、社会保障水準を引き下げ、雇用の不安定化を招き、労働協約の効力を弱めているとの指摘もある（cf.l Palier ed. 2010; Bonoli and Natali eds. 2012）。

労使の交渉システムでは格差社会化を効果的に抑制できていないという認識から、世界社会フォーラムや欧州社会フォーラムが生まれた。これらのフォーラムは、国際資本に対抗し、民衆本位の自立的なグローバル化を標榜している。第一回世界社会フォーラムは二〇〇一年一月にブラジルのポルト・アレグレで開催されたが、ネオ・リベラル・グローバル化に反対する様々な市民団体、非政府系組織、社会運動団体が一一七カ国から集い、約二万人が参加した。また二〇〇二年一一月にはフィレンツェにおいて、「戦争、人種主義、ネオ・リベラリズムへの反対」をスローガンに、第一回欧州社会フォーラム（ESF）が開かれ、約六万人が参加した。

これら社会フォーラムの活動に対しては、「急進的にすぎる」、「過激である」といった批判もあるが、世界の格差化が進行している現状に明確な「ノー」を突きつけたこと、そして労働組合だけではなく、様々な社会運動や市民運動の代表が集い、連帯と民主的討議によって「新たな世界」の実現を目指す動きを示した点は注目される。もちろんこのようなラディカルな運動が雪だるま式に大きくなって、彼らの望むように、経済のグローバル化をストップさせるとは考え難い。欧州社会フォーラムは毎年開かれる予定であったが、開催国探しが難航し、二年に一度の開催となり、しかも参加者は激減し、二〇一〇年イスタンブール大会には五〇〇〇人が参加したにすぎない。しかも参加者からは、掛け声だけで具体的な行動戦略が示されていないという不満の声が挙がった（http://www.socialistworld.net/doc/4389、二〇一三年七月七日閲覧）。これらフォーラム活動で注目されるのは、それらが直接的なグローバル階級形成につながる可能性をもつからではなく、労働運動と社会運動の新たな連帯の可能性を示唆するからである。

4　ソーシャル・ユニオニズムの新展開——カナダを事例として

三つの労働運動

過去の労働運動には、大きく分けて二つのタイプが認めらる。労働組合は、もっぱら組合員の賃金、労働時間、労働条件の改善に活動を限定し、社会改良に関心をもたず、政治党派への関与は差し控えるかもしれない。このような運動形態はビジネス・ユニオニズムといわれ、サミュエル・ゴンパース率いるアメリカ労働総同盟（American Federation of Labor, AFL）がその典型とみなされる（Kaufman 1973）。この場合労働組合はゲットー戦略に固執し、社会的連帯を求める戦略に関心を示さない。ビジネス・ユニオニズムは自由主義の伝統が強く、階級形成が困難な社会で労働者を組織化する場合に適した戦略であるといえる。しかしビジネス・ユニオニズムといえども、労働者を社会的に包摂し、圧力団体として民主主義政治を推進する役割を果たすのであり、リプセットのいう民主的階級闘争の一変種と考えられる。ビジネス・ユニオニズムに対して、ソーシャル・ユニオニズムは、組合員の利害実現をより広い社会的文脈のなかに位置づける。すなわち自己利益の階級性を自覚し、社会改良を求め、階級間連帯や提携を模索する運動形態である。これは社会民主主義と適合的な戦略といえる。

ビジネス・ユニオニズムにしろ、ソーシャル・ユニオニズムにせよ、産業社会に特有の生産主義や物質主義に基づく運動であるのに対して、つまり直線的近代の産物であるのに対して、新たに登場した社会運動ユニオニズムは、脱物資主義的な価値や人権、とりわけマイノリティの権利保護や承認を擁護する新しい社会運動の価値を認め、それと連帯する。社会運動ユニオニズムは、再帰的近代に対応した労働運動の型ということができる。もちろんこうした区別は概念的なものであり、現実には三つの運動が混在する場合があるし、社会運動ユニオニズムはソーシャル・ユニオニズムの発展のなかで生まれることが多いので、両者は連続的に捉えられることもある。

労働運動、とりわけソーシャル・ユニオニズムは、様々な社会的勢力の動きを一つの物語として編む試みであった。しかしながらその正統性が認められ、既得権益を獲得するにつれ、労働運動は社会の変化に対応できず、新しい価値や社会運動に反発し、敵対することさえある。たとえば環境保全やジェンダー平等という価値を擁護する運動は、一般的に学歴水準の高い中間層の運動であり、これに対して生産主義や男性権威主義の強い労働運動は、必ずしも同情的ではなかった。また移民労働力に対しても、移民の存在が賃金低下に結びつくことを警戒し、敵対的になるケースがしばしばみられる。さらに雇用が柔軟化し、非正規雇用が増加すれば、正規雇用中心の労働組合は、一部の恵まれた層の利益を守る排他的な存在になりかねない。社会運動ユニオニズムは、硬直化した労働運動を柔軟化し、再活性化しようとする動きであり、ソーシャル・ユニオニズムの新たな展開といえよう。社会運動ユニオニズムが示唆するのは、労働運動が労働者の権利と利益を守るためには、新たな環境に適応した開かれた運動に合流し、そのなかで新たなアイデンティティを確立する必要があるということである。

ビジネス・ユニオニズムからソーシャル・ユニオニズムに移行し、そのなかで社会運動ユニオニズムを積極的に取り入れ、労働組合の活性化を試みている事例として、本節ではカナダの労働運動を取り上げる。カナダの労働運動は、歴史的にアメリカ労働運動の圧倒的影響下にあった（Babcock 1974）。しかし一九七〇年代から自立化を推進し、今日では自由主義レジームのなかにあって例外的な組織力を保持している。

非アメリカの国カナダ

アメリカとカナダは、自由主義レジームに属する。自由主義レジームでは、市場を通じての福祉提供の役割が大きく（とりわけ企業福祉）、公的福祉は、いわゆる残滓的アプローチによって最低限に抑えられ、したがって「小さな政府」が実現していると考えられる。確かにOECDの基礎的データをみる限り、両国の社会保障給付は先進諸国のなかで最低レベルに属する。二〇一一年のOECDデータによると、二〇〇七年段階で公的社会支出の対GDP比は、アメリカ一六・二%、カナダ一六・九%であり、これらの数字は、先進諸国のなかではオーストラリア（一六%）とともに最下位グループに属し、OECD平均一九・三%を大きく下回る（http://www2.ttcn.ne.jp/honkawa/2798.html、二〇一三年八月一日閲覧）。

年金をみれば、加米両国の制度はよく似ている。公的年金の給付は低く抑えられ、企業年金や個人貯蓄制度が大きく発達している。しかも企業年金においては、確定給付型から確定拠出型（いわゆる401k）への移行が顕著である（新川＝ベラン 2007: Beland and Shinkawa 2007）。しかしカナダには、アメリカにはない税方式の老齢保障年金が一階部分としてあり、しかも低所得者には、これに加えて補足的年金保障が提供される（新川 1994: 1999）。

医療保障における両国の違いは、より顕著である。周知のように、アメリカでは公的健康保険は高齢者用のメディケアと貧困者用のメディケイドに限定され、一般被用者は企業の契約する民間保険に加入している。もちろん、失業者もいれば、保険契約をもたない劣悪な労働環境も多くあるため、アメリカには未保険者が数多く存在する。他方カナダをみれば、全国民が公的健康保険に加入している。健康保険制度は州の管轄に属するが、各州は連邦の設ける基準に従うことによって連邦政府から補助金を受け取っており、全国どこでも均質な医療サービスが受けられる。したがって、実質的にカナダは、一元的な公的健康保険制度を実現しているといってよい。ちなみにカナダでは、慣例的に医療保障制度は健康保険（health insurance）と呼ばれているが、保険料納付を医療サービス利用の条件とすることは一九八四年に制定されたカナダ保健法によって明示的に禁じられている。このようにカナダの医療保障は、普遍主義的なものであり、今日カナダをアメリカと分かち、国民統合を象徴するものとまでいわれる（Evans 1993: 新川 1999）。(19)

こうした社会保障制度の違いは、両国の類似性、密接な関係からは不可解に思われる。両国ともに自由主義思想が強く、移民の国であり、連邦制を採用している。カナダはその貿易のほとんどをアメリカに依存しているだけではなく、日常的にテレビ、雑誌、新聞、対人的接触を通じて、アメリカ文化の甚大な影響下にある（Flaherty and Manning eds. 1993）。こうした事情を考えれば、アメリカで社会主義が存在しないなら、カナダにも存在しないだろうと思いたくなる。確かにヨーロッパと比べれば、カナダもまた社会主義の弱い国ではあるが、アメリカと比べれば、はるかに強い社会主義の伝統をもつ。両国の違いを説明する議論として、リプセットの「革命と反革命」仮説がよく知られている。アメリカの独立戦争が革命であったのに対して、カナダはイギリスの自治領として連邦が結成された。したがって保守勢力が温存され、アメリカ革命のとき王党派がカナダに流入した。この流れがアメリカの反政府的な徹底した個人主義に対して、「よき統治（政府）」を求めるカナダの集団主義的傾向につながったといわれる。ただ実際にカナダに流れ込んだ王党派の数は限られており、この言説自体が創られた伝統といえる（細川 2007）。また保守主義、集団主義という点では、ケベック州におけるカソリシズムの影響も無視できない。

王党派にしろ、カソリシズムにしろ、保守的なものであって、社会主義とはむしろ対抗関係にあるように思えるが、カナダにおいては自由主義が保守主義と社会主義の相互浸透を促した。カナダはアメリカほどではないにしろ、やはりロック流自由主義の強い国であって、その自由主義への反発を契機に保守主義と社会主義は結びついたのである。自由競争や過度の個人主義に対して、保守主義は社会的公正の観点を強く打ち出し、福祉国家を擁護する。こうした傾向はケベックのカソリシズムに依拠した労働運動やナショナリズムだけでなく、英系カナダの保守主義のなかにも強くみられる。政治学者ガド・ホロウィッツは、その源泉をレッド・トーリィに見出している（Horowitz 1968：1987）。レッド・トーリズムの代表的論客であったジョージ・グラントは、資本主義、その権化であるアメリカの脅威に対して、仏系と英系カナダ、保守主義と社会主義の連帯を主張した（Grant 1965）。こうしたグラントの思想は、カナダの社会主義者にも強い影響を与えた。社会主義者たちもまた、アメリカ流自由主義への対抗としてカナダのナショナル・アイデンティティを求めたのである。

このようにカナダでは、アメリカ同様自由主義がメイン・ストリームであるとはいえ、自由主義の両側に保守主義と社会主義が存在し、この二つはイデオロギー的に対極にあるが、ともに集団主義という共通項をもち、これが自由主義への歯止めとして働いた。しかしカナダの場合、このような集団主義が、一つの国民の物語を編むことはなかった。英系と仏系という二つの民族が対抗的に存在していたからである。第四章で詳しくみるように、カナダでは国民統合は多文化主義によって実現することになる。

カナダの労働運動は、カナダ独自の多文化主義の発展と並行して、アメリカの影響から脱し、カナダ化していった。カナダの労働組合は歴史的にアメリカの労働組合の指導下にあり、ビジネス・ユニオニズムであった。しかし、一九七〇年代以降独自路線を追求する、いわゆるカナダ化が進んだ。結果としてアメリカ労組は分裂と衰退の道を辿ったのに対して、カナダ労組は相対的に組織防衛に成功してきた。カナダ労働運動は、グローバル化の時代、アメリカ自由貿易圏内にあって、新自由主義に対抗する社会運動ユニオニズムを展開している。

労働戦線統一まで

カナダでは一九世紀前半から組合結成の動きが散見されたが、経営者の圧力、それを支援する国家権力の介入によって、それらの組合はいずれも短命に終わった。組織的に安定した労働組合が生まれたのは、一九世紀の後半、アメリカ型の労働運動が浸透するようになってからである。まず注目されるのは一八六九年フィラデルフィアで服飾産業労働者の間で生まれた「高貴にして聖なる労働騎士団（労働騎士団）」（Noble and Holy Knights of Labour）である。それは、単なる職工組合ではなく、全労働者の団結を標榜し、入念な儀式、誓約によって結ばれた秘密結社であった。一八七〇年代になると、神秘のヴェールを脱ぎ捨て、八〇年代中葉にはアメリカ、カナダで勢力を拡大する。最盛期にはアメリカで七〇万人が加盟していたといわれる。カナダ側の数字は明らかではないが、トロント、モントリオール、バンクーバーなど主要都市でかなりの数の労働者が加盟していたことは間違いなく、オンタリオ州だけで二万八〇〇〇人いたといわれる。ただ実際の数はこの倍、さらには三倍程度にまで上るのではないかともいわれる（Palmer 1992: 121–123）。

労働騎士団には、経営者の加入も認められていた。ただし銀行家、医師、弁護士、株主、酒造業者などは、非生産的であるという理由で排除された。移民や黒人、そして女性といった周辺的な労働力にも門戸を開き、とりわけ女性の組織化に労働騎士団は大きく貢献したといわれる。とはいえ、労働騎士団は、アジア系移民に対しては敵意をむき出しにし、中国人労働者排斥を加米両国で積極的に支持した（当時としてはごく普通のことではあったが）。一八八六年をピークに、労働騎士団は急速に衰退する。一八九〇年にはメンバーが一〇万人程度に激減していたといわれる。その理由として戦略的稚拙さや非民主的組織運営など、様々指摘されるが、労働騎士団の全労働者の生活改善を求める理想主義路線に対して経営者が警戒心を強めていったこと、それを背景に運動を自分たちの賃金と労働条件改善に限定する「パンとバター」組合主義（ビジネス・ユニオニズム）が台頭したことが大きい。一八八六年、アメリカではＡＦＬ（American Federation of Labor）、カナダでは、ＴＬＣ（Trades and Labour Congress of Canada）が生まれ[20]、クラフト・ユニオニズムが勢力を伸ばした。二〇世紀に入ると、労働騎士団の影響力は労働運動から消え去った（Palmer 1992: 148–154: Babcock 1974）[21]。

ＴＬＣは、設立当初はサミュエル・ゴンパース率いるＡＦＬの労働組合主義とは一線を画し、イギリス労働運動の影響を受け、労働党結成を謳っていた。しかし、ＡＦＬとの関係が緊密になっていくにつれ、ゴンパース流の政治的な無党派主義、政治的中立主義が支配的になる[22]。とはいってもカナダでは社会改革を求める急進的労働組合が

TLCの外で一定の勢力を保ち続けた。ケベックに勃興したカソリック・ユニオニズムがそうであるし、ロシア革命が起こると、共産主義者たちがワン・ビッグ・ユニオンを結成する。社会主義者A・R・モッシャー（A.R. Mosher）は、一九〇八年CBRE（Canadian Brotherhood of Railway Employees）を組織し、一九一七年にはTLC加盟を果たすが、一九二一年TLCから追放されると、ワン・ビッグ・ユニオンやその他のTLCから排除された左派組合の統一を画策し、一九二七年ACCL（All Canadian Congress of Labour）を結成する（ただし共産主義者は一九二九年に脱退し、主たる傘下労組はCBREのみとなる）。

AFLの要請によって、TLCは一九三九年、CIO系労組の追放に乗り出す（CIOは一九三八年AFLから独立した産業別組合会議）。追放され組合とACCLが合体して、一九四〇年にCCL（Canadian Congress of Labour）が生まれる。一九四〇年代、カナダの労働運動は共産主義者叩き（commie bashing）の時代であった。TLCはもとより、CCL、CIO系の労組内でも赤狩りが行われる。当時CCLの三分の一、CIO系の半数は「共産主義者」であると批判された。しかし多くの「共産主義者」はマルクス主義の教義に通じているわけではなく、実践のなかで行動主義と戦闘性を高めていった結果、最左翼に位置づけられるようになったにすぎない（Palmer 1992: 290–292）。

一九五〇年代に入ると冷戦やマッカーシズムの影響によって共産主義者はほぼ完全に排斥され、これが労働組合運動の戦線統一の地ならしとなった。さらに重要なのは、戦時立法（勅令一〇〇三号、カナダ版ワグナー法と呼ばれる）によって、労働組合が組織化の自由や団体交渉権を獲得したことである。戦後連邦による一元的労働立法（一九四八年労働関係争議調査法）の動きは、一九五〇年最高裁判決によって挫折するものの、フォーディズム体制の出現に促され、経営側は基本的労働権を認め、労使和解体制実現へと動いた。このような労使和解を背景に一九五六年TLCとCCLは統合され、CLC（Canadian Labour Congress）が生まれた。この動きもまた、直接にはアメリカににおけるＡＦＬ－ＣＩＯの誕生に影響されたものであった。

このようにカナダの労働運動は、その揺籃期から長らくアメリカ労働運動の動向に左右されてきたが、ＣＬＣは結成当初からアメリカ労働運動からの自立を目指し、政治的中立主義を採用しなかった。ＣＬＣは、組合員の政治教育に力をいれ、社会改革を求め、社会民主主義政党であるＮＤＰ（New Democratic Party）を支持する。公共部門の組織化が進むと、カナダの労働運動は急進化していく。公共部門では争議権が制限されており、労組がそれに対する抗議活動を組織すると、連邦・州政府から処分を受け、一層対決姿勢を強めるというパターンが繰り返されたためである。(23)

カナダの労働組合の自立性、労働運動の急進主義が顕著になったのは、一九七〇年代中葉からである。一九七三年石油危機後先進諸国はスタグフレーションに悩まされており、カナダも例外ではなかった。当時、政権にあった自由党ピエール・トルドーは、一九七五年感謝祭の日に賃金物価統制策を公表する。スタグフレーションのなかでインフレ対策を最優先し、消費の過熱を抑えるため賃金上昇を抑制することにＣＬＣ会長ジョン・モリスは理解を示し、コーポラティズム的三頭制を目指そうとするが、ほとんどの労働組合はトルドー声明に強く反発し、モリスの動きは内部から官僚主義と批判され、窮地に陥ったモリスは一転して賃金物価統制反対の先頭に立つ。

トルドーは一九七九年に一度政権の座から滑り落ちるものの、翌八〇年選挙で復帰、八二年には新たなインフレとの戦いを宣言し、今度は公共部門に対象を絞って賃金抑制を目指す。この時代、一九七五年のＣＵＰＷ（Canadian Union of Postal Workers）の職場放棄から八一年のＣＵＰＥ（Canadian Union of Public Employees）のストに至るまで、連邦管轄内でストが一七回闘われており、労働損失日は延べ一八六万日に上る。そしてその八割は、ＣＵＰＷによる三度のストによるものである。公共部門でのストが長期化すると、政府は職場復帰立法によって強制的にスト中止を命ずる。一九五〇～六九年の二〇年間に職場復帰令が出されたのは、連邦・州併せて一〇回にすぎなかったが、七五～八七年間だけで五八回発動された（Palmer 1992: 356-358）。トルドーはもともと社会改革派として知られ、一九六八年首相となってからは、多文化主義政策を含め進歩的政策を推進しており、七四年連邦下院選挙では、トルドーは進歩保守党の賃金物価統制案に反対した。したがって一九七五年の賃金・物価凍結令は、多くの労組にとって寝耳に水であり、トルドーによる裏切りに思われた。しかもトルドーは、賃金抑制に労組の理解協力が得られないと知ると、トップ・ダウン方式でこれを強行した。このような手法が、労組の一層の反発を買ったことは間違いない。

トルドーは、政策的にはリベラルであったが、他方において熱烈な連邦主義者であり、連邦維持のために国家権力を用いることに躊躇はなかった。その最たる例として、いわゆる「一〇月危機」が挙げられる。一九七〇年ケベック解放戦線はケベックの独立を求め、イギリス外交官（ジェイムス・クロス上級商務官）、ケベック州労働大臣ピエール・ラポルトを誘拐した。これに対して、トルドーは戒厳令を敷き、テロには屈しない態度を示す。不幸にもラポルトは殺害されてしまったが、トルドーの断固たる姿勢は国民の強い支持を得る。しかしトルドーの決断主義、国家主義的なアプローチは、物価賃金統制においては裏目に出てしまった(24)。トルドーの強硬姿勢は、カナダ労働運動の急進化と対決主義を加速し、図らずもアメリカ労働運動からの離脱、自立を促したといえる。トルドーは、カナダ経済のアメリカからの自立を目指し、失敗したが、皮肉にも労働運動の自立、カナダ化には成功したのである。

一九八四年に誕生した進歩保守党ブライアン・マルローニ政権は、労組指導者を全国経済会議に招き、政労使から構成される労働市場生産性本部を積極的に活用するなど、当初労働組合に対して懐柔的態度を示す。しかし、マルローニ政権にとって、最優先課題はトルドー時代に冷え切った加米関係をいかに修復するかであった。とりわけ経済界に友人の多いマルローニ首相にとって、強大なアメリカ市場へのアクセスを維持強化することが最大の関心事であった。マルローニが加米自由貿易を推進しようとしていることが明らかになると、保守政権と労組との関係は悪化する。ＣＬＣは自由貿易圏構想を、カナダの社会的・経済的・文化的環境基準とカナダ生活様式を破壊するもの、賃金・労働条件の基準を引き下げ、団結権や団体交渉権を弱体化させるものとして批判し、大々的な反対キャンペーンを展開した(25)。

結局カナダ労働運動は、自由貿易圏の進行を阻止することはできなかったが、労組は自由貿易圏のなかでカナダがアメリカ化することに対して反対運動を継続的に展開している。たとえばカナダ国民の誇りともいわれる公的健康保険の維持・改善への取り組みがある。一九九〇年代に入ると、公的健康保険は危機を迎える。巨額の財政赤字に悩む連邦政府は、州への財政移転を減額し、これに対して幾つかの州は、病院閉鎖、入院のベッド代や食事代、洗濯代など、ホテル・チャージといわれる部分についての患者負担や混合診療の導入によって対抗する。病院閉鎖は、従来から問題となっていた診療、とりわけ手術までの待機時間の延長をもたらし、結果として社会的富裕層はアメリカで治療を受けるという医療の二層化を促進した。連邦政府の動きは二層医療保障を制度的に認め、固定化することになると危機感を強めた労働組合は、医療保障を守る活動を始める。なかでも目覚ましい活躍をみせたのが、ＣＵＰＥである。ＣＵＰＥは、公的保険制度を守り、強化するために、州横断的な個別訪問キャンペーンを展開する。労働組合代表、保健医療専門家や地域活動家が共闘し、健康保険擁護連合を築くが、ＣＵＰＥはその中核として、個別訪問キャンペーンの企画から実施までを担った（Mehra 2006）。このような草の根キャンペーンが、連邦政府によるロマノウ委員会設置の背景となった。ロマノウ報告について、ここで詳しく紹介する余裕はないが、ロイ・ロマノウはカナダ健康保険の生みの親といわれるトミー・ダグラスの衣鉢を継ぎ、長らくサスカチュワン州首相を務めた人物であり、彼に報告書作成を依頼した時点で政府の方針転換は明らかであった。ロマノウ報告は、待機時間の解消や情報公開促進など市民の期待により迅速かつ的確に対応することを求め、連邦政府は直ちにこれに応じ、州政府への移転費を大幅増額を決定した(26)。

CUPEは全国に多くの小さな支部をもつ。この分散的性格が、地域での連帯を築く上でプラスに働いたといわれる。とはいえ、労組が日ごろから地域住民の信頼を勝ち得ていなければ、このような連帯は不可能である。この文脈で注目されるのが、一九七〇年代以降の労働運動のカナダ化、アメリカからの自立である。さきにカナダ労働運動の急進化を指摘したが、それはアメリカ流のビジネス・ユニオニズムからソーシャル・ユニオニズムへの移行を意味していた。つまり急進的行動は、単に自分たちの利益の擁護ではなく、社会的不公正や不平等是正を求める運動を実現したのである。労組にとって、自分たちの雇用保障・賃金・労働条件が何よりも重要であるというのは、その通りであろう。しかしソーシャル・ユニオニズムは、自らの利益をより広い社会的文脈に位置づけ、その言動をより包括的な社会改革構想へと結びつける（Palmer 1992: 371-373）。

カナダにおけるソーシャル・ユニオニズムは、多文化主義の台頭を背景に社会運動ユニオニズムへと発展する可能性を当初から孕んでいた。医療保障縮減に反対するコミュニティ連合を結成する際、労組は社会保障関係支出の削減によって最も侵害されるのはマイノリティの権利であることを理解し、社会的マイノリティとの連帯を強調した。このことは、労組の利害関心（とりわけCUPE内の病院関係労働者）を、カナダの多文化主義社会の特徴（社会的少数派や少数民族の多様性）とうまく結びつけ、運動が労組を超えた社会的弱者を守るためのものであるというメッセージを明確に打ち出し、社会的連帯の輪を広げることを可能にした。(27)

労働組合組織率

表2-1（五六頁）に戻ると一九七〇年の労働組合組織率はアメリカが三〇％、カナダが三一％と両国の間にほとんど差はないが、一九八九年の数字ではアメリカは一六％へと半減したのに対して、カナダは四ポイント上げて三

五％となり、明暗を分けている。アメリカはその後も一貫して組織率が低下し、二〇〇八年には一一・九％となっている。カナダも二九・五％と落ち込んでいるものの、なおアメリカの三倍近い組織率を維持している（http://www2.ttcn.ne.jp/honkawa/3817.html、二〇一三年八月一日閲覧）。

カナダの組合組織率を支えたのは、公共部門や公益産業における組織化の成功である。現在公共部門では七割以上の組織率を誇っているのに対して、民間では二割程度にとどまっている。カナダで最大の労働組合はＣＵＰＥである。直訳すればカナダ公務員組合となるが、地方公務員を中心に病院関係者、看護師、教員、その他社会サービスや公益関連産業労働者等を含む。ＣＵＰＥはＣＬＣの勧告に従って、一九六三年に二つの公務員関係組合が統合して誕生したが、当初傘下組合員数は八万人弱にすぎなかった。それが一九七〇年代中葉には二〇万人を大きく超えるカナダ最大の労組となり、二〇一三年現在では六〇万人を超えている（http://cupe.ca/about、二〇一三年八月一日閲覧）。

一九六〇年代に病院関係労働者、とりわけ看護師の組織化が各州で進んだことがＣＵＰＥ拡大の原動力となった。看護師のような準専門職は、医師のような専門職に対して賃金が著しく低く、それに対する「埋め合わせ賃金」を求める声が当時強まった。彼らの多くは州法によってストライキ権を奪われていたが、実力行動を辞さない強硬な態度で団体交渉に臨み、州政府による職場復帰命令に抗しながら、闘争のなかで組織を強化していった。同様の過程が、小中学校教師の間でも起こった。看護師はもちろん、小中学校教師のなかでは女性の割合が高く、これらの職種での組織化は女性の組織化を促した。女性労働者の間での組織率は一九六七年から七六年の間に一七％から二七％へと上昇した（男性の組織率は四〇％以上）。一九七〇年代中葉にはすでにＣＵＰＥの組合員の四割は女性であり、現在では半数を超えている。パートタイム労働者の組織化においてもＣＵＰＥは成果をあげており、全組合員の四分の一以上がパートタイム労働者である。

近年の性別組織率の動向をみると、女性の組織率のほうが男性よりも高い。二〇〇四年に両者の組織率はほぼ並び、その後二年ぐらいは同程度で推移したが、二〇〇七年になると女性の組織率が三一・八%に達し、男性の組織率三一・二%を上回った(28)。女性の組織率は一九七〇年代中葉から四〇年かけて五ポイント程度上昇しているが、一九七六年までの一〇年間で一〇ポイント伸びたことを考えれば、実はそれほど大きな伸びではなく、むしろ男性の組織率が運輸・卸売・製造・情報・文化・レジャー産業、天然資源産業などで下がったことが男女組織率逆転の大きな理由である。

ＣＵＰＥは多様な業種に携わる組合を抱え、その傘下組合員は「揺りかごから墓場」までのサービスを提供するといわれている。出産、保育、教育、学校事務、大学の教育補助、コミュニティ・センター、水道やガス・サービス、徴税から墓堀まで、市民サービスのすべてにＣＵＰＥの組合員が従事している。ＣＵＰＥ傘下の地方組合は二〇〇〇を超え、その六割は一〇〇人以下の小さな組織である。このように傘下組合員の職域地域が多様なため、ＣＵＰＥ内には今日四〇〇〇を超える団体協約が存在するといわれる。六〇万人を超える組合員の利害は錯綜しており、一つの方向にまとめることは必ずしも容易ではない。しかし多様な職場や地域ネットワークは全国的な運動の展開においては、大きな力となる。ＣＵＰＥは、ケベックとニューブランズウィックでは、病院、長期療養施設、学校、社会サービス関連を包括する団体協約を締結しており、強力な団結力を実現している（Stinson and Ballantyne 2006: 145–147）。ＣＵＰＥに続く大規模労組は、やはり公共部門と民間を跨ぐＮＵＰＧＥ（National Union of Public and General Employees）であり、三四万人の傘下組合員数を誇る（http://www.nupge.ca/content/5941/frank-oleary-striking-labatt-worker-right-&-just、二〇一三年八月一日閲覧）。そのほかにも教員や公共サービス関連などに軸足を置いた労働組合が組合員一〇万人以上の主要労組として名を連ねる。公共部門の優位は、一九七〇年代から顕著になった。

主要労組のほとんどは、ＣＬＣに属している。ＣＬＣは、カナダ最大のナショナル・センターであり、組織労働の約七割、三三〇万人（二〇一三年現在）を傘下に収めている。ＣＬＣは一九五六年設立当初からアメリカ労組からの自立（カナダ化）を目指していたと指摘したが、チームスターズ・カナダ（Teamsters Canada）のＣＬＣ再加盟は、カナダ化の成功を象徴するものといえよう。チームスターズ・カナダはアメリカ本部との一体感が強く、ＣＬＣのカナダ化に反発し、一度は除名された。しかし一九七〇～八〇年代に主だったアメリカ労組カナダ支部は自立化を果たし、チームスターズ・カナダもその流れのなかで、一九九二年に再加盟することになった。

カナダ労働運動の戦闘性

労組の戦闘性は、トルドー政権の対決主義によって燃え上がった。一九八二年トルドーは退陣するが、その後も加米（後に北米）自由貿易圏のなかでカナダ労組の戦闘性は傑出している。

カナダの労働争議件数は長期にわたって増え続け、とりわけトルドー政権との対決姿勢が強まった一九七五年に一気に一〇〇〇件以上に達し、そのレベルがトルドー政権末期の八一年まで続き、その後は増減を繰り返しながらも、長期的に減少している。しかしこれをもって、カナダ労組の戦闘性が衰えたとはいえない。ＣＵＰＥは、一九七〇年代から恒常的に、とりわけ一九九〇年代前半には深刻な賃金抑制、定員削減の攻撃に晒されながらも、大量解雇を阻止し、実質賃金の上昇を実現してきた。ＣＵＰＥは、こうした成果は組合が行動的であり、戦闘的であったことによると自負する。「労組は、民主的である限りにおいて、強い。活動的である限りにおいて、強い。そして職場での労働者の権利、コミュニティでの市民の権利を守るために団体行動をとりうる限りにおいて、強い」（Stinson and Ballantyne 2006: 158）。

民間で最大規模のカナダ自動車労組ＣＡＷ（Canadian Auto Workers Union）は、自動車関連以外の労働者を組織化することで組合員を増やしてきた。ＣＡＷは、経営側に譲歩を重ねるアメリカ自動車労組（ＵＡＷ）に反発し、一九八五年カナダ支部が独立して生まれた。当初一二万人であった組合員数は、二〇〇四年には二六万五〇〇〇人に達した。CAWの組織拡大は、CUPEとは対照的に、自動車関連分野を超えてなされてきた。航空会社労組と小売労働者労組を吸収合併し、病院や保健部門での組織化も行った結果、女性や民族的少数派、非正規雇用の組合員も増え、二〇〇四年現在で、自動車関連労働者は全体の五割強にすぎない。

鉄鋼労働組合やチームスターズなども、CAWと同じような組織拡大戦略を採っている。CLCの従来の方針では、労働組合は特定産業分野の労働者を代表するものと考えられていたが（同じ条件や環境下にある労働者のほうが団結しやすく、またそのような労働者の組織のほうが使用者との団体交渉においても有利であると考えられた）、産業の雇用人口が減少しているところでは、産業分野横断的な組織化によって組合員の減少を阻止する動きが強まる。しかし他産業への進出は既存の産業労働組合との間に軋轢を生むし、他産業の組合を統合すれば、「乗っ取り」という批判が生まれる。さらに深刻な問題は、産業横断的な組織においていかにして組合員の団結・連帯を維持するかである（Bickerton and Stinson 2008: 171）。

CAWは、労働組合の力とは単に数ではなく、目的実現のために組合員を動員する力であり、政治的力であると断言する（Robentson and Murnighan 2006: 164-165）。「大衆行動組織化の成功は、労働運動形成の上で決定的に重要である。ストライキや集会、行進、職場占拠は、歴史的にみて、『運動』を労働運動へと鍛え上げる。それらの行動は、もっている力を誇示するだけではなく、将来闘う能力を強化する。……兄弟姉妹と腕組み立ち向かう力は、われわれを奥深くから鍛え、永遠に消えることがない。『連帯』という言葉や『労組がわれわれを強くする』といったフレーズが意味をもつのは、他の労働者とともに共通の闘争のなかにあるときである」（Robertson and Murnighan 2006: 173-174: cf. Yates 1993）。

カナダ労組の再生戦略

グローバル化、自由貿易圏形成、労働の柔軟化といった逆風のなかで、カナダ労組は比較的組織防衛に成功している。とはいえ、やはり後退局面にあることは否定できない。既述のように、カナダでは、公共部門では組織率が高いが、民間の組織率は二割程度にすぎない。しかも民間のなかで雇用者が五〇〇人を超える事業所では組織率が五割あるのに対して、それ以下になると一六％程度と極端に低くなる。さらに近年、非正規雇用の拡大が著しい。雇用者のうち三四％が precarious、いわゆる不安定雇用（パートタイム、不定期、契約、臨時、「自前」など）である。(29) こうした非正規雇用の拡大は、未組織労働者を増やし、労組組織率を低下させている（Kumar and Schenk eds. 2006: 53）。

このような逆風のなかでカナダの労働組合がどのような組織防衛と再生戦略を展開しているのかを、公共部門からＣＵＰＥ、民間からはＣＡＷを取り上げ、みてみよう。ＣＵＰＥは一九八九年大会で「一九九〇年代に向けてのＣＵＰＥ」なる政策方針を採択し、外部からの挑戦に対して内部的結束を固める戦略を打ち出す。翌年全国幹事会は、全国五つのブロックを代表する委員と二名の事務局から成るコミッションを設置し、組合再生戦略を練った。コミッションが提起した行動方針の概要を述べるなら、まず州レベルで小さな組合の統合を促進するとともに、小さな組合のＣＵＰＥへのコミットを強化するため、それらの代表の総会参加を補助する基金を設ける。オルグを増やし、組織化を進める際に重要なポイントとして、オルグ対象に帰属する活動家を育てる。たとえば女性の組織化であれば女性、若年者の組織化であれば若年者、少数民族の組織化であればその民族出身の活動家がオルグするのが効果的と考えられる。教育プログラムにおいては、ＣＵＰＥが七〇年代から取り組んできた社会的差別是正や人権擁護について、一般組合員のみならず、活動家や指導者層に対して教育の場を設けることの必要性が説かれている。

ＣＵＰＥの組織拡大戦略の大きな特徴は、公共部門、公益産業に組織化を限定し、他の分野に進出しないことである。これは共通の労働条件・環境があるから組合員は団結、共闘できるという認識に基づく。ＣＵＰＥはすでに全国的に多様な職種を抱えており、今以上に多様化が進めば組織の結束力にとってマイナスになるという現実的判断も働いているであろう。ＣＵＰＥは民営化や公益事業の民間委託に対して、強い反対運動を展開している。たとえば水道事業の民間委託に関しては、各地で市民グループと協力して調査を実施、民間委託の水質管理上の問題を指摘し、官民提携の動きを牽制してきた。オンタリオ・ハイドロは最終的に民営分割化されたものの、ＣＵＰＥは、ＣＥＰ（Communications, Energy and Paperworkers Union）と共闘し、訴訟闘争を展開し、一度は民営化を阻止した。病院経営の民間委託についても、イギリスの事例を詳細に調査、その知識を各地の福祉擁護団体に提供し、共闘体制を築いている。民営化や事業委託が行われてしまった場合、ＣＵＰＥは本来公共的に行われるべき（と彼らが考える）業務に携わる者たちについては、ＣＵＰＥの組合員と同様の賃金、労働条件を要求する。それは連帯構築にプラスなだけでなく、将来的に業務を公共部門に戻すことを容易にするためである(30)。

ＣＵＰＥは反民営化とともに、反グローバル化も掲げている。グローバル正義基金を設け、メキシコや南米での北米企業の行動に目を光らせ、時には現地労働組合や活動家たちに調査資金援助を行っている。このような国際的連帯の動きも、常に地域レベルでの情宣や学習活動に依拠しながら、進められる。組合は組合員のものであり、組合員の考えから離反すると組合は生き残ることができないと考えるからである。したがって「組織されたもの（組合員）の組織化」が労働組合再生の大きな鍵となる。一般組合員が組合に対して疎外感を抱かないように、団体交渉、地域での市民グループと協力しての人権擁護・環境保護運動、国際的連帯、すべてのレベルにおいて、労組員の教育と再オルグが展開される(31)。

ＣＡＷは、自動車産業労働者を中心とする組織でありながら、北米自由貿易協定締結後も、階級意識と社会的連帯に基づく運動を展開していた。すでにみたように、CAWによれば、労組の本当の強さは、数（組織率）ではなく、目的達成のために組合員を動員できる能力であり、政治的影響力である。組合員が組合は自分たちのものだと感じて、初めて組合は効果的な行動を生むことができる。組合員がそう感じるためには、労組が組合員の選好を反映し、完全な参加を認め、労働者の技能・理解力の開発を奨励する必要がある。労組員の教育のために重要なのが、行動であり、闘争である。闘争を通じてこそ指導部から一般組合員まで団結を実感できる。闘いは、いわば日々の教育であり、組合を形成する源なのである（Robentson and Murnighan 2006: 173-174）。

CAWは、組合員だけでなく、すべての働く者を守るより厳しい法規制と平等な所得配分を実現することによって、社会的保護プログラムを拡充することを目指し、グローバル化に抗して国内外で連帯を求める行動を展開している。「社会運動と組合が連帯することは決して容易ではない。そこには常に緊張があり、それは結束を脅かすかもしれないが、新たなダイナミズムを生むかもしれない。……新しい社会運動は、労働組合を必要としている。われわれは、社会変革のためのより広範な運動を形成するために必要な財政資源、組織規律、指導層、活動家をもち、企業の出方を熟知している。労組は、新しい社会運動の一部でなければならない。一九三〇、六〇年代にそうだったように」（Robentson and Murnighan 2006: 171-172）。

自分たちが何ものであり、社会とどのように結びついていくべきか、その意味と動機を与えるのは、文化である。CAWは、この点を明確に意識している。「私たちの最大の強みの一つは、組合文化である。文化が団結と動機を与える。異なる部門や世代の組合員を一つに結びつける。それは、私たちが誰であるか、何をなしているかを、私たちが直面する挑戦を、そしてそれにいかに取り組むかを教えてくれる物語である。私たちが語り続ける物語は社会変革の大きな構想であり、社会正義へのたゆまぬ情熱である」（Robentson and Murnighan 2006: 174）。アメリカの労働組合について、CAWは次のように語る。「カナダの（アメリカとの――訳注）違い、とりわけ私たちの組合の違いは、私たちが資本に反撃する能力と意志をもっていることである。私たちは、自動車会社の理屈、たとえば今日、とりわけアメリカでいわれているような、退職年金や健康保険が深刻な問題であるというような理屈を受け入れることは出来ない。真の問題は何かを見極め、政府や企業にそれと取り組むように強いなければ、労働運動はズルズルと後退してしまい、弱体化する。それが、今アメリカで起こっていることなのだ」（Robentson and Murnighan 2006: 177）。

自由貿易の圧力を最も強く受ける産業にありながら、CAWがこのような戦闘性を維持できたのは、カナダのほうがアメリカよりも労働コストがかなり低いという事実があった。CAWが結成された当時、カナダはアメリカよりも時間当たり労働コストで八ドル安かったといわれ、その後ほぼ二〇年間はこうした優位性を維持していた（Caulfield 2010: 148）。カナダの労働コストが低かったのは、カナダが充実した公的健康保険をもつためアメリカのように高額な民間保険契約を結ぶ必要がなく、カナダドル安が常態化していたためである。しかし近年カナダドルが強くなり、しかもUAWが大胆な賃金・企業福祉の削減、さらには非正規雇用を受け入れ導入するようになったため、カナダの労働コスト上の優位性は消失し、カナダの自動車工場は真っ先に合理化の対象に挙げられるようになった。

CAWはUAWの「過度の」経営側への譲歩を批判してきたが、一九九二年からCAWを率いてきたバズ・ハーグローブは、二〇〇七年に入ると柔軟路線へと急旋回する。同年三月ハーグローブは、クライスラーのオンタリオ州ブラムプトン工場において、既得権の縮減に同意しなければ、同工場は閉鎖に追い込まれると警告した。一〇月には、ハーグローブは反労働組合で名高いマグナ・インターナショナル（自動車部品巨大メーカー）のオーナー、フランク・ストロナックと「公正枠組」合意を結び、CAWは、無期限のストライキ放棄、労働者苦情手続きの変更などを条件にマグナでの組織化を許されることになった。「マグナ・ディール」に対しては一般組合員のみならず、指導部内からも強い批判が生じたものの、ＣＡＷ前会長ボブ・ホワイトは「『新しい現実』に対応するもの」とハーグローブの決断を称賛した。その後ＣＡＷは、「マグナ・ディール」に準じて、ＧＭ、フォード、クライスラーと賃金・労働条件の見直しについて合意する（Caulfield 2010: 179-196）。

このように資本の国外逃避という圧力に晒されて、ＣＡＷは一転ＵＡＷに追随したが、それでもなお組織衰退の流れを食い止めることはできなかった。二〇一三年の傘下組合員数は一九万五〇〇〇人であり、二〇〇四年時点と比べると七万人減となっている。こうしたなか、二〇一三年八月三一日ＣＡＷは、二年近くに及ぶ交渉の末ＣＥＰと合併し、新組織ＵＮＩＦＯＲを立ち上げた。傘下組合員三〇万人を誇る民間最大労組の誕生である。ＵＮＩＦＯＲの運動を評価するにはなおしばらくの時間を要するが、そのホームページをみれば、ＵＮＩＦＯＲは、民間における組織率が著しく低下したため、減税、労働市場規制緩和、企業主導の自由貿易協定といった企業寄りの政策に労働組合が効果的に対抗できなかった点を反省し、組合員の職場での権利を改善し、組合の恩恵を未組織労働者やその他の利害関係をもつカナダ市民に拡大するような強力かつ効果的な組合建設を目指すことを謳っている（http://www.unifor.org/en/about-unifor/history-mission、二〇一四年三月一一日閲覧）。ＵＮＩＦＯＲは、かつてのＣＡＷよりは穏健であるが、二〇〇七年以降のＣＡＷのＵＡＷ化、もしくは再アメリカ化に一定の歯止めをかけようとしていることは間違いない(32)。

以上のようにカナダ労働運動は、グローバル化、北米自由貿易圏のなかにあって、経営側と一体化することなく、組合独自のアイデンティティを維持し、多様な社会的勢力と連帯する社会運動ユニオニズムを展開しているといえる。

リベラル・デモクラシーの基本には、民主的階級闘争がある。しかし労働者階級の政治主体としての衰退は「階級の死」論争を巻き起こし、階級論の今日的意味が問われるようになった。この問いに的確に応えるためには、まず階級論をめぐる混乱を整理する必要がある。階級論は一つではない。批判者が念頭に置くのは、いわゆるマルクス主義的な階級論であるが、これとは一線を画するヴェーバーの階級論が存在し、権力資源動員論は、ヴェーバーの階級論に依拠することによってSCAモデルの陥穽を避け、文化政治を理論的に取り込むことができる。

階級を権力資源とし、それを民主主義的枠組のなかで党派的に動員すること、これがリプセットのいう民主的階級闘争である。民主的階級闘争こそ、二〇世紀リベラル・デモクラシーを成立させる原動力であった。資本主義のフォーディズム的展開、それがもたらした豊かな社会の到来によって階級を権力資源とする党派政治は希薄化し、「階級の死」が公然と唱えられるようになったが、二一世紀の今日、グローバル化のなかで世界の階層化やリスク社会化が進行し、階級政治の新たな可能性を探る動きが生まれている。たとえば民主的階級闘争を、国家横断的な階級論によって乗り越えようとする動きがある。しかし一国内における労働運動が衰退するなかで、それに代わるものとしてグローバルな階級連帯を考えることは非現実的である。国際連帯は、国内的な労働運動の再生の延長線上にしか描くことはできない。

労働運動再生の鍵は、労働運動が社会運動として、新たな市民的連帯を誘発し、民主主義政治の刷新に貢献できるかどうかにある。そのような一つの例として、いささか詳しくカナダの労働運動の展開をみた。カナダの労働運動は、ビジネス・ユニオニズムからソーシャル・ユニオニズム、そして社会運動ユニオニズムへと発展することによって、社会的連帯の要の役割を果たしている。新自由主義が猛威を振るう北米大陸において、階級的な言辞と行動によって組織を防衛し、政治的影響力を維持しようとするカナダ労働運動の事例は、言説戦略としての階級を考える上で示唆に富むものである。そこでは階級的言説は労働者階級の再形成を求めるというよりは、新自由主義に抗し、多様な市民の連帯を実現するために動員されている。

権力資源動員戦略として今日重要性を増しているのが、社会的階層化の契機、文化政治の可能性である。しかしこれについて詳論する前に、次章ではグローバル化と新自由主義化によるリベラル・ソーシャル・デモクラシーの変容を考察する。そのことによって、なぜ文化政治が今日新たな左右対立の軸として重要性を増してきたのかが明らかになるはずである。

註

（1）今日資本家という範疇は企業の法人化、所有と経営の分離によって実体概念としてはあまり意味のないものになっている。むしろそれは資本の利益を追求する役割を担う者たちであり、資本と労働という関係から生まれる範疇である。

（2）いうまでもなく、歴史的事実として労働者階級が福祉国家形成以前は国際的連帯主義者であり、愛国主義者ではなかったということではない。

（3）階級論に関する読本について、一九九〇年代までに公刊されたものを紹介しておこう。最も網羅的なものとして、Scott ed.（1996）がある。編者たちによるマルクス階級論のコンパクトで明晰な紹介によって高い評価を得たのが、Lipset and Bendix eds.（1959）である。より近年の編集としては、Levine ed.（1998）がある。フェミニズムの立場からの論争の整理として、Crompton（1993）を参照のこと。これらと、Giddens and Held eds.（1982）を併せ読むと、階級論をめぐる諸問題がほぼ網羅的に理解できる。

「階級の死？」論争については Lee and Turner eds.（1996）が主要論文の抜粋を収録している。本書ではそれらの抜粋論文を参照した場合は、オリジナルの刊行年を示した後に in Lee and Turner eds. 1996 と表記する。同書に収められていても、書きおろし論文についてはこの限りではない。

（4）アメリカ政治学において主流であった多元主義理論では国家概念は用いられなかったが、そのことによって政治が単に社会の声を反映するだけでなく、社会を創りかえていく側面が無視されてきたという批判が起こり、国家概念を再導入する動きが生まれたのは一九八〇年代半ばであった（Evans, Rueshemeyer, and Skocpol eds. 1985）。

（5）とはいえマルクス＝エンゲルスが階級概念を創作したわけではないし、初めて産業社会分析に使用したわけでもない（Williams 1976: 60–69）。

（6）イギリス労働者階級の形成に関する歴史研究をリードしたのはマルクス主義者のE・P・トムスンやホブズボームで

あった（トムスン 2003：ホブズボーム 1968）。それらのニュー・レフト史観の見直しとして、たとえばマックウィリアム（2004）を挙げておく。

現代政治分析においては、ネオ・マルクス主義者の Miliband（1969）や Poulantzas（1978）の仕事が国家論の再興を招いた。日本におけるネオ・マルクス主義の階級分析については、橋本（1999）第三章を参照されたい。

（7）日本において戦後しばらくの間、社会科学といえばマルクス主義を指すといわれるほどにマルクス主義は知的権威／脅威であり、その影響はとりわけ経済学において絶大であった。ただし政治学をみると、マルクス主義政治学の理論紹介があるとはいえ、実証研究にはほとんど影響を与えていない（田口 1973：加藤 1986）。

一般的には、高度経済成長を背景に「平等社会論」や「国民総中流論」などが広く支持された。しかし「国民総中流化」といわれる現象が、実は資産に裏付けられた中流階級への帰属意識ではなく、「暮らし向きが普通」という漠然たる「中」意識にすぎないことは夙に指摘されている。濱嶋朗は、中流についての様々なイメージを提示し、あらためて中流への帰属を確認するという方法をとり、結果として「中」意識支持率（七七％）に比べ、中流帰属意識支持率（四五％）が遥かに低くなることを実証的に明らかにした（濱嶋 1991：第九章参照）。「中」意識をもつ者の大半は（「中の上」と「中の下」を併せて）、階級帰属意識では中産階級ではなく労働者階級に属すると考えている。また一九七九年の一三カ国の比較研究では、「上、中の上、中の中、中の下、下」という分類で自己申告させると、先進国（西ドイツ、アメリカ、イギリス、フランス、カナダ等）、発展途上国（フィリピン、インド、ブラジル等）を問わず、九割以上が「中の中」を選択している（渡辺＝スコット 1998：126,130-131）。このように「上、中、下」のいずれかを選べといわれれば、「中」を選ぶのが、洋の東西、経済発展の違いを問わず、一般的な傾向なのである。

今田高俊は、職業階層の開放化と流動化とを区別し、わが国において高度成長下で進んだのは流動化であり、格差のメカニズムは温存され、八〇年代における生活水準の停滞、格差拡大は、高度成長の終焉によって流動化が収まり、こうしたメカニズムが再び表面化したために生じたと指摘している（今田 1989：121）。今田は、さらに「現在、階級用語が用いられるとしたら、よほどアナクロ的でないかぎり、洒落て笑い飛ばすか、言葉遊びで用いられる程度である。……もはや階級は社会的現実を適切にあらわすカテゴリーではない」（今田 1989：148）と記している。ただし、「高度経済成長期には階級政治が地位政治によって駆逐された」（今田 1989：126）という判断については、異論がある。たとえば原純輔は今田と同じデータを用いて、政党支持、帰属意識において階級の重要性が失われてしまったわけではないと指摘する

（原 1993: 101-120）。また橋本健二は階級カテゴリー（資本家、労働者、新中間層、旧中間層）のほうが、政党支持、帰属意識に対する影響力が職業的地位より大きいと主張した（橋本 1999: 24-27）。

（8）アルフォード指数とは、まず労働者階級のなかで左翼政党に投票した者たちのパーセンテージを計算し、次に労働者階級以外で左翼政党に投票した者たちのパーセンテージを引くことによって得られる。インデックスが大きいほど、階級ラインに沿った投票行動が行われているとみなされる。たとえば、労働者階級の七五％が左翼に投票し、中間階級の二五％が左翼に投票したとすると、アルフォード指数は五〇になる。

（9）ただし南欧三カ国（ギリシア、ポルトガル、スペイン）では一九八〇年代以降も社会主義政党が勢力を維持しており、これらの国を含めた一六カ国の平均は、八〇年代三二・四％、九〇年代三一・二％、二〇〇〇年代二九・二％へと改善される（Moschonas 2011: 53）。

（10）ただしヨーロッパ諸国の場合、労働組合の組織率が低くても、労働協約の被用者への適用率は高いのが一般的であり、組織率の低下が直ちに労働組合の影響力低下を意味するわけではない点は注意を要する。たとえば日本の場合労働協約によってカバーされる労働者は一六％にすぎないが、ドイツの場合は六二・五％に達している。フランスの組織率は七・七％にすぎず、アメリカの一一・九％よりもまだ低いが、アメリカの労働協約適用率が一三・七％であるの対して、フランスでは九〇％に達している（OECD 2011）。

（11）橋本（1999）は、ＳＣＡモデルに適合的なマルクスの所論をマニフェスト・モデル（『共産党宣言』モデル）と呼び、これと異なるマルクス階級論の可能性を論じている（橋本 1999: 32 以下）。なおマルクス（とエンゲルス）の階級への主要な考察は、Giddens and Held eds.（1982）に収録されている。マルクスの階級概念を網羅的かつ丹念に検討した労作として、渡辺（1996）がある。

（12）訳文一部変更。

（13）すでにみたように、レーニンにおいては労働者階級が革命的主体となるためには前衛党からの意識注入が必要であることが強調されており、その戦略的思考は法則性重視の立場とは一線を画する（Lenin 1969）。

（14）もっともライトは、階級間の搾取を強調するものの、実証研究のアプローチにおいては非マルクス主義者であるゴールドソープと大きな違いはみられない（Breen and Rottman 1995: 59-80; Crompton 1993）。

（15）ヴェーバーの「階級、地位・身分、党派」について、渡辺（1997a）が、批判的な立場から詳細に検討している。なお

J・スコットは、ヴェーバーの「階級、地位・身分、党派」という枠組を「階級、身分、命令」と置き換えるが、渡辺雅男が指摘するように、これは権力の配分と行使を混同した分類であり、賛同し難い（Scott 1996；渡辺 1997b）。

（16） 邦訳『危険社会』（1998）では「再帰的近代」ではなく、「自己内省的な近代化」となっているが、その後ベックは、ギデンズ、ラッシュとの共著（1994）において、reflexive modernization が reflection（反省、省察）ではなく self-confrontation（自己対決、単純な近代化が生み出したリスクとの対決）を意味すると指摘しているので、本書では「再帰的近代化」の訳を採用する（Beck, Giddens, and Lash 1994: 5-6, 176-177）。また訳書で用いている「危険」という表現を「リスク」に変えている。今日ではリスクという概念が一般的に用いられるようになったと判断したためである。さらに「工業社会」という表記は本書の表記にあわせて「産業社会」に変更している。

（17） 渡辺雅男によれば、一九七〇年代の日本の平等神話はOECDの『OECD諸国における所得分配』（通称「セイヤー報告」）に基づく。そして村上泰亮（1984）の議論が、日本中流社会論を決定づけた。もちろんこうした風潮への批判がなかったわけではない。渡辺雅男は、セイヤー報告に対して、日本政府提出の資料は農家や単身者を含まないデータであり、所得分布が実態以上に平等に表れているという石塚唯雄の批判を紹介している（渡辺 2009）。

（18） 当事者に極めて近い視点から問題を抉り出そうとする論者もいる。杉田俊介は、フリーターは階層であり、その認識は、他人の手によって与えられるものではなく、「自分たちの手で発見され、創出される」という。そして「学者先生や自称評論家などに軽蔑的に命名された『フリーター』ではなく、自分たちの独力で再定義され、しかも『よりよい定義』を目指して延々と書き直され続ける、自発的な《フリー労働者》へと転化したい！」と叫ぶ（杉田 2005: 26）。杉田は、やがて極限状況のなかでなお自由意志を仮想すること、自分の選択や行為の結果にあえて責任を取ることを提唱し、「自由の価値はこの私の個体性にかかわる」（杉田俊介 2005: 25）と主張する。杉田は、自分の主張はいわゆる自己責任論とは異なるとし、アレントやベンハビブを読みながら、「むしろ、政治／生活（生存）の決定不能性のゾーンからこそ、その拡張と社会化を通してこそ、アレント的な公共性とは違う、本当の《公共性》の光がわれわれの社会の隅々にまであまねく差し込んでいくのではないか」と期待する（杉田俊介 2005: 35）。

雨宮処凛は、貧困のなかでフリーターの心の支えが「先進国である日本で生まれた」ことくらいしかなく、その漠然とした「感覚」がナショナリズムに容易に絡めとられることを指摘している（雨宮 2007a: 86; 2007b）。

（19） 包括的にカナダとアメリカの違いをに論じたのが、社会学者のS・M・リプセットである（Lipset 1990）。

(20) カナダの主要な全国組織は、Trades and Labour Congress of Canada, Canadian Congress of Labour, Canadian Labour Congress など、邦訳するとほとんど同じになってしまうので、邦訳ぜす、アルファベットの略称のみを用いる。

(21) ゴンパースの自伝では、ＡＦＬは当初労働騎士団との協力関係を築こうとしたが、労働騎士団の分裂工作ゆえに決裂したとしている。「労働騎士団との協調などたわごとです。彼らは使用者同様、労働組合の大きな敵です」（ゴンパース 1969a：284）。ＴＬＣはＡＦＬのように労働騎士団に完全に敵対することはなく、ＴＬＣ指導者のなかには労働騎士団にも所属するものが少なからずいたことから、カナダではアメリカ以上に労働騎士団の影響力が残ったといわれるが、組織としての存在感がほとんどなくなったことは間違いない（Palmer 1992）。

(22) ゴンパースの政治的中立主義は、若いころに抱いたラディカリズムへの不信感に基づいていた。「過激主義や扇動主義の言説が、規制社会の各方面の力を労働運動に対する反対に向かって結集させ、このことが、まともで必要な運動を進めるに当たっていかに大きな制約となっているかを私は悟った。労働運動の指導を安心して任せられるのは、日々の労働によってパンを得る経験が心にしみこんだ人たちだけだということを私は悟った」（ゴンパース 1969a：108）。後に彼は自らの労働組合主義について、「賃金引き上げ、労働時間の短縮、一週に少なくとも一日の休日というようなことは、一政党の一候補に投票することよりも、わが国の労働者の生活と進歩にとって重要な意味をもっている」と端的に言い表している（ゴンパース 1969b：214）。ゴンパース主義については、Kaufman（1973）、小林（1970）、佐々木（1977）も参照のこと。

(23) この辺りの事情は、日本の公共部門労組とよく似ている（新川 1997：2007）。

(24) 反インフレ審議会は、政府のガイドラインを超える賃上げに対しては、調査に基づき撤回命令を下す。その執行に際しては、無制限の罰金と最長五年の禁固刑を課す権限が与えられた。トルドーは、「何人かの労組指導者を三年も牢屋にぶち込めば、他の者たちもわれわれのメッセージを理解するだろう」と語ったといわれる（Panitch and Swartz 1993：25）。

(25) ここまでの労働運動史の記述は、割注にある Palmer（1992）のほかに、Morton（2007）を参照している。

(26) その背景には好景気による財政の改善があった。ロマノウ報告に至る経緯については、新川（2006）を参照されたい。

(27) 労働組合の女性差別、同性愛者差別、人種差別等への取り組みについては、Hunt and Rayside eds.（2007）を参照のこと。

(28) ここでの組織率はカナダ独自の統計に基づくものであり、非組合員であろうとも団体協約下にある労働者を組織労働者としてカウントしているため、組織率が若干高めになっている（Statistics Canada 2008）。

(29) ここでいう「自前」とは、使用者が雇用の各種コストや負担を避けるために生じている偽装的なものであり、実際には最底辺労働者である。

(30) ＳＥＩＵ（Service Employees International Union）は、ＣＵＰＥのように組織化対象を限定せず、企業レベルでの交渉単位としてＳＥＩＵを認めさせようとする。その場合、その企業内で本来公共部門が担うべき業務に携わる者たちとそうでない者たちを区別することはできなくなるが、組織拡大にはつながる。

(31) 以上ＣＵＰＥについては、割注のない限り、Stinson and Ballantyne（2006）を参照した。

(32) 近年のカナダ労組の戦闘性と団結力を表す格好の事例を紹介しよう。ラバットといえば、モルソンと並ぶカナダを代表するビールメーカーであるが、一九九五年ベルギーのインベブに買収され、国際的なビール企業の一部になった。二〇一三年三月ニューファンドランド&ラブラドール州のセントジョンズ工場労働者たちは、経営側から示された労働協約案は従来彼らに認められてきた権利を奪い、二層雇用制を認めることになると判断してこれを拒否、全会一致でストライキに突入した。経営側の合理化提案は、すでにみた自動車産業と同様の動きであるが、セントジョンズの労働者たちは、これと対決する道を選んだ。そして一一カ月のストを戦い抜き、二〇一四年二月に職場復帰を果たした。

工場労働者の数は、わずか四五人にすぎなかったが、ニューファンドランド&ラブラドール公共部門・一般労働者組合（ＮＡＰＥ）、全国組織ＮＵＰＧＥ（National Union of Public and General Employees）が全面支援を行った。三四万人労働者を率いるＮＵＰＧＥ会長のジェイムス・クランシーは、「ストライキに入ったとき、彼らはカナダ国内だけでなく、国際的なビール工場労働者のために立ち上がった。国際コミュニティは、彼らの犠牲的行為を知り、信じられないほどの連帯で応えてくれている」と語った（http://nupge.ca/content/11207/nupge-solidarity-striking-labatt-workers-newfoundland、二〇一四年三月一六日閲覧）。

ＮＵＰＧＥは、セントジョンズ工場の闘いはインベブの国際的合理化戦略に抗するものであり、セントジョンズの敗北はカナダ、そして国際的なビール工場労働者の敗北につながると主張し、わずか四五人の工場の闘いに象徴的意味を与えた。ＮＵＰＧＥは、ラバット・ビールの不買運動を展開し、ＣＬＣもこれに同調した。その効果のほどについては見解が分かれるが、経営側がラバット・ビールのイメージ低下を怖れたことは想像に難くない。新たに結ばれた協定では、労働側は賃上げを勝ち取る一方、早期退職制度の導入を含む雇用柔軟化戦略を認めており、この妥協案が生み出す効果については今後の経緯を見守るほかないが、そもそもこのような長期ストが全国組織の支援の下に闘われたというところに、グローバル化に抗して労働者の権利を守ろうとするカナダ労働運動の質と力量が示されているといえよう。

第三章　リベラル・ソーシャル・デモクラシーの変質

今日私たちはなお資本主義経済と民主主義政治のなかにいる。しかし福祉国家を支えたフォーディズム的蓄積体制、「埋め込まれた自由主義」と「民主的階級闘争」という文脈が失われて久しい。大量生産大量消費型のフォーディズムは、生産の柔軟化と消費の多様化（規格化された差異化）、経済のサービス・情報産業化によって終焉を迎え、「埋め込まれた自由主義」はグローバル化に取って代わられ、民主的階級闘争は衰退している。つまり福祉国家を成立させた歴史的条件は失われたのである。もちろん文脈が変わったからといって福祉国家が直ちに消滅するわけではなく、改革が繰り返されている。本章では福祉国家再編が従来の超党派的合意の破綻の後、新たな合意体制の下で進行していることを明らかにする。かつての超党派的合意体制は、平等性を重視したリベラル・ソーシャル・デモクラシーであった。しかし今日、右における新自由主義、左における「第三の道」の台頭によって、超党派的合意は変質した。リベラル・ソーシャル・デモクラシーは、自由競争を重視するリベラル・ソーシャル・デモクラシーへと移行したのである。

1　脱近代／再帰的近代

脱近代（ポストモダン）なる視点から福祉国家の限界と終焉を説く議論を拾い上げてみれば、福祉国家構想が前提とした標準的男性稼得者世帯の崩壊（離婚率の上昇、一人親世帯の増加、新たな家族形態の出現）、福祉国家の推進力となった階級政治の衰退、フォーディズムといわれる資本蓄積体制の終焉、女性やその他の社会的に周辺化されてきた社会的少数派（民族的少数派、ゲイ、高齢者、障害者）の承認、単一の福祉提供者としての国家の正統性のゆらぎ、さらにはグローバル化による国家能力の減退などが指摘される（Harvey 1990; O'Sullivan 1993; Rodger 2000; Carter ed. 1998; Petersen, et al. 1999）。本節では、それら膨大な議論のなかから脱フォーディズムと脱産業化、ポストモダンと福祉国家について取り上げる。議論の展開上、前章と若干重複する部分がある。

脱フォーディズムと脱産業化

国内消費喚起のためのいわゆるケインズ主義政策、さらには購買能力を一定平準化する再分配政策や社会サービス需要の拡大といった福祉国家政策は、フォーディズムという資本主義段階に適合的なものであった。したがって脱フォーディズムは福祉国家の存立を危うくする、あるいはそのあり方を大きく変えることが予想される（Bell 1973; 1988）。脱フォーディズムの方向性は様々でありうるが、鍵概念は柔軟化であり、専門化である。あるいはピオーレ＝セイベルに倣って、「柔軟な専門化」といってもよい（Piore and Sabel 1984）。そのことが福祉国家に対してもつ含意は、大きくいって二つある。

一つは、フォーディズム段階で均質であった労働者階級が多様化することによって団結力が弱まり、組織労働の衰退は、翻って福祉国家の維持を困難にすると考えられる。もう一つは、労働の柔軟化や専門化は生活様式の多様化を促し、生活様式の多様化は中央集権的画一的国家福祉を時代遅れにする。第一の問題については前章で詳論した通りであるが、第二の問題は、雇用形態や労働条件の多様化に福祉国家の画一的政策パッケージでは対応できないという問題と国家福祉の拡充に伴う監視と統制の強化という問題に分かれる。しかし多元的福祉提供主体の創出と国家福祉の見直しの必要性を認めたとしても、それが直ちに国家福祉の縮減を意味するわけではない。脱フォーディズムにいう専門化・柔軟化が、市場の需要に応えうる高度専門職業人は別にして、一般事務職員の周辺労働力化を招くことは必至であり、そのことは国家による社会的保護の必要性を高める可能性がある（cf. Esping-Andersen and Regini eds. 2000）。

脱フォーディズムは、脱産業化とパラレルに進行する。脱産業化は経済のサービス化を意味するが、長期的にはサービス生産は物質財生産よりも生産性が劣るといわれる（いわゆる「ボーマルのコスト病」）。サービスの多くは労働集約的であり、合理化や機械化によって生産効率をあげることが難しいからである。経済成長が鈍化すれば、福祉国家財政を圧迫する。サービス雇用はまた、低技能、低賃金、短期雇用の場合が多く、こうした雇用下にある者は容易に社会的救済の対象へと滑り落ちる。したがってサービス産業は、潜在的に社会的保護のニーズを高める（cf. Pierson 2000: 2001: Esping-Andersen 1999a: Schwartz 2001）。

カッツェンスタイン等は、開放経済が手厚い社会的保護、福祉国家化を促すと指摘したが、アイヴァーセンによれば、実は貿易の拡大ではなく、サービス産業化がもたらす雇用不安こそが公的保障やリスク分担への社会的要求を高めた（Iversen 2001）。もとよりサービス産業化といっても、一九六〇年代のホワイト・カラー化と近年の知識基盤型産業化とを同列に置くことはできないだろう。しかし今日においてもサービス雇用の大部分は、小売り、卸売り、レストラン、ホテル、社会サービス等によって占められており、そこでの平均賃金は製造業に比べて低く、社会的保護をより必要とする傾向がある（Iversen and Wren 1998: 521）。このようにサービス経済化は、経済成長を鈍化させる反面、福祉国家政策の拡充を促す。結果として、経済のサービス化は福祉国家を潜在的ディレンマに陥れる。(1)

ポストモダンと福祉国家

現代福祉国家の実証研究に携わる者は政策指向が強く、福祉国家の理論的研究、とりわけフーコーの影響を受けたポストモダン福祉国家批判を無視ないし軽視してきた。従来の政策指向型研究においては、福祉国家は社会的良心によって発展してきたという説がみられるほど福祉国家は社会的進歩であり、「良きもの」であると考えられてきたのである（ブルース 1984 参照）。こうした楽天的な福祉国家「性善説」に冷水を浴びせたのが、ポストモダンからの批判であった。彼らは、福祉国家なるものが、近代啓蒙主義の所産であり、多様性、多元的価値を否定し（あるいは矯正し）、規格化・規律・監視を強めるためのメカニズムであることを指摘した（Squires 1990: Cater ed. 1998: Scambler 1998）。

これに対して、福祉国家擁護の観点から、脱近代の多様性や差異化に関心を集中させることは、過去二〇年間の商品化や市場リベラリズムの普遍化（世界化）という現象を無視したものであり、端的にいえばその結果として生じている新たな貧困、アンダークラスの問題を隠蔽するイデオロギー的煙幕にすぎない、あるいは福祉国家を解体せんとする保守派に迎合するものにすぎないという批判がある（Taylor-Gooby 1994）。ポストモダンが福祉国家の問題点を指摘するにとどまり、それに代わる新しいアイディアを提示しえておらず、結局保守派や新自由主義者を利するだけではないのかという不満は理解できる。しかし福祉国家が一つの権力作用であり、そこには人口を一定の枠に押し込め、規格化し、規律化しようという面があることは間違いない（畠山 1989: 杉田 1999: 金田 2000 参照）。

ポストモダンの福祉国家批判は、福祉国家再編の動きが再分配政策を国民訓育の手段として効率化する傾向をみせている今日、重要な対抗的視点を提供しているといえよう。

2　グローバル化と福祉縮減の政治

グローバル化

第一節では脱近代的現象のもたらす福祉国家への影響について考察したが、過去二〇年間関心が集中したのは、グローバル化がもたらす福祉国家への影響である。グローバル化は人の移動や情報の交換から生活様式や文化の標準化（アメリカ化）まで含む広い概念であるが、本節の主たる関心は資本の移動にある。当初グローバル化は、国家の自律性を制約し、福祉国家縮減への圧力になると考えられた（McKenzie and Lee 1991: Gill and Law 1989: Strange 1986）。グローバル化は、完全雇用と経済成長を追求する国家能力を侵食し（一国主義的経済管理の破綻）、賃金と労働条件の不平等を拡大し（資本の自由な移動は組織労働の戦略的地位を低下させ、労働コストの低い南側諸国との競争がこれに拍車をかける）、社会的保護システムと社会支出を抑制する圧力となる。要するにグローバル化は、一国政府の政策的自律性を著しく限定すると思われた（Scharpf 1991: 274-275: Kurzer 1993: 252: Mishra 1999: 15: Rodrik 1997）。国家があえて市場対抗的な政策をとれば、国際競争力の低下、国際市場の厳しい評価、さらには資本の国外逃避につながるため、国家の政策オプションは市場順応的な政策に限定される。福祉国家は資本の負担となるため、最低限にまで切り詰められる。いわゆる「最底辺への競争」（a race to the bottom）が生じると考えられる（Mishra 1999: 新川 2002）。

ハースト＝トンプソンは、国際化とグローバル化を区別することによってこれに反論する。彼等によれば、国際化においては、経済の開放性は増すものの、主要な経済単位は国内的なものにとどまり、国際的な経済活動は国内的なそれの延長として捉えられる。たとえば、多国籍企業は明らかに本籍をもつ。これに対してグローバル化においては、国民経済が国際経済システムのなかに包摂され、区別された単位であることをやめる。生産は、一国を超えた国際的分業によってなされ、企業は超国家的存在となり、一国政府がこれを規制することはできなくなる。経済の国際化は歴史的に循環的であり、可逆性があるが、グローバル化は全く新しい不可逆の現象であり、国民国家の自律性を損なう。ハースト＝トンプソンは、このように両者を理念的に区別した後で、今日グローバル化といわれる現象は、実は国際化にすぎないと指摘する（Hirst and Thompson 1999: cf. Gray 1998）。ギャレットは、こうした議論に呼応し、グローバル化が従来の自由貿易体制の枠組を質的に変えるものではなく、その延長線上にあると考え、それに対応するためにはなお伝統的な社会民主主義戦略が有効であると考えた（Garrett 1998a and b: cf. Talyor-Gooby 1997: Scarbrough 2000）。

ハースト＝トンプソンの議論は、グローバル化が歴史の必然であり、国家はひたすらこれに従うより仕方がないといった風潮を批判し、政治の可能性を改めて確認した点で意義がある。グローバル化が決して市場への政治の服従を強いるものではなく、むしろ政治のイニシアティヴによって生まれ、発展してきたものであり、政治の可能性を否定するものではないという主張は、グローバル化によって福祉縮減を正当化する言説に対しては有効な反論たりうる。しかし国際市場規模、情報産業技術の飛躍的発展からみて、第一次世界大戦前の国際化と現在のそれが同じものであるとはいいがたい。また資本の自由化が歴史的には新しい現象ではないにせよ、「埋め込まれた自由主義」体制で生まれた福祉国家にとっては未知との遭遇であったことを忘れてはならない（Mishra 1999: 5）。

リーガー＝ライブフリードは、グローバル化は改めて「埋め込まれた自由主義」を必要とするという。彼らによれば、グローバル化の圧力が強く、経済がより開放的になれば、福祉国家の縮減はより困難になる。社会政策の大幅な見直しは実は世界市場への依存度の低い国で起こっているのであって、グローバル化が直接福祉国家の見直しを惹起しているわけではない（Rieger and Leibfried 1998）。リーガー＝ライブフリードの議論は、グローバル化が国内的な社会的保護を要請するという他の議論と比べて、「埋め込まれた自由主義」を考慮している点で優れているが、グローバル化の時代に各国の貿易依存度の違いを過度に強調することはできない。貿易依存度の違いは、一国的経済管理を可能にする「埋め込まれた自由主義」下では確かに政治に大きな影響を与えた。しかしいまや解放された資本は、国外に逃亡し、福祉国家の負担を逃れるという選択肢をもつ。これは貿易依存度の違いにかかわらず、グローバル化が全ての国に対して加える圧力である。したがって、各国は「予想される反応（資本の国外逃避）」ゆえにできるだけ企業負担を減らし、福祉国家をスリム化しようとするという予測が成り立つ[2]。もとより国内市場の大きさによって国外逃避に耐える各国の能力は異なるだろうが、解放された資本を再び檻に入れ、飼い慣らすことは、どのような国であれ、単独ではできない。国際的な協調体制が必要となる。

福祉国家縮減は構造によって一方的に規定されているわけではなく、政治的な選択であり、グローバル化が福祉国家を縮減するという経済還元論は、政治的な言説である。福祉国家縮減がグローバル化という「外圧」によって必然化されると考えることで、政治に免罪符を与えるからである。確かにグローバル化のなかで福祉国家縮減は、政権の党派性にかかわらず推進された（Blair and Schroeder 1999; Giddens 1998; 2000; Ross 2000）。しかしこのことは、グローバル化が政治を一方的に規定していることを意味するものではない。確認できるのは、グローバル化という言説が左右を超え、超党派的に支持されたということである。福祉国家の超党派的合意であったリベラル・ソーシャル・デモクラシーとは平等と再分配を強調するものであり、いわばリベラル・ソーシャル・デモクラシーと表記できるものであったのに対して、グローバル化への超党派合意は自由競争を強調するリベラル・ソーシャル・デモクラシーであるといえる。「埋め込まれた自由主義体制」が終わり、新自由主義が台頭するなかでリベラル・

ソーシャル・デモクラシー体制は崩壊したかにみえたが、グローバル化言説によって新自由主義的な超党派的合意として生まれ変わったのである。

自由競争国家

脱フォーディズム、脱産業化、グローバル化（脱「埋め込まれた自由主義」）という流れが福祉発展から福祉縮減の政治への転換を迫った。しかし福祉国家の解体を標榜する動きが、まずイギリスやアメリカで生まれたのはなぜだろうか。イギリスは戦後福祉国家をいち早く実現したとはいえ、「黄金の三〇年」を十分享受できず（ＯＥＣＤ諸国のなかで最も経済成長率の低い国の一つであった）、脱商品化の制度化という点では大陸ヨーロッパや北欧の福祉国家に大きく水をあけられた。他方アメリカは、もともと福祉国家としては寛容性の低い（脱商品化の制度化の低い）国である。このような福祉国家負担が比較的軽い国々で福祉縮減の動き（福祉反動）が最初に生まれたのは、なぜだろうか。

権力資源動員論からすれば、こうした現象は福祉国家発展の鏡像として理解できる。福祉国家を推進する権力資源動員の弱かった国では、福祉縮減への抵抗力も弱い。自由主義的伝統の強いアメリカでは社会主義思想の影響が政党のみならず、労組においてもほとんどみられない。アメリカの労働組合組織率は低く、中央組織の傘下組合への統制力も弱い。労組は民主党の支持勢力の一つにすぎない。それでもアメリカは一九三二年フランクリン・ルーズベルトが大統領になると積極的な公共事業の推進、進歩的な社会保障改革や労働立法などの「大きな政府」路線がみられた。このような動きを支えたのが、都市労働者や南部人、マイノリティ・グループ（カトリック教徒、黒人、ユダヤ人など）などからなるニュー・ディール連合であった。

戦後アメリカのリベラルな（西欧的には「社会民主主義的な」）改革路線は、一九六四年大統領選挙で大きな挑戦を受ける。この年「小さな政府」と反共主義を唱えるバリー・ゴールドウォーターが共和党内で穏健派ネルソン・ロックフェラーを打ち破り、大統領候補になったのである。ゴールドウォーター陣営には、シカゴ学派の総帥ミルトン・フリードマンや後に大統領となるロナルド・レーガンがはせ参じた。結局この年の大統領選挙においては、偉大な社会構想と貧困撲滅を掲げたリンドン・ジョンソンがゴールドウォーターを退けたものの、ジョンソン政権はベトナム戦争の泥沼化、都市暴動の続発、経済の低迷に悩まされることになる。そして一九七一年八月一五日共和党ニクソン大統領は「新経済政策」を公表し、ドルと金の兌換性を停止する。これを契機に「埋め込まれた自由主義」は崩壊へと向かい、グローバル化への幕が開く。カーター政権時代にニュー・ディール連合は最終的に解体し、一九八〇年新自由主義の旗を掲げるレーガン政権が生まれる。

他方イギリスでは戦後労働党政権が成立し、世界で初めて福祉国家建設を果たし、第一章で指摘したように保守党もその枠組を基本的に受け入れ、バッケリズムといわれる合意の政治が生まれた。しかし経済が低迷するなか、一九六〇年代には早くも所得政策をめぐって合意の政治が揺らぎ、一九七〇年代に入ると労働党と保守党、両党内で急進派が勢力を伸ばし、両党は対決姿勢を強める。労働党のなかでは実質的に棚上げされてきた国有化から社会主義への移行という路線に戻ることを主張するスチュワート・ホランドの理論に影響を受けたトニー・ベンを中心とする左派が勢力を伸ばし、保守党のなかではミルトン・フリードマンのマネタリズムに共感するキース・ジョセフ率いる右派が台頭した。

一九七〇年に誕生した保守党エドワード・ヒース政権は当初市場主義によって合意の政治から訣別する姿勢を示したものの、やがて介入主義へとUターンし、ジョセフたち右派から批判を受ける。しかも景気刺激策によって生じたインフレーションを物価所得統制によって鎮静化させようとしたことに反発した炭鉱労働者組合（National Union of Mineworkers, NUM）のストライキに対して、ヒースは一九七四年二月総選挙に打って出るも敗北、退陣を余儀なくされる。一九七五年党首選においては右派の旗頭、キース・ジョセフが最有力候補であったが、ジョセフは舌禍事件によって立候補を断念、経験は浅かったものの、ジョセフの愛弟子とみられたマーガレット・サッチャーが代わって立候補し、党首に選出される。

他方ヒース政権を倒し、政権に返り咲いた労働党は、労働組合会議（Trades Union Congress, TUC）との合意に基づいて賃金抑制を実施するものの、TUCの方針は傘下組合によって守られず、賃金ドリフトが発生する。一九七八年冬、ついに基幹産業労組が大幅賃上げを求めてストに突入、病院や清掃サービスなどの公共部門もこれに続き、イギリス経済・社会は大混乱に陥る。いわゆる「不満の冬」の勃発である。公共サービスの麻痺に対する国民の強い不満を背景に、一九七九年五月マーガレット・サッチャー率いる保守党が政権を奪取する（吉瀬 1997：林 1999）。

レーガン、サッチャー両政権は、反労働組合の立場を鮮明にし、労使和解体制を名実ともに終焉させる。レーガン政権誕生直後の一九八一年二月から航空管制官組合（Professional Air Traffic Controllers Organization, PATCO）は連邦航空局と賃上げや労働時間短縮に関する団体交渉に入るが、交渉は長期化し、八月三日にはストに突入する。これに対してレーガン政権は、八月六日までに職場復帰しなければ全員解雇するという方針を打ち出す。結局PATCOの組合員約一万二〇〇〇人は全員解雇され、一〇月にはPATCOは交渉権と代表権を剝奪され、壊滅状態に陥る（萩原 1989：195-196）。

従来ヴォランタリズムの伝統の強いイギリスでは労働組合の運営や活動への政府の規制・介入は極力抑えられてきた。労働組合（活動家）の統制力は、この伝統によって守られてきたといって過言ではないが、サッチャー政権は数度にわたる法改正によってこのヴォランタリズムの伝統を切り崩した。主な改正項目を列挙すれば、クローズド・ショップの制限（最終的には廃止）、役員選挙や組合規定の改正、ストライキ決定などについて秘密投票による採決、第二次ピケッティングの禁止、政治資金規制、組合員登録の厳格化などがある。これらの法改正は、ヴォランタリズムを大幅に制限し、従来労働組合がもっていた機動力や凝集力を大きく削ぐものであったが、TUCは、これに対して効果的に反撃できなかった。サッチャー政権の労働法改正は、国民的反労働組合感情を背景に労働組合の「民主化」政策として正当化され、支持された。サッチャーの改革がヴォランタリズムの下でのボス支配を打ち破り、一般労組員の声を組合運営に反映する面をもっていたことは否定できないのである（増田 1989：254-257）。

一九八四～八五年、かつてヒース政権を退陣に追い込んだ炭鉱労働者組合（NUM）はついに反合理化（炭鉱閉鎖阻止）闘争に打って出るが、サッチャー政権はNUMとの対決に備え、ストやピケットに関する法改正をすでに済ませ、さらに石炭備蓄や非組合員の石炭輸送運転手の確保、火力発電所の石炭・石油両用化などを進めており、外堀は埋められていた。NUMの一年に及ぶ戦いは組織の底力を示したとはいえ、予め敗北を定められたものであった（増田 1989：260-262；今井 2008）。

他方福祉国家解体への動きをみれば、英米ともに、実はそれほど大きな進展はみられない。アメリカ最大の社会保障（年金）について、レーガン政権では支給開始年齢が引き上げられたものの、給付水準や年金基金運用については手がつけられなかった。サッチャー政権をみても、公的比例報酬年金の民営化や医療サービス提供への市場メカニズム導入に対しては世論の反対が強く、挫折を余儀なくされた。英米の新自由主義政権の福祉国家解体の動きが遅々として進まないことに着目したP・ピアソンは、制度の粘着性・抵抗力に着目し、福祉国家の「新しい政治」を提唱した(3)。彼によれば、階級をベースにした政治（彼の言葉では「旧い政治」）は福祉国家発展のダイナミズムを分析する上では有効であったが、福祉縮減を分析する上では役に立たない。階級政治に代わって、P・ピアソンが福祉縮減の政治を規定するものとして着目するのは制度である。制度は一度生まれると、それ自体を維持・再生産する持続力や抵抗力をもつようになる（Pierson 1994；1996；Weaver 1986；2005）。

制度・政策がそれ自体として抵抗力をもつというP・ピアソンの主張は、いわゆる歴史的制度論といわれるものである。歴史的制度論は福祉国家研究に大きな足跡を残したが、P・ピアソンの主張は、今日からみると制度の抵抗力を過大評価し、「グローバル化→福祉縮減」というマクロな流れを軽視しているといわざるをえない。皮肉なことに、アメリカでは共和党政権が倒れた後、そしてイギリスでは保守党政権が去った後に、従来親福祉国家とみなされたライバル政党がその政策指向を引き継ぎ、福祉国家解体を推進した。ニュー・デモクラッツのクリントン政権、ニュー・レイバーを掲げるブレア政権が、福祉における就労義務強化（いわゆるワークフェア）を敢行した。大陸ヨーロッパや北欧をみても、一九九〇年代就労義務強化や社会権の見直しが進行している。各国の改革は過去の制度遺産に規定されており、同じではないが、グローバル化という新たな国際潮流のなかで、各国のレジーム特性を超えた福祉国家の構造転換が進んでいることは間違いない（Peck 2001; Kykes, Palien and Prior eds. 2001; Palier ed. 2010; Bonoli and Natali eds. 2012）。

福祉縮減は、福祉国家の理想と美化されることもあるスウェーデンにおいても生じている。クレイトン＝ポントゥソンは、スウェーデン福祉国家の最大の特徴は社会サービスの充実にあるが、実はこの分野で重大な縮減が生じていると指摘する。彼らによれば、コスト増による国際競争力減退を懸念する輸出指向産業の労使連合による公共部門への攻撃が、福祉国家の危機をもたらしている（Clayton and Pontusson 1998）。かつてスウェーデン・コーポラティズムは、輸出産業労使の階級交叉連合によって促されたが、一九八〇年代後半以降このシステムは流動化し、九〇年代には崩壊する。一九七〇年代以降中央賃金決定は公共部門労組によって主導されるようになり、国際競争力に見合った賃上げという輸出産業の思惑から外れるようになっていたのである（新川 1997; 2007）。

アイヴァーセン＝レンは、脱産業化、サービス経済が経済成長の停滞をもたらすという「ボーマルのコスト病」を前提に、福祉国家の対応の多様性を理論的に検討する。彼らは、サービス経済の長期的な低生産性がもたらす問題を、雇用拡大、賃金の平等性、財政抑制のトリレンマとして定式化する。(4) サービス雇用を公共部門が中心となって吸収すると、賃金の平等性を保ちながら雇用拡大を行うことが可能になるが、これは財政を大きく圧迫することになる（社会民主主義戦略）。公共財政の膨張を避け、かつ雇用増大を民間主導で実現しようとすると、労働市場規制を緩和し、低賃金労働を認めざるをえない。これは必然的に賃金格差を拡大する（自由主義戦略）。労働市場規制を維持し（労働者の賃金や労働条件を保護し）、かつ財政の健全性を維持しようとすると、雇用は低迷し、失業問題が深刻化する（保守主義戦略）（Iversen and Wren 1998）。

ここでアイヴァーセン＝レンの図式にグローバル化という変数を導入してみよう。イギリスやアメリカにおいては、グローバル化に対してより自由競争を強化する新自由主義戦略で対応し、格差が一層深刻化している。OECDのデータでは二〇〇〇年代末のジニ係数をみると、アメリカは先進国中最高の〇・三八であり、イスラエル、ポルトガルがそれに続き、イギリスは〇・三四でイタリア、オーストラリアと並んでいる。ちなみに格差社会といわれる日本の数値は、〇・三三である（OECD 2012）。

グローバル化のなかで国際市場の監視が強まると、財政的膨張を伴う完全雇用と平等化を目指す社会民主主義戦略は困難になる。たとえばスウェーデンではかねてより同一労働同一賃金という平等化政策を産業合理化に結びつけ（同一労働同一賃金原則に耐えられる生産性をもった企業のみが生き残る）、そこから生まれる余剰労働力を積極的労働市場政策によって再教育・再訓練・再配置を行う政策（いわゆる「レーン＝メイドナー・モデル」）を取ってきたが、失業給付の所得代替率は高く、かつ積極的労働市場プログラムへの参加は任意であった。失業保険が切れると積極的労働市場プログラムに参加し、求職活動給付を受けながら、なお雇用機会に恵まれなければまた失業保険の受給資格を得ることができた。しかし、一九九〇年代の失業率上昇のなかで、積極的労働市場プログラムへの参加義務づけや給付水準の引き下げがなされ、制裁によって就労へと駆り立てる機制が強化された（宮寺 2008：Pontusson 1993）。

デンマークにおいても、スウェーデンとほぼ同じような改革がみられるが、そこでの労働市場の柔軟化はより大胆であり、スウェーデンのそれがアクティヴェイションと呼ばれるのに対して、フレクシキュリティと呼ばれる（宮本 2008）。フレクシキュリティとは、労働市場の規制を緩和し、経営側からみて使い勝手のいい柔軟な雇用を増やすとともに、雇用者全体にセイフティネットを張る政策である。柔軟性（flexibility）と社会保障（security）を同時に実現するものとして、フレクシキュリティ（flexicurity）といわれる。このような政策は、従来女性の労働力化が低く、男性稼得者の雇用保障が厚い、したがって労働市場が硬直的であった保守主義諸国で広く採用されるようになり（とりわけオランダのケースが有名である）、今日ではEUの経済再生戦略となっている。

保守主義諸国では、「黄金の三〇年」の後も手厚い雇用保障を維持していたが、やがて若年者の間で失業率が高くなり、いわゆる労働市場のインサイダー／アウトサイダー問題が顕在化する。政府はこれに対して当初早期退職制度の拡充によって対応したものの、この制度は政府の財政負担を膨大なものにしたため、結局労働市場規制緩和に着手し、正規雇用の既得権を弱めると同時に柔軟な労働力の活用を可能にするフレクシキュリティ戦略へと方針が転換された。しかしフレクシキュリティ戦略は、労働市場の格差問題を解消する「銀の弾丸」（万能薬）ではない。正規雇用と非正規雇用の格差は依然として大きく、女性が非正規雇用にとどまるという現象は解消されず、フレクシキュリティ戦略は結局男女雇用格差、デュアリズムを強化するものにすぎないとの指摘もある（Palier ed. 2010; Bonoli and Natali ed. 2012; 近藤 2009; 水島 2012）。

アイヴァーセン＝レンの枠組には入っていない家族主義レジームについてみてみよう。家族主義モデルは「小さい政府」を特徴としてきたが、南欧諸国をみれば、二〇〇七年時点ですでに社会保障支出ではどの国もOECD平均を上回っており、保守主義諸国に急接近している。しかも近年、南欧諸国は深刻な財政危機に見舞われており、財政余力は全くない（http://www2.ttcn.ne.jp/honkawa/2798.html、二〇一二年七月四日閲覧）。日本をみれば、社会保障支出の対ＧＤＰ比は近年ようやくＯＥＣＤ平均並みになった程度であるが、周知のように政府はＧＤＰの二倍を超える累積債務を抱えており、女性を労働力化するための政策を積極的に推進しているものの（男女雇用の平等化、育児・介護休暇の導入、ケア施設やマンパワーの拡充など）、公共部門の雇用を拡大することによって賃金格差を是正することはできず、むしろ労働市場規制緩和によって賃金格差拡大を助長してきた（新川 2009b）。

このようにみると、福祉国家は、そのタイプにかかわらず、グローバル化のなかで自由主義化を進めていることがわかる。共通にみられるのは労働の再規律化であり、自由競争の活性化である。近年盛んにいわれる社会的包摂の必要性は、自由競争の激化によって増している。自由競争は必ず勝者と敗者を生み出す。多くは敗者となる運命にあるが、彼らは「自発的に」再訓練・教育を受け、自由競争に再び参加していくことが期待される。そのための手助けをするのが、社会的包摂である。自由競争社会の維持・再生産のために、社会的包摂は不可欠のものといえる。

福祉国家の自由主義化は、福祉国家の変質をもたらした。福祉の就労義務強化によって、国家にとって最も重要な施策は誰もが市場で競い合うことができる環境を整備することになる。自由競争国家のレパートリーは、怠惰を矯正する罰則から能力開発のための社会投資まで多彩である。国家は、国内的に競争環境を整えるだけでなく、自らが競争するアクターとなる。すなわち資本逃避を引き起こさないために、国家は競って福祉国家改革を進める。さらに国家は、それ自体が競争の場となる。分権化、民営化、民間委託などを通じて、国家内に自由競争のモメントが導入される。福祉はいまや自由競争を実現する条件の一つとして位置づけられ、国民統合を担う機能は低下する。

福祉国家から自由競争国家への変質を嚮導したのが、新自由主義思想である。これについて、節を改めて、考察する。

3 新自由主義

第二次世界大戦後一九七〇年代前半までを資本主義経済の繁栄期、「黄金の三〇年」と呼ぶが、それはまさに福祉国家の全盛期であり、その終焉は福祉国家の存立構造を揺るがすことになった。一九七一年米ニクソン政権の新経済政策によって金とドルの兌換性が停止され、「埋め込まれた自由主義」の要ともいうべき「釘づけされた為替制度」が変動相場制へと移行し（ブレトンウッズ体制の崩壊）、スタグフレーションのなかでケインズ主義の権威は失墜し、新自由主義が台頭する。福祉国家的再分配政策は財政を肥大させ、市場経済の活力を奪う元凶とみなされるようになる。こうした新自由主義的言説は、グローバル化によって各国に浸透していく。新自由主義的言説が政治経済空間で主導権を握ることによって、社会保障は再分配効果や平等化ではなく、もっぱら財政均衡や持続（維持）可能性の観点から論じられるようになる（cf. Esping-Andersen 1999a : 1-3）。新自由主義は福祉国家を解体しなかったにせよ、そのあり方を根本から変えた。福祉国家は市場対抗的ではなく、市場順応的なもの、言い換えれば市場における自由競争を促進するものとして再編されることになった。

ここでいう新自由主義とは、いわゆるネオ・リベラリズム（neo-liberalism）を指す。二〇世紀初頭イギリスにおいて福祉国家の礎を築く重要な社会政策を前進させた思想はニュー・リベラリズムであり、これもまた翻訳すれば新自由主義となるが、本書では、混乱を避けるため、ニュー・リベラリズムについてはカタカナ表記を用い、新自由主義という表記は、ネオ・リベラリズム（neo-liberalism）に限って用いられる。以下、新自由主義という概念が一般にどのように用いられてきたかをみて、そこにどのような問題があるかを考え、概念の明確化を図ることにしたい。

Neo-liberalism という言葉をインターネットで検索すると、様々な解説が出てくる。E・マルチネスとA・ガルシアの署名が入った「新自由主義とは何か」というサイトを覗くと、新自由主義とはアメリカではほとんど聞かれない言葉であるが、過去二五年ほどの間に広く知られるようになった経済政策パッケージであるという指摘があり、その特徴として、市場支配、社会サービスへの公共支出削減、規制緩和、民営化、公共善やコミュニティの消去といったことが挙げられている（http://www.corpwatch.org/article.php?id=376、二〇一一年八月三一日閲覧）。この二人を引照する「新自由主義──起源、理論、定義」というサイトでは、グローバル化と新自由主義との密接な関係が指摘され、「新自由主義とは、市場の存在と働きがそれ自体として価値があるという哲学である」と指摘されている（http://web.inter.nl.net/users/Paul.Treanor/neoliberalism.html、二〇一一年八月三一日閲覧）。

ウィキペディア（英語版）を覗くと、新自由主義とは「新古典派経済学に依拠した経済・社会政策における市場本位アプローチであり、私企業、自由貿易と相対的に開放的な市場の効率性を強調し、したがって国家の政治的経済的プライオリティを決定する上で民間セクターの役割を最大化することを求める」と書かれている。続けて、新自由主義とは、通常こうした政策に反対する者たちが用いる言葉であり、支持者は用いないと指摘し、新自由主義という言葉には、批判的含意があることを示唆している（http://en.wikipedia.org/wiki/Neoliberalism、二〇一一年八月三一日閲覧）。

以上のようなランダムなネット検索から得られる新自由主義の一般的理解としては、それは市場原理主義と同義であり、批判的に用いられることが多く、アメリカではあまり用いられないということである。こうした理解はかなり浸透しているように思われるが、必ずしも正確ではない。まず新自由主義という言葉が、全くアメリカ国内で用いられなかったわけではない。ただしその意味するところは、一般的理解とは大きく異なる。佐々木毅はレーガン共和党の勝利を保守主義の勝利として位置づけ、ネオ・リベラリズムとは、「保守主義の台頭に対するリベラルの側からの新たな反応であった」と指摘している（佐々木 1993a: 91）。それはG・ハートからクリントン政権につながる流れであり、ケインズ主義的な政策は放棄するものの、なお社会改革、社会正義を実現する上で政府の役割が重要であることを認め、それを擁護する立場である（佐々木 1993a: 91-133）。保守主義とは、佐々木によれば、「ニューディール以来の政府の経済活動への介入を排し、アメリカ伝統の自由主義経済と市場機構への信頼を唱える立場」である（佐々木 1993b: 10）。つまりアメリカの文脈では、市場原理主義的な立場が保守主義であり、ネオ・リベラリズムはそれに対抗する、今なお改良主義的指向性をもつ立場ということになる。

しかし佐々木は、ネオ・リベラリズムが依拠するのはケインズではなくシュンペーターであり、「企業化魂への訴えと成長の重視は、彼らと供給重視学派との親近性を想い起させる」ものであるとも指摘している（佐々木 1993a: 103）。ネオ・リベラルは、アメリカ資本主義の伝統と結びつき、保守主義と見まがうばかりの政策を提唱し、伝統的リベラルからは、レーガンと同じ穴のムジナとみなされることになる（佐々木 1993a: 103-104）。すなわち新自由主義を批判する者たち、大きな政府にコミットしてきた伝統的リベラルからすれば、ネオ・リベラルは保守に等しく、市場原理主義と同じものにすぎない。

ところで新自由主義は、市場原理主義と同義なのだろうか。この問いに答えるためには、市場原理主義が何を意味するのかを明らかにする必要がある。ここで再度英語版ウィキペディアを参照すれば、市場原理主義とは、自由放任や自由市場経済の考えや政策が経済的社会的問題を解決する能力をもつという強い信念に対して向けられる侮蔑語であるとされている（http://en.wikipedia.org/wiki/Market_fundamentalism、二〇一二年二月二〇日閲覧）。侮蔑語であるというのは、この言葉が学問的というよりは政治的用語であることを意味しているが、それはさておき、市場原理主義とは自由放任主義と同義であり、自由市場経済を強く信奉するものと考えられていることは間違いない。新自由主義＝市場原理主義＝自由放任主義という図式が当てはまるのであれば、新自由主義とは「埋め込まれた自由主義」の時代が終わると、またぞろ登場した古典的リベラリズムということになる。つまり、新自由主義とは、新たな文脈で復活した古典的自由主義にすぎない。

しかし新自由主義の「新」には、それ以上の意味がある。そもそも新自由主義という言葉は、決して市場原理主義の批判者たちが勝手に創りだしたものではない。新自由主義という言葉が初めて使われたのは、一九三八年パリで開かれた「リップマン・シンポジウム」（Colloque Lipmann）であったといわれる（Peck 2010: 51）[(5)]。この会議には大西洋両岸の指導的自由主義経済学者たちが数多く参加し、その流れは一九四七年モンペルラン協会を生むことになる。人的ネットワーク形成において中心的役割を果したのは、オーストリア出身であり、アメリカに留学し、ウィーン大学、ＬＳＥで教鞭を取り、一九五〇年からシカゴ大学に転じたフリードリヒ・フォン・ハイエクである。ハイエクは、その後一九六二年ヨーロッパに戻り、ドイツ・フライブルク大学、オーストリア・ザルツブルク大学で教えた。

ハイエクが一九四四年に公刊した『隷属への道』はベストセラーとなり、彼は一躍時代の寵児となるが、そこで彼が展開した社会主義経済批判は決して時流に乗ったものではなく、堅牢な保守主義哲学に裏付けられたものであった。ハイエクは人間のもつ合理性の限界という認識に立って自由主義、市場経済を擁護し、社会主義であれ、ファシズムであれ、国家が経済に介入する中央集権的統制を厳しく批判したのである（ハイエク 1992）。ハイエクにあっては、保守主義と自由主義は不可分に融合していた。モンペルラン協会設立にあたって、彼が強調したのは、自由主義哲学の再建であり、現実にコミットし、ケインズ主義への代替肢を提示することであった。モンペルラン協会は、「埋め込まれた自由主義」体制のなかで経済学のヘゲモニーを握ったケインズ主義に対する自由主義者たちの最後の砦であった（Peck 2010: 49）。

ミルトン・フリードマンは、戦後シカゴ学派を率い、ハイエクと並ぶ新自由主義の代表的論客となった。彼は、マネタリズムを提唱し、生涯一貫してケインズ主義的需要管理を批判したと思われがちであるが、実は彼にとってモンペルラン協会設立への参加こそが、新自由主義への帰依を決定的なものにしたといわれる。若き日のフリードマンは経済政策に強い関心を示し、ニューディーラーの牛耳るワシントンで職を得たこともあった。確信的新自由主義者となってからも、彼はアカデミズムにとどまることなく、積極的に自由主義的社会改革を提唱し、政策現場に関わろうとする。一九六二年にはフリードマンは、新自由主義の啓蒙書『資本主義と自由』を出版し（同書は五〇万部を超える売り上げを記録し、その後も途切れることなく増刷されている）、一九六四年には「小さな政府」を唱えるバリー・ゴールドウォーター共和党大統領候補を支持し、一九八〇年レーガン政権が誕生すると、必ずしも成功しなかったとはいえ、政策助言者として影響力を行使しようとした（Friedman 1962; Peck 2010: 82-124）。

モンペルラン協会設立時、新自由主義のケインズ主義への挑戦はドンキホーテの営みであり、モンペルラン協会は、長い間「負け犬クラブ」にすぎなかった（Peck 2010: 40）。しかし時代は変わる。一九七一年ニクソン大統領の新経済政策は「埋め込まれた自由主義」の幕引きとなり、先進諸国はスタグフレーションに悩まされることになる。スタグフレーションはケインズ主義政策の失敗とみなされ、新自由主義がそれに代わる新しい経済理論として脚光を浴びることになる。時代の変化を象徴するように、モンペルラン協会の創設者であるハイエクは一九七四年ノーベル経済学賞（正式名称はアルフレッド・ノーベル記念経済学スウェーデン国立銀行賞）を受賞し、七六年にはフリードマンが受賞する。フリードマンの盟友、ジョージ・スティグラーもまた、一九八二年に同賞を獲得している。(6) 公共選択論によってケインズ主義の陥穽を鋭く突いたジェームズ・M・ブキャナンが一九八七年、フリードマンの弟子にあたるゲーリー・ベッカーが一九九二年にノーベル経済学賞を受けた。彼らはすべてモンペルラン協会の会員である。

しかし新自由主義といっても、一つの教条や信念に還元できるものではない。その旗の下には様々な異なる考えや理論が含まれており、「新自由主義は、本当にそうなのかどうかあまり議論されることもないまま、様々な気に入らない現象を収納するゴミ集積場になった」とさえいわれる（Peck 2010: 15）。新自由主義のなかに様々な理論が含まれている様は、外からみれば「ゴミ箱」のようにみえたとしても不思議ではない。たとえば新自由主義を代表するハイエクとフリードマンの二人を比べても、その立場の違いは大きい。新自由主義＝市場原理主義という一般的理解はフリードマンに対してはそれなりに当てはまるとしても（とはいえ、フリードマン自身が自由主義経済を守るための国家の積極的役割を認めている）、近代合理主義を批判し、伝統のなかで培われた自生的秩序を重んじるハイエクを市場原理主義者と呼ぶことは適当ではない。またハイエクはケインズ主義的な再分配に反対したとはいえ、市場経済の枠組を支える法ルールとそれを維持する政治の役割を積極的に認めていた。ハイエクの立場は、フリードマンというよりは、ハイエクをシカゴに招聘すべく尽力した第一期シカゴ学派に属するヘンリー・シモンズに近いといわれる（Peck 2010: 54-55）。(7)

新自由主義＝市場原理主義という図式は、ドイツの新自由主義者たちにはさらに当てはまらない。フライブルク学派、いわゆるオルド自由主義は、ケインズ主義や福祉国家に反対するものの、市場は法的社会的秩序に埋め込まれているという理解を示し、国家の市場順応的な介入を積極的に認める。(8) ハイエクにとって市場は自生的な秩序であったが、オルド自由主義者にとって市場は設計されるべきものであった。このようなオルド自由主義の立場から、ルートヴィヒ・エアハルトは、一九四八年六月占領軍の意向に背いて統制経済の撤廃と自由主義化改革を断行し、後に戦後西ドイツの経済復興と繁栄を導いたと称賛されることになる。

エアハルト経済政策はその後社会的市場経済モデルとして知られるようになるが、社会的市場経済という言葉は一九四六年にオルド自由主義者のミュラー・アルマックが初めて用いたものといわれる（福田 1999）。その後社会的市場経済モデルは、キリスト教民主同盟と社会民主党の競合のなかで、市場を規制し、社会的保護を充実させるものとして、ドイツ福祉国家の礎となっていく。このようなオルド自由主義から社会的市場モデルへの展開は、一貫して「小さな政府」論を堅持したシカゴ学派とは対照的であり、新自由主義といえば通常シカゴ学派や市場原理主義を指し、オルド自由主義への言及がないのは故なきことではない。

しかしオルド自由主義まで視野に収めれば、新自由主義が単純な市場原理主義ではなく、自由競争の実現を目指し、そのためには国家介入を辞さないものであることが、より一層明確になる。そしてこのような理解に立てば、二〇〇七年サブプライム住宅ローン危機、二〇〇八年リーマン・ショック以降の経済危機に対する国家の役割増大をみて、「新自由主義の終焉」と判断するのはいささか性急な結論であるといわざるを得ない。企業に対する直接支援は確かに市場原理主義原則からは逸脱するが、オルド自由主義からすれば市場経済を守るための国家の役割は認められるだけではなく、不可欠である。国家による企業救済が個々の企業の救済ではなく自由競争体制を維持するためのものであれば、それはなお新自由主義的政策として理解できる。昨今の先進諸国における市場への政府対応の変化は、新自由主義のヘゲモニーが揺るぎないものとなるなかで、重心が市場原理主義からオルド自由主義的なものへと移行したためといえるかもしれない。福祉国家やケインズ主義への反撃としては、市場原理主義は有効であったにせよ、福祉国家やケインズ主義の後に新たな国家 - 市場関係を築く手がかりとしては、むしろオルド自由主義の視点こそ重要である。

ここでフーコーの議論を紹介しながら、新自由主義の国家観についてさらに考察してみよう。一九七八～七九年のコレージュ・ド・フランス講義において、フーコーは、すでに新自由主義のドイツ的定着とアメリカ的定着を区別している。両者は断絶していたわけではなく、ハイエクを介して交流があった。両者はともにケインズを論敵とし、ケインズ批判という点では互いに理論的に影響しあった。さらに、統制経済、計画化、国家介入主義に反発する点でも共通していた（フーコー 2008：95-96）。しかし人脈は偶然ともいえるし、ケインズ主義や大きな政府に反対するだけなら、古典的自由主義で十分なようにも思える。新自由主義を古典的自由主義から区別する意義はどこにあるのか。

フーコーは、新旧の自由主義の間で市場の原理が交換から競争へとずらされたと指摘している。古典的自由主義では、「市場は交換から出発して、定義され、既述されていました。市場のモデルおよびその原理は交換であり、市場の自由、つまり第三者の非介入、何らかの権威の非介入、したがって国家の権威の非介入は、もちろん、そうした市場が有効性を保つようにするため、等価性が確かに等価性であるようにするために適用されていました。国家に対して要求されていたのは、せいぜい、市場がうまくいっているかどうかを監視すること、つまり交換を行う人々の自由が尊重されるようにすることでした」（フーコー 2008：145）。しかし新自由主義者にとって、市場の本質は交換のなかにではなく、競争のなかにある。「競争は、その作用、そのメカニズム、そしてそこで標定され価値づけられるそのポジティヴな諸効果において、自然の現象などでは全くない。それは、欲求や本能や行動様式などの自然な作用の結果などではない。……競争、それは一つの形式化の原理である。競争は一つの内的論理を持ち、自らに固有の構造を持つ。その諸効果は、そうした論理が尊重されるという条件においてのみ産出される」（フーコー 2008：147–148）。

国家は、自由競争の条件を整える存在である。自由競争を実現するために、国家は法的制度の整備から人材育成の社会的投資まで行う。もちろん、どのような政策が最もよく自由競争を実現すると考えられるかは、各国の文脈によって異なる。個人主義と市場経済が社会的に根付いている社会ほど、国家の役割は限定され、古典的自由主義に近づくだろう。アメリカがそのような社会であり、シカゴ学派はアメリカに適した新自由主義の展開であった。しかしミルトン・フリードマンといえども、一九五一年の時点で、一九世紀の自由放任主義、夜警国家観を素朴なイデオロギーとして斥け、個人の活動に介入する国家権限を抑制する一方で、自由競争実現のための国家の積極的な役割を認めている。新自由主義は、自由放任が個人の自由を達成するという一九世紀的な理解に代わって、競争こそがそれを実現すると考える。国家はシステムを監視し、独占を防ぎ、競争を促進するような条件を整備し、安定した通貨枠組を提供し、差し迫った貧困や苦しみを和らげる（Peck 2010: 3-4）。

以上のように、新自由主義とは単なる一九世紀的な自由放任主義への回帰ではない。それは単に大きな政府やケインズ主義政策に反対するだけではない。それは統治原理を再分配から自由競争へと移行させる。新自由主義は、福祉国家を自由競争国家へと変質させる。自由競争は、フーコーの指摘するように形式化の論理であり、国家と市場というものを予め設定する境界線をもたない。予め自由にしておくべき市場の作用もなければ、予め国家が介入を決定する領域もない。統治と市場経済とは二元的なものとして存在するのではなく、自由競争原理のなかに融合する（フーコー 2008: 149）。

ここで問題として浮上するのは、国民統合である。再分配原理は国境を当然の前提とし、国民統合を促進するものであった。これに対して自由競争原理は、国家の積極的役割のなかで実現されるとはいえ、それ自体としては国境とは無関係の、あるいはそれに帰属しない普遍的原理である。そこに国民という内容は、予め組み込まれていない。したがって自由競争を統治原理とする場合、国民国家を再生産するためには、補完的メカニズムが必要になる。その一部は、今なお社会保障に求められよう。しかし自由競争国家においては、社会保障もまた自由競争を促進するものとして再編される。再編のなかにうまく位置づけられない政策は、極力周辺化され、より強い社会的スティグマを与えられる。このような文脈のなかで、今日福祉国家的再分配に代わって国民アイデンティティと統合を維持・再生産するメカニズムとして重要性を増しているのが、文化政治である。

「小さな政府」を実現するために動員されたイデオロギーは、自由主義だけではなかった。家族や近隣の相互扶助という伝統的価値もまた福祉国家批判のために動員された。この点について、デヴィッド・ハーヴェイの議論を手掛かりに考察してみよう。ハーヴェイによれば、「新自由主義とは、まずもって強力な私的所有権、自由市場、自由貿易に特徴づけられる制度的枠組内で個々人の企業家的自由と技能が解放されることによって人間の幸福は増すと提唱する政治経済的実践の理論である。国家の役割は、こうした実践に適した制度的枠組を創出し、維持することにある」（Harvey 2005: 2）。

ハーヴェイの定義では自由放任と自由競争の区別が必ずしも明確ではないが、新自由主義における国家（政治）の重要性は的確に捉えられている。新自由主義戦略は、市場だけでは成立しない。「埋め込まれた自由主義」の枠組を変えるには、市場外の制度や力が必要となる。ＩＭＦや世界銀行のイニシアティヴがグローバル化の原動力となったことは夙に有名であるが、そもそも市場における自由競争を実現するためには「強い国家」が必要である。「大きな政府」を解体し（ケインズ主義政策からマネタリズムへの転換、福祉国家政策の見直し、民営化など）、自由競争領域を拡大していくためには政治の役割が不可欠となる。

自由競争による統治は格差を拡大し、社会的階層化を促すため、社会的連帯＝国民統合を困難にする。自由競争は国民統合の解体を促すが、民主主義政治において国民統合なしに国家機能を円滑に維持することは困難であり、国家機能なしには自由競争体制は維持再生産できない。国民統合は社会秩序を維持し、市場経済を安定させるために不可欠なのである。再分配に代わって国民統合を維持すべく動員されるのが文化的価値であり、保守主義である。ハーヴェイによれば、「新保守主義は、エリート統治、民主主義への不信、市場的自由の維持といった新自由主義アジェンダを完全に共有している」（Harvey 2005: 82）。しかし、ハーヴェイによれば、新保守主義は以下の二つの点で新自由主義とは異なる。「一つは個人的利益のカオスに対して秩序に重きを置く点であり、もう一つは国内外の危険に際して政体を守るために必要な社会的紐帯として、過度に道徳性を重視する点である」（Harvey 2005: 82）。新保守主義が社会的秩序、道徳を担う存在として期待するのが、家族であり、教会であり、あるいはＮＰＯ、その他の社会的中間団体である。[9]

ハーヴェイは新自由主義を補完する思想として新保守主義を捉えるが、彼が新自由主義の代表的理論家とみなすハイエクをみれば、自由主義と保守主義のモメントはむしろ一体化している。あえて繰り返せば、ハイエクは、人間合理性の限界を認識することから、伝統や慣習を自由の拘束としてではなく、自由を可能にする条件とみなす。ハイエクは、保守主義的な立場から自由主義を擁護する。ハイエクの場合、市場擁護と伝統（自生的秩序）擁護とが、分かちがたく結びついている。[10]

新自由主義の政治的実践をみると、保守主義はその不可欠の構成要素となっている。一九七九年政権を奪取したイギリスのマーガレット・サッチャーは、イギリス帝国の栄光、ヴィクトリア朝時代の価値、節制や勤労、家族の絆を強調した。一九八一年アメリカ大統領となるレーガンもまた、家族の絆や教会という伝統的価値を重視した。彼らの新自由主義戦略とは、福祉国家解体、小さな政府実現に向け、市場の機能を重視しながら、福祉国家に代わる社会的保護システムとして、自助や相互扶助、そしてそれに関連する伝統的価値を動員するものであった。自由主義と保守主義は、新自由主義的政治実践のなかでは、「大きな政府」、福祉国家批判を契機に渾然一体化している。

4 新社会民主主義

前節では福祉国家を自由競争国家へと変質させる媒体として新自由主義思想に着目したが、左翼の側にもこれに呼応した動きがみられる。本節では、この社会民主主義刷新の運動と理論について考察する。

一九八〇年代袋小路に陥った西欧社会民主主義政党は、九〇年代後半に鮮やかに蘇った。イギリスにおけるブレア労働党政権、ドイツにおけるシュレーダー政権、フランス・ジョスパン政権の誕生、スウェーデン社会民主労働党（SAP）の政権返り咲き等々、社会民主主義勢力の加わらない政権を探すのが難しいほどであった。広義の「第三の道」とは、こうした社民の復権を可能にした新たな社会民主主義戦略である。それは単一のもの（the third way）ではなく、複数形（third ways）で表されるものである。W・メルケルは、市場を重視するイギリスのニュー・レイバー、市場とコンセンサスを重視するオランダのポルダー・モデル、福祉国家改革を進めるスウェーデン・モデル、国家管理主義のフランス・モデルという四つを弁別している（Merkel 2001）[11]。

こうした違いを了解しながらも、ここではほぼイギリスに絞って議論を展開したい。メルケル自身、「第三の道」とネオ・リベラル、伝統的社民との違いを語るとき、専らギデンズの議論に依拠していることからも窺えるように、イギリスのニュー・レイバーこそが「第三の道」の代表であり、典型と考えられるからである。こうした事情は、思想や理論レベルに止まらない。実践レベルにおいても、イギリス労働党は一九九七年五月以来長期にわたって単独政権を樹立し、比例代表制下で連立政権が常態である大陸ヨーロッパの社会民主主義政党よりも明確かつ強力に「第三の道」路線を追求しえた（Callinicos 2001: 10）[12]。

ところでトニー・ブレアの「第三の道」に大きな影響を与えたのは、米クリントンのニュー・デモクラッツ戦略であったことはよく知られている。健康保険法が挫折し、一九九四年中間選挙でギングリッチ共和党に完敗したクリントン政権は、新自由主義政策に方向を転じ、共和党の機先を制する戦略に打って出た（Callinicos 2001: 23-25）。しかしこのようなクリントンのニュー・デモクラッツ戦略は、クリントンの再選・議会運営戦略以上のものではなく、クリントンの退場とともにアメリカ政治の表舞台から消えていった。

これに対して、ブレアの「第三の道」は労働党を新たな政党（ニュー・レイバー）として蘇らせた。ブレアがフェビアン協会から刊行した小冊子 *The Third Way: New Politics for the New Century*（1998）によれば、「第三の道」とは「社会民主主義の現代化（刷新）」、「民主社会主義と自由主義との合体」である。ブレアによれば、市場経済における個人の自由を最優先する自由主義と国家による社会的公正の実現を求める社会民主主義との間に必然的な対立はない。経済的自由主義は、社会の分極化、犯罪の増加、教育の失敗、生産性と成長の低下を招き、他方国家主導の社会民主主義は、孤立主義、国有化、官僚主義、財政肥大によって信頼を失った。双方の弊害を是正するため、中道左派の立場から両者を統合しようというのが「第三の道」なのである。

「第三の道」が重視するのは、価値の平等、機会均等、責任、コミュニティである。価値の平等といっても、再分配について語っているわけではなく、ここでブレアが指摘するのは、「社会的公正は、出自や能力、信条、人種が何であれ、各個人の平等な価値に立脚しなければならない」ということであり、法の下の平等、自由権の保障という基本的な市民権の確認である。機会均等、責任の強調は、ブレア自身認めるように、実は従来右派が主張してきたものである。「責任を伴わない権利と機会は、利己主義と欲望をはびこらせる」というブレアの主張は、右からの福祉国家批判を髣髴とさせる。地域コミュニティやヴォランティアの重視もまた、反国家主義の立場から保守主義者が唱えてきたものである。ブレアは、ニュー・ライトのように「自由」の大義名分の下に国家活動を全面的になくそうとするのではなく、多数の自由実現のために強い政府が必要であると考えるが、すでにみてきたように、新自由主義は大きな政府には反対するが、自由競争を強いる強い政府（国家）を前提とするのであり、ブレアとニュー・ライトの間にそれほど大きな違いがあるわけではない。

ブレアのいう「第三の道」の価値観とは、「再分配と平等」を重視する従来の左の立場以上に「効率と自由」を重んじる右の立場に近い。それは確かに左右の統合であるといえるが、「左からの統合」というよりは「右からの統合」のようにみえる（cf. Thomson 2000 : 213-214）。しかしこうした統合の試みは、オールド・レイバーとの違いを明らかにし、サッチャー支持に流れた中間層を再び労働党に呼び戻すためには有効なものであった。ブレアが、サッチャーから学んだ教訓は、対決路線のみでは社会統合は維持できないということである。ブレアが打ち出したワークフェア路線とは、サッチャリズムの限界を克服するものであったといえる（cf. Peck 2001）。サッチャーは「右からの対決」に止まったが、ブレアは「右からの統一」を実現したのである。このようにニュー・レイバーは、本来であれば保守党がポスト・サッチャリズムとして打ち出すべき戦略を先取りしたのである。したがってサッチャリズムの限界を克服しようとする「第三の道」を、伝統的左翼が新自由主義であると批判するのはもっともなところがある。(13) ブレアの役割は、新自由主義の流れに抗することではなく、その流れのなかでサッチャー革命がもたらした社会的亀裂を修復することにあったといえる。

以上のような「第三の道」の位置づけを、アンソニー・ギデンズの議論に従って理論的に確認しておこう。ギデンズには、「第三の道」に関して、*The Third Way: The Renewal of Social Democracy*（Giddens 1998）、これへの批判に応えようとした著である *The Third Way and its Critics*（Giddens 2000）、さらにW・ハットンとの共編著である *Global Capitalism*（Giddens and Hutton eds. 2000）、編著として *The Global Third Way Debate*（Giddens ed. 2001）などがある。また「第三の道」に到る思考を学術的に展開した著作として、*Beyond Left and Right*（Giddens 1994）がある。これら著作で提起された数多くの論点をここで丹念にフォローする余裕はないが、ブレアの議論との関連で、幾つかの点に注目したい。

ギデンズの主張は、実は必ずしもブレアと一致しない点がある。たとえば「第三の道」がグローバル化への対応であると考える点で両者は一致しているが、ギデンズはグローバル化の意味を再帰的近代という歴史的視点から捉えているのに対して、ブレアは経済のグローバル化に関心を集中している。また経済のグローバル化についても、ギデンズはそこに政治的意図が働いていること、それを規制する必要について（いかにしてという点は曖昧であるが）明確に認識している。また個人主義についても両者の評価は異なる。個人の権利には責任が伴うことを強調するのは同じであるが、ギデンズが脱伝統化という観点からこれを肯定的に捉え、ラディカル・デモクラシーにおける市民の積極的役割を強調するのに対して、ブレアは個人主義の発展を右の経済的利己主義、左の社会的個人主義、より一般的には道徳的退廃過程として捉え、コミュニティ内での道徳的結合や教育、家族の絆の重要性を強調する。さらにギデンズは脱物質主義による生活政治、あるいは生活機会ではなく生活様式に関わる政治、とりわけ環境やジェンダー問題の重要性を強調するが、ブレアにはこうした新しい社会運動への関心があまりみられない（Driver and Martell 2001: 45-47）。このようにブレアは、「第三の道」の理論的指導者アンソニー・ギデンズと比べて、明らかにより保守的である。

ギデンズは当初「左右の対立を超えて」という問題意識をもっていたが、やがてボッビオの議論を基本的に認め、「左右の区別は消えてはいない」と語るようになる。消失しない左の価値とは、連帯と包摂（いかなる市民も外部に取り残されない）、平等へのコミットメントと弱者擁護の信条である（Giddens 2001: 5: ボッビオ 1997）。ここでギデンズは、ブレアが陥った右へのなし崩し的移行に歯止めをかけているようにみえる。しかし彼が提起する社会的包摂（social inclusion）という考えは、実は効果的な歯止めとなっていない。彼は『第三の道』で新自由主義的な機会均等は結局能力主義に陥り、多くの敗残者を社会的に排除することになるので受け入れられないが、能力主義を否定する結果の平等もまた受け入れられないという。そこで彼は、平等を包摂、不平等を排除と再定義し、包摂を求める。彼のいう包摂とは、一義的には市民権の保障であり、機会の拡大（雇用機会の拡大、雇用可能性を高める教育機会の拡大）を意味する（Giddens 1998: 101-104）。市民権の保障は、現代の民主主義国家では一般に認められるものであるし、機会拡大とはできるだけ多くの人が同等の機会を得られるようにするということであり、機会均等原則を言い換えたものである。

教育機会の拡大によって社会的排除をなくそうとする点において、機会拡大は新自由主義原則とは異なると思われるかもしれない。しかし自由競争を促す国家介入を、新自由主義が排除しないことはすでにみた通りである。教育機会の拡大と雇用可能性の向上を目指すギデンズのいう社会投資国家は、自由競争国家の一変種として理解できる。自由競争国家は、格差社会を生み、格差社会は排除を常態化する。福祉国家は再配分による包摂と排除のメカニズムであったが、自由競争国家は再分配ではなく、自由競争を統治原理とする。したがって自由競争国家の包摂戦略とは、再分配による国民統合ではなく、自由競争ができる能力を身に付けさせることである。「誰もが働ける社会」とは、誰もが働かなければならない社会である。自由競争国家は、「誰もが、能力に応じて」競争することを強いる。

社会投資が成功し、各人がそれなりの専門知識や技能を身につけ、就労可能性を高めたとしよう。しかし誰もが獲得した知識や技能にどれだけの市場価値があるだろうか。「当たり前の」知識や技能に市場価値はない。専門が専門である所以は、それが社会のなかで特定集団によって独占される不平等なものだからである。専門化は、必然的に排除を伴う。社会のなかで多様な専門化がなされ、各人は異なる分野で専門家になるような社会こそ包摂社会であるといえるかもしれない。しかしその場合でも、各専門知識・技能の間に資本の要請や稀少性に基づく不平等が生ずるであろうし、より特権的な専門家の社会的閉鎖化が生じるだろう。したがって社会投資国家による包摂とは、労働市場におけるデュアリズムを克服するものではないし、新自由主義のいう機会均等以上のものを約束するものでもない。

さらにいえば、グローバル化からコスモポリタン国家を展望するにもかかわらず、ギデンズの社会投資国家なるものはイギリス一国を射程にいれたものにすぎない。ギデンズは、スターリン主義も社会民主主義も「経済管理と計画」という教義のなかに放り込み、それに代わるものとして社会投資国家を提唱するが、これはいささか乱暴な議論である（Giddens 2000: 2001）。社会投資は、イギリス労働党にとっては新しい画期的なモデルであるかもしれないが、スウェーデン社会民主党にとってはお家芸である。

ギデンズによれば、伝統的社民は市場のもたらす危険について警戒してきたが、いまや左翼は、富を創り出すビジネスの役割、民間資本が社会投資に占める重要性を認め、市場に慣れ親しまねばならない。これは自由競争体制へのギデンズの帰依を表わす率直な言葉といえよう（Giddens 2000：34）[14]。福祉国家が国家の徴税、再分配を通じて匿名の相互扶助を実現するメカニズムであるとしたら、再分配ではなく、自助を支援するメカニズムを提供するのがワークフェアであり、社会投資国家である。こうした考えが、右ではなく、左の刷新として登場した背景として重要なのが、グローバル化論である。一九八〇年代において新自由主義が右のアイディアであり、政治選択であることは明白であったが、九〇年代に入るとグローバル化はあたかも党派を超えた不可避、不可逆の流れとみなされるようになり、グローバル化論を通じて新自由主義は左翼にも浸透していった。つまりグローバル化論は、左翼の政治選択の幅を大きく広げ、従来であれば右とみなされる政治空間に彼らが進出することを可能にしたのである。こうした政治の可能性を最も効果的に利用し、成功を収めたのが、イギリスのニュー・レイバーであったといえよう。

5　社会民主主義再考

前節では社会民主主義の刷新、新社会民主主義が新自由主義的政治空間に対応する左の刷新であると指摘したが、それは旧社会民主主義が市場対抗的であり、新社会民主主義は市場順応的であるという二項対立を前提にしていた。本節ではそのような二項対立を突き詰め、相対化することによって、新旧社会民主主義の関係を問い直し、社会民主主義とは何かを改めて考えてみよう。

社会民主主義の変質——発展か逸脱か

社会民主主義の変質、あるいは旧社会民主主義から新社会民主主義への移行に関して、三つの見解がみられる。第一は新社会民主主義を旧社会民主主義の継承発展として捉える見解であり、第二は逸脱として捉える見解、第三は両者を同じものとして捉える見解である。活発な論争が展開されたのは、第一の継承発展説と第二の逸脱説の間においてである。継承発展説は、新社会民主主義が、社会民主主義の現代化、刷新であると主張する。脱産業化・サービス産業化、ジェンダー平等や多文化主義など、様々な要因によって社会的分岐が複層化している今日、階級を基盤とした政治的動員は時代遅れであり、夢物語にすぎない。また慢性的高失業率や高齢化の進行は、福祉国家財政の維持を困難にする。こうした環境変化のなかで、継承発展説が特に注目するのはグローバル化である。新社会民主主義の代表的プログラムといえる「第三の道」をアンソニー・ギデンズは、グローバル化に対応した中道左派の刷新であるとし、旧社会民主主義とサッチャー流新自由主義との間に位置づけている（Giddens 1998: 2000）。ギデンズは、グローバル化が新しい個人主義を生みだしており、それに対応した新たな連帯が必要とされているという（Giddens 1998: 34-37; 近藤 2008 参照）。

これに対して、逸脱説は、新社会民主主義をむしろ新自由主義の継承発展とみる。新社会民主主義が市場に対して友好的であることは、継承発展論も否定しないだろうが、それはあくまで環境変化に適応した社会民主主義の刷新とみなされる。しかし、逸脱説は、そのような主張を認めない。最も激しい批判に晒されたのは、当然ながら最も影響力をもったギデンズの「第三の道」論である。批判者は、まず「第三の道」という概念を問題にする。そもそも社会民主主義とは、資本主義と社会主義、いずれとも異なる「第三の道」ではなかったのか。しかも歴史を紐解けば、そこに幾多の、しかも負の遺産といわざるをえない「第三の道」を見出すことができる。「第三の道」とは、控えめにいっても、様々な文脈で使われてきた曖昧な概念にすぎない（cf. Callinicos 2001）。しかしギデンズが、そのような事情を知らなかったとは到底思われない。ソヴィエト社会主義圏の崩壊をみて、自由主義と旧社会民主主義の間にあえて「第三の道」を提唱したことは、ギデンズの研ぎ澄まされた時代感覚であったといえる（Giddens 2000: 27）。

肝心な「第三の道」の内容についてであるが、最も手厳しい批判を展開する論者の一人、ポール・カマックは、「第三の道」は社会民主主義のレトリックを用いた新自由主義にすぎないと一蹴する。カマックは、「第三の道」が新自由主義と異なるという主張は、新自由主義を自由放任主義と同一視する限りにおいて、説得力をもつという。しかし、彼によれば、新自由主義は自由放任主義とは異なる。新自由主義は、夜警国家ではなく、資本主義が十全に機能し、再生産される条件を整える強い国家、積極国家を求める。新自由主義が単純な市場原理主義ではなく、実は積極国家を求めることを理解すれば、それはギデンズのいう「第三の道」と正確に符合する（Cammack 2004: 152）。ギデンズの提唱する連帯、解放、保障、コミュニティ、再分配、平等、福祉という価値について順次検討した後、カマックは、ギデンズにとって「個人主義が連帯であり、責任が解放であり、リスクが保障であり、企業がコミュニティであり、機会が再分配であり、包摂が平等であり、自助が福祉である」と切って捨てる。

ロバート・テイラーは、サッチャー保守党こそがニュー・レイバー・プロジェクトの産婆役を務めたという。そして彼は、サッチャーの成功は全的なものであると説く。彼のいわんとするところは、サッチャーは保守党を新自由主義政党に変え、長期政権を実現したにとどまらず、労働党をも新自由主義政党に変えたということである。ブレア政権は、サッチャー政権の反労働組合的労働立法、民営化、規制緩和、税制改革をそのまま継承した。結果として、労働党と保守党というイギリスの二大政党はほぼ八〇年ぶりに自由市場資本主義というイデオロギーを受け入れ、そのなかで活動することになった。テイラーによれば、ブレアは労働党を政権に復帰させたが、皮肉にも労働党はサッチャーの遺産の継承者となったのである（Taylor 2005: 79-80）。これらの批判に対して特に異論はない

表3-1　「第三の道」としての新社会民主主義

	旧社会民主主義	新社会民主主義	新自由主義
言　説	権　利 平　等 市場の失敗 積極国家 (大きな政府)	権利と責任 平等と効率 市場および国家の失敗 選択的国家	責　任 効　率 国家の失敗 強い国家 (小さな政府)
価　値	結果の平等 普遍主義	包　摂 積極的福祉	機会の平等 自由競争
政　策	再分配	社会投資	最低限保障
目　標	完全雇用	就労可能性	物価安定
アクター	国　家	市民社会・市場	市場・市民社会

出所：Barrientos and Powell (2004), p. 15の表を修正，簡略化。

が、それでは「第三の道」を拒絶して、労働党にどのような代替戦略がありえたのかという疑問が湧く。ニュー・レイバーがサッチャリズムの継承であることは事実であるとして、オールド・レイバーが過去の遺物であり、破産していたこともまた事実なのである。

新旧社会民主主義の継承発展説と逸脱説、いずれが妥当なのかを判断するため、まず両者において何がどのように違うのかを改めて整理しよう。ここでは、ギデンズの主張を受け入れ、新社会民主主義とは旧社会民主主義と新自由主義との間に存在する「第三の道」(中道左派)であると考え、旧社会民主主義と新自由主義を言説、価値、政策目標、アクターについて二項対立的に特徴づけ、その間に新社会民主主義を位置づける。表3-1がそれである。

新社会民主主義言説の特徴は、旧社会民主主義と新自由主義、双方の言説を取り入れ、融合するところにある。旧社会民主主義では労働権や社会権などの権利論が展開されるのに対して、新自由主義では自己責任が強調される。新社会民主主義は、権利論を否定しないが、むしろ権利には義務と責任が伴うことを主張する。「選択的国家」という表現は耳慣れたものではないだろうが、それは国家の市場・社会への介入はあくまでも限定的かつ選択的に行われるべきであるという考えである。新自由主義の「小さな政府」論は、すでにみたように、夜警国家論ではない。それは自由競争を維持・再生産する強い国家を要請する。

旧社会民主主義の場合、重視する価値は結果の平等であり、普遍主義的福祉である。新自由主義が効率を重視するといっても、あらゆる意味での平等を否定するわけではない。そもそも法の下の平等がなければ、自由主義は成立しない。また効率を高め、自由競争を実現するためには、機会均等（平等）が必要となる。新社会民主主義の立場は基本的に機会均等論であるが、機会均等を維持するために社会的に排除されている者たちを包摂する必要があることを認める。ギデンズの場合、包摂の対象には社会的弱者だけではなく、上流層も含むのが特徴である。もちろん上流層の場合、排除されるのではなく、自らを排除する、つまり社会から退出するということであるが、そのような「エリートの叛乱」を防ぎ、社会的連帯を実現するためには彼らを社会的に包摂する公共空間の構築が必要になる（Giddens 1998: 108ff.; 2000: 105ff.）。

社会的包摂の主たる対象は、市場で周辺化される人々である。こうした人々を包摂するために提供されるのが、積極的福祉である。それは旧社会民主主義の目指す普遍主義的再分配ではなく、就労可能性を高める社会投資によって実現する。福祉国家財政が逼迫するなか、福祉は戦略的に選択され、優先順位がつけられる。旧社会民主主義の福祉国家構想が脱商品化を制度化するものであったとすれば、新社会民主主義構想においては、脱商品化をできるだけ抑え、再訓練・教育による再商品化（自由競争の場に戻すこと）が重視される。社会的包摂を実現する場として期待されるのは市民社会である。「社会といったようなものは存在しない」というサッチャーの名言があるように、新自由主義は市民社会の役割を無視するか、非常に限定的に捉えるが、新社会民主主義の場合、市民社会は社会的連帯の場として重視される。

以上のように、新社会民主主義を「第三の道」として位置づけるなら、それと新自由主義の間には明白な違いがある。しかもその市場順応的性格が、社会的文脈の変化に対応した刷新であるとしたら、それをもって社会民主主義からの逸脱ということはできない。旧社会民主主義は、表3－1に即していえば、市民権の実現と結果の平等を目指し、そのために国家主導の完全雇用政策や再分配政策を展開するプロジェクトであったと考えられるが、それを促進した労働者の階級的動員に適した社会環境はなくなった。サービス経済化、雇用の多様化、柔軟化、価値観の多様化、女性の社会進出や移民の増加、慢性的高失業率、人口高齢化、そしてグローバル化、このような新たな文脈のなかで、新社会民主主義は包摂と積極的福祉を掲げ、階級的基盤を超えた新たな政治的動員を実現する左翼の戦略としてある（Huo 2009）。

しかし結論を急ぐ前に、第三の説、社会民主主義一貫説を検討することにしよう。

社会民主主義の一貫性

前項では「第三の道」をめぐる論争を中心に新旧社会民主主義を比較検討したが、継承発展説と逸脱説のいずれも新旧社会民主主義は異なるものであるという認識において共通している。表3－1は、両者の異なる点を明らかにするために作成されており、両者が同じであるという議論は予め排除されている。仮に社会民主主義は本質的に変化しておらず、一貫したものであるとすれば、それを批判する逸脱論者は、実は新社会民主主義の提唱者が作った土俵で踊っているのであり、新社会民主主義のイメージ創りに貢献している。政治的動員力を減退させた旧社会民主主義者たち（そして急進的左翼）が新社会民主主義を批判すればするほど、新社会民主主義は旧社会民主主義とは異なるものであり、前者は後者の刷新であるという主張は説得力を増し、左翼の常套句に倦み、拒絶反応を示す有権者にとって魅力的なものとなるからである。

表3－1は、新社会民主主義は市場順応的であり、旧社会民主主義よりもグローバル化にうまく対応できるというメッセージを伝えている。しかし市場対抗的であることが、反資本主義的であることを意味するわけではない。

社会民主主義という概念の意味するところは、時代によって、また国によって異なるが、少なくも二〇世紀においては、資本主義と社会主義の間の「第三の道」と考えられた。それは、旧（革命的）社会主義とは異なる新（漸進的、もしくは発展的）社会主義であった。

社会民主主義の戦後史をみれば、社会民主主義勢力は、資本主義から社会主義への漸進的体制移行を求めるのではなく、体制内的な社会改革を求めたのである。ラルフ・ダーレンドルフのいう「階級闘争の制度化」とは、このような変化を的確に捉えたものであった（Dahrendorf 1959）。先にみたシーモア・M・リプセットの民主的階級闘争論も同様である（Lipset 1981）。彼らが指摘したのは、階級闘争が革命を目指すものではなく、体制のルールに従って政治権力を奪取し、社会改革を目指すものへと変化したということである。そのような体制内的階級動員を推進したのが、旧社会民主主義勢力にほかならなかった。彼らが目指したのは、実態に即していえば、資本主義とは異なる社会主義体制ではなく資本主義体制内において福祉国家を実現することであった。福祉国家を実現した社会民主主義者たちは、ニュー・リベラルたちとともにリベラル・デモクラシー、筆者の言葉でいえばリベラル・ソーシャル・デモクラシーを実現したのである。それはすでに詳論したように、フォーディズム的資本蓄積段階に適合的な政治体制であった。したがって旧社会民主主義が市場対抗的であったとしても、決して反資本主義的であったわけではなく、市場対抗的政策は資本蓄積にとってプラスに働いたのである。

旧社会民主主義と古典的自由主義の違いは、市場に対して敵対的か友好的かではなく、国民経済発展のために国家がどのような役割を果たすべきかに関わる。古典的自由主義者は、国家の市場への介入が少ないほど市場効率が高まり、経済は発展すると考え、旧社会民主主義者は、再分配政策やケインズ主義を含む国家介入があってこそ市場は円滑に作動し、経済は発展すると考えた。確かに旧社会民主主義は、古典的自由主義に比べて、より結果の平等性や社会保障の普遍性を求めるが、それは市場メカニズムを矯正し、国民経済を発展させるためである。

国民経済の効率性向上と競争力強化を目指す姿勢に変わりはなくとも、環境が変われば、それに応じて目的を実現する手段も変わる。脱産業化、脱フォーディズム、グローバル化、高失業率、高齢化といった新たな条件の下で、雇用の多様化・柔軟化が求められ、結果の平等や普遍主義の維持が困難になり、より選択的な社会的包摂や積極的福祉、再分配ではなく社会投資、完全雇用ではなく就労（雇用）可能性の拡大が求められるようになる。だとすれば、旧社会民主主義と新社会民主主義を分かつのは、目標の違いではなく、環境に応じた手段の違いということになる。環境変化によって、社会民主主義は右に移行した。社会民主主義と自由主義の関係は絶対的基準に基づくものではなく相対的なものにすぎず、対抗的ではあるが相補的なものでもある。社会民主主義は資本主義と社会主義の間の「第三の道」ではなく、自由主義とともに資本主義経済を発展させる一つのプロジェクトなのである。

このように自由主義と社会民主主義を資本主義経済発展の二つのプロジェクトとして理解するなら、新社会民主主義について問われるべきは、はたしてそれが、旧社会民主主義のように、右との差別化に成功しているのかということである。ここで再びギデンズに戻ろう。彼は『第三の道』のなかでは、新自由主義のもつ伝統的家族観と福祉国家への敵意に対して違和感を表明している（Giddens 1998: 11-14）。しかし他方で、彼の提唱する新しい個人主義をみれば、それが新自由主義的な個人主義とどこが異なるのか定かではない。彼は、「新しい個人主義は、私たちの生活から伝統や慣習が撤退したことと関連し、単なる市場の影響ではない広義に考えられたグローバル化のインパクトに伴う現象である」という（Giddens 1998: 36）。ギデンズがここでいっているのは、新しい個人主義は経済的個人主義と対立するものではなく、それよりも広い概念であるというにすぎない。ギデンズが、新しい個人主義を前提として構想するアクティヴな市民社会や積極的福祉は、強い個人（弱い個人は強く鍛えられる）による連帯と選択的福祉を目指すものであり、リバタリアンではない穏健な自由主義者たちなら、問題なく同意するであろう。

新社会民主主義と新自由主義は相当に親和的であり、境界線を引くのは容易ではない。かつてのギデンズのように、「左右を超える」政治を目指すのであれば、こうした事態はむしろ望ましいのかもしれない（Giddens 1994）。しかし、「超えること」と「混合すること」は同じではない。ここで問われるべきは、新社会民主主義のなかにはたして旧社会民主主義と新自由主義を乗り越える政治的ヴィジョンが存在するのかということである。旧社会民主主義の場合、エリートや国家の役割が重視され、労働者や一般市民は受動的存在として描かれる傾向があった。基本的にエリートがプロジェクトを作成し、権力資源を動員し、国家権力を奪取することによって実行するのである。これに対して新社会民主主義は、市民社会の役割を強調する。新自由主義においては、市民社会は結局のところ個人の自由競争へと還元されていくのに対して、新社会民主主義の場合、個人を包摂する連帯の枠組を構築するという明確な構想がある。新社会民主主義は、国家主義によって画一的給付を行う旧社会民主主義ヴィジョンに比べ、市民の自発性を重視する点で異なり、市民社会的連帯を構想する点で新自由主義から弁別されるといえよう。

社会的連帯は社会民主主義の鍵概念であるが、ここでも新旧社会民主主義の質的違いを指摘することができる。かつて福祉国家の中心は現金給付による再分配政策であった。中央集権的再分配メカニズムは、出す者と受け取る者の関係を一般化、匿名化し、そのことによって経済格差が権力関係に転化することを防ぐという利点をもつ。しかし少子高齢化が進行する福祉国家では、社会サービスの重要性が増している。このような分野では匿名性や公正かつ画一的取り扱いではなく、パーソナルなコミュニケーションと信頼関係が求められる。パーソナルな信頼関係が権力関係へと、市民社会が閉ざされた共同体へと転化することを防ぐためには、ギデンズのいうように、個人の選択による新しい公共空間が必要になるだろう。

積極的福祉

新社会民主主義の市民社会構想として、ギデンズの提唱する重要なアイディアが、積極的福祉と社会的包摂である。積極的福祉とは、単に給付を与えるだけではなく、給付を就労促進に結びつける積極性をもつ福祉である。積極的福祉は、具体的にはワークフェアとして実現する。ワークフェアは、給付の条件強化から、就労を高めるための社会投資まで様々なプログラムを含む。ブレア政権下でのワークフェアの政策評価はさておいて、新社会民主主義においては、新自由主義と比べて社会投資がより重視されたのは確かである。社会投資とは、既述のように、国家が自由競争の条件を整備するためのものである。

ワークフェアの登場には、幾つかの背景が考えられる。旧社会民主主義の唱える結果の平等と普遍主義原則は、完全雇用を前提としていたが、それが破綻し、ほとんどの福祉国家は高失業率に悩むようになった。これに人口の高齢化が追い打ちをかける。他方グローバル化は、野放図な福祉国家財政の膨張に歯止めをかける。こうした状況のなかで、福祉国家の重点は、脱商品化から再商品化に移る。働ける者はできるだけ働くことが求められる。失業者は再訓練・教育で就労可能性を高め、労働市場に早期に戻ることが期待されるし、高齢者は早期退職ではなく雇用延長によって、できるだけ長く労働市場にとどまることが奨励される。労働と福祉の関係を個人レベルで強化することは、どのような形で展開されようとも、労働力商品化の失敗を個人の責任とすることにつながる。罰則重視であろうと、就労支援重視であろうと、「働けるのに働かない怠け者」に対する監視体制が強化され、管理社会化が一層進行することになる。

こうした戦略に沿って個人が就労可能性をいくら高めても、雇用機会がなければ失業から脱出することはできない。したがって社会投資国家は、個人への就労支援と並んで、あるいはそれ以上に、生産活動に対する支援を必要とする。しかし現在資本蓄積を牽引する知識・情報サービス産業は、フォーディズム的工場生産のような自然破壊とエネルギー消費を抑え、成長と環境のバランスを実現するといわれるものの、他方においては労働集約性が低く、それほど大きな雇用拡大には結びつかないという問題がある。また先進諸国における大量消費型の生活様式が変わらない限り、どこかで大量生産が行われなければならず、知識基盤型経済に移行した国というのは、環境を破壊する産業を国外に「輸出する」ことによって、国内をきれいにしているだけかもしれない。とすれば、それによって地球規模での成長と環境のバランスが達成されるわけではない。労働・環境保護規制の弱い国に「世界の工場」が集中するだけである。

十分な雇用を提供し、地球の環境破壊を止めることができたとしても、知識産業にはなお固有の問題がある。知識産業における技能とは、ある特定の技能を意味するのではなく、技能を習得する能力を意味する。知識産業における特定の技能はすぐに古くなる。したがって次から次へと新しい技能を身につけることこそ、知識産業における技能なのである。そこでは獲得した技能に安住することはできないし、「匠の技」のように、身につけた技能に磨きをかけることが求められるわけでもない。労働者は、常に技能が古くなって失業する怖れと不安のなかで生きることを強いられる。このように脱フォーディズム型知識産業への移行が順調に行われ、そこで十分な雇用が提供されたとしても（それは極めて非現実的な想定であるが）、人々の受け取る「福祉」（ウェル・ビーイング）が改善する見込みは薄い。

社会的包摂

社会的包摂は、結果の平等を目指すものではない。「貧富の差は大きくなっていくであろうし、それは誰にも止められない」（Giddens 1998: 106）。社会的包摂は格差是正を目的とするのではなく、多様なものを多様なままで社会のなかに受け入れようという構想である。社会的底辺層は再訓練・再教育を通じて、上流階層は、シビック・リベラリズムという公共空間の創出を通じて、社会的に包摂される（Giddens 1998: 104ff.）。社会的包摂とは無限ではありえず、必ずどこかに境界線が引かれる。誰が包摂されるべきか、包摂に値するのかが判断される。排除のない包摂は、論理的にありえない。

境界線、排除のラインは空間的には国境に重なることが多いが、それに限られるわけではない。EUレベルでの包摂（=排除）戦略もみられる。ここに新社会民主主義構想の正当性を見出すことができるかもしれない。ある者たちは、新社会民主主義が一国レベルでは財政バランスや供給サイド重視の経済改革を行い、福祉をより選択的なものに変え、就労条件を厳しくしてきたことを認めつつ、それはグローバル化によって一国主義的経済管理が無効となり、各国は福祉国家の戦線を縮小せざるをえなかった以上、やむをえないと考える。新社会民主主義の意義は、一国レベルではなく、EUレベルで社会権を保障する枠組を創り上げようとするところにある（Sasoon 1996: Thompson 1996: Przeworski 2001: 320-322: Baily 2009: 遠藤 2008）。

国境を前提とした再分配政策が、今日福祉ショービニズムを生み、排外主義を強めていることを考えれば、EUレベルで社会的保護システムを構築することは、グローバル化に対するヨーロッパの集団防衛であり、福祉ショービニズムを鎮静化させる巧妙な戦略のように思える。しかしこのような見解は、皮相なものである。西欧社会民主主義勢力のなかでヨーロッパ・レベルの社会民主主義を求める動きは冷戦期から存在しており、決してグローバル化のなかで生まれたわけではない。「ソーシャル・ヨーロッパ」という概念は、すでに一九七〇年代初頭に登場している。イギリス労働党のように、当初ヨーロッパ統合の動きに懐疑的であったが、後にそのスタンスを変えた左翼政党もある。他方フランスやドイツの社会民主主義勢力は、グローバル化が進行する前から、ヨーロッパ・レベルでの社会民主主義の実現を標榜していた。要するに、ソーシャル・ヨーロッパに向かう動きがグローバル化によって拍車をかけられたことは間違いないにしろ、各国社会民主主義勢力のEUへのコミットメントには温度差があり、一つの戦略の下に協力してきたわけではない（Dimitrakopoulos ed. 2011: cf. Hinnfors 2006）。

さらにいえば、そもそも脱商品化を制度化する再分配の仕組み（福祉国家）は、主権国家であったからこそ可能だったのであり、EUレベルでそのような枠組を実現できるのかといえば、疑問である。経済統合において目覚ましい進展を遂げ、主権国家を相対化するに到ったEUといえども、政治的に統一されているわけではない。再分配とは優れて政治的な権力行使であることを考えれば、EUレベルでの社会政策といっても単一市場に対応した規制や雇用政策の調整にとどまり、再分配政策まで行うことは難しいと考えられる。EUにおいて社会的包摂への関心は早くから示されてきたが、結局のところその目的は雇用創出にあり、社会保障にまで手が回らないというのが実情である（岡 1999: 中村 2005）。さらに近年では、EU域内各国における経済パフォーマンスの違いが、経済の良好な国での「経済愛国主義」を引き起こしているとの指摘もある（鈴木 2008: 300: 岡 1999: Offe 2006）[15]。

　EUレベルでの社会的包摂が、EU市場統合に適ったアイディアであることは確かである。単一市場の下では、ソーシャル・ダンピングを防ぎ、労働コストを調整していく必要がある。現在EUが採用している開放的調整方式は、加盟国の利害や思惑が錯綜するなかで考案された巧妙な手法（苦肉の策）である。開放的調整方式は、各国の自主性を尊重しつつ、相互学習によってEUレベルでの政策的収斂を促進するものである。最も成功を収めている雇用戦略をみれば、「欧州理事会で雇用戦略を策定し、加盟国がそれに基づいて個別の事情を加味しながら独自の雇用増進プログラムを推進し」、実績において優れたプログラムをガイドラインに取り込んでいる（鈴木 2008: 299）。しかし開放的調整方式が、ソーシャル・ヨーロッパを実現する「銀の弾丸」（万能薬）ではないことは今日明らかになっている。開放的調整方式は確かに各国の改革を刺激したが、その過程は各国の制度に規定された経路依存的なものにとどまり、収斂傾向はみられない（Heidenreich and Zeitlin eds. 2009: cf. Magnusson and Strath eds. 2004）。

　本章では、福祉国家に再編を迫るものとして、ポストモダンとグローバル化論を取り上げ、次に福祉国家に挑戦する思想・運動として新自由主義を取り上げた。自由主義の中心は古典的リベラリズムからニュー・リベラリズム

（new liberalism）を経て新自由主義（neo-liberalism）へと移行した。ニュー・リベラリズムには平等性を重んじる社会主義思想の影響が色濃くあったが、新自由主義は改めて自由の優位を確認するものである。しかしそれは、古典的自由主義への回帰ではない。新自由主義にあっては自由放任ではなく自由競争が統治原理となる。このような新自由主義の台頭は、福祉国家を支えた超党派的合意を崩壊させるものであったが、左の側に生じた新社会民主主義の流れが、新しい超党派的合意を促進した。リベラル・ソーシャル・デモクラシーは、リベラル・ソーシャル・デモクラシーからリベラル・ソーシャル・デモクラシーへと変貌を遂げたのである。これによって、福祉国家は自由競争国家へと変質した。

　新社会民主主義は、旧社会民主主義に訣別し、社会民主主義の刷新を成し遂げたが、その刷新とは新自由主義化であったという面は否定できない。しかし新社会民主主義と旧社会民主主義との断絶を過度に強調すべきではない。社会民主主義はそもそも資本蓄積を促進する左からの戦略であり、その意味では旧社会民主主義も新社会民主主義も同じである。リベラル・デモクラシーの文脈が平等性重視から自由競争重視へと変わったことによって、新社会民主主義戦略は新自由主義と親近性を強めることになったのである。その結果、新社会民主主義が旧社会民主主義とは断絶しているとの評価も生まれた。しかし政治空間が社会民主主義的なものから新自由主義的なものに変わったことを受け入れ、そのなかで政治競合が展開されるのであれば、左もまた新自由主義化することは避けられないのである。

　とはいえ、新自由主義は一枚岩の思想ではない。社会民主主義的ヘゲモニー、福祉国家に挑戦する段階においては、反国家主義的色彩の強いシカゴ学派や市場原理主義が前面に押し出されたが、本来自律的ではありえない市場をどのように管理するのかという問題が深刻化すると、国家介入の必要性が再確認されるようになる。こうした変化を、新自由主義の終焉と考えるのは早計である。新自由主義のなかには、自由競争実現のための国家介入を積極的に認めるオルド自由主義の流れが存在する。オルド自由主義から生まれた社会的市場経済モデルは、戦後西ドイツ福祉国家を支える理論的支柱となったため、福祉国家解体のイデオロギーとしては、シカゴ学派のような力をもたなかった。しかし「小さな政府」と反福祉国家の嵐が吹き荒れた後、自由競争国家が社会投資国家でもあることが広く認識されるようになると（この文脈で新社会民主主義の果たした役割は大きい）、市場を社会のなかに埋め込まれたものと考え、自由競争を創りだす条件整備を行う強い国家が求められる。

オルド自由主義は、このような文脈で再評価される。シカゴ学派が脱「埋め込まれた自由主義」を推進したとすれば、オルド自由主義は「埋め込まれた新自由主義」を推進する力となるかもしれない。「埋め込まれた新自由主義」のなかで新社会民主主義を新自由主義に対抗する戦略として構築することは、市場原理主義の時代以上に難しい。ワークフェアを始め、自由競争の条件整備はすべて新自由主義のイデオロギーのなかに回収される。したがって新社会民主主義の戦略として、経済において独自性を打ち出すことではなく、ジェンダー平等や環境政治など、脱近代的価値を打ち出すこと、すなわち文化政治を通じて左翼としてのアイデンティティを確立し、支持を動員することが有力になる。

これに対して旧社会民主主義の戦略は、いうまでもなくリベラル・ソーシャル・デモクラシーを再びリベラル・ソーシャル・デモクラシーへと戻すことである。このような戦略は、単なる時代錯誤とはいえない。格差の世界化のなかで、再分配戦略の重要性は増している。第二章で触れた国境を超えた社会的連帯の可能性を求める動きは、そのような背景から理解できる。しかし脱フォーディズムの時代に統治原理として福祉国家を復元することは困難であるし、いわんや大規模なグローバル再分配を上から実現することは不可能に等しい。新自由主義と新社会民主主義の対立構造を超える第三極が存在するとしたら、その可能性はグローバルへと拡張される可能性を秘めたローカルな協同体形成のなかにある。それはリベラル・ソーシャル・デモクラシーの再編、あるいはリベラル・ソーシャル・デモクラシーを超える戦略としてありうる。

註

（1）脱近代化とは直接関連しないのでここでは取り上げないが、福祉国家危機の原因として最もよく指摘され、かつ異論の少ないのが、高齢化問題である。高齢化は賦課方式年金や医療制度の財政逼迫を惹起する傾向がある。とはいえ、その深刻さは、税制、社会保障給付資格や所得代替率、移民政策などによって大きく異なる。

（2）ただし企業が生産コストだけを考えて国外投資するわけではない。企業の国外直接投資は、市場のポテンシャルや戦略的提携企業を見出す場合などに選択的に行われるし、しかもそのような投資が本国での生産活動と必ずしもトレードオフの関係にあるわけではない。資本が大きな政府、重税の先進国から退出しない理由は幾つか考えられる。付加価値生産性の高い企業にとって技能の高い良質な労働力は不可欠である。また企業活動の大前提は治安と信用である。たとえ安価な労働力が豊富に存在しようと、治安と信用に問題のある国で大規模な資本展開を行うことには大きなリスクが伴う（Garrett 1998a: 799–804: 1998b）。

（3）通常「新しい政治」とは、環境保護、ジェンダー平等、社会的承認など、新たな価値の実現を目指す政治を意味するが、ピアソンのいう「新しい政治」は既存の制度プログラムの抵抗力を指しており、彼のいう「旧い政治」に対しては「新しい」かもしれないが、新しい価値を求める政治からみれば、守旧政治といえる。

（4）サービス産業を低生産性産業とみなすことに対しては、異論もある（Palier and Kykes 2001）。

（5）このシンポジウムについては、フーコーが『生政治の誕生』のなかでかなり詳しく取り上げている。同書の一九七九年二月一四日の講義注一五によれば、L・ルジェが「積極的自由主義」という表現を用い、J・リュエフが、それを受ける形で、「積極的自由主義」のほかに「社会的自由主義」あるいは「新自由主義」という表現を提案したとある（フーコー 2008: 187–188）。なおフーコーの講義録ではシンポジウムの開催が一九三九年となっているが、実際には一九三八年である。

（6）フリードマンがシカゴのミスター・マクロ（経済学）であれば、スティグラーはシカゴのミスター・ミクロ（経済学）として並び称された（Peck 2010: 83）。

（7） シモンズは、シカゴ経済学部のなかで孤立し、一九四六年自殺する。第一期シカゴ学派が、戦後の第二期シカゴ学派のような黄金期をもっていたわけではない。スティグラーは、モンペルラン協会が設立されるまではシカゴ学派はなかったという（Peck 2010: 92）。

（8） ハイエクが大陸ヨーロッパにおいて最も偉大な新自由主義者と呼んだヴィルヘルム・レプケはベヴァリッジ報告をナチズムへの道として非難したといわれる（Peck 2010: 16）。

（9） ハーヴェイの用語法に従って「新保守主義」という言葉を用いるが、ここで言及されている新保守主義はアメリカに固有のいわゆるネオコンではない点に注意されたい。

（10） ハイエク全集が翻訳されている。彼の主著として、『自由の条件［Ⅰ］、［Ⅱ］、［Ⅲ］』（1986-1987）、『法と立法と自由［Ⅰ］、［Ⅱ］、［Ⅲ］』（1987-1988）、一般的な啓蒙書として『隷属への道』（1992）を挙げておく。ハイエク研究についても、訳書を含め、豊富に存在する。ノーマン・P・バリー『ハイエクの社会・経済哲学』（1984）、ジョン・グレイ『増補ハイエクの自由論』（1985）、エイモン・バトラー『ハイエク　自由のラディカリズムと現代』（1991）、スティーヴ・フリートウッド『ハイエクのポリティカル・エコノミー』（2006）、森元孝『フリードリヒ・フォン・ハイエクのウィーン』（2006）、山崎弘之『ハイエク・自生的秩序の研究』（2007）、山中優『ハイエクの政治思想』（2007）、萬田悦生『文明社会の政治原理――F・A・ハイエクの政治思想』（2008）、森田雅憲『ハイエクの社会理論』（2009）などがある。

（11） 生活経済政策研究所は、「第三の道」関連の重要な文献を刊行している。生活経済政策研究所（1999; 2000; 2001; 2002）を参照のこと。

（12） スウェーデンはいうまでもなく社会民主主義の代表例であるが、そこでは歴史的に経済効率や市場競争を認めた上に平等化政策や積極的労働市場政策を展開しており、一九八〇年代に政権に返り咲いた社会民主党が「第三の道」を唱えた際、それはむしろ漸進的な変化と受け止められ、イギリスのニュー・レイバーのような旋風を巻き起こすことはなかった（cf. Bouvet and Michel 1999; Lindgren 1999）。

（13） 左派の論客ペリー・アンダーソンは、「第三の道は、今日新自由主義の最高のイデオロギー的外皮である」と語る（Callinicos 2001: 8）。

（14） その後ギデンズは「市場の役割は制限されるべきである」と、再びニュアンスを変えている（Giddens 2001: 7）。

（15） 欧州理事会は二〇〇〇年三月、「ＥＵを世界で最も競争力をもつダイナミックな知識基盤型経済とするため、各国レベルでの経済・雇用・社会政策改革を推し進めることを決議した」(Heidenreich and Zeitlin eds. 2009: 1; 鈴木 2008: 298)。知識基盤型経済とは、「完全雇用と社会的結束を伴う持続可能な経済成長を実現しうる」ものである（Heidenreich and Zeitlin eds. 2009: 1)。同様の目標は、「ヨーロッパ二〇二〇」でも確認されている（宮本 2011: 24)。一〇年経って同じ目標が再確認されたということは、ＥＵの社会的包摂への一貫した姿勢を示すといえるが、この間政策の進展があまりみられなかったことを物語るともいえる。

第四章　文化政治の可能性

1　国民への回帰

リベラル・ナショナリズム

国境を越えた人の移動は、国民国家システムにとって大きな挑戦となっている（百瀬・小倉編 1992: サッセン 1992: 2004: カースルズ＝ミラー 1996 等参照）。国民的連帯は、国境を越える人の流れが強まることによって、その根底を揺さぶられている。二一世紀初頭において、一億五〇〇〇万人が出生国以外で暮らしており、その数は全世界人口の二・三％に相当するといわれる。この比率そのものは一九六五年から大きく増えてはいないものの、北米、オーストラリア、ニュージーランド、ヨーロッパでの移民比率が高まっている。一九九八年までには、オーストラリア、ニュージーランド、スイスでは人口の二〇％以上が移民であり、カナダでは一八％、アメリカ一二％、フランス、オランダ、スウェーデンではほぼ一〇％に達している。また移民の出身地は、たとえばヨーロッパであればトルコ、アメリカであればメキシコのような周辺地域国や南側の発展途上国であり、彼らの存在は民族的、言語的、宗教的な多様性をもたらし、国民統合の象徴である福祉国家の正統性を脅かしている（Soroka, Banting, and Johnston

2006：261–262)。

グローバル化がもたらす国際競争の激化と社会的多様性は国民統合を揺さぶり、危機感を強めた国民多数派の間では主流文化の再確認を求める動きが強まる。このような動きは、福祉国家における排外的右翼ナショナリズムの台頭を促した（山口・高橋編 1998：山本 2003：宮本 2004 参照）。しかし福祉ショービニズムは右翼に限られた感情ではないし、そもそも福祉国家は階級を超えた国民統合プロジェクトであり、優れてナショナリスティックなものであった。今日ナショナリズムが右翼を利しているとすれば、それはポスト福祉国家の時代にあって左翼陣営が国民としてのアイデンティティを求める声を軽視し、シンボルとしてのナショナリズムを右翼に独占されてしまったためではないか。このように考えるデヴィッド・グッドハートはリベラル・ナショナリズムを提唱する。[1] ナショナリズムや国民感情に左翼陣営のなかで正統な居場所を与え、それによってナショナルなシンボルやエモーションを政治的に中立化し、あわよくば中道左派にとって有利なものに転換しようというのである（Goodhart 2004：155）。

グッドハートは、左翼のなかにある理想主義、人間は合理的な存在であり、すべての他者を同じ尊敬をもって同等に扱うべきであるという信仰を捨て、左翼が抱えるディレンマを素直に認めるべきだと主張する。とりわけ、再分配と承認の政治の間に見出されるディレンマにグッドハートは注目する。一方において、左翼（社会民主主義者たち）は、福祉国家政策を推進してきた。福祉国家は匿名の助け合いを再分配政策によって行うものである。他方において、左翼は社会的多様性を認め、社会的、性的、民族的、人種的少数派の権利とアイデンティティを積極的に擁護してきた。しかし今日のように多様性があまりに高まると、それは同質性を脅かし、道徳的な合意や市民の義務感や社会への帰属感を薄めるのではないかという危機感が募る。帰属感の衰退は、寛大な福祉国家への支持を低下させる。国民的同質性と道徳的な合意こそが、福祉国家の前提と考えられるからである。人権思想は、国民の権利と義務から切り離されれば、空虚なものになる。社会権のように、その実現のためには財政的負担が伴う場合には、特にそうである（バーグマン 2006：26；cf. Beck 2004）。

グッドハートは、多数派の文化や価値を、たとえ緩やかな形であれ、積極的に承認すべきであると主張する。国民感情には二面性がある。それは憎悪と攻撃性を生む場合もあるが、近代産業社会の多くの積極的側面を生んできた。たとえば、見知らぬ同胞市民のため何がしかの犠牲を引き受ける寛容性や縁故関係を超えた帰属感や成員意識を育んできた。福祉国家は、このような積極的な国民感情によって支持されてきたのである。国民感情の積極面を再生し、消極面を可能な限り抑制することこそが、リベラル・ナショナリズムの目指すものである。このような目的実現のためには、国民＝市民が決して社会的少数派を排除するものであってはならず（民族と市民との峻別）、国民は、移民流入があろうがなかろうが、刻々と変化し、発展するものであることを自覚する必要がある。グッドハートによれば、「穏健な、革新的ナショナリズムの代替肢は、国際主義ではない。それは排他的な内向きのナショナリズムである」（Goodhart 2004：157）。

こうしたグッドハートの議論は、アメリカの哲学者リチャード・ローティの主張と共鳴するものである。ローティはいう。「……国家に対して誇りを持たなくなると、国家の政策について活発で効果的な討議が行われる見込みはなくなる。政治に関する審議を創造的で生産的にするためには、国家と感情的に係ること――自国の歴史のさまざまな部分や現在のさまざまな国家の政策に対して羞恥したり、輝かしい誇りを感じたりすること――は必要なことである。だが、創造的で生産的な政治に関する討議は、誇りよりも羞恥心が強ければ、たぶん生じないであろう」（ローティ 2000：2）。「国民国家政府が今や時代遅れであるので、私たちは国民国家政府に代わるものを考え出さねばならないと言われても、グローバル化によって貧困状態に陥る危険のある人々の慰めにはならない。……しかし、国民国家は、依然として社会保障手当てについて決定を下しているので、社会正義についても決定を下している存在である」（ローティ 2000：105）。

ローティの国民国家の復権を求める声は、いささか性急に「国家の退場」を断定してしまうグローバル化論者やコスモポリタンへの鋭い批判になっている。しかし国民国家の誇りが、排外的ナショナリズムへと容易にすり替わる危険性はないのか。コーン・ダイコトミーを踏襲し、「良い」ナショナリズム（西欧のナショナリズム、シビック・ナショナリズム、そしてリベラル・ナショナリズム）と「悪い」ナショナリズム（東欧のナショナリズム、文化的ナショナリズム、エスニック・ナショナリズム）を区別して、「良い」ナショナリズムを擁護しようとしても、現実のナショナリズム運動のなかで両者は容易に相互浸透するのではないだろうか（cf. Kohn 2005）。このような疑問に対して、ヤエル・タミールは「悪い」ナショナリズムを含めて肯定すべきであると主張する。タミールは、まず個人の自由な選択を重視するリベラリズムといえども特定の文脈（文化共同体）で生まれてきたものであり、リベラリズムとナショナリズムが共存できないものではないことを指摘する。ネイションの自己決定は、あくまでも個人の自由を保障するために不可欠なものとして認められる。そして個人の選択というものが文脈依存的なものである以上、仮に文化共同体が権威主義的であっても、個人がそれを選択するのであれば、その選択は尊重されるべきであるとタミールは考える（タミール 2006: 105）。

タミールは、最終的に個人には文脈によって与えられたアイデンティティを放棄する自由があるというが、そのような自由は権威主義的な文化共同体に属する個人がリベラルな国民共同体というより大きな文脈のなかにあって初めて実現されるものであろう。つまり権威主義的な共同体であろうと、市民資格を保障するリベラル原則を受け入れ、従う限りにおいて、タミールのいう個人の自由が実現する。非リベラルな少数派は、リベラルな価値に帰依する必要はないが、リベラルな市民社会のルールを受け入れる必要はある。彼らに要求されるのは消極的寛容（公ではリベラル原則に従うが、私生活では必ずしもそうではない）であって、必ずしも積極的寛容（公私においてリベラル原則を支持する）ではない（Goodhart 2004: 163）。

しかし、このような寛容論もまた限界をもつ。「偏見は、寛容と共存する。それは、社会の調和とレイシズムが共存し、多文化主義とエスニックの不平等が共存することと同様である」（ハージ 2003：164）。寛容とは、非寛容であることもできる権力をもつ者たちの選択であって、少数派が多数派の価値に従うことは、「自分ではいかんともしがたいことへの対処」、すなわち忍耐にほかならない（ハージ 2003：173）。また少数民族のアイデンティティを認める寛容性は、そもそもアイデンティティが固定的なものではなく、日々変化する流動的なものであるとすれば、押し付けがましいものにもなる。アイデンティティは「ステレオタイプ化／規格化／保存の義務化というプロセス」に絡めとられてしまい、「他者化され、外から規定されることで、文化は内から湧き出る生命力を失う」（鄭 2003：224）。民族の創発性を強調するあまり本質主義に陥れば、民族はその源泉である個を圧迫し、自らを涸らしてしまうだろう。

従来左翼のアイデンティティ政治が少数派の社会的承認にばかり目を向け、結果として多数派のアイデンティティを疎外し、右翼排外主義の台頭を招いたというグッドハートの指摘は鋭い。とはいえ、多数派のアイデンティティ強化が少数派に対してもつ権力作用について軽視することはできない。境界を引く側に立つ者は、境界の恣意性と排除の可能性に対して開かれた眼をもつ必要がある（杉田敦 2005）。リベラル・ナショナリズムの議論を国民主流派の特権擁護としないためには、「ワン・ネイション、ワン・ステイト」という物語から解放される必要がある。そして不可分にして委譲不能な主権という神話から自由でなければならない。独自のネイションであること、すなわち一定の領域内において政治的自己決定権を主張することは、国家主権が時と場合によっては制限され、相対化されることも稀ではない今日、必ずしも国家形成と同義なわけではない。マイケル・キーティングは、国家建設ではなく、国家内において独自のネイションとしての承認を求めることが新たなナショナリズムの形態であると主張し、「脱主権時代の国家なきネイション」の存在を指摘している（Keating 1996：2001）。複数のネイションが正統な存在として認められる国家においては、政治的自己決定を求める国民少数派にとって分離独立が唯一の選択肢ではないし、たとえそれが可能であっても、好ましい選択肢であるとは限らない。

ナショナリズムは多元的な国民の創出によって、国内的にも対外的にも開かれたものになりうる。EUをみてみよう。EU加盟国は通貨管理を含め、財政や移民政策などの分野で大きく主権が制限されている。EUという第三項は国民国家内の二項対立を緩和する存在となる。もとより社会政策は依然として国民国家内で行われており、ソーシャル・ヨーロッパの実現は容易ではない。EU市民というものが、国民＝市民というアイデンティティにとって代わるわけでもない。しかし経済統合やEUシティズンシップが、ネイションの閉鎖性やガヴァナンスの国家への収斂を緩和していることは間違いない。リスク管理からみても、境界を多重的に引くことは重要である。今日市民は様々なリスクに晒されており、それに応じて異なるリスク管理・ガヴァナンスが必要になる。社会サービスは、国家よりも下位の政府と営利・非営利団体・顧客とのネットワークで対応するのが適切な場合もあるだろう。また人権や絶対的困窮、環境保護、国際平和といった分野では、国家間あるいは国家を超えた国際機関レベルでの取り組みが必要となる。

国民国家の相対化は、国民を否定するわけではないし、いわんや国家を否定するものではない。単一の国民＝市民ではなく、多元的国民を構想することによって国民国家は相対化され、翻って国家の位置と重要性を再認識することができる。国家ガヴァナンスの限定は、国家の役割と位置づけを明確にし、その意味と意義を明らかにすることにつながる。

移民と福祉国家

社会的多様性、より端的にいえば、移民による民族的・人種的多様性の高まりが、福祉国家の発展を阻害するといわれる。そうした言説が最も頻繁に登場するのは、アメリカである。アメリカにおいて社会支出が低い理由、あるいは「アメリカ人が福祉を憎む」理由として、人種的民族的な多様性が指摘される（Hero and Tolbert 1996: Plotnick and Winters 1985: Gilens 1999）。アレジーナ＝グレイザーは、アメリカとヨーロッパ諸国との社会支出の違いのほぼ半分は、人種的な多様性の違いによって説明できるとしている（Alesina and Glaeser 2004）。民族的な多様性が福祉国家の発展を阻害するという仮説は、アメリカの経験として受け入れられてきたのである。

多民族国家としてアメリカと最も比較しやすい隣国、カナダの世論調査を分析したソロカ＝ジョンストン＝バンティングは、近隣における可視的少数民族の存在が大きくなれば、多数派の（近隣への）信頼は薄れること、逆に人種的少数派は多数派が支配的になればなるほど、信頼を失くす傾向があることを指摘している（Soroka, Johnston, and Banting 2004）。その後彼らはＯＥＣＤ諸国のデータを集め、一九七〇～九八年間について外国生まれの全人口に占める割合と社会支出レベルの相関性を分析し、移民増加率が高ければ、社会支出増が抑制される傾向があることを確認している。「典型的な産業社会は、もし外国生まれの比率が一九七〇年レベルにとどまっていれば、現在よりも一六～一七％ほど多く社会支出に費やしていたかもしれない」（Soroka, Banting, and Johnston 2006: 278）。

しかしここに多文化主義という変数を導入すると、異なる関係が生まれる。バンティング＝キムリッカは、憲法的、立法的、もしくは議会での多文化主義の是認、学校教育での多文化主義の説明／擁護、ドレス・コードの例外規定、二重国籍承認、二言語教育、あるいは母語訓練への財政援助、不利な移民集団へのアファーマティヴ・アクションの有無など八つの政策が採用されているかどうかを基準に、ＯＥＣＤ諸国を多文化主義政策の強い国（カナダ、オーストラリア）、中位の国（ベルギー、オランダ、スウェーデン、イギリス、アメリカ）、弱い国（オーストリア、デンマーク、フィンランド、フランス、ドイツ、アイルランド、イタリア、ノルウェー、スイス、スペイン）の三つに分け、各々について一九八〇年代初頭から九〇年代にかけての社会支出と再分配率の変動を調べ、多文化主義政策の強い国々において両者の数値が一番大きくなっていることを見出す（Banting and Kymlicka 2005）。つまり強力な多文化主義政策は、民族的多様性と福祉国家発展の負の相関関係を変更しうる。つまり強力な多文化主義政策は、社会的連帯の低下を防ぎ、福祉国家政策を促す可能性がある。

移民受容の言説をみれば、単純かつ強制的な同化論（同化しえない者たちの排斥）から、移民のもたらす社会的影響を国民の物語へと組み込む統合論（たとえば「メルティング・ポット」論）や移民文化に対する消極的な寛容論（「善意の無視」論）などを経て、積極的な寛容論、すなわち多文化主義論が展開されるようになっていく。一九七〇年代に入ると、まずカナダとオーストラリアが多文化主義政策を掲げ、その動きはアメリカやヨーロッパにも波及する。多文化主義論は、アイデンティティ・ポリティクスや承認／差異の政治などの議論を通じて洗練されたものになる。アイリス・ヤング、チャールズ・テイラー、ウイリアム・コノリー、マイケル・ケニーなどがアイデンティティ・ポリティクス、承認や差異の政治について論じている。彼らの議論を単純にまとめることは不可能であるが、多文化主義の観点からみた意義は、国民多数派（男性中心）が創り上げた擬制としての国民に対して、抑圧・差別される少数派を擁護し、その固有性を積極的に肯定し、社会的承認を求めること、国民神話の暴力性を告発することにある（ヤング 1996；テイラー 1996；コノリー 1998；ケニー 2005）。

多文化主義は、単一普遍的なシティズンシップ＝国民という考えを、差異化された多重的シティズンシップという考えによって相対化し、社会的少数派の文化共同体を承認する。しかしこれに対しては、レイシストのみならず、オールド・リベラリストからの批判も強い[2]。彼らに共通しているのは、多文化主義を徹底すれば価値ニヒリズムに到り、社会的混乱を招くのではないかという危惧である。リベラリストは、人種や民族、性別などの違いを超えた、普遍的個人の権利としてシティズンシップを再確立すべきことを強調する（彼らは、それらの価値が、固有の文化的背景や文脈をもつことに対して無自覚なわけではないが、それら（のみ）が個人の自由を実現してきたことを強調する）。多文化主義や承認の政治、差異の政治といった考えは、リベラルな中立国家が依拠してきた普遍的価値（自由、平等、正義など）を相対化し、それによって非リベラルな価値が跋扈することを許し、社会統合を揺るがしてしまいかねない。こうした懸念はアメリカでの二〇〇一年九月一一日のテロ事件以降非リベラルな文化集団への怖れ、反発、そして嫌悪を生んでいる。

ヨーロッパでは移民を敵視する排外的極右政党が台頭し、左翼も福祉ショービニズムに侵され、多文化主義への支持は急速に衰退してしまった。直感的には、多民族が国民国家を形成した新大陸では、こうした国民的反動（国民としてのアイデンティティを維持しようとすることから生じる移民排斥や排外的国民文化称揚の動き）は生じ難いように思われる。しかし、現実には、アメリカとオーストラリアでは強い多文化主義への反動が生じた。唯一の例外は、カナダである。そこでは多文化主義への反動は最小限のものにとどまり、多文化主義は今日なお高い国民的支持を得ている。多文化主義を他の先進諸国に先駆けて国策化し、今なお維持しているカナダを事例とし、多文化主義の可能性と限界について考えてみよう。

2　多文化主義と国民国家——カナダを中心的事例として

カナダ多文化主義の抵抗力

カナダは、一九七一年に多文化主義政策を打ち出し、八八年には多文化主義法を制定した。かたやオーストラリアは、一九七三年に多文化主義政策を打ち出し、八九年に「多文化オーストラリアに向けての国家的課題」を採択した。アメリカでは、カナダやオーストラリアのように、多文化主義が国是となることはなかったが、一九八〇年代から九〇年代にかけて多文化主義教育（西欧的価値中心の教育カリキュラムの改正）が高等教育で始まり、初等教育にも浸透していった。しかしこのような多文化主義の推進が、これらの国で他者への寛容度を高めたかといえば、必ずしもそうとはいえない。むしろ多文化主義が、国民的反動を招いた例もある。

アメリカにおいては多文化主義教育の導入が激しい論争を引き起こし、「文化戦争」と呼ばれるほどの緊張と対立関係を惹起した（Bloom 1987; Glazer 1997; シュレジンガー Jr. 1992; 古谷 2002; 小林 2007）。またオーストラリアにおいては、一九九六年反多文化主義を掲げるワン・ネイション党が躍進する（党首ポーリン・ハンソンの名前にちなんで、「ポーリン旋風」と呼ばれた）。ワン・ネイション党のような露骨なレイシスト的反動は短期間で消え去ったものの、自由党ジョン・ハワード政権は、グローバル化に対応した多文化主義政策の見直しを行った（吉浜 2001; ハージ 2003; 塩原 2005; 飯笹 2007 参照）。

しかしカナダでは、大規模な国民的反動がみられなかった。もちろんカナダにおいても、九・一一の衝撃は小さくなかった。二〇〇一年一〇月一五日、カナダ連邦政府はC－三六号法案を議会に提出する。この法案は、カナダの刑事法上初めてテロ活動に基づく犯罪を定義し、予防逮捕に関する警察権限の強化等を定めたものであった。しかしこの法案に対してリベラルな多くの市民団体が反対したため、制限的修正が加えられ、結局この法律はほとんど適用されていない（ローチ 2008）。現在の連邦首相スティーヴン・ハーパーは、かつては人種差別的団体に関わり、ケベックの特別待遇を批判する西部ポピュリズムの流れを汲む政治家であるが、政権獲得後しばらくは少数与党であったこともあり、穏健な政治路線をとり、今日に至るまで国民的支持の高い多文化主義政策に正面から挑戦することはしていない。カナダでは多文化主義は、健康保険に次いで国民の支持の高い政策であり、国民の四分の三から五分の四という圧倒的多数が、多文化主義をカナダ文化の要であり、国民的誇りであると考えている（Bloemraad 2006: 140; 新川 2006）。

多文化主義政策が公式には維持されていても、移民の受け入れ制限を強化していけば、実質的に政策転換を図ることができるが、カナダの場合そうした試みもみられない。カナダは、依然として積極的に移民を受け入れている。カナダで移民や多文化主義への国民的反動が生じていないのはなぜか。結論を先取りすれば、カナダにおいて、多文化主義は国民統合を促進するリベラル・ナショナリズムとして展開されたからである。カナダにおいては国民少数派の文化共同体を寛容に受け入れるだけではなく、多文化主義をカナダ国民文化の特徴として積極的に位置づけ、移民の社会統合や政治統合を推進したのである。

カナダ多文化主義の現実

移民社会の実態

二〇〇六年国勢調査によれば、カナダの人口の一九・八%、六一八万六九五〇人は外国生まれであり、これは過去七五年間で最も高い数字である。二〇〇一年から二〇〇六年の間に、外国生まれは一三・六%増加している。同時期、カナダ生まれの人口伸び率はわずか三・三%にすぎない。ちなみに、カナダの外国生まれの割合は、アメリカ一二・五%より高く、オーストラリア二二・二%よりも低い。二〇〇一年一月一日から二〇〇六年五月一六日の間にカナダに到着した移民の数は一〇一万人であり、これは外国生まれ総数の一七・九%、カナダの全人口三一二〇万人の三・六%にあたる。アジア（中東を含む）生まれの移民は二〇〇六年にカナダに到着した移民のなかで最大規模であり、五八・三%を占める。二〇〇一年の五九・四%から微減しているが、一九七一年にはわずか一二・一%であったことを考えれば、隔世の感がある。二〇〇六年ヨーロッパからの移民は、一六・一%となっており、二番目に大きい集団を成している。とはいえ、かつては圧倒的多数がヨーロッパからの移民であったこと、たとえば一九七一年には六一・六%がヨーロッパからの移民であったことを考えると、著しく減っている。中南米、およびカリビアンからの移民は一〇・八%であり、二〇〇一年の八・九%からわずかながら上昇している。アフリカ出身者も、八・三%から一〇・六%に伸びている。

移民の流入は、カナダ社会の言語的多様性をもたらしている。二〇〇六年には、ほぼ一五〇の言語が外国生まれのカナダ人にとっての母語として報告されている。移民のなかで、英語を話す者たちが最大の言語集団である。六二〇万人の外国生まれの人口のうち約四分の一は、子供のころに習得した言語は英語だけであり、理解できる唯一の言語であった。外国生まれのわずかに三・一%がフランス語を母語とする。ケベックに住む外国生まれの間では、この数字は、一七・五%まで伸びる。外国生まれのカナダ人の七〇・二%は、カナダの二つの公用語である英語もしくはフランス語以外の言語を母語としている。そのなかで最大言語人口をもつのは、北京語のほか、広東語など地方語を含む中国語（一八・六%）であり、以下イタリア語（六・六%）、パンジャブ語（五・九%）、スペイン語（五・八%）、ドイツ語（五・四%）、タガログ語（四・八%）、アラビア語（四・七%）と続く。しかし、外国生まれの大部分（九三・六%）は、英語かフランス語、あるいは両方で会話ができる。この数字は、新来者の場合でも九〇・七%に達する。公用語の熟達が社会統合に大きな影響を及ぼすのは、いうまでもない。

二〇〇六年の新来移民のうち、六八・九%が、トロント、モントリオール、バンクーバーに定着している。カナダ生まれのほぼ三分の一がこれら三つの大都市圏に住むことを考慮しても、移民の大都市圏への集中傾向は明らかである。大都市の経済力や生活基盤、経済力、文化的開放性などが、移民を惹きつけていると考えられる。ちなみに、移民が向かう他の地域としては、カルガリー五・二%、エドモントン二・九%、ウィニペッグ二・二%となっており、アルバータとマニトバの州都もしくはそれに準ずる主要都市である。二〇〇六年には、外国生まれで、カナダ市民権を得る資格のある定住者のうち八五・一%は帰化している。[3] カナダ市民の二・八%、八六万三一〇〇人はカナダ以外の国籍をもっている。カナダでは二重国籍が認められているので、もし彼らの母国が二重国籍を認めていれば、母国の国籍を保持できる。ちなみにカナダ人が最も多く保有する他の国籍は、イギリス（一四・七%）であり、それに続くのが、ポーランド（六・六%）、アメリカ（五・四%）である。[4]

二〇一一年国勢調査においても、このような多民族性に大きな変化はないが、多様性は一層増している。二〇一一年には、母語として二〇〇以上が報告されている。また二〇〇六年に家庭で少なくとも二言語を話すと答えた者は人口の一四・二%だったのが、二〇一一年には一七・五%に伸びている。英語もフランス語も母語としないカナダ人の六三・五%は家では英語を話している。二〇〇六年には家庭でフランス語を話すという者は六七〇万人であったが、二〇一一年にはほぼ七〇〇万人に増えている。ただし割合では、若干減っている。英仏バイリンガリズムは一七・四%から一七・五%と横ばいである。注目されるのは家庭で英語だけを話す者が七七・一%から七四・一%へと三ポイント減少していることであろう。家庭でタガログ語を話す者は一七万人から二七万九〇〇〇人へと、実に六四%増加している（Statistics Canada 2011）。

移民の社会統合

カナダ連邦政府は、多文化主義を特定個別部局の政策ではなく、政府の基本政策であるという見解を示しているが、文化保護という点ではカナダ文化遺産省（Canadian Heritage）、移民の社会統合についてはカナダ国籍移民省（Citizenship and Immigration Canada, CIC）が中心的な役割を果たしてきた。

カナダ文化遺産省の移民に関わる政策として、多文化主義プログラム、公用語プログラム、その他のカナダ人としてのアイデンティティ形成を促進するための活動などが挙げられる。多文化主義政策は、カナダの多様性をカナダ社会の基本的特質として認め、カナダ人の多文化的遺産を保存し、改善するとともに、すべてのカナダ人の経済的、社会的、文化的、政治的生活上の平等実現を目指す。そのために、三つの主たる目標が設定されている。第一は、カナダ人としてのアイデンティティの確立である。すなわち、文化的多様性を承認し、尊重し、反映しながら、すべての者がカナダへの愛着と帰属感を感じるような社会を築く。第二は、社会的公正である。あらゆる出自の人々の尊厳を守る、公正で平等な取り扱いが保障される社会を建設する。第三は、市民参加である。コミュニティの将来の形成に参加する能力と機会をもつ積極的市民を育成する。二〇〇五年度のカナダ文化遺産省の年次報告では、①民族文化的／人種的少数派が公的決定作成に参加する能力を育てる、②多様な市民に対する構造的障害を除去する公的機関を支援する、③公的な機関が多様性を政策のなかに取り込むことを助ける、④レイシズムと闘うため、情報に基づいた対話と行動を継続的に行うコミュニティや市民を支援するといった目標が、優先課題として挙げられている。

ＣＩＣは、移民が入国してから三年の間定着促進サービスを支援する。ＣＩＣが財政支援を行っているのは、以下の四分野である。第一は、カナダ新来者語学（公用語）習得プログラム（Language Instruction for New Comers to Canada Program, LINC）、第二は、移民定着順応プログラム（Immigrant Settlement and Adaptation Program, ISAP）、第三は、ホスト・プログラム、第四は難民プログラムである。ＣＩＣの二〇〇七年度予算をみれば、総額七億三二二〇万ドル（以下、特に記さない限り、カナダ・ドル）を移民の定着と社会統合のために計上している。カナダは毎年平均二五万人の移民を受け入れているので、移民一人当たりにすれば、三〇〇〇ドルに満たない程度であるが。

ＣＩＣ予算の最大費目は州政府への移転であり、ケベックに対して、二億二二四四万ドル、その他の諸州へ九七五〇万ドルを配分している。この財政移転から、仏系カナダ人の八割以上が居住するケベック州の文化的独自性の保護と維持のために、連邦政府が、格別の支援をしていることがわかる。ＣＩＣが直接支出する四つのプログラムのなかでは、ＬＩＮＣへの補助額が一番大きく、一億七四七〇万ドルであり、ＩＳＡＰへの補助額はそれより若干少なく、一億七三六〇万ドル、他の二つのプログラムは比較的額が少ない（難民プログラムには、四九五〇万ドル、ホスト・プログラムには、一〇〇〇万ドルの予算が計上されている）。

ＬＩＮＣプログラムは、成人移民がカナダ到着後、できるだけ早く、二つの公用語の内一つを習得できるように支援するものであり、一九九二年に発足した。このプログラムでは、成人語学習得サービスを提供する組織・機関に対して、一定の条件・義務を充たせば、三年まで財政補助が与えられる。ＬＩＮＣプログラムでは、成人移民が、単に公用語を習得するのではなく、それを通じてカナダとカナダ市民に関する基本的な知識を獲得することが目指されている。このプログラムへの参加自体が、移民にとってカナダの多文化主義を実感する機会となる。世界各国から様々な背景をもつ移民が教室に集まるので、異なる人々と交流する機会が与えられ、文化的に多様なカナダ社会に順応する訓練の場となる。ＬＩＮＣプログラムに対しては、それが基礎レベルの語学習得であるため、移民の就労可能性を高め、雇用に直結するような語学力の向上には結びつかないという批判がある。こうした声に応えて、ＣＩＣは、ＩＳＡＰの一部として応用語学習得支援を打ち出し、二〇〇〇万ドルを超える額を一四〇の機関が提供する二五〇を超えるプロジェクトに対して配分している。

ＩＳＡＰは、移民が到着したその日から、様々な定着支援サービスを提供する。たとえば住居や衣服など、緊急ニーズを提供するほか、地域社会で生活するための基本的な知識、銀行での口座開設、住居探し、健康保険登録、文化・教育・レクリエーション施設や法律相談事務所などのアクセスについて、ガイダンスを行う。さらに日常生活の問題に対処するための実践的ガイダンス、地域との仲介、法的な権利と義務の情報提供などを行う。さらに通訳と翻訳サービスも提供する。ただし通訳は、日常生活を営む上で基本的な事柄に関するものであり、翻訳サービスは、雇用、健康保険、教育、法律事項に関わるものに限られる。移民のカウンセリングもＩＳＡＰの一部として提供されている。

ホスト・プログラムは、移民に文化横断的なつながりを提供し、双方向主義によって社会統合の実現を目指すものである。前提となっているのは、アルポートの接触仮説である。アルポート仮説によれば、多数派と少数派との社会的コンタクトは、それが好ましい環境で行われれば、偏見を少なくすることができる。こうした仮説に基づき、カナダの模範的家族がホストとなって到着直後の移民に接触することで双方の理解を高め、移民の社会的順応を助ける政策が展開されている。ホストは金銭的報酬のないヴォランティアであり、移民到着後数カ月間、友人として、そして先導者として、助言を与えることが期待される。

難民プログラムは、移住の準備期間が全くない、あるいは非常に限られている難民の特殊事情を考慮して設けられたものであり、その緊要性から、支援密度は通常の移民の場合をはるかに上回る。この分野では、一九七〇年代に東南アジアからの「ボート・ピープル」が問題になったのを契機に、「民間難民支援プログラム」が生まれた。一九七八年発足から二〇〇七年までの間にこの民間プログラムが定着支援を行った難民は、一九万五〇〇〇人に達する。スポンサーとなっているのは、宗教団体や民族文化集団や人道主義的団体などである。政府の難民プログラムとしては、CICが、二つのプログラムを提供している。一つは、「再定着支援プログラム」であり、これは財政支援を含む緊急のサービスを提供する。もう一つは、移民ローン・プログラムであり、難民が移動や健康診断、書類作成などにかかる費用を貸し付けるものであり、二〇〇七年現在支出限度額は一億一〇〇〇万ドルである。ちなみに返済率は九一％と非常に高い。

CICには、他の官庁と共同で行う事業がある。たとえば、CICは、二〇〇七年五月外国人資格審査室（FCRO）を開設した。本来外国人資格審査はカナダ人的資源技能開発省（HRSD）の任務であるが、今日FCROは、カナダへの新来者にカナダの労働市場、資格に関する評価・承認過程に関する情報を、電話・対面サービスによって提供している。FCROの予算は、当初五年間で、三二〇〇万ドルが計上された。CICは、カナダ文化遺産省との共同作業として、フランス語系移民奨励策を展開している（予算規模は、年間二〇〇万ドル）。また反人種主義行動計画もカナダ文化遺産省との共同で行っている（二〇〇五年から五年間で予算総額は一七六〇万ドル）[5]。

移民の政治統合

表4－1をみればわかるように、投票率ではカナダ生まれの市民が移民よりも若干高いものの、政治知識、一般的政治関心など、その他すべてにおいて外国生まれがカナダ生まれを上回っている。ちなみに、二〇〇四年の連邦（下院）選挙では、外国生まれの八五％が投票場に足を運び、四一％が公職者

にコンタクトをとった。カナダ生まれの場合は、それぞれ八七％と三七％となっている。抗議行動に参加した者の割合は外国生まれ二〇％、カナダ生まれ一二％であり、合法デモへの参加は三〇％と二二％である。このように、投票率では若干カナダ生まれが移民よりも高いものの、その他の政治行動では、むしろ移民のほうが高い率を示している。署名活動では、例外的にカナダ生まれが八三％に上り、移民を一〇ポイント上回っている（Anderson and Black 2008: 56）。こうしたことから確認できるのは、移民の政治参加はカナダ生まれの市民より低いとはいえず、むしろ多くの分野で上回っているということである。

政治への関与は、移民の出身地によって違いがみられる。ヨーロッパ系移民はカナダ生まれよりも一般的に投票率が高く、アジア系、中東系、ラテンアメリカ系移民は低い。あくまでも自己申告に基づく数字であるが、二〇〇〇年の連邦下院選挙で投票したと答えたものは、カナダ生まれで七八・八％、ヨーロッパ系八七・六％、アフリカ系七九・四％、中央・南アメリカ・カリビアン・バミューダ系七三・三％、アジア・中東系七〇・四％となっている。ヨーロッパ系とそれ以外の差については、ヨーロッパ系が概して定着期間が長く、それ以外の地域からの移民はカナダに来てから比較的日が浅いためであると考えられる。定着期間が長いほど、政治的統合は進むと考えられる（Howe 2007: 618-619）。しかし非ヨーロッパ系のなかでなぜ違いが生じるのかについては、明らかではない。国別でみると、アジア系のなかでも中華人民共和国や香港からの移民の間では投票率が低くなっている（中華人民共和国七〇・五％、香港六四・七％）。日系カナダ人をみると、カナダ生まれの日系人はほぼ平均なみであるが、カナダ国外生まれの日系人（ほとんどは日本生まれと思われる）の投票率は、六〇・八％と非民主主義国からの移民よりも低くなっている（Jedwab 2006）。

次に移民の政治代表についてみれば、下院に占める外国生まれの議員の割合は、一九九三年一五・三％、一九九七年一五・六％、二〇〇四年一二・七％、二〇〇六年一三・三％となっており、二一世紀に入ってむしろ低下して

表4-1　国内生まれと外国生まれのカナダ人の政治参加（2000～2004年）

（単位：%）

	カナダ生まれ	外国生まれ
連邦選挙での投票	84.9	83.2
政治知識(1)	41.9	46.6
政治への一般的関心(2)	48.0	52.5
新聞購読(3)	44.4	48.4
新聞での選挙への関心(4)	32.1	38.5
TVでの選挙報道への関心(5)	43.4	45.7
政党リーダーの討論を一つは見た	6.9	54.7

注：(1)　事実問題の半分以上正解者
(2)　10ポイント満点で6点以上獲得した回答者
(3)　一週間に5日以上新聞を読むと回答した者
(4)　10ポイント満点で6点以上獲得した回答者
(5)　10ポイント満点で6点以上獲得した回答者
出所：Howe（2007），p.616.

いる。ちなみに二〇〇一年国勢調査では、カナダの人口の一八・四%が外国生まれである。移民の人口に占める割合と政治代表の割合のギャップは、可視的少数民族の場合、さらに大きくなる。一九九七年選挙では一九名の可視的少数民族系議員がいたが、二〇〇〇年には一七名、二〇〇四年には二二名となっている。二〇〇四年の場合、全議員に占める割合は、七・一%となっているが、同時期の可視的少数派は全人口の一四・九%を占めており、単純割合で考えると、半分程度しか政治的に代表されていないことになる。二〇〇六年の数字はそれぞれ七・八%と一五・九%であり、過少代表克服の萌しはみられない。過少代表の単純な理由は、そもそも可視的少数派からの立候補者数が少ないことにある。一九九三年から二〇〇〇年の間に、主要政党の候補者のなかで、可視的少数派の候補は四～五%にすぎない。二〇〇四年には九・三%まで増えたが、人口比率からすれば依然として低い（Anderson and Black 2008: 62-63）。

このような過少代表をどのように評価するかは、政治代表をどのように考えるかによって異なってくる。たとえば政治代表は、個々の市民の選好結果にすぎないという個人主義的見解に立てば、そもそも民族的少数派の過少代表という考えかたそのものが疑問視されよう。しかしながら、多文化主義が国是となっているカナダでは、このような個人主義の立場を徹底して、真正面から過少代表の問題を否定する向きは少ない。たとえ個人主義的見解をとるにしても、特定集団からの政治代表が人口構成比からみて著しく低いということは、その集団に属する者が政治的に成功する可能性が低いということを意味し、翻って異なる民族間での政治的平等性が確保されていないということを示唆するからである。

可視的少数民族の下院議員は、個人主義的にいえば、個人の努力によって成功したと考えられるが、たとえそうであったとしても、議員は、彼／彼女の出身民族に対して重要なロール・モデルとなる。カナダにおいては、努力さえすれば、膚の色、民族に関係なく、政治的に成功できるというメッセージを伝えることができるからである。したがって、たとえ個人主義的に考えても、可視的少数民族出身議員の成功は、多文化主義にとって象徴的意義をもつ。少数民族出身議員の割合が人口構成比率を大きく下回る状態が是正されなければ、多文化主義的な政治統合が不十分であるとみなされる。

集団主義的立場を取るなら、民族の過少代表の問題は一層深刻なものと考えられる。過少代表は、単にある民族内の個々人にとって政治を遠い世界の話にしてしまうだけでなく、民族の誇りを傷つける事態であり、なによりも彼らの集団的利益に反する。従来少数民族出身の政治家は、出身民族の利害関心に応じた選好や活動を行っており、多文化主義への支持も強い（Anderson and Black 2008: 63-65)。したがって過少代表の問題を緩和することは、多文化主義的政治統合にとって緊要の課題となる。

カナダ多文化主義の変容

カナダにおける多文化主義政策の発展を確認するなら、ケベックにおける「静かな革命」、フランス系の文化的経済的政治的独自性を求める運動、結果として生じた国民的アイデンティティの危機に際して、連邦政府は一九六三年二言語二文化主義王室委員会を設置した。同委員会は、その後六年の間に膨大な報告書を作成し、それは、今日に至るまで連邦政府やほとんどの州の基本方針となっている。同委員会の活動と報告によって、フランス系市民の不平等、不利な立場こそ、憲法問題、ケベック分離主義の根本原因であるという合意が生まれた。同委員会の勧告を受けて、一九七一年トルドー政権が採択したのが、二言語多文化主義である。二文化主義ではなく、多文化主義となったのは、フランス系だけを特別扱いすることに対する西部移民、とりわけドイツ系やウクライナ系移民の反発が強かったためである。多文化主義は、このように連邦の当初の思惑を超えるものではあるが、それに反していたわけではない。なぜなら、他の少数民族（とりわけ重要になるのは、先住民族）の声を配慮し、ケベック文化を他の多くの文化の一つとして相対化することによって、フランス語を公用語とするが、それ以上の特権をフランス系カナダ人に賦与しないことを可能にしたからである（McRoberts 1997）。

トルドーは多文化主義政策について、一九七一年一〇月連邦下院の場で、次のように語っている。「二つの公用語はあるが、公定文化というのは一つもない。いかなる民族集団も他の民族集団に対して優越しているわけではない。いかなる市民、市民集団もカナダ人以外ではありえず、すべての者は公正に取り扱われねばならない」（註6参照）。さらに、トルドーは、個人の民族集団への忠誠は、生まれや母語によってではなく、帰属感によるものである点を強調する。出自や言語という偶然によって特定の文化の枠内で生きなければならないとすれば、それは個人の自由を侵害するものに他ならない。二言語主義のなかでの多文化主義政策は、カナダ人の文化的自由を保障し、差別的態度や文化的嫉妬を打ち砕くものとされる。多文化主義は、個人の誇りやアイデンティティという国民的団結にとって不可欠な礎を築くためにこそ必要なのである。

トルドーは、二言語主義のなかの多文化主義政策として、四つの誓いを打ち出す。第一に、資源の許す限り、カナダを発展させ、カナダに寄与しようとする意欲をもち、努力するすべての文化集団を支援する。第二に、すべての文化集団のメンバーがカナダ社会に十全に参加する上で遭遇する文化的障害を克服すべく努力をする。第三に、政府は、国民的団結を促すために、すべてのカナダの文化的集団が出会い、交流を深めるように努力する。第四に、政府はすべての移民が公用語の少なくとも一つを習得し、カナダ社会に全面的に参入できるように支援する。最後にトルドーは、多文化主義政策は個人の自由な選択を支持するものであることを強調する。[6] トルドーは、本来普遍主義的個人主義に立ち、民族的文化共同体はそのような個人のアイデンティティを形成する上で、その限りにおいて必要なものと考えていた。しかも、諸民族はあくまでカナダ全体の発展と国民的団結を促進するもの、カナダへの忠誠心をもつ個人を育む場として期待され、その限りで認められ、保護される。トルドーはカナダの国民的団結を訴える連邦主義者、汎カナダ主義者として知られるが、彼は普遍主義的個人主義を基本的価値として信奉し、そのような価値実現を目指すカナダ・ネイションを建設しようとした（新川 2008）。

しかしながら、多文化主義は、こうしたトルドーの思惑を超えて発展していく。ケベック州は、二言語主義を拒否し、一九七四年フランス語のみを公用語とする法律を制定し、七六年には、トルドーの政敵であり、ケベック・ナショナリストであったルネ・レベック率いるケベック党が州政権を奪取する。ケベック党は、ケベックの主権を主張し、一九八〇年には主権連合の是非を問う州民投票を実施する。賛成四〇・四％、反対五九・六％で主権連合案は否決されたものの、ケベックの急進化は、トルドーの汎カナダ主義、連邦主義を基盤にした多文化主義政策の限界を印象づけることになった。

普遍主義的な多文化主義を批判し、独自の理論化を試みたのが、チャールズ・テイラーである。[7] テイラーは、今日承認の政治が台頭した背景として階層社会の崩壊、それに伴う（それまで自明とされていた）個人のアイデンティティを確定する必要性を指摘する。「私自身のアイデンティティは、私と他者との対話的な関係に決定的に依存しているのである」（テイラー 1996: 50）。このような他者との対話的な関係を提供するのが意味了解の地平であり、それは端的にいって文化共同体である。アイデンティティなしでは、すなわちある支配的な価値、忠誠、あるいはコミュニティの成員であることによって与えられる地平の外では、何が重要であるか、何に最も心を動かされるか、何を最も美しいと思うかといった問いに答えられず、個人は十全な人間主体として機能しない。所与の文化に帰属するということは、個人のアイデンティティの一部であり、文化の準拠点の外側では、自分は自分ではなく、自分にとって何が重要かといった問題に答えられない。端的にいって、文化の外側では、私は人間として誰であるのかがわからないのである（Taylor 1993）。

ケベック問題をこのようなアイデンティティや承認の政治という文脈で理解すると、トルドーのように民族的文化共同体を国民統合の手段として便宜的に捉えるのは、限界があるだけでなく、間違いということになる。個を個として定立することが可能な意味了解の地平である文化共同体は、たとえそれが国民統合と緊張を生むとしても、それ自体として価値を認められるべきである。テイラーのこうした議論に対しては、多文化主義は分裂と混乱を引き起こすという批判がある。これに対して、テイラーは相互尊重と対話の重要性を説く（ガットマン編 1996）。参加と討議に基づく民主主義こそが、分裂と混乱を協調と調和へと導くものとして提唱される。

チャールズ・テイラーの強調する文化共同体それ自体の価値という考えは、必ずしもトルドーの意に沿うものではなかったが、一九八二年憲法に集団的権利として盛り込まれている。一九八二年憲法は、それまでの英領北アメリカ法に「自由と権利憲章」を中心とする新憲法を加え、イギリスからの憲法移管を最終的に完了させたものであり、トルドーの置き土産ともいわれた。確かにそこでは、トルドーの好んだ普遍主義的な個人の権利と自由が高らかに謳われている。ケベック州は、ケベックが「特別の地位」をもつことを憲法に盛り込まなかったトルドーに対して憤ったが、しかし一九八二年憲法はトルドーにとっては大きな譲歩であった。八二年憲法では、英仏二つの公用語の「同等の地位、権利および特権」が認められただけでなく、先住民の権利についても承認されている。普遍主義の立場から最終的には中立国家を目指すトルドーとしては、当初憲法のなかに集団的権利を盛り込むことには消極的であった。(8) しかしながら、多文化主義はトルドーの思惑を超え、それ自体として新たな生命を獲得した。多文化主義のなかで集団別に権利を承認することは、人権や自由に反するのではなく、むしろシティズンシップの発展として捉えられるようになったのである（Kymlicka 2007b: 53-61）。

このように、カナダの多文化主義は、トルドーのような道具主義からテイラー流の文化主義（文化それ自体の重要性を認める方向）へと移行していった。その集大成ともいえるのが、一九八八年に制定された多文化主義法である。そこでは、「多文化主義はカナダ社会の文化的人種的多様性を反映しているものである」ことへの理解を促進し、「カナダ社会のすべての成員が自らの文化的遺産を保持し、高め、共有する自由」を認め、「多文化主義はカナダの遺産とアイデンティティの基本的特徴であり、カナダの未来を形成する貴重な資源である」ことを高らかに宣言している（http://laws.justice.gc.ca/en/C-18.7/text.html　二〇〇九年一二月二一日閲覧）。

しかしながらこの時代、ケベック問題は深刻の度を増していた。一九八二年憲法において自州が「特別の地位」をもつことが明記されなかったケベックが新憲法に署名しないという異常事態を解消するため（最高裁はケベックの承認がなくとも、八二年憲法はケベック州内で効力をもつことを認めたが）、B・マルローニ進歩保守党政権は、一九八七年ケベックの意に沿った形での憲法修正を提起する。しかし連邦－州首相会議によって合意が形成されたにもかかわらず（ミーチレイク・アコード）、その後州首相の交代や先住民からの異議申し立てなどがあり、期限内に全州議会の承認が得られず、ミーチレイク・アコードは最終段階で流産する。その後マルローニ政権はシャーロットタウン合意によって再度憲法修正を目指すが、ミーチレイク・アコードの失敗は国民の間に、特にケベック州民の間に強い失望と反発を招き、シャーロットタウン合意は全く支持を得られなかった（Russell 2004；石川 1994）。このような経緯からケベック州では分離独立運動が勢いを盛り返し、一九九五年再び主権連合に向けた州民投票が敢行された。再度否決されたとはいえ，賛成と反対の差はごくわずか（一％）であり，危機感を強めた連邦と州首相たちは，一九九七年カルガリー会議において，ケベック社会が「独特の性格をもつ」ことを認める宣言を発し，事態収拾に動く。ケベック州ブシャール首相はこれに参加せず，批判声明を出すが，カルガリー宣言によってケベックへの特別の配慮がカナダ政治の公の合意になったといえる。(9)

また早々に流産したとはいえ，シャーロットタウン合意では先住民をケベックとともに少数派ネイションとして認め，自治権を最大限認める方向が確認された。その後一九九三年連邦政府とイヌイットの間にヌナヴト協定が結ばれ，一九九九年四月一日にはイヌイットの自治権を認めたヌナヴト準州が生まれた。このように連邦多文化主義は，ケベック，さらには先住民に少数派ネイションとしての特別の地位を与え，それぞれの民族的文化共同体が政治的自己決定権をもつことを認めるようになった。

このようにカナダの多文化主義の発展は，単一ネイション神話を否定し，テイラーのいう「深い多様性」を認める方向に向かったようにみえる。しかし多文化主義の成功が，テイラーのいう「地平の融合」の結果もたらされたのかどうかは不明である。テイラーの議論は，政策論としては抽象的にすぎる。カナダの国民統合と多文化主義の関係を明らかにしたのは，テイラーの理論以上に，W・キムリッカの理論である。テイラーは個人の権利を当然認めるが，個人は共同体から分かち難く結びついており，そこから逃れがたい存在であると考えた。確かに，自らがある文化共同体に生まれ落ちる偶然性は否定しようもなく，それは逃れようのない運命としかいいようがない。これについてはキムリッカも同意する。しかしキムリッカは，タミールと同様に，個人はそのような共同体を自らの意思によって離脱する自己決定能力があるし，そのような自由が与えられるべきであると考える。彼はテイラー的なコミュニタリアンの多文化主義を第一段階と呼び，自らのリベラルな多文化主義を第二段階であると主張する（キムリッカ 2005：487，489：Kymlicka 2007a：2007b）。(10)

キムリッカのリベラルな多文化主義は、トルドーのような中立国家を拒否する。「善意による無視」のような政策は受け入れない。キムリッカは、アメリカを例にとって、リベラルな民主主義国家が民族的文化的アイデンティティに無関心であるという理念は誤っていると批判する（キムリッカ 2005：499）。彼によれば、多文化主義の下では、国家の果たす積極的役割が非常に重要となる。国家は、社会構成文化（学校やメディア、法律、経済、政府などの公的および私的生活における広範な社会制度で使用されている共有の言語を中核とする、領域的に集中した文化）を維持し、それがない場合は意図的に創り出し、多様な民族の間に団結を生み、国民統合を推進する存在なのである（キムリッカ 2005：499–500）。

このようなキムリッカの主張は、一九八八年多文化主義法を正当化するものである。あらゆる出自の個人の社会への「十全かつ平等な参加」が、「カナダ社会を形成、発展させるために」求められるし、共同体の存続は、その成員が、「カナダ社会に歴史的に貢献してきた」ゆえに認められるのであり、「多文化主義は、カナダの（二つの）公用語への国民的コミットと調和するように、全国的に推進される」といった表現に明らかなように、多様性はカナダ社会全体への貢献度から評価される（http://laws.justice.gc.ca/en/C-18.7/text.html　二〇〇九年一二月二一日閲覧）。さらにキムリッカは、文化共同体の質の違いを率直に認める。カナダのなかで、ケベック、先住民、移民は、それぞれ法的根拠も、所管官庁も異なる範疇であると明快に区別される。キムリッカは、建国の二つのネイションであるケベックのフランス系住民、被征服民である先住民族については、政治的自己決定権を認める。すなわちイギリス系の多数派国民に対して、少数派国民を形成していると考える。他方、移民とは、自らの意思で（自己決定によって）新たな社会に移住する者たちであるから、新たな社会の支配的な文化（社会構成文化）に順応することに同意したとみなされる。彼らは新しい社会でその文化的独自性を維持することはできるが、政治的自己決定権をもつとまではいえない（キムリッカ 1998：2005：2012）。

キムリッカのリベラルな多文化主義論は、すでにみたリベラル・ナショナリズムのカナダ的展開と考えられる。(11)それは普遍主義国家を目指すトルドーの多文化主義はもとより、テイラーのようなラディカルな多文化主義とも異なる。テイラーの場合、多様な文化それ自体の価値を擁護する立場をとるが、キムリッカの場合、多文化主義において重要なのはそれが国民形成力として働くことである。キムリッカとトルドーは、ケベックと先住民族問題に関しては大きく見解を異にするが、移民への対応においては大きな違いがなく、なによりも多文化主義を通じて国民統合を目指すという点で一致している。(12)

比較のなかのカナダ多文化主義

以上の考察を踏まえ、カナダではなぜ多文化主義への国民的反動が生じなかったのかについて答えるなら、そもそもカナダにおいて多文化主義が国民統合を脅かすものではなく、そのために不可欠の手段であったからである。アメリカにおいて、多文化主義という言葉が使用されるようになったのは、一九八〇年代後半であり、しかもそれはほぼ教育分野に限られており、連邦政府公認の国民統合政策であったわけではない。それは、なによりもまずヨーロッパ中心主義に対するアフリカ中心主義教育の主張として生まれた。つまりアメリカにおける多文化主義とは、西欧的価値、白人支配に対する国民少数派の反撃であり、国民統合に向けられた刃であった（小林 2007）。(13)したがって、それは、保守的論客だけではなく、穏健なリベラル派にとっても憂慮すべきものであった。

アーサー・シュレジンガー Jr.は、ヨーロッパ中心主義のなかで無視されてきた社会的少数派、とりわけ黒人のアメリカ社会建設への貢献を率直に認める。しかし彼にとって、アメリカとは自由と民主主義の理念を実現する努力のなかに見出される。そしてそのような理念は、ヨーロッパ社会の文脈から生まれてきたのであり、その他の地域では生み出されなかったものである。彼にいわせれば、アフリカ中心主義教育は事実として間違っているし、それはアメリカの信条を掘り崩すものである[14]（シュレジンガー Jr. 1992）。シュレジンガー Jr. は、ヨーロッパ文化を中心とする文化的多元主義を提唱する。しかし文化的多元主義は、アメリカの文脈ではすでに二〇世紀初頭に登場し、黒人や有色人種を排除したうえで白人文化の多様性を認める主張であり、その概念に人種差別の歴史が刻印されていることは否定できない（ホリンガー 2002；遠藤 1999）。そこでN・グレイザーは、基本的にシュレジンガー Jr. に同調しながら、その主張こそ多文化主義にほかならないという。グレイザーは、一九九七年に刊行した著作のタイトルを「私たちは今や皆多文化主義者である」（*We Are All Multiculturalists Now*）とした（Glazer 1997）。一九九〇年代は多文化主義への国民多数派（白人）による反動が欧米各地で強まった時代であることを考えれば、グレイザーのメッセージは単純な多文化主義礼賛ではありえない（Hewitt 2005）。グレイザーの狙いは、多文化主義というシンボルをアフリカ中心主義のようなラディカリズムから引き離し、穏健リベラルの手中に収めることにあったように思われる。グレイザーにいわせれば、多文化主義は、アフリカ系アメリカ人を社会に包摂する能力がなかった、あるいはそうする気がなかったことに対して、アメリカが支払わなければならない代償なのである（Glazer 1997: 147）。

カナダの場合、イギリス系とフランス系植民地が存在し、一七六三年パリ条約によってフランス系カナダ領はイギリスに割譲されたが、フランス系住民の大半はその後も領域的に限定されたケベックに居住し、フランス語共同体を形成し、独自のネイションとしての性格を強めることになる。連邦政府は多文化主義政策を採用することによって、このようなケベックの動きを懐柔しようとした。つまり国民統合の危機への対応として、多文化主義政策は登場したのである。他方アメリカの黒人は、フランス系カナダ人のような国民主流派と明確に区別された言語をもつ文化共同体ではなく、領域的に限定された政治的共同体をもつわけでもない。人種的に差別されていたため、たとえこのような条件をクリアしても、ケベックのように少数派ネイションとして形成される可能性は極めて低かったであろう。アメリカの黒人問題は深刻な社会問題ではあっても、カナダのケベック問題のように国民統合の危機を惹き起こす問題ではなく、多文化主義は国民統合の危機への対応ではなく、ヨーロッパ的価値に基づいた国民教育への挑戦であり、むしろ国民統合の危機を生み出すものであった。

それでは、オーストラリアの場合はどうであろうか。この国においては、ケベックのような少数派ネイションもアメリカの黒人にあたる存在も、見当たらない。アングロ・ケルト系白人の支配を社会的政治的に脅かす存在はなく、非白人移民や先住民（アボリジニ）に対しては、露骨な排除、隔離、迫害、強制的同化政策をとる白豪主義の国、それがオーストラリアであった。しかし第二次世界大戦後は、アングロ・ケルト系以外の「肌の浅黒い」ヨーロッパ系移民が増え、やがて経済界の要請もあってアジア系移民の受け入れ枠が拡大していく。こうして白豪主義を維持することが事実上困難となり、しかもそれが国際的非難に曝されていたことから、一九七三年誕生したウィットラム労働党政権は、人種と国籍を条件とするそれまでの移民政策を放棄する。ウィットラム政権の後を継いだフレーザー自由党政権は、オーストラリア・エスニック問題委員会を設立し、同委員会は一九七七年「多文化社会としてのオーストラリア」なる報告書をまとめ、その後のオーストラリアの多文化主義政策の方向性を定める。エスニシティを根拠にした福祉の分配（福祉国家的多文化主義）、移民の社会的統合政策などを展開するなかで、オーストラリアのナショナル・アイデンティティは、アングロ・ケルト系という単一民族ではなく、「多様な文化が統一されたネイション」として捉えられるようになる。

こうした多文化主義の発展は、カナダのそれとほぼ軌を一にするが、一九九〇年代に入ってアジア系移民の増加や先住民族の土地権問題が表面化すると、強烈な国民的反動が生まれた。ガッサン・ハージが「白人パラノイア」と呼ぶ白人オーストラリア人の優位が脅かされることへの恐怖を背景に、一九九六年無名のポーリン・ハンソンが「反アジア系移民、反アボリジニ」スローガンによって、連邦議会選挙に当選する（ハージ 2003）。彼女が率いるワン・ネイション党の躍進は、オーストラリアにおける多文化主義への国民的反動を象徴する事件であった。ワン・ネイション党は短命に終わったものの、自由党ジョン・ハワード政権は、ハンソンに共感するところがあり、グローバル化に対応したネオ・リベラルな個人主義によって、多文化主義を骨抜きにしていった。個人のもつ文化的多様性は認めるものの、従来のようにエスニシティに基づいて福祉を重点的に配分することは国民の不平等な取り扱いであり、分断を固定化するものであるとして、消極的評価が下されることになったのである（塩原 2005；ハージ 2003）。

オーストラリアの国民的反動を理解する鍵は、多文化主義導入の背景にある。この国では、アジア系の移民が増加したとはいえ、彼らは政治的アクターとして、アメリカの黒人のように国民統合に挑戦する政治的影響力をもたなかったし、いわんやケベックのような少数派ネイションを形成していたわけでもない。にもかかわらず、オーストラリアにおいて多文化主義が導入された背景を探ると、国内的には労働力不足に対応するためにアジア系移民の受け入れが実質的に始まっていたこと、アングロ・ケルト系ネイションによる同化政策が破綻していたこと、経済的にアジア諸国への依存が深まっていたこと、外交的に白豪主義の維持が極めて困難になっていたことが指摘される。こうしたなかでオーストラリアにおける多文化主義の選択は、国民少数派の挑戦によって余儀なくされたわけではなく、「あたかも自分たちの善意の選択であるかのように」なされた（ハージ 2003：195）。多文化主義は「ホワイト・ネイション」による支配を脅かすものではなく、それを前提として示された寛容であった。

多文化主義の見直しもまた、白人の国民主流派によってなされることは暗黙の前提となっていた。ハージによれば、レイシストのような「邪悪な白人ナショナリスト」と多文化主義者のような「善良な白人ナショナリスト」は対立しながらも、移民や少数民族に対してどこまで寛容であるかは、「われわれ」の選択であると考えている点で共通していた。「われわれ」という主体のなかに、非白人は入らない。「双方ともホワイト・ネイションの幻想を生み出している点では共通している」（ハージ 2003：186）。ハージは白人主導の寛容論のもつ権力性を鋭く突く。

寛容か不寛容かを問わず、どちらもナショナルな空間を管理する潜在能力を主張していることにかわりはない。寛容なナショナリズムと不寛容なナショナリズムがあるのではない。その両方とも、寛容あるいは不寛容によって、誰かを排除し誰かを包摂することによって、ナショナルな空間についての展望を実現しようとしているのである（ハージ 2003：181）。[15]

ハワード政権における公定多文化主義の再解釈、個人化という点について、塩原（2005）が注目される考察を提示している。塩原は、ハワード政権下で福祉国家的多文化主義が個人主義的なネオ・リベラル多文化主義へと変質したことを指摘し、これに対してリベラルや左派の知識人がなぜ効果的に反撃できなかったかを問う。彼の考えでは、反本質主義、社会的構成主義というポストモダン的アプローチが、彼らから集団を根拠とした抵抗への理論的基盤を奪ってしまったのである。集団というものの固有性を否定することは、皮肉にも、ハワード政権の多文化主義の再解釈を側面から支持することになってしまった。この陥穽を避けるために必要なのは、塩原によれば、戦略的本質主義である（塩原 2005）。集団を個に還元されない固有の存在と捉えることによって、集団の政治的権利を主張することが可能になる。個が個としてのアイデンティティを確立していく過程で、集団は不可欠なものとして、個を成立させる外側の環境・文脈として客観的に立ち現れる。したがって個人の自由を実現するためには、集団をあたかも独自の起源をもつ「本質的」存在として認める必要がある。

カナダとアメリカ、オーストラリアの多文化主義を比較検討すれば、文化の多元性を認めるという点では共通している。しかしながら、アメリカではそもそも個人主義的な多文化主義理解が支配的であり、オーストラリアにおいても近年そのような見解が優勢になっているのに対して、カナダでは集団的権利が憲法に明記され、国民的に支持されている。またアメリカ、オーストラリアでは、多文化主義論が白人と非白人という人種的差別を発端とし、したがって国民的反動はホワイトネス擁護として生じることになったのに対して、カナダの多文化主義は、白人内における少数派と多数派ネイションの対立を発端としており、白人と非白人という対立構造が鮮明な形では表れることはなかった。もちろんカナダにおいてレイシズムが存在しないわけではない。カナダの多文化主義は、人種主義を隠蔽しているという指摘すらある(16)。

単一のホワイトネスの支配が存在しなかったため、カナダ多文化主義は仏系カナダ人に政治的共同体（ネイション）としての地位を認め、その当然の帰結として先住民にも同様の地位を認めることになった。カナダ多文化主義は、アメリカやオーストラリアとは異なり、少数派ネイションを認める多元的国民（の）国家であり、こうした複数のネイションを束ねる外枠なのである（Keating 1996: 2001）。移民に対して認められる文化的な多元主義は、このような多元的国民国家を土台として成り立っているため、それに対する単一のホワイト・ネイションによる反動という現象は生じ難い。

多文化主義は、アメリカではホワイトネスへの挑戦から、オーストラリアではホワイトネスの寛容から、カナダではホワイトネスの分裂から生まれた。ホワイトネス内の亀裂を修復する苦肉の策として登場したカナダ多文化主義は、国民統合の要であり、アメリカやオーストラリアのように後戻りするという選択肢はない。

間文化主義

カナダのような複数国民の存在を前提とした連邦主義を、不均等連邦主義（asymmetrical federalism）と呼ぶことができる（cf. Taylor 1993: Keating 2001）。不均等連邦主義において、今日問題となっているのは、ケベック州における多文化主義の不足である。仏言語・文化の保護政策を推進するケベックでは、二言語主義が認められず、公用語はフランス語であり、社会的少数派に対する文化的寛容度もイギリス系各州に比べて低いという批判がある。確かに少数派としての独自性を維持するためには、ケベック州政府はカナダのイギリス系多数派に抗して積極的にフランス系文化の維持・再生産に努める必要がある。フランス語一言語主義は、そのためには必須の条件として考えられる。しかし自らの独自性が多文化主義によって守られながら、他の文化に対して多文化主義以下の寛容性しか示すことができないとすれば、あるいは異なる文化に属する者たちの自由を侵害するなら、ケベック州のフランス系文化優遇策は、公正を欠くものといわざるをえない。

移民のケベック社会への順応を求める声が、とりわけ九・一一以降、ムスリム系住民に対する差別として表面化することによって、この問題は深刻なものになった。これに対応すべく、二〇〇七年二月ケベック州政府は、分離独立派として知られる社会学者、ジェラール・ブシャールと「承認の政治」を唱える哲学者、チャールズ・テイラーによる二人委員会を立ち上げる。ブシャール＝テイラー委員会は翌二〇〇八年五月に「未来の建設――和解のとき」を公表する。彼らは、近年ケベックで喧伝されている「順応の危機」がマスコミの過熱報道によるところが大であり、現実と認識との間にギャップがあると指摘し、危機の深刻性を否定するが、他方において人口減少に悩むケベックにとって移民の受け入れと統合が不可欠であるとし、そのために「世俗主義」（脱宗教化）が必要であると主張する。彼らは、カソリック文化の強いケベック社会において、ムスリムなどの信徒を統合するためには、宗教的寛容が不可欠であるという。公の場から宗教的象徴を排除しようという彼らの提案は、ケベック州内では大きな反発を生んだが、(17) ここでは彼らが多文化主義に代わるものとして提起した間文化主義（interculturalism）についてみる。

ブシャール＝テイラーは、イギリス系カナダにおける多文化主義の成立要件として、英語が生活言語として消滅する怖れがないことを指摘している。確かにカナダ全体でイギリス系カナダ人の占める割合は三四％にまで低下しており、もはや彼らは民族的多数派ではないが、英語の支配的言語としての地位は安泰なので、彼らは伝統的文化の保存よりも国民的結束に関心を集中させることができる。支配的な英語と普遍的リベラル価値というカナダ国家の基本枠組が自らのものであるイギリス系カナダ人にとって、そのなかに彼ら特有の文化を盛り込むことはさしたる意味をもたない。だから彼らは、多文化主義的寛容を示すことができる。他方フランス語は公用語とはいえ、生活言語として用いられる割合は低く、しかもフランス語の使用はケベックに集中している。したがってケベック州が守らなければ、フランス語はカナダでは消滅する怖れがある。このような状況で、ケベックが多文化主義を採用することはできない（Bouchard and Taylor 2008: 39）。

多文化主義に代わって、ブシャール＝テイラーが提唱する間文化主義とは、異なる文化を横断する共通言語としてフランス語を制度化し、権利保護に高い感受性をもつ多元的志向性を開拓し、文化的多様性とフランス系社会の間に創造的緊張関係を維持することで、両者の相互作用のなかから統合を目指すものである（Bouchard and Taylor 2008: 42）。ブシャール＝テイラーのいう間文化主義とは、二言語主義を否定し、フランス語とフランス系文化をケベックにおける国民（社会構成）文化として維持し、社会的多様性を統合しようというものである。このような間文化主義は、連邦政府の公定多文化主義以上に国民主流派文化の維持と再生産を強調するものであり、よりナショナリスティックなリベラル・ナショナリズムであるといえる。端的にいって、間文化主義は、多文化主義ほどの寛容性をもたない。その訳は、ブシャール＝テイラーのいうように、カナダ国内でフランス系文化の置かれた状況を考えると理解できるが、寛容とは権力をもつ側の特権であるというガッサン・ハージの告発に対してケベックが免罪符をもつわけではない(18)。

以上を要するに、カナダでは多文化主義政策は、国民統合の危機管理策として登場し、その機能がカナダ国内では不可欠なものであるがゆえに放棄しえないといえる。トルドーのような道具主義的多文化主義においても、キムリッカのようなリベラルな多文化主義においても、ブシャール＝テイラーの間文化主義においても、統合促進への関心は極めて強い。カナダ多文化主義は、ケベコワ、先住民族を少数派ネイションとして実質的に認めることによって、単一のネイション神話を否定しながら、移民については、その集団的生活文化をカナダ社会の発展に寄与するものとして（その限りで）認め、アメリカにはみられない積極的な国民統合政策を推進してきた。移民たちは、多文化主義を信奉するよきカナダ市民＝国民となることが期待されているのである（Bloemraad 2006: 141-145）。そこでは複数のネイションと多数の文化共同体の存在が受け入れられている。とりわけケベックの存在が、単一のホワイトネスという神話を阻み、カナダのリベラル・ナショナリズム＝多文化主義を開かれたものにしているといえよう。

3　市民社会の再生

多文化主義は、異なる文化共同体の存在を異なるガヴァナンスの位相において承認するものであり、リベラルな社会を前提とする。しかし多文化主義そのもののなかにリベラルな社会を再生産する機制は存在しない。権威主義的な集団が多数発生し、社会において支配的になる可能性もある。市場的自由競争もまた、リベラルな社会的価値を生む保証はない。社会がリベラルであることが、市場における効率的な自由競争にとって不可欠なわけではない。リベラルな社会的価値を生み、再生産する存在として注目されるのは、国家－社会関係であり、とりわけ両者の垂直的関係を水平的な相互作用に転換する自発的結社である。

グローバル民主主義

資本の自由な移動と主権国家の相対化という認識を共有しながらも、階級的な政治動員論ではなく、民主主義の世界化という政治戦略を構想するのがデヴィッド・ヘルドである。彼はコスモポリタン民主主義を世に問い、近年はグローバル社会民主主義を提唱している。彼の論調に変化がないわけではないが、グローバル・ガヴァナンスを民主化しようという主張はこの間一貫している。ヘルドのグローバル社会民主主義構想の特徴は、緊張や対立ではなく、交流や協力を強調し、主権国家から超国家的ガヴァナンスへの移行、それに伴う民主主義や社会的連帯のグローバル化を展望するところにある。貿易、生産、金融等における経済のグローバル化、それに対応した国際的なガヴァナンス機構やそれを通じての各国政府官僚たちのネットワークを、第二章でみたグローバル階級論者たちとは異なり、ヘルドは国際的な民主主義を実現するための枠組として積極的に評価するのである。

グローバル社会民主主義は、環境保護的な倫理原則やグローバルな社会正義、社会的連帯とコミュニティの実現を制度的目標とするが、そこに福祉国家への代替肢が具体的に示されているわけではない（Held 2004: 164-165［邦訳 2005: 215-216］）。世界的な再分配の課題を無視しているわけではないにせよ、ヘルドの主たる関心はグローバルな民主主義と市民社会の構築にある。ヘルドは、グローバル・ガヴァナンスの多層性、多次元性を指摘し、その参加者は政府間組織だけでなく、「トランスナショナルな市民社会」、「企業セクター」、「公私混合型組織（国際証券委員会機構）」などに及んでいることを指摘し、グローバル民主主義の実現可能性を示唆する。

グローバル民主主義にとって最も重要な課題が、「トランスナショナルな市民社会」の実現である。ヘルドがそうした動きとして取り上げるのは、グリーンピースやジュビリー2000などのＮＧＯの活動である（Held 1995: 2004）。確かにそこに国境を超えた連帯の動きをみることはできるだろう。しかしそのような動きが特定争点を超えた市民としてのアイデンティティと社会的連帯に直接結びつく可能性は低い。後に詳論するが、特定争点における連帯ではなく、一般化された連帯なしには、民主主義を可能にする市民社会は成立しない。グローバル市民社会を可能にする世界市民としてのアイデンティティと帰属感、一般化された社会的連帯とその制度化は、一体いかにして国際的に構築しうるのだろうか。近代市民社会は、国家主権を担う国民によって構成されるが、トランスナショナルな市民社会は何によって構成されるのだろうか。このような疑問は、グローバル・ガヴァナンスの多様性とその重要性を否定するものではない。ただグローバル・ガヴァナンスの多様性から一直線にグローバルな社会的連帯と市民社会を想定することはできないし、主権の存しない、そして市民アイデンティティを伴わないグローバル・ガヴァナンスにおいて、誰がどのように民主主義を担うのかについては、慎重な議論が必要ではあるまいか。

民主主義研究の泰斗ともいうべきロバート・ダールは、「規模とデモクラシー」という観点から、グローバル民主主義の可能性に対して懐疑的見解を示している。彼は国際組織が民主的であることを望まないわけではないが、長年にわたる実証的理論的研究に基づいて、「できあがったものが一定の規模と範囲を超えれば、デモクラシー的ではありえなくなる」と指摘する（ダール 2006: 94）。ダールの言は、多様な民主主義を模索する理論家たちにとって、あるいは政治的想像力の欠如に思えるかもしれない。しかし民主主義が文脈負荷的なものであり、いついかなるところでも成立し、機能するものではないことを承知するなら、民主主義の条件を特定化せずに、あるいは架空の権利主体を想定して民主主義を構想することには慎重であらざるをえない。政治権力が常に個人の自由を侵害する存在へと転化する怖れがあることに対して、民主主義論は最大限の想像力を働かすべきなのである。

協同主義

市民的連帯の再生という観点から、自発的結社の可能性を検討しよう。ここで取り上げるのは、ポール・ハーストなどが提唱した協同主義（associationalism）である（Hirst 1994; 1997; Hisrt and Bader eds. 2001; Warren 2001）。協同主義とは、一九世紀後半から二〇世紀初頭にかけて隆盛した協同組合思想の流れを汲むものである。かつて協同組合思想は、階級闘争の激化のなかで集団的社会主義に圧倒されてしまったが、ハーストによれば、（国家）社会主義の崩壊した今日そこに新たな（左翼の）可能性を見出すことができる。代議制と自由市場に依拠したリベラル・デモクラシーは、社会主義との対抗においてのみ正当性を維持しえたのであって、社会主義の崩壊によってその欠陥は顕になった。代議制は市民の政策への影響力、説明責任においてパフォーマンスが低く、結局のところ集権的官僚制国民国家を正当化する手段となっている（Hirst 1994: 3）。社会民主主義（西側の集産的社会主義）では、大きな政府は公的福祉を実現する手段として不可欠である（したがって市民への応答性がある程度低下してもやむをえない）と考えられ、共通の基準と画一的サービスを押し付けてきたが、それは結局のところ個人の自由と権利を犠牲にするものであった。しかしハーストによれば、適切な制度的枠組があれば大きな政府なしでも公的福祉は実現できる。彼は、協同主義こそが市民の選択と公的福祉の提供を両立させると主張する（Hirst 1994: 4-5）。

ハーストによれば、市場経済への対応においても社会民主主義は失敗している。完全雇用を回復する経済成長は、もはや実現不可能となっている。結果として生じている「持つ者」と「持たざる者」との格差は、古い左右の対立軸では解決できない。単なる再分配ではなく、いかに「持たざる者」に権能を賦与するかが問題なのであり、権能賦与のためには公的資金を提供された自発的協同体こそが効果的となる。貧困者の自己組織化を助ける協同体を支援し、ゲットーやスラムの環境改善計画に資金提供を行うことで、国家は社会の衰退を食い止めることができる。ハーストは、健全な中間団体の育成こそが、貧困者を極右やファシズムに追いやることを防ぎ、民主主義を良好に機能させる不可欠の条件であると考える（Hirst 1994: 8-14）。

ハーストの協同主義は、国家と市場の間に対抗する中間団体を置き、市民社会を活性化することによって市民の自立的な自由領域を最大化し、もって民主主義の円滑な機能を実現しようというものであるが、かつてみられた協同組合主義とは異なり、それによって国家やリベラル・デモクラシーを廃棄しようというものではない。協同主義とは、ハーストによれば、個人の自由と福祉は、社会のなかでできるだけ多くの事柄を自発的、民主的な自治協同体に委ねるときに実現される。協同主義は、個人主義を拒否する。なぜなら、市場社会においては多くの個人は彼等の目標を達成する資源をもたず、したがって現実に自己をコントロールする自由、能力を欠き、結果として社会生活の良きガヴァナンスが阻害されているからである。協同主義は、個人が自己の選択した目標を追求する自由と社会的問題の効果的ガヴァナンスを両立させる（Hirst 1994：19）。

協同体は、国家と市場の間にあって個人の自由を守り、かつ社会統合を実現するものと考えられる。協同体は自発的な参加によって運営される民主的な組織であり、メンバーには発言はもとより退出の自由も保障される。協同体においては、国家レベルでは不可能な参加民主主義を導入し、彼等の意見に基づき必要なサービスを決定するので、官僚主義的な画一的なサービスの提供という弊害は取り除かれる。(19) なによりも、国家肥大の問題を軽減し、市民により権能を付与することによって代議制民主主義を補完することができる。最後に、市場ではバラバラの個人である市民は、自発的に協同体に参加することによって自らの選択する「忠誠」の対象を見出し、それを通じて社会に包摂される。つまり自発的協同体の連帯を通じて社会統合を実現するのである。協同主義は、現代福祉国家の抱える深刻な問題（国家の肥大と官僚制化）を取り除く自治と参加の政治空間を創出し、社会を豊富化し、かつ市場のもたらす格差や個人化の問題を緩和してくれる。

ハーストの協同主義は「社会などというものは存在しない」というサッチャー流の新自由主義に対抗し、社会を活性化する戦略として注目されるが、いくつかの難点を抱えている。ハーストは、古い協同組合主義が前提とする同胞精神を否定し、協同主義は群れの本能ではなく個人性と一定の合理性を前提とするという。そして「人間は共通の目的を達成するために互いに協同しなければならず、それは自由な選択のもとに行われるべきである」と語る（Hirst 1994: 44）。しかし共通の目的や利害関心をもつことが直ちに共同行為につながらないことは、第二章で詳論したところである。個人の合理性を強調すれば、集団形成は一層難しくなる。いわゆるフリー・ライダー問題が発生するからである（Olson 1965）。便益・サービスの提供が、協同体構成員に限定されるなら、フリー・ライダーの出現を防ぐことができようが、協同体が市民に対して保障されるべき福祉を提供する場合、協同体に参加しない市民に対しては国家がサービスを提供する義務を負うことになるので、社会全体としてはフリー・ライダー問題はなくならない。

いずれにしても、国家がサービス提供の最後の砦として存在することは不可欠である。それによって、協同体に参加する自由が初めて実現するからである。ある協同体が個人にとって不可欠の社会サービスを提供し、他に選択肢がなければ、つまり当該の協同体が独占的サービス提供者であれば、個人は退出したくともできなくなる（Rodger 2000: 112; Flynn 1997）。もとより協同体が民主的に運営され、忠誠心をもつ場合、発言によって不満を解消するという選択肢がありえるが、最終的には退出する権利が担保されなければ、個人の自由は守られない（Hirschman 1970）。

また協同体が、ハーストのいうように、運命共同体ではなく選択の共同体である、つまり参加と退出が個人の選択に委ねられるとしても、それは必ずしも運命共同体と相容れないものではない。運命共同体的組織原理をもった集団が、たとえば民族や宗教という帰属に基づく組織が、手続き的に選択的な協同体になることはできる。このような場合、協同体が、現実には異質な市民に対しては強い閉鎖性、排他性をもち、内部的には成員の自由を奪う統制力をもつかもしれない（Bader 2001: 192）。宗教原理主義や自民族中心主義は、リベラル・デモクラシーと鋭く対立する。ここにリベラル社会はリベラルではない価値や集団をどこまで許容しうるかという寛容の問題が再び登場するが、今その問題に立ち戻ることはしない。ここで確認したいのは、自由意思に基づく協同体が民主的に運営されるとは限らないし、代議制民主主義を補完するどころか、それと対立する可能性もあるということである。

仮に協同体参加者たちがリベラル・デモクラシーの価値にコミットしており、協同体が民主的に運用されているとしても、それが社会の多様な集団間での理解や協力を実現し、民主的政治空間を拡大する、あるいはその質を向上させるという保証はない。特定の協同体に参加する者たちは基本的には同好の士であり、似た者同士である。つまり結社への参加とは、第一義的には利害関心や価値観を共有することであり、同質性の確認であって、異質な価値や他者性に接触し、それを理解することではない。協同体の発生はリベラルな社会を前提とするが、協同体がリベラルな社会を創るとは必ずしもいえない。

同質ではなく、異質性の高い多文化社会のなかで数多くの結社が生まれることは、社会の統合ではなく、社会の分断を促進する可能性がある。多文化社会で社会統合を実現するのは協同体の活動ではなく、自発的結社を保証するリベラルな社会であり、それこそが民主主義政治の有効性を高めると考えられる。協同主義が代議制民主主義や市場の欠陥を補うものである可能性を否定するわけではない。しかしそのような可能性が実現するためには、まずもって民主的な政治空間が必要であり、それは協同主義によっておのずと生み出されるわけではないのである。

ソーシャル・キャピタル

民主主義政治を促進する可能性として、本項ではソーシャル・キャピタルに着目する。ソーシャル・キャピタル論の起源としては、トクヴィルのアメリカ民主主義政治論が取り上げられることが多いが、ソーシャル・キャピタルという用語そのものは第一次世界大戦中にリダ・ハニファンが初めて使用したといわれる。ハニファンがソーシャル・キャピタルの衰退として嘆いたのは、実は地方の過疎化であった（Rae 2002: xi–xiii）。現代社会学においては、ピエール・ブルデューが一九八〇年にはすでにフランス語で用いていたが、その仕事が英語に翻訳されたのは一九八五年であった。しかし英語圏において、ソーシャル・キャピタル概念の普及に貢献したのは、何といってもコールマンの著作であった（Coleman 1990: Baron, Field, and Schuller eds. 2000: Lin 2001: McLean, Schultz, and Steger 2002: 4–6: Halpern 2005: 6–7: 宮川 2004）。

コールマンによれば、ソーシャル・キャピタルは、その機能によって定義される。それは単一の存在ではなく、多様な機能であるが、以下の共通点をもつ。ソーシャル・キャピタルは、社会構造のある側面によって構成され、その構造のなかで、行為者（個人であろうと集合体であろうと）に対して一定の行為を促進する。他の資本同様、ソーシャル・キャピタルは生産的であり、それがなければ不可能な目的を実現することを可能にする（Coleman 1990: 302: 475: Halpern 2005: 7）。ソーシャル・キャピタルは社会構造の一属性なので、使用価値をもち、生産活動を促進するが、人々の関係のなかに存在するので、譲渡できない（Coleman 1990: 304–306: 315ff.）。このようにソーシャル・キャピタルとは、従来経済学者が資本とはみなしてこなかった社会構造の一側面が共同行為を促進し、生産性を高めることに着目する概念である。

ナン・リンは、ソーシャル・キャピタルを市場での見返りを期待してなされる社会関係への投資であるという（Lin 2001: 19–20）[20]。コールマンの場合、ソーシャル・キャピタルは構造内における行為者すべてが利用できる公共財であるが、リンの場合、ソーシャル・キャピタルは私有財となる。つまり行為者は、特定の社会関係に投資し、それを利用して経済的便益を得る。リンのソーシャル・キャピタルの行為論的な把握は、なぜ社会関係が資本と呼ばれるのかを説明する点では優れているが、ここでの関心はマクロな構造的次元、すなわちソーシャル・キャピタルが協同主義を生む土壌を提供しているのかどうかという点にあるので、個人主義的行為論からのソーシャル・

キャピタル論には、これ以上深く立ち入らない。

ソーシャル・キャピタルをマクロな経済的パフォーマンスと関連づけて比較論を展開したのが、フランシス・フクヤマである。フクヤマは、経済パフォーマンスからみて、高信頼社会が低信頼社会以上に有利な条件を備えていることを指摘した（Fukuyama 1995）。フクヤマが問題にしたのは信頼であり、ソーシャル・キャピタルという表現はあまり用いていないが、彼はソーシャル・キャピタルを良好な経済にとって非常に重要であり、信頼を決定するものと捉えており、彼の議論では信頼とソーシャル・キャピタルはほぼ同義と考えてよい（Fukuyama 1995：33）。フクヤマの理解は、コールマンが信頼性をソーシャル・キャピタルの一形態として言及していることからみても、決して的外れなものではない（Coleman 1990：306-309）。

フクヤマの議論は、市場ではなく社会のなかにある信頼関係こそが経済パフォーマンスを高めると考える点でも、コールマンのソーシャル・キャピタル論のすべてではないにせよ、重要な部分と重なる。信頼はそれがなければ達成できないような経済パフォーマンスを実現するのである。フクヤマの図式では、通常正反対の異質な社会と考えられることの多い日米が同じく高信頼社会として分類されている点が注目されるが、残念ながらその分類は信頼のもつ多義性を考慮したものではなく、説得力を欠く。たとえば対面関係や契約関係などに依存する特定の信頼とそうした文脈抜きに成立する一般的信頼を分けて考えると、日本の場合、閉鎖的な関係性を前提とした特定の信頼関係をもつ安心社会（パターナル社会、もしくは家族主義的社会）であり、アメリカの場合はそれとは異なる一般的信頼の高い社会（個人が他者を一般的に信頼できると考える社会）であるといわれることがある（山岸 1998；1999；2008）。日米社会の信頼のあり方がこのように大きく異なるなら、両国の経済パフォーマンスが高信頼社会によってもたらされているといっても、何の説明にもならない。異なる信頼のロジックがどのように経済パフォーマンスに影響を与えているのかが明らかにされねばならない。しかしここでその問題に関わる余裕はない。ここで確認したいのは、ソーシャル・キャピタルが、社会構造の一側面＝相互信頼関係を指し、それが個人や集団の協力的行為を促し、経済的パフォーマンスを高める機能をもつと想定されることから、「資本」と呼ばれるらしいということである。

ロバート・パットナムは、こうしたソーシャル・キャピタル論を民主主義論に適用する。彼によれば、ソーシャル・キャピタルは民主的政治パフォーマンスを高める。パットナムは、イタリアにおける州政府の創設が南北イタリアでは異なる制度パフォーマンスを生んでいることを見出し、その違いを市民共同体（市民的関与と社会的連帯）という変数によって説明しようとした（市民共同体のより発達している北イタリアでは、政府の制度パフォーマンスが優れていた）[21]。パットナムによれば、市民であることの大きな特徴は公共問題への積極的参加である。参加は必ずしも利他的な動機による必要はなく、自己利益に基づくものであってよい。ただしその自己利益は近視眼的なものではなく、公共性の文脈で実現される自己利益、「啓蒙された」自己利益、トクヴィルのいう「正しく理解された自己利益」である必要がある（パットナム 2001: 105）。

市民の資格には権利と義務が伴うが、それらは権威と従属という垂直的関係ではなく、互酬性と協力という水平的、平等な関係のなかで実現される。平等な市民は、相互に助け合い、尊敬し合い、信頼し合う。したがって市民共同体においては異なる意見に対して寛容である。市民共同体の規範と価値は、自発的結社に参加することによって強化される。市民的結社（協同体）はメンバーの協力の習慣や連帯、公共心を育む（パットナム 2001: 107-108）。協同体においては様々な取引が行われるが、繰り返しゲームにおいては、協調が合理的な選択となる（アクセルロッド 1998）。協同体の安定した関係ネットワークは、情報や信頼性を高め、互酬性の規範を強化する（パットナム 2001: 216）。

パットナムは南北イタリアにおける市民的徳・規範の違いを中世イタリアの歴史にまで遡って説明し、ソーシャル・キャピタルは合理的選択における集団形成のディレンマを克服するものであるという。彼によれば、ソーシャル・キャピタルは諸活動の調整によって社会の効率性を改善する社会組織の特徴（信頼、規範、ネットワーク）であり、自発的な協力を促進するものである（パットナム 2001: 206-207）。ソーシャル・キャピタルの中核となるのは（相互）信頼であり、信頼を支える規範が互酬性である。互酬性には直接的な等価交換を求める特定化された互酬性と長期的なバランスを求める一般化された互酬性があるが、一般化された互酬性こそがソーシャル・キャピタル形成にとって重要であると、パットナムは考える（パットナム 2001: 206-215）。一般的互酬性に基づいた信頼のネットワークが築かれれば、そこにフクヤマのいう高信頼社会が実現することになる。

パットナムのイタリア研究は、幾つかの批判に晒された。パットナムは南北イタリアのシビック・カルチャーの違いを中世からの伝統に求めるが、シドニー・タローは、それはむしろ近代の政治によって生みだされたものであると指摘する。今日の北イタリアにおける市民社会と地方政府のポジティヴな政治的パフォーマンスを生んだのは、一九世紀の北西部イタリアにおける民衆政治であり、他方南部にとってイタリアの国家建設は北による制圧であったため、内発的な政治参加への誘引が欠けていたという。またタローは、パットナムの研究ではシビック・カルチャーが民主主義を強化するという「トクヴィル・テーゼ」が確認されていないという。パットナムが指摘しているのは南北の政策パフォーマンスの違いであって、これは「良き統治」の代理変数ではあっても、民主主義政治を測るものではない。タローによれば、民主主義体制の政策パフォーマンスが非民主主義体制よりも高いという因果関係は確認されていない（Tarrow 1996）。またパットナムはソーシャル・キャピタルを民主主義にとってプラスに働くものとして、すなわちもっぱら積極的なものとして評価しているが、ソーシャル・キャピタルの定義そのものからは、ソーシャル・キャピタルが非民主的に働く可能性は排除されていないはずである（Uslaner 2002: Halpern 2005）。

パットナムはその後、アメリカ社会におけるソーシャル・キャピタルの衰退とアメリカン・デモクラシーの草の根レベルでの空洞化を、「一人でボウリングをする」アメリカ人の姿に重ね合わせ、一大センセーションを巻き起こす（Putnam 1995）。パットナムによれば、一九八〇～九三年の間にアメリカでボウリングを楽しむ人々は一〇％増えたが、仲間同士で楽しむ人々は四〇％減少した。かつてボウリング場は単にゲームを楽しむだけではなく、仲間が集う社交の場であったが、今やボウリングの社交的機能は低下している。パットナムは、その後この論文に対する様々な批判への応答を込めて、膨大なデータを追加した同一タイトル（副題は異なる）の著書を刊行している（Putnam 2000）。

パットナムのソーシャル・キャピタル定義はイタリア研究のときから大きく変わっていないが、それが公共財であるだけでなく、私財でもありうるという留保がつけられ、そのマイナス効果についても言及されている。互酬性の規範や協力はネットワーク内の者たちにとっては一般的によいものであるが、外部効果は常に積極的なものとはいえないことを、ＮＩＭＢＹ（"not in my backyard"）やＫＫＫを例にして説明している。パットナムは、ここでソーシャル・キャピタルの多様性に着目し、包摂的な架け橋型と排他的な結束型という区別を行っている。結束型は特定化された互酬性を安定的に提供する点で優れており、架け橋型は一般的互酬性とより適合的であるといえる（Putnam 2000: 23-24）。もっぱら結束型ソーシャル・キャピタルをもつ集団は、民主主義に対して否定的効果をもつと考えられる。とはいえ架け橋型ソーシャル・キャピタルだけをもつ集団というのは考えづらく、現実の集団は両方のソーシャル・キャピタルのバランスの上に成立するといえる。本書第二章において権力資源動員戦略として「ゲットー戦略」と「提携戦略」を区別したが、結束型ソーシャル・キャピタルはゲットー戦略を、架け橋型ソーシャル・キャピタルは提携戦略を促すものと考えられる。

パットナムがソーシャル・キャピタルの負の効果も認めるようになったとはいえ、彼の主たる関心は、ソーシャル・キャピタルのプラスの機能に着目し、現在のアメリカにおけるソーシャル・キャピタルの衰退を警告することにある。パットナムは、自発的結社が民主主義にとって大切であることを改めて強調している。自発的結社が、政府に対して個人が利益や要求を表明すること、さらには政治的指導者の権力濫用から個人を守ることを可能にするからである。組織は熟議民主主義のフォーラムとしても機能するであろうし、さらには市民的徳を学ぶ機会をも提供する。市民的徳とは公共生活への積極的参加であり、信頼性であり、互酬性である（Putnam 2000: 338–340）。パットナムは、ソーシャル・キャピタルなしの政治は遠距離政治であり、市民的徳を醸成しないという。「タラス、あるいはニューヨークのスタジオに電話する者たちの間での会話は無責任なものになる。『参加者たち』は反対意見と真剣に向き合い、その対立から学ぶ必要がないからである」（Putnam 2000: 341）。

ところで排他性の強い結束型のソーシャル・キャピタルが支配的であれば、市民参加は似た者同士の集まりを促進し、異質の価値や人々に対して非寛容になるのではないかと思われるが、パットナムは、市民参加が高いコミュニティでは高い寛容性を実現してきたと指摘し、このような懸念を一蹴する。「アメリカで最も寛容なコミュニティは、間違いなく最も市民的関与の高いところである。逆にいうと、住民が一人でボウリングするようなコミュニティは、アメリカで最も寛容性の低いところである」（Putnam 2000: 356）。ここではせっかく設けられたソーシャル・キャピタルの二分法が用いられず、コミュニティのもつ負の側面（非寛容性）が無視されている。

ソーシャル・キャピタルと経済的不平等の関係を論じる際も、パットナムの議論はアメリカン・コミュニティへの信頼を前提としている。富者は一般的にいって市民的関与の度合いが貧しいものたちよりも高い。そうすると富者はソーシャル・キャピタルを利用し、ますます富を貯え、貧しいものたちとの格差が拡がるのではないかと懸念されるが、こうした傾向をパットナムは否定し、コミュニティと平等性は相互に強化し合うものであり、相いれないものではないという。そして経済的不平等が拡大した二〇世紀最後の三〇年はソーシャル・キャピタルが衰退した時期であり、州レベルの比較からみて、ソーシャル・キャピタルが高い州では所得がより平等であると指摘する

（Putnam 2000: 358-359）。パットナムは、富の格差による市民関与の違いをあまり問題とはせず、一般的に市民的関与が高く、コミュニティが強化されれば、平等性が高くなることを強調する。

スコチポルは、アメリカにおける自発的結社（協同体）の質の変化を分析することによって、パットナムの分析を補完している。スコチポルはアメリカにおける自発的結社はローカルなものにとどまらず、全国的なつながりをもつ組織が少なくなかったことを指摘し、それが架け橋型ソーシャル・キャピタルを形成したことを示唆している。「全国的に野心的な連盟は、社会的な架け橋を構築する多くの誘因があった。……主導的な友愛連盟は、少数民族のアメリカ人、あるいはユダヤ系アメリカ人が、混合支部に入会する、あるいは他の会員と全く同格の、彼ら自身の社交支部を作るのをしばしば許可した。さらに連盟は、特にプロテスタントのアメリカ人の間で、党派横断的、宗派横断的なつながりを構築した」（Skocpol 2003: 114）。

スコチポルもまたパットナム同様、このようなアメリカ的な中間団体、ソーシャル・キャピタルが二〇世紀後半衰えたと考える。しかしスコチポルは議論を一歩進めて、パットナムが研究の中心には置かなかった人権擁護団体、環境保護団体、ジェンダー平等擁護団体など、いわゆるアドヴォカシー団体の台頭が、ソーシャル・キャピタルにとってもつ意味を検討している。アドヴォカシー団体は各市民の利益や要求を代表するのではなく、公益を求める組織である。市民は直接関与せず、会費を払うだけ、場合によっては参加すらせず、寄付するだけである。組織を運営するのは、問題に詳しい専門家集団である。彼らは市民の代理人として振る舞う。さらにアドヴォカシー組織が全国化し、政治的影響力を獲得するようになると富裕層や企業、さらには政府機関も資金提供をして、非営利組織を各々の目的の手段にしてしまうこともある（Skocpol 2003: ch. 4）。そのような関係は、専門家集団にとって利益の大きい場合が多いだろうし、たとえそれが依頼人である市民の意図にそぐわないとしても、本人（市民）と代理人である専門家集団との間には圧倒的な情報の非対称性があるため、本人は代理人を十分コントロールできないし、そもそも市民は、関心の度合いが低いため、あえて組織内で自らの考えを表明し、実現しようとはしないかもしれない。このように考えれば、アドヴォカシー団体は、趣味やレジャーを目的とした集まりなどに比べれば、はるかに公共性の高い目的をもちながら、市民の徳を育てるという点ではあまり期待できない。このように、伝統的な自発的結社の衰退とアドヴォカシー団体の台頭は、アメリカにおけるソーシャル・キャピタルの衰退というパットナム・テーゼを否定するものではなく、支持するものなのである。

かつてアメリカのコミュニティには市民参加を促す文化や生活様式があり、それが市民の徳醸成につながり、寛容性を高めたというのは、トクヴィルのアメリカ論以来広く受け入れられてきた物語であり、コミュニタリアンがその再建を目指してきたことはよく知られている。この物語の信憑性はさておくとして、コミュニティが民主主義政治の効率や生産性を高めるソーシャル・キャピタルなのかどうかはなお明らかではない。ボウリング団体が全国的なものになったとして、それへの参加が、民主主義をより生産的にするのだろうか。そもそも民主主義の生産性とは何であろうか。制度パフォーマンスであろうか。制度パフォーマンスは必ずしも民意を反映することと比例しない。むしろ、民主主義手続きはできるだけ省いたほうが合理的効率的な場合も考えられる。

何をもって民主主義政治のパフォーマンスとして評価するのかは、それこそ市民文化によって異なるだろう。アメリカとカナダという非常によく似た二つの国においても、政府に対する市民の態度が大きく異なることは、シーモア・M・リプセットが繰り返し指摘したところである（Lipset 1990: 1996）。市民生活への政府介入を好まない市民文化と、市民生活の質を改善する「良き統治」を求める市民文化では、政策分野によってはパフォーマンスの評価が大きく異なることが予想される。またソーシャル・キャピタルが資本である以上、自己増殖するものであるとすれば、しかもそれが、経済資本と違って使用によって消耗するのではなく強化されるのであるなら、なぜ衰退が生じたのだろうか。ベトナム戦争やウォーターゲート事件、都市暴動といった一九六〇年代から七〇年代にかけて起きた歴史的事件の衝撃は理解できるが、そもそもソーシャル・キャピタルは長い時間のなかで形成されるものであり、簡単に変化させることができないものであるなら、一過性の事件がなぜ、どのようにしてソーシャル・キャピタルの長期的な衰退をもたらしえたのだろうか。さらにいえば、議会や行政への信頼は低下しているが、国政や地方政治など政治一般への関心が低下しているわけではないという指摘もあり、それが正しいとすると一概に民主主義パフォーマンスの低下を語ることはできないことになる（Bennett 1998）。

スコチポルのいう市民結社の変質という議論は、結社の伝統が継続しながら、長期的に民主主義に適合的なソーシャル・キャピタルが浸食されていく過程を説明することができる。しかしアドヴォカシー集団と市民的徳との関係は、より慎重に検討される必要がある。脱物質主義的な価値を擁護・提唱するアドヴォカシー団体は本来的に架け橋型の集団であると考えられるし、そこでの参加の契機の弱さは、伝統的な協同体、たとえば労働組合といった組織と連帯することで是正されるかもしれない。つまりアドヴォカシー団体の登場は、結束型と架け橋型のソーシャル・キャピタルの新しいブレンドが生まれる可能性をもたらす。パットナムもスコチポルも、トクヴィルが描いた（とされる）中間団体像を理想化し、それを取り戻すことがアメリカの民主主義の復活につながると考えているように思われるが、それははたして現実的なのだろうか。大衆社会化現象が指摘されてからはや半世紀以上が過ぎ、電子メディアが飛躍的な発展を遂げた今日、ボウリング・リーグやタウン・ミーティングの復権を求めても虚しい。一九世紀から二〇世紀前半にみられたような結社は、たとえ絶滅しないとしても、今後の民主主義政治を支える社会的中核になるとは考え難い。むしろ、新たなソーシャル・キャピタル・ブレンドこそが求められるだろう。

このような観点から、政治とソーシャル・キャピタルの関係を改めて考えてみよう。スコチポルは、かつて政府の自発的結社への助成について積極的な評価を下した。連邦社会政策がヴォランタリーな福祉団体を駆逐してきたという議論に対して、スコチポルは、連邦政府が税財政を含む様々な政策によって、市民団体の活動と市民社会の活性化を促してきたという歴史的事実を指摘している（Skocpol 1997）。こうした指摘は、タローがパットナムのイタリア研究に対して、市民共同体形成における政治の役割を強調したことと共鳴する。このような政治の役割は、イギリス、スウェーデンの実証研究においても確認されている。ピーター・ホールは、イギリスではパットナムのいうようなソーシャル・キャピタルの衰退がみられないとし、その背景として政府が、とりわけ社会サービス提供にヴォランティア部門を組み込むことを通じて、それを活性化しようと多大な努力を重ねていることを指摘している（Hall 1999: 440-443）。ボー・ロススタインは、スウェーデンにおいて福祉国家発展がソーシャル・キャピタル強化をもたらしていることを指摘し、福祉国家の発展がソーシャル・キャピタルの衰退を招くという考えを否定している。スウェーデン福祉国家は、アメリカにおいてみられるようなアンダークラスの出現を防ぎ、社会的分岐を深刻化しないことによって、ソーシャル・キャピタルの醸成に成功している（Rothstein 2001）。もちろんスコチポルがアドヴォカシー集団についてみたように、実は政府の非営利団体やアドヴォカシー団体への支援は、それらの集団を行政の末端と化してしまい、民主主義からみればマイナスの作用をもつかもしれないが、政治とソーシャル・キャピタルとの関係はソーシャル・キャピタルが民主主義政治を円滑に機能させるという一方的なものではなく、政治がソーシャル・キャピタルを育てる可能性もあることは留意すべきである。

ところで、こうした議論を全否定する見解もある。エリック・アスレイナーは、ソーシャル・キャピタルという概念をめぐる論争を避けるため、もっぱら信頼について語るが、すでにみたように、信頼は多くの場合ソーシャル・キャピタルと同義、あるいはその中核要素と考えられるので、彼の議論をソーシャル・キャピタル論と考えて差し支えあるまい。アスレイナーは、まず特定の文脈で相手の見返りを期待する戦略的（特定の）信頼とそのような見返りを期待しない一般的信頼を分ける。この区別自体はすでにお馴染みであるが、アスレイナーの場合、一般的信頼の道徳的基盤を重視する。「よそ者を信頼することは彼らを私たちの『道徳共同体』に受け入れることを意味する。よそ者は私たちとは違ってみえるかもしれないし、違うイデオロギーや宗教をもつかもしれない。しかし根本的な価値の共有があると私たちは信じる。だから他人を信じることは、それほどリスキーなものではない。もし運命を共有するなら、よそ者は私たちの肯定的態度を利用しようとはしないだろう」(Uslaner 2002: 1)。

よそ者を信頼するのは何か証拠に基づくようなものではなく、他者を信頼に値するものとして受け入れるという倫理的前提に基づく。このような道徳的基盤に依る一般的信頼は、同じような考えや経歴をもつ人々が集まるような同好会や市民団体への参加とは無関係であるし、党派的な政治参加につながるものでもない。一般的信頼とは、基本的に平等主義的な理想、すべての者を平等に扱うという道徳的要請を受け入れることである。このような道徳的要請を受け入れるのは個人の経験ではなく、集合的経験である。子どもはまず親から、次に教育によってそのような価値観を受け入れていく。しかしアスレイナーによれば、長期的にみて他人を信頼するという楽観的態度は、所得上昇、とりわけ所得の平等な分配によって育まれる (Uslaner 2002: 160-189)。

一般的信頼の倫理的前提、道徳的な基盤がすべての者を平等に扱うというものであるなら、それは自由主義の制度的枠組にほかならない。端的にいって、一般的信頼は「法の下の平等」によって制度的に保障されることになる。であるならば、一般的信頼(=自由権)それ自体が特定の集団や政治行動を促進するものでないことは当然であるが、他方それは自発的結社や政治行動の前提であることも明らかである。一般的信頼は、運命を共有すると観念される場(端的にいって、ネイション)において醸成される。一般的信頼を促す集団的経験が所得の平等性と相関するというアスレイナーの指摘は、自由権の実現のためには法的保障だけではなく、物質的基盤が必要であるという左翼の伝統的な主張に通ずる。アスレイナーのいう一般的信頼の議論は優れて倫理的構成をとりながら、結論として語られているのはリベラル・デモクラシーにおける経済発展や平等性の重要性であり、したがって第二章で考察した新たな権力資源動員の可能性をめぐる問題へと回帰することになる。

本章では平等化を目指す権力資源動員に変わる文化政治の可能性について検討してきたが、皮肉にも最後に平等化戦略の重要性を再確認することになった。しかし私たちが今生きているのは、埋め込まれた自由主義体制が崩壊した後の世界であり、そこではリベラル・ソーシャル・デモクラシーへの合意が成立し、平等化戦略の可能性は限られている。自由競争を促進する条件として社会投資国家（＝自由競争国家）が実現したことを前提に、就労強化型の自由主義（新自由主義）を克服する方途は奈辺に求められるだろうか。これについて最終章で検討することにしよう。

註

（1）リベラル・ナショナリズムについては、Miller（1995）が最も体系的に論じているが、ここでは福祉国家にひきつけて議論を展開しているグッドハートを取り上げる。

（2）多文化主義の多様性については、初瀬編（1996）、西川（2001）、塩原（2010）、Watson（2000）などを参照のこと。

（3）数値は一九九〇年代からほとんど変わっていない。一九九六年の数字は、八四％であり、これは、オーストラリア（七五％）、イギリス（五六％）、アメリカ（四〇％）を上回る。カナダ政府は有資格者すべてが市民権を獲得することを、奨励している（Bloemraad 2006）。

一九七七年国籍法では、一八歳以上で法的に永住権を獲得してから、四年のうち三年以上国内に住み、国外退去命令を受けていないことが資格要件となる。そのほか語学（英語もしくは仏語）能力証明試験とカナダに関する知識テストに合格する必要がある。後者は、カナダの地理、統治機構、市民としての権利と義務に関する理解を問うものであり、その水準は、移民の統合過程を円滑にし、新市民が「市民としての責任、法の遵守、相互理解」といった価値を保持していることを確認するものである。カナダ生まれの市民であれば誰でもがもっている知識レベルが想定されているが、二〇〇七年

Ipsos-Dominion Institute の調査では、六〇％のカナダ人が試験に落ちるという結果がでた。ちなみに、外国生まれのカナダ人の場合、合格率は七〇％である（Anderson and Black 2008: 52）。

カナダの市民権獲得は簡単すぎるという批判もあるが、その場合、明白に、あるいは暗黙裡に、市民権獲得に関する見返りを移民に求めず、移民に十分な「国家への愛着、忠誠」を要求していない移民政策を問題視している（Gwyn 1995）。こうした見解は、移民のもたらす経済効果や、カナダ多文化主義社会建設への貢献を無視ないし軽視するものであり、そもそも容易に市民権が獲得できるということをどう評価すべきかという論点もある。

（4）以上二〇〇六年国勢調査については、Statistics Canada（2009）を参照した。

（5）本項の記述は、Biles（2008）に依拠している。

（6）以上のトルドーの発言は、一九七一年一〇月八日カナダ連邦下院でのものである。（http://www.canadahistory.com/sections/documents/Primeministers/trudeau/docs-onmulticulturalism.htm、二〇一三年七月一二日閲覧）。

（7）チャールズ・テイラーは英語圏でヘーゲル再評価を行い、独自のアイデンティティ論を築き上げた哲学者であるが、ここでの言及は彼のカナダ・ケベック州と多文化主義に関する考察に限られる。なお近年わが国においてテイラーの主著の邦訳や彼の理論に関する労作が刊行されている（テイラー 2010；中野 2007；高田 2011）。

（8）キムリッカは、集団的権利という表現は誤解を招くものであるとし、これを少数派の市民権を守るものと定式し、集団的市民権と呼んでいる（キムリッカ 1998：第三章）。

（9）カルガリー宣言については、http://www.exec.gov.nl.ca/currentevents/unity/unityr1.htm（二〇〇九年一一月二〇日閲覧）。ブシャールのコメントについては、（Bouchard 1997）参照。

（10）キムリッカは、テイラーのコミュニタリアン多文化主義と自分の個人主義的なリベラル多文化主義を区別したが、彼の議論もまた文化を運命的、全体主義的、決定論的、静態的に捉える本質主義的見解であるとの批判を受けている（Nathan 2010）。

（11）キムリッカは、「リベラル・ナショナリズムとリベラルな多文化主義の双方を、『リベラルな文化主義』の異なる形態として描くことができる」と述べている（キムリッカ 2012：59）。

（12）カナダの多文化主義が、相対的にみて成功例といえることは確かであるが、そのアプローチ自体はカナダ独自のものではない。国民のなかに領域的に限定された国民少数派が存在し、単一ネイションン神話を形成することが困難な場合、連邦制やそれに準ずる分権化によって国家統合を実現することは、ヨーロッパではごく普通にみられる。古くはスイス、さらにベルギー、オランダ、近年ではイギリスなどが挙げられる。カナダの多文化主義は、むしろヨーロッパの伝統を継承するものといえるかもしれない（cf. Resnick 2005)。

(13) カナダにおいては、アメリカのように国民形成の教育カリキュラムが挑戦を受けたことはない。文化の多様性を認めながら、いやそれゆえにこそ、基礎教育の重点は公用語習得に置かれ、英仏語以外の継承語の維持は各民族的文化共同体に委ねられている（関口・波田編 2006: カミングス＝ダネシ 2005)。政府は、これら民族的文化共同体に対して様々な財政支援を行っているが、それは、あくまで統合政策の一環として位置づけられている。

(14) 辻内鏡人によれば、アフリカ中心主義は自民族中心の排外的立場をとるものではなく、ヨーロッパ中心観を数ある一つの視角として相対化する包括的教育を目指すものである（辻内 2001: 8)。

(15) ウェンディ・ブラウンは、「ほとんどすべての寛容の対象は、許容されることで、逸脱したもの、周辺的なもの、望ましくないものとして印づけられる」と語る（ブラウン 2010: 20)。また「近年よみがえった形式の寛容を、リベラルな脱政治化の一要素として分析すること」を提唱し、「脱政治化とは、いずれも政治的に分析され解決されなければならない不平等、従属、周辺化、社会対立といったものを、一方では人格的で個人的なものとして、他方では自然的、宗教的、文化的なものとして説明することである」と喝破している（ブラウン 2010: 21)。脱政治化とは、権力資源動員による権利や利益配分の変更を回避する（しようとする）政治である。なお寛容論の検討として、スーザン・メンダス（1997)、マイケル・ウォルツァー（2003）も参照のこと。

(16) カナダ多文化主義においては社会的差別の問題が専ら民族的に語られることによって、社会に存在する根強い人種的差別を覆い隠しているという指摘がある（Bloemraad 2006: 146ff.: カミングス＝ダネシ 2005)。

(17) 世俗主義の下に提案したケベック国民（州）議会議長席背後の十字架の撤去に対しては、州首相やケベック州議会が直ちに反対を表明した（http://www.lifesitenews.com/ldn/2008/may/08052309.html、二〇一〇年一月二日閲覧)。

(18) ブシャール＝テイラー報告書では、ケベック内の先住民について言及されていないことも、大きな問題として指摘されている。

(19) 福祉サービスの提供という観点から、ハーストの議論とパラレルに、より具体的かつ実証的に協同主義の問題を検討した著作として、Pestoff（1998）がある。

(20) コールマンは、特定の社会構造内の全員が恩恵を受けることを指摘している（Coleman 1990: 316)。

(21) 制度パフォーマンスは、包括性、内的一貫性、信頼性、制度主唱者と選挙民の目標・評価の一致という四つの基準から評価され、具体的には政策過程、政策表明、政策執行における一二の指標を使って測定される（パットナム 2001: 74-87)。

第五章　脱生産主義の構想

1　ベーシック・インカムと再帰的近代

ベーシック・インカムは、就労を条件とせず、「すべての者（市民）に基本所得を」というアイディアである。それは欧米ではよく知られたアイディアであるが、わが国において脚光を浴びたのは今世紀に入ってから、とりわけワーキング・プアや派遣切りといわれるような雇用劣化が深刻になり、格差社会という言葉がマスコミを賑わすようになってからである。ベーシック・インカムは、格差社会への処方箋として注目されたといえよう。わが国におけるベーシック・インカム研究の第一人者である小沢修司が本格的な研究書を世に送り出したのが二〇〇二年、その後政策論や規範論からの検討、一般的な入門書まで続々と刊行されている（小沢 2002；武川編 2008；山森 2009；立岩・齊藤 2010）。ベーシック・インカムの最もラディカルな提唱者として知られるP・ヴァン・パリエス（パリースとも表記される）の主著やイギリスの政治学者トニー・フィッツパトリックによるベーシック・インカムの理論的検討も、今日では邦訳で読むことができる（フィッツパトリック 2005；ヴァン・パリース 2009）。

とはいっても、ベーシック・インカムというアイディアが一般に広く受け入れられているわけではない。政治的党派性にかかわらず、多数派はこのアイディアに反対するか、反対しないまでも懐疑的である。しかし擁護者もまた、少数とはいえ、左右横断的に点在している。どうやらベーシック・インカムという考えは、旧来の左右対立の軸のなかにうまく収まらない争点のようである。左右を問わずベーシック・インカムへの反発が強いのは、労働なる価値への信仰がいかに根深いかを物語る。今日近代的な労働観が、就労義務・自由競争強化の文脈でさかんに語られている。貧困は、構造的問題というよりも貧困に陥った個人の怠慢、規律の欠如という観点から分析されるようになり、福祉は市民の権利ではなく、一九世紀のように貧困者に規律と勤労意欲を与える手段とみなされるようになっている（O'Connor 2002）。

しかし近代には、実は労働からの解放を求める思想も生まれている。マルクスは弁証法的な歴史の展開は、やがて資本主義労働から解放された「自由の王国」を約束すると説いた。もちろんわれわれは、現実の社会主義国家が労働からの解放どころか、近代的自由すら実現しなかったことを知っている。社会主義国家に対抗する福祉国家が、就労義務、完全雇用を前提とするものであったことは、もはや繰り返すまでもないだろう。しかし福祉国家では、社会権思想が強いほど、福祉と労働は社会全体としてバランスがとれていればよいのであって、個人レベルで両者を直接結びつける傾向は弱まった。つまり労働からの自由が、個人レベルでは一定程度進んだのである。しかし今日では、福祉国家レジームの違いにかかわらず、福祉に対する就労義務強化が進んでいる。

ベーシック・インカムは、このようなリベラル・ソーシャル・デモクラシー内での言説ではなく、その空間に亀裂をもたらす「理想の力」としてある。それは、かつてマルクスが夢見た「千年王国」に到る壮大な物語ではないが、福祉国家から自由競争国家へと通底する近代的労働観、リベラル・ソーシャル・デモクラシーの前提に対して異議を申し立て、忘れ去られた近代思想の一側面を照射し、近代の新たな可能性（再帰的近代）を示唆する。他方、このようなベーシック・インカムのラディカリズムを穏健化し、既存の福祉国家政策に接合しようとする修正版ともいうべき考えがある。本章では、ラディカルなベーシック・インカムの基本型（無条件ベーシック・インカム）と穏健な応用型（条件付きベーシック・インカム）を比較検討し、応用型が二〇世紀型政治経済システムである福祉国家を修繕し、二一世紀に引き継ごうとする（維持可能なものにする）ものであるとすれば、基本型はその超克を目指すものであると論ずる。

ラディカルなベーシック・インカムは非現実的であり、穏健なベーシック・インカムこそ格差社会への対応策として重要である、政策論からみて条件付きベーシック・インカムこそ有意なものであると考えることには十分な説得力がある。しかしそのような検討はすでに多くの論者が試みているところであり、屋上屋を架すことは避けたい。さらにいえば、今ある「現実」から距離をとり、多様な現実の可能性を照射し、未来に対して開かれた選択肢を洗い出すこともまた社会科学の重要な役割である。かつて丸山眞男が指摘した「現実主義の陥穽」を逃れるためには、「現実」に合わせて理論を切り刻むのではなく、「現実」を総体として捉え、構造化し、批判する思考が必要である（丸山 1995）。理論は「現実」に即し、実践の指針となることもあれば、「現実」を反省的に捉え、批判することで、現実変革の力となることもある。(1)

理論の現実批判・反省力は、U・ベックやA・ギデンズに倣っていえば、単線的近代から再帰的近代への移行によって重要性を増している。単線的近代においては、歴史的進歩や発展、産業化やそれに伴う豊かな社会の到来が信じられた。しかしながら、大規模な開発や世界大での資本の活動は、深刻な環境破壊や世界の格差化を引き起こし、今や私たちは近代が生み出した負の遺産に対応することを強いられている（ベック 1998: Little 1998: 福士 2009参照）。とはいえ単線的近代を批判・反省することは、単純に近代を否定することではない。私たちは近代の創り上げた政治空間から逃れられないだけでなく、近代政治が目指した普遍的価値（自由、平等、友愛）の意義は、グローバル化に伴い世界の階層化が進む今日、ますます高まっているからである。生活世界を飲み込もうとする資本主義システムが近代の産物であるように、それに対抗する生活世界の価値と論理もまた近代のなかに根拠をもつ。近代の生み出した普遍的価値が限界に達したのではなく、近代というプロジェクトは未だ道半ばにある（ハーバーマス 2000 参照）。

福祉国家を生み出した歴史的文脈は、単線的近代であった。福祉国家とは、生産の拡大による豊かな社会の実現（生産主義）を前提に、国家主導によって富の再分配を行う（国家主義・平等主義）ことを通じて、国民的連帯を形成・維持・再生産する（国民主義）ものであった。このような福祉国家の枠組は、今日限界に達している。高齢化による財政逼迫やグローバル化に伴う福祉コスト削減の要請がある。さらに生産主義は、際限のないエネルギー消費と環境破壊をもたらし、国家主導の平等主義は管理社会化を促進し、国民主義は排外主義を助長している。福祉国家の限界は、生産主義本位の国民国家の限界を意味している。したがって福祉国家の再編は、既存の政策枠組のなかでの弥縫策を超えて、福祉国家パラダイムそのものを問い直す理論的作業を必要とするのである。

本章では、以下リベラル・ソーシャル・デモクラシーからリベラル・ソーシャル・デモクラシーへの移行にもかかわらず、両者に通底し、むしろ今日その規範力を増している近代的労働観について考察し、脱福祉国家時代における労働と福祉、そして自由（自己選択）のあり方をベーシック・インカム論に即して考えてみよう。

2　福祉国家と労働

生産主義

福祉国家は、どのような類型であれ、労働を中心とした生産主義を原理としてきた。自由主義福祉国家は「福祉ではなく労働」（work, not welfare）を原則とする体制であり、そこでは公的福祉は労働市場における福祉実現に失敗した場合に提供される残余的範疇であるという考えが強い。保守主義福祉国家においては、労働市場における位置に応じた職域社会保険制度が中心であり、「労働を通じての福祉」（welfare through work）が原則となる。スウェーデンのような社会民主主義福祉国家では、市民に平均的生活水準を保障する普遍主義原則が導入され、一見労働と福祉の分離が実現しているが、実はスウェーデンでは積極的労働市場政策による余剰労働力の再訓練、再配置が福祉国家政策のなかに組み込まれている（新川 2007）。完全雇用が、普遍主義原則の前提としてある。したがって社民モデルは、「福祉と労働」（welfare and work）を共に提供するシステムであるといえる（Goodin 2001: 13-14）。

F・キャスルズ＝D・ミチェルは、オーストラリアとニュージーランドにおいては当初賃金を平準化する公的メカニズム（仲裁制度等）が存在するため、大規模な事後的な再分配政策が必要ではなく、資産調査付福祉が限定的に支給されていると指摘し、これを自由主義とは異なる賃金稼得者福祉国家であると主張したことがある。福祉が残余的範疇とみなされている点、大規模な再分配政策がみられない点では、賃金稼得者福祉国家は自由主義福祉国家と同じであるが、再分配以前に平等化機能が働いている点で市場まかせの自由主義福祉国家とは大きく異なる（Castles and Mitchell 1992: 新川 2005: 270-271）。

賃金稼得者福祉国家モデルは、一見すると再分配を中心に考える福祉国家論や自由競争国家モデルに代わる一つの可能性を提示している。しかしそれはアジアからの移民を厳しく規制した白豪主義の下で実現したものであり、一九七〇年代の移民政策の自由化、一九八〇年代の新自由主義改革のなかで消滅してしまった。また労働と福祉の関係でみると、賃金稼得者福祉国家は、もともと自由主義的であったといえる。もちろん賃金の平準化を図ること自体は、自由主義的とはいえない。しかし国民の福祉向上のために労働の役割を最大化し、再分配の役割を最小限に抑えようとすることは、「福祉ではなく、労働」という自由主義原則に合致するものである。

家族主義の場合、保守主義同様、労働市場における位置に応じた福祉を提供する職域別社会保険原則がみられ、そこには「労働を通じての福祉」原則がみられる。しかし家族主義福祉国家においては、公的福祉の水準が低いことから私的福祉が補完的に発展しており、この点では家族主義福祉国家は自由主義福祉国家との類似性をもつ。ただし自由主義福祉国家の場合、私的福祉の大半は市場を通じて提供されるのに対して、家族主義の場合は教会や家族といった伝統的絆への依存が高い。日本的家族主義の場合、企業福祉もまた「企業一家」への帰属と忠誠への見返りとしてあった。

このようにいかなる福祉国家レジームも、福祉の前提として労働を求める点では変わらないが、類型ごとに異なる福祉と労働の接合を実現してきた。自由主義福祉国家においては、福祉が個人の市場パフォーマンスと直接に結びつけられるのに対して、保守主義（および家族主義）においては、個人の能力が職域集団への帰属を通じて評価され、それに基づいて家族単位で福祉が提供される。すなわち市場と個人との間に集団が介在している。他方社会民主主義においては、国家による再分配機能が中心であり、福祉が市民権であるという考えが最も制度的に定着しているため、労働と福祉の関係は、社会レベルでは維持されているが、個人レベルでの労働と福祉の関係は相対化され、緩やかなものになった。

しかし今日あらゆる福祉国家レジームにおいて、労働と福祉の関係を個人レベルで再強化する動きが強まっている。自由主義的福祉国家ではワークフェアが提唱されているが、それは資産や所得調査に基づく最低限の生活保護にすら就労義務を課そうというものである。そこにおける「労働ではなく福祉」原則の再確認は、さながら救貧法時代のように、働かないことに対してペナルティを課し、労働規律を強化しようとするものである（Peck 2001: Quaid 2002）。一九九六年クリントン政権は、ワークフェアの代名詞ともなる「個人責任および就労機会調整法」（Personal Responsibility and Work Opportunity Reconciliation Act, PRWORA）を制定し、もって従来の「要扶養児童家庭扶助」（Aid to Families with Dependent Children, AFDC）を廃止し、「貧困家庭一時扶助」（Temporary Assistance for Needy Families, TANF）を導入した。ＡＦＤＣは、家計の必要性に基づき提供されたが、ＴＡＮＦは就労義務や子供扶養義務を課し、受給期間を五年に制限した。イギリスでは一九九八年ブレア政権が緑書「福祉のための新契約」を公表し、政府と市民との間に権利と責任に基づいた新たな契約を宣言した。

大陸ヨーロッパの保守主義福祉国家では、当初若者の失業率増加に対して、高齢で生産力の低下した労働者を労働市場から退出させようという早期退職制度が活用された。すなわち脱商品化政策が積極的に推進されたが（中高年労働者が主たるターゲットであるが、フランスのように女性の労働市場退出を促したケースもある）、この政策は甚大な財政負担を伴うことから、やがて労働時間短縮やワーク・シェアリングを導入する動きが主流となる。このような措置によって正規雇用と非正規雇用の垣根を低くし、雇用の柔軟性を高め、他方において働く者すべてに対してセイフティネットを張り巡らすのが、いわゆるフレクシキュリティ戦略である。保守主義レジームのなかで先陣切ってこの戦略を採用したのは、失業が最も深刻なオランダであるが、やがてフランスやドイツという保守主義の中核国にも広まり、今日ではＥＵレベルで採用されている。

フレクシキュリティ戦略は、失業等によって社会から排除されることを防ぐ包摂戦略であるが、他方において労働市場規制を緩和し、非典型的な雇用形態を増やすことによって雇用を拡大し、そのことによって福祉負担を軽減しようとするものである。すなわち労働をもって福祉に代えようとする点で、フレクシキュリティは自由主義的なワークフェアと共通性をもつ。またフレクシキュリティ戦略は正規雇用と非正規雇用の垣根をなくすことにはならず、非正規雇用を拡大することによって労働市場のデュアリズムは深刻化しているという指摘もあるが、そうであればフレクシキュリティと自由主義的なワークフェアは同様の効果をもつといえる（Palier ed. 2010; Bonoli and Natali eds. 2012）。

フレクシキュリティ戦略は、大陸ヨーロッパの保守主義福祉国家に広まった戦略であり、一般に保守主義的制度遺産に適合した新自由主義戦略であるといえるが、社会民主主義レジームのなかではデンマークがフレクシキュリティの旗振り役となっている。デンマークはすでに一九七〇年代に福祉反動を経験するなど、もともと弱い社会民主主義レジームであった。スウェーデンは、フレクシキュリティとは一線を画しているが、税方式による普遍主義的年金の廃止や各種手当ての所得代替率の引き下げ等を行っている。スウェーデンの場合、個人の就労能力を高めるために積極的な社会投資を行っており、この特徴に着目してスウェーデン型ワークフェアを、アクティヴェーション戦略と呼ぶこともある（宮本 2008）[2]。スウェーデンの場合、福祉国家の前提として積極的労働市場政策を掲げてきたので、アクティヴェーション戦略は既存路線からの逸脱ではなく、延長線上にあるといえる。

家族主義レジームの代表例である日本をみれば、正規雇用を先鋭化し、柔軟な労働力を拡大しようというデュアリズム戦略は一九七〇年代中葉からみられ、一九八〇年代には行財政改革のなかで福祉見直しが本格化し、その後一九九〇年代後半になると労働市場規制緩和が進み、二一世紀に入ってからは派遣・請負労働の低賃金や劣悪な労働条件が社会問題化する。従来非正規雇用、とりわけパートタイム労働の主たる担い手は中高年の女性であったが、二一世紀に入って一〇年余り過ぎた今日では非正規のなかに占める若年労働者の割合が高まっており、他方では正規雇用の劣化がみられる。保守主義レジームでデュアリズムが強化されているとき、日本ではその段階を超え、下方に向けたデュアリズムの解消への動きがみられる。

日本の相対的貧困率（所得分布において中央値の五〇%に満たない人々の割合）は一九八〇年代中葉には一二%ほどであったが、二〇〇〇年代中葉には一五%を超え、先進諸国のなかではアメリカに次いで高くなっている（http://www2.ttcn.ne.jp/honkawa/4654.html、二〇一二年一二月八日閲覧）。同時期のワーキング・プアの割合をみても、日本の数字は、先進諸国のなかでは、やはりアメリカに次いで高くなっている（http://www.oecd.org/employment/

employmentpoliciesanddata/4365416б.pdf、二〇一二年一二月八日閲覧)。このような貧困問題の深刻化にもかかわらず、日本の公的扶助関連支出は、近年増加傾向にあるとはいえ、他の先進諸国と比べれば依然としてかなり低い。二〇〇五年時点での国民所得に占める生活保護などの福祉関連支出(介護を除く)をみると、日本はほぼ三%であり、この数値はアメリカよりは高いものの、イギリス(一〇%弱)、ドイツ(一〇%強)、フランス(一二%弱)、スウェーデン(一五%)と比べると、はるかに低い(http://www.mhlw.go.jp/seisaku/2009/09/03.html、二〇一二年一二月一九日閲覧)。

こうしたデータから、日本では貧困問題が深刻化しているにもかかわらず、他の先進諸国と比べれば財政抑制に成功していること、あるいは十分な政策対応をしていないことがわかる。にもかかわらず、生活保護の不正受給がしばしばセンセーショナルに報道されるのは、不正受給が福祉財政を破綻させる怖れがあるためではなく、この国における「働かざる者食うべからず」という労働倫理の強さを反映している。働かない者、あるいは勤労意欲を欠くと思われる者(怠け者)に対する不信・嫌悪感の強さ、寛容度の低さは、年越し派遣村において派遣労働者ではないホームレスが紛れ込んでいたとか、派遣村で現金を支給したら、職探しの交通費ではなく酒代になったというマスコミ報道からも窺える。このような報道には、「就労意欲と自己規律をもたない者は助けるに値しない」というメッセージが込められている。日本では社会的に怠け者は許さないと倫理が広く深く浸透しているため、政府がワークフェアを実行するまでもなかったといえよう。

就労義務

就労義務強化が最も顕著に表れたのは、新自由主義戦略を国際的に普及する役割を果したアメリカである。TANFで示された就労義務強化や出産・育児への政府の介入は「新パターナリズム」ともいわれ、それは新自由主義からの転換であるといわれることがある。しかしながら、新自由主義が市場原理主義と同義ではなく、自由競争実現のために政府の活動を要請するものであることを理解するなら、新パターナリズムは市場原理主義とは矛盾するとしても、ただちに新自由主義路線からの逸脱とはいえない。ＡＦＤＣのように、働かず、福祉に依存する者たちを許すことは、彼等を「貧困の罠」のなかに放置し、結果として彼等の利害を損ねるとパターナリストは主張するが、新自由主義からすれば、就労能力のある者たちが福祉に依存することは、まずもって自由競争社会にとって脅威となる。働ける者はすべて労働市場に参入し、働かなければ自由競争的統治原理は成立しない。パターナリズムは、無職の福祉依存を個人的失敗として捉え、福祉依存者の生活態度を変えることで自由競争に参加できる人間に改造しようとするが、そのことはその者の利害に一致するだけでなく、新自由主義世界を実現するためには不可欠なのである。

ここで新パターナリズムの主導者であるローレンス・ミードによるＰＲＷＯＲＡ擁護論をみる。(3) ミードは、働ける者が働くというのは個人の選択の問題ではなく、社会生活を営む上での義務であると考え、法の遵守、教育を受ける義務、英語を話すことと並んで労働は十全なシティズンシップにとって不可欠な条件であるという。このような市民性をもつ者だけが真に市民の権利と便益を求める資格がある（Mead 2005: 176）。これは、多文化主義的な寛容論とは対極に位置する議論といえる。ミードによれば、寛容は決して無条件のものではない。それは常に市民として共通の義務を遵守することを前提とするのであり、信条や人口統計学的な違いが公的信頼性を損なわないのであれば、その限りにおいてよそ者は信頼される。しかしそれらの違いが市民性あるいは非市民性に影響を与えるようなら、共通のシティズンシップは崩壊する。犯罪や社会問題が増加し、秩序の混乱が福祉依存的な階級・人種的少数派・移民と結びつくようになれば、市民としての同一性の感覚が失われてしまう（Mead 2005: 179）。

福祉国家は資本主義の不確実性を相殺するセイフティネットであるが、それはほとんどの人々が失業し、援助を必要とするリスクを共有していること、つまり誰もが福祉に依存する境遇に置かれる可能性があることを前提としている。ところが福祉受給者が特定層に限られるようになると、こうした前提は崩れ、その結果、就労強制を求める声が高まる。ミードによれば、就労義務は貧者への福祉削減が目的ではなく、福祉を擁護できる共通のシティズンシップを回復するために必要なのである。シティズンシップは普遍的であるが、その普遍性は現実に市民として機能しているということを前提とする。ある者たちが十全な市民として受け入れられないのは、政府がそう考えるからではなく、彼等が他の者たちの尊敬を得るような生き方をしていないからである（Mead 2005: 179）。

ミードは、適当な職がなければ就労は期待できないことは認める。しかし大部分のアメリカ人にとって就労は権利ではなく、最初の、そして最大の義務であり、この義務を果たさなければ尊敬は得られず、その者の要求は正統なものとして受け入れられないという（Mead 2005: 180）。人は働くことでまず同僚の信頼を獲得できる。福祉依存者が就労すれば、社会から最大限の肯定的な反応を得られる。働くことで、周りの社会とも結びつきができる（Mead 2005: 178）。したがって良好な雇用機会が存在しなくとも、まずは働くことが大切なのである。働けば、よりよい雇用機会の創出を政府に求める声が正統なものとして受け入れられ、より良い職を交渉する機会も生まれる。まず働いて、その後に初めて雇用の質改善を求めることできる（Mead 2005: 190）。ミードは、パターナリズムは市民の尊厳を傷つけるかもしれないが、就労しなければまともな市民として認められず、状況はより悪化すると指摘する。ミードによれば、就労は、非就労者が市民としての共通性を回復するための唯一の道なのである（Mead 2005: 191）。

ところで就労義務は、福祉受給者だけに課される。しかし就労が市民としての共通性を確認し、自他に尊厳を示すために不可欠の要件であるとしたら、働かない富者に対しても就労を課すべきではないだろうか。これに対してミードは、貧者に対してはコミュニタリアン的態度をとり、富者に対してはロック流個人主義の態度をとるという。

つまり福祉に依存しない人々は、法に従っていれば、後は自由である。福祉に依存していなければ、その者たちは十分に市民として機能していると考えられ、それ以上のレベルで彼等が善行をなしているかどうかは問われない。貧者には監視が、富者には寛容が示される。ミードはこうした対応が論理的に一貫したものではないことを認めるが、現実主義的なものであると主張する。なぜなら問題になっているのは、社会の底辺にいる者たちであって、上層にいる者たちではないからである。たとえ富者の行動に道徳的問題が認められるとしても、それは正義と平等性に関わるものであり、それに対しては、就労の強制ではなく、課税や規制によって対応すべきであり、福祉とは切り離して考えるべきである（Mead 2005: 191-192）。

ミードは、J・S・ミルの自由論に依拠し、パターナリズムを正当化している。周知のように、J・S・ミルは、文明社会で権力が個人の意思に反して行使されることが正当と認められるのは、他者への危害を防ぐ場合だけであるとし、本人のためになるとか、本人がより幸福になるとか、他者からみてそうするのが賢明であり、あるいは正しい場合でさえ、強制は正当化されないと考えた。忠告や説得などはよいが、強制は許されない。個人は、自身の身体と精神に対して主権を保持しているからである（Mill 1975: 10-11）。このようにJ・S・ミルの自由論は明らかに反パターナリズムの立場を表明しているが、このような原則は成熟した成人に適用されるものであり、たとえば子供や若年者には当てはまらない（Mill 1975: 11）。ミードは、福祉受給者は、ミルのいう成熟した成人に値しない者であり、彼等自身に不利益をもたらす行動（非就労）から保護する必要があると主張する（Mead 2005: 191）。

市民としての権利が義務を伴うという議論に対して特に異論はない。普遍的社会権を擁護したといわれるT・H・マーシャルのシティズンシップ論も、ミードのいうように、就労義務を前提としていた。アメリカでは福祉受給者が「貧困の罠」に陥り、働く意欲を失い、同胞市民の尊敬と信頼を得ることに失敗しているというのも、ミードのいう通りだとしよう（Mead 2005: 194）。しかし、だからといって彼らが十全な、成熟した市民ではなく、したがって彼ら自身のために就労を強制すべきであるという結論が直ちに導き出されるわけではない。現在福祉への依存を余儀なくされている者に対して就労を課すことは、ミード自身が認めるように、仕事を選ばずに働けというに等しい。仮に自らの尊厳を維持できないと感じる仕事を無理強いして、それで自尊心が生まれ、他者から尊敬される可能性が高まるのだろうか。むしろ一層自尊心を傷つけ、劣等市民としての社会的地位を固定化することにつながる怖れはないのだろうか。市民のなかに劣等市民を創造することは、市民共同体としての一体感を損ない、民主主義政治の機能不全を招きかねないのではないだろうか（Pateman 2005: King 2005）。市民共同体で自他ともに同等と感じない、認めない者たちが、民主主義を実現する主体になるとは考えがたい。

福祉受給者に対しては監視を怠らず、富者には寛容を示すというミードの対応は確かに現実主義的かもしれないが、就労が市民コミュニティの正式メンバーと認められるための不可欠の条件であるとすれば、所得や財産にかかわらず、市民はすべて就労を求められるべきであろう。つまり富者の非就労は、公的な財政負担を伴わないにしろ（相続による不平等という問題をここでは問わない）、富者もまた市民として認められ、尊厳を獲得するためには、就労する必要があるのではないか。仮に彼等が納税義務を果たしていることをもって就労義務が免除されるのであれば、就労は完全な市民であるための不可欠の条件ではないことになる。所得の多寡によって就労義務の有無が異なるとすれば、就労義務はやはり福祉依存者に対する処罰であり、それをパターナリスティックに正当化することは、偽善的なものになってしまう。

ステュワート・ホワイトは、権利義務論を契約主義の立場から綿密に検討し、ミードの新パターナリズムに新たな論点を導入する。(4) まずホワイトは、ミードの主張に同意し、市民が社会的成果配分に対して働く義務があるなら、彼等は当然働くべきであるし、政府は福祉システムのなかで就労規範を実現すべきであるという。しかし、もしそうすることが不当に恵まれない状況を強化すると予想されるなら、政府がそのような義務を積極的に果たすべきかどうかは疑わしい。ホワイトは、公正な社会を想定し、そこにおいてはミードの議論は妥当するが、もし公正な社会が実現されていないのであれば、そのような状態でも不当に恵まれない者たちが想定される義務を果たさなければならないのかどうかを問う（White 2005: 94）。

ホワイトは「公正な互酬性としての正義」という考えを提唱し、互酬性を二つに区別する。一つは理想的かつ包括的な互酬性であり、もう一つは非理想的非包括的なそれである。前者においては、ブルート・ラック（非情な運）によって生じる不平等はすべて是正されることが求められる。ホワイトは、このような原則を非現実的なものとして斥ける。彼が支持するのは、後者であり、一定の閾値を満足するレベルで公正な互酬性を実現しようというものである。

非理想的非包括的な互酬性が実現されるためには、以下の五つの基準が充たされねばならない。第一に、各市民はブルート・ラックによる貧困から救済されねばならない。第二に、市場の脆弱性や搾取、悪弊に対し、各市民は十分に保護されねばならない。第三に、各市民は自己実現を図る仕事に就く十分な機会を与えられねばならない。第四に、教育機会、外在的富への当初アクセスの不平等は、納得できるレベルまで引き下げられねばならない。第五に、教育や雇用といった領域で、人種、ジェンダー、性癖、信仰等の理由で差別があってはならない。以上五つの条件をホワイトはシビック・ミニマムと呼び、これらが充たされる場合、各市民は、共同体に対して能力に応じた生産的貢献をなす義務があると主張する。ホワイトによれば、五つの条件が十分に満たされない場合、その程度に応じて市民の社会への貢献義務は減じられる。ただし、条件が満たされないことによって恩恵を得る場合は、その限りではない（White 2003: 90-91）。

ホワイトは、社会権には義務が伴うことを認め、福祉受給者に対してワーク・テストを課すことに同意する。しかし契約主義的な立場からワーク・テストを正当化するためには、以下の四つの基準がクリアされなければならない。①公的に定められた就労義務を求められた市民が、ブルート・ラックによる貧困から逃れるのに十分な社会的成果へのシェアを得られる。②公的に定められた就労義務を満たすことを求められた市民は、仕事に就く十分な機会をもつ。③コミュニティ内の様々な生産活動への参加が、平等に取り扱われる。④貢献義務は、すべての市民に対して等しく適用される（White 2003：134-135）。

一般論として、ホワイトは、パターナリスティックな観点から就労義務を強化することに反対しない。個人が自己管理能力を欠く場合、あるいは非合理的な状態に陥ってしまったとき、その者が悲劇的で取り返しのつかない選択をしないように、個人の自由を制限するパターナリスティックな介入が正当化されると考える。しかしパターナリスティックな介入の妥当性は、公正な社会、シビック・ミニマムがどの程度実現されているかにかかっている。就労義務強化については、果たしてどこまで基本財へのアクセスの平等や雇用機会の提供が国家によって保証されているかが鍵になる（White 2005）。このようにホワイトは、パターナリスティックな介入を認めるが、契約主義の立場からその適用を限定的に捉える。

ホワイトは、パターナリズムを強いパターナリズムと弱いパターナリズムに分け、後者の場合、就労義務強化といっても、たとえば再就職活動、訓練や公共的就労プログラムへの参加を求める程度のことは本人の利益に適うし、それほどの負担にはならないであろうという（White 2003：148）。しかし「強い」、「弱い」を分かつ基準を明確にすることは必ずしも容易ではない。結局のところ両者の違いが程度問題であるとすれば、弱いパターナリズムでは効果がない場合、順次強いパターナリズムへと移行していくことが予想される。たとえば勤労意欲をもたず、福祉受給資格を得るためだけに職業紹介所に顔を出す者たちが増えれば、弱いパターナリズムでは対応できず、結局のところ、彼等が思慮深く、合理的であるなら、そうするであろう選択へと導くより強いパターナリズムが要請されることになる。そうでなければ、パターナリズムの期待する効果を挙げることはできない。

またホワイトは、ミードの新パターナリズムのなかには二つの異なる能力観が混在していると指摘している。能力という場合、経済的合理性を追求する能力を意味する限定的（「薄い」）見解と、より広く、個人が様々な利害を調整し、自己実現を図る能力を意味する包括的（「厚い」）見解がある（White 2003: 150–151）。ミードが福祉受給者の能力欠如を指摘するとき、それが限定的な意味において妥当であることは確かである。しかしミードは、この限定的能力の欠如を包括的能力の欠如と同一視してしまう傾向があるとホワイトは指摘する。両者は、一致する場合もあるだろうが、論理的には峻別されねばならない。

誰もが経済的関心をもつだろうし、経済的利益を求めながら実現できない者を、構造的原因や文脈性、偶然性を度外視するなら、能力がないといってよいだろう。しかしその者が経済的利益以外の価値を優先させている場合はどうだろうか。たとえば、ホワイトの挙げる例をとれば、偉大な詩を書くことを人生の目的とする者がいて、その者は経済的には最低限の生活維持以上を求めず、したがって最低限の労働以上はせず、残りの時間は詩作に専念しているとしよう（White 2003: 150–151）。この者の貧困は、自己選択の結果ではあるが、限定的能力において劣っているといえる。しかし包括的な能力観からみれば、彼なりの信念に基づいて一貫した合理的な行動を選択していると評価しうる。二つの能力の違いを認めず、限定的な能力観に基づいてすべての行動を判断するなら、社会現象をすべて経済合理性に還元してしまい、その埒外にある市民の自由な活動と自己発展の可能性を認めないことになってしまう。

もちろんミードの考えでは、就労を強制されるのは福祉に依存している者だけであって、自らの生活の糧を得ている限りは何をしようが自由である。しかし就労強制の根拠として示されているのは、繰り返すが、十全な市民としての能力なのである。したがってミードの議論は、限定的能力観を無制限に拡大適用することにつながる。他方包括的能力観に立てば、能力の欠如を就労義務強化の根拠として用いることができなくなる。個人が経済的に貧困に陥っていても、自らの信じる価値実現のためにそのような生き方を選択しているとすれば、そのような生き方の評価にかかわらず、その選択は能力の欠如とはいえないからである。就労義務強化が限定的能力観に立脚した場合にのみ可能であるとすれば、市民は皆合理的経済人でなければならず、そうでないものは無能力者とみなされ、経済的に合理的であるように強制・矯正されねばならないことになる。

しかしホワイトは、ミードの議論にみられる能力観の混乱が、彼の就労義務強化という政策提言の妥当性を損なうものではないという。ミードは就労によって貧困者の扶助や機会拡大を求める声が正統な要求として認められるようになると主張するが、ホワイトは、この議論が福祉契約主義からパターナリズムを擁護する一つの根拠になると考える。しかしホワイトは、就労を求める戦略が成功するためには、福祉依存者が新たな、より重い責任を負わされながら、追加的な支援を受けられないまま放置されるという事態が生じないように配慮されねばならないとも指摘する。ホワイトは、就労義務強化の条件として、政府が就労能力を高め、雇用機会を提供する義務があることを指摘している（White 2003: 151-152）。

現実には、雇用機会の提供は難しい（リフキン 1996 参照）。スウェーデンのようにアクティヴェーション政策を採用しても、就労がやすやすと達成されるわけではない。いかに国家が教育や再訓練の機会を提供し、各人の就労可能性を高めようとしても、技能習得能力の違いから各人の労働力価値に差が生まれることは避けられない。さらにいえば、就労能力を高めた者が、それに見合った職を得ることができるかといえば、必ずしもそうではない。完全雇用下では、最低限の技能習得者であっても雇用機会が与えられ、市場を通じて生計を維持する機会が生まれ、より高い技能をもつ者は早晩よりよい雇用機会に巡り合うことができたかもしれない。しかし完全雇用の実現は、今日では著しく困難である。

グローバル化、脱フォーディズム、新自由主義の時代に、一国主義的な経済管理を前提とした完全雇用は過去の遺物となった。新たな情報テクノロジーに依拠する知識基盤型経済が、労働集約型のフォーディズムのように大量の安定的雇用を提供することはできない。だとすれば、教育・再訓練にもかかわらず、相対的に技能レベルの低い労働力には買い手がつかない状態は解消されない。もちろん国家が直接雇用を提供するのであれば、この問題は解決する。しかし国家の直接雇用拡大は自由競争原理に反するだけでなく、グローバル市場が国家財政肥大への強い牽制として働く今日では著しく困難である。失業によって貧困に陥る者の数が目に見えて減少しないとすれば、国が教育・再訓練に費やすコストの相当部分が無駄になるだけでなく、機会を提供してもそれをうまく利用できない個人の失敗が問われ、失業に伴う社会的スティグマは強化されるだろう。チャンスを生かせない個人の無能力が問題となる。こうして社会的排除は正当化される。悪いのは個人であって、政府や社会ではない。

たとえ完全雇用が実現しても、なお問題は残る。完全雇用は、賃金労働を当然とみなすことによって無償労働の軽視、労働の差別化を生み出してきた。すべての労働が有償化されれば、この問題は解決されるが、あらゆる無償労働を有償化することは困難なだけでなく、望ましくないかもしれない。生活世界が全面的に市場化される、あるいは市場に従属することをよしとしない価値観は稀ではない。また完全雇用の前提は生産主義であり、生産主義は、原材料、土地、エネルギー消費を増加させ、環境破壊を一層深刻化するだろう。こうした問題は、経済の中心が知識・情報産業やエコ・ビジネスに移行すれば、緩和できるかもしれないが、一国がそのような体制に移行しても、それが他地域への環境破壊型産業の輸出によって実現するのであれば、地球規模でみた環境破壊の問題は解決されない。さらに、今日の目まぐるしい情報技術革新は雇用を柔軟化するものであっても、安定化するものとはならないという問題もある。

主要福祉国家がこぞって就労義務強化に乗り出している背景には、「埋め込まれた自由主義」からグローバル化への移行と福祉国家の自由競争国家への変質があることを考慮すれば、就労義務強化があらゆる福祉国家で生じていることは当然の流れである。しかし近代的な自由主義的労働観の再確認と強化は、自由選択の幅を狭める。近代的労働観を相対化し、自由選択の可能性を高める「理想の力」として、ベーシック・インカム論に注目する所以がここにある（Offe 1996: 209-211; cf. Van Parijs 1995: 1996; Beck 2000; ゴルツ 1993: 1997）。

3　ベーシック・インカム論の地平

ベーシック・インカムの論理構成

ＢＩＥＮ（ベーシック・インカム地球ネットワーク）によれば、ベーシック・インカムとは「資力調査や就労義務を課さずに、すべての者に個人単位で無条件に与えられる所得」のことである（http://www.basicincome.org/bien/、二〇一一年六月三日閲覧）。同様に、ベーシック・インカムを提唱する代表的論客の一人、フィリップ・ヴァン・パリエスは、ベーシック・インカムとは政府によって社会のフル・メンバーに（個人単位で）無条件に支払われる移転所得を意味するという。無条件とは、①たとえ就労意欲がなくとも、②貧富にかかわらず、③誰と生活を共にしていようが、④国のどこに住んでいようと、支払われることを意味する（Van Parijs 1995: 35）。

まず「フル・メンバー」とは誰かについて考えよう。これは通常成人を指し、未成年者は含まれない。ヴァン・パリエスは、未成年者は別の制度を適用するか、親もしくは後見人が彼等に代わって減額ベーシック・インカムを受けとることを考えている（Van Parijs 1995: 34; cf. Robertson 1996）。いずれにしても、年齢制限を設けることは技術的問題であり、それによって無条件の意味が損なわれることはないだろう。それでは成人のフル・メンバーとは、どの範囲の人々を指すのだろうか。就労を条件としないので、通常それは国民＝市民を指すと考えられる。ベーシック・インカムの提供主体が主権国家である場合、これは当然であるが、ベーシック・インカムの提供主体は国家以外でもありうる。複数の国あるいは国境をまたがる地域において、さらには国内の一部においてベーシック・インカムを導入することが不可能なわけではない（山森 2009：新川 2010b）。

ベーシック・インカムを一国に限っても、一定の滞留資格を備え、国内居住条件を満たせば、国籍をもたずとも、ベーシック・インカムの受給資格を認めることは可能である。ベーシック・インカムを国民の帰属感を促進する手段として考えるなら、このような給付対象の拡大は望ましくない。しかし高度技能をもった労働力の吸引力として、ベーシック・インカムを考えることもできる。移民を端から歓迎されざる者、お荷物とみなす声が、今日ますます強くなっているが、移民は、多文化主義を考察した際に述べたように、単一の国民という物語を相対化し、社会をより開かれたものにし、活性化しうる。移民は、経済的にみて、必ずしもお荷物というわけではない。ある研究によれば、ＥＵ一五カ国の一九九四年から二〇〇四年間の経済成長率は、仮に移民がなかったとすれば、平均で〇・二三％下がる。なかでもドイツは一・五二％、イタリアは一・一七％と平均以上に大きく落ち込む（Faventos 2007：195）。このような議論が反移民感情に対する解毒剤となると考えるのは楽観的にすぎようが、移民をお荷物とみなすステレオタイプ・イメージを修正する一助にはなる。仮に移民の存在が国民を多様化、豊富化し、国民経済に資するものであると広く認められるなら、ベーシック・インカムを国民＝市民に限定せず、一定期間を超えて国内に居住する者すべてが享受できる権利として確立することへの心理的障害は相当程度軽減されるだろう。

次に、ベーシック・インカムの給付水準について考えてみよう。ヴァン・パリエスは、「すべてのものに真の自由を」という立場から、可能な限り高い水準のベーシック・インカムを求める（Van Parijs 1995：31-33）。しかしそのような高水準のベーシック・インカムの要求は、財政負担を問わないにせよ、首肯しがたい。能力と努力に応じた成果配分が約束されなければ、市場経済はうまく機能しない。革命を目指すなら話は別であるが、市場資本主義を前提として個人の自由と最低限の生活保障を実現しようというのであれば、ヴァン・パリエスのように最高水準の給付を求めることはできない。ベーシック・インカムは、生活の最低保障に限定されるべきである。

ヴァン・パリエスとは逆に、ベーシック・インカムを最低保障以下に抑制して、勤労意欲を高めようという部分的ベーシック・インカム（partial basic income）という考えがある。この場合、ベーシック・インカムだけでは生活できないので、人々は当然賃金労働に駆り出される。しかし、部分的ベーシック・インカムは、貧困の問題を悪化させる可能性が高い。雇用主はベーシック・インカムが支給されることを理由に、賃金を合理化しよう（引き下げよう）とすることが考えられる。このような雇用主の動きに対して、部分的ベーシック・インカムだけでは生活できない労働者は、強く抵抗できない。結果として、働いても思ったほど所得が増えないということになれば、勤労意欲は減退し、労働倫理の荒廃につながる。いわゆる「スピーナムランドの再来」が生じる。[5] 最低賃金制度は、このような事態に対する一定の歯止めにはなるだろうが、その基準設定は、思うほど簡単ではない。最低基準が低すぎれば規制の意味がないし、高すぎれば雇用減退につながってしまう。しかも最低賃金制度は、自由な市場交換を阻むという批判に常に晒される（Brittain 1990: 7; 新川 2004b）。

このようにベーシック・インカムが最低限の生活を営むにも足りない水準に設定されると、それは労働からの解放どころか、低賃金労働を強要し、蔓延させる原因になりかねない。使用者にとって、ベーシック・インカムは安価で周辺的な労働力を調達する手段になってしまう。ベーシック・インカムが、低賃金、劣悪な条件の労働を拒否できる水準でなければ、個人の自由選択は保障されない。賃金労働を強制されない最低限レベルの給付があって初めて市場の論理（交換価値）を相対化し、各人が自らの生にとって意味ある活動を選択する機会が生まれる。むろん利潤を追求する経済活動が禁じられるわけでも、制限されるわけでもない。各人が自らの選択によって利潤追求とそれ以外の自己実現や余暇活動に費やす時間の配分を決定できることが肝要なのである（Gorz 1999: 80-83）。

ベーシック・インカムは、権力資源動員の観点からも評価できる。ベーシック・インカムが提供されれば、不安定な雇用条件下にある者たちが団結することの困難は軽減される。解雇を恐れて、同じ職場で同じような不満をもつ者たちが団結できないという状態は改善されるだろう。団体交渉が長引き兵糧攻めにあっても、最低限の生活保障はあるので、不本意な妥協を強いられることは減るだろうし、スト破りに動員されることを拒否する自由も拡大する。雇用が多様化・柔軟化するなかで、ベーシック・インカムは働く者たちの団結、政治的影響力を高める一助となる。

ベーシック・インカムは、原則的に現金給付で与えられる。基本ニーズを現物給付で与えることは可能であるが、「何を、どこで得るか」について個人の自由選択を尊重するなら、現金給付が望ましい。とはいえ普遍主義原則による現金給付すべてがベーシック・インカムとなるわけではない。たとえば、税方式による年金をベーシック・インカムとみなせば、その実現可能性は俄かに高まるだろう。歴史的に、また現在においてもそのような年金制度をもつ国はあるし、わが国でも基礎年金をすべて税で賄おうという声がある。しかし年金は労働市場における労働力商品化が困難なことを前提として提供されるのであり、障害があるなど特別の事由がない限り、生産年齢人口に対しては支給されない。労働力商品化が困難なものに脱商品化の権利を与えるのは伝統的福祉国家の役割であって、それをベーシック・インカムと呼ぶことに理論的な意味・意義はなく、概念的に紛らわしいだけである。

所得制限のない子ども手当についても、同様である。子ども手当は、確かに労働とは切り離されているが、福祉国家において子供は保護される存在であり、就労を期待される成人ではないから、それは当然のことであり、そこに福祉国家を超える原理が示されているわけではない。しかも子ども手当は子供に直接与えられるわけではなく、子をもつ親に対する給付である。つまり、そもそも子供がいなければ受給資格はないので、所得制限がなくとも給付が市民に対して普遍的に与えられるわけではない。また目的からいっても、子ども手当は育児支援であり、市民個人の基本所得を保障するベーシック・インカムとは異なる。このように従来の福祉国家の枠内で捉えられる政策をベーシック・インカムと呼ぶことに何ら発見的・分析的な意味はなく、ベーシック・インカムの換骨奪胎にしかならない。

無条件性

ベーシック・インカムが、資力調査や就労義務を課さず、無条件に与えられることに対しては、様々な批判がある。直ちに指摘されるのが、財政負担である。小沢修司は具体的にベーシック・インカムをわが国で導入した場合のシミュレーションを行っているが、ここでは財政問題に深入りしない（小沢 2002：2008）。というのは、財政的に国民がどこまで負担できるかという問題は、そもそも政治問題であり、どれだけの課税が可能であるかは国民の同意次第であると考えるからである。(6) 国民の同意は、税の有効感、すなわち税がどれだけ行政サービスとして国民に還元されているかにかかっている。税の国民還元率が高ければ、国民の政府への信頼が厚く、増税を支持する傾向がみられる（新川 2009a）。

ベーシック・インカムを所得にかかわらず提供することに対しては、富者や高額所得者に与える必要はないという反論がある。彼等が、そのような少額の現金給付を必要としないことは明らかである。したがって個人の効用として考えれば無駄である。しかしベーシック・インカムを貧困からの救済策としてではなく、シティズンシップから派生する給付であると考えれば、所得が多いからといって直ちに給付資格を剥奪すべしという議論にはならない。むしろベーシック・インカムの普遍性と正当性を担保するためには、所得制限を課すのは好ましくないかもしれない。

所得にかかわらず均等な給付を行っても、再分配効果は実現できる。たとえば一〇〇〇、八〇〇、六〇〇、四〇〇の所得を得る者たちがいるとして（貨幣単位は任意）、すべての者が定率四〇％の税を納め、定額二八〇の給付を受けると考えよう。調整後の所得は、トップが八八〇でボトムが五二〇となり、トップの所得を一とすれば、ボトムの所得は調整前には〇・四にすぎないが、調整後はほぼ〇・六にまで底上げされる。このような普遍主義的制度のほうが、貧困者にターゲットを絞った制度よりも、市民の支持を調達するのが容易である。(7)

ベーシック・インカムの無条件性への最も強力な批判は、労働からの解放というベーシック・インカムの理念に対して向けられる。第一に、就労義務を課さずに現金給付を提供すれば、人は怠惰になり、フリー・ライダーが大量に発生するという批判がある。第二に、労働は生活の糧を得ること以上の意味をもつという批判がある。個人は、労働を通じて社会的に包摂され、社会的承認を得、自己実現・発展すると考えられる。両者は併せて主張されることが多いが、ここでは前者を労働の消極的評価、後者を積極的評価と概念的に区別して考えよう。

消極的評価のいうように、大量にフリー・ライダーが発生すれば、ベーシック・インカムどころか社会が成り立たなくなるだろう。しかしベーシック・インカムが最低限の基本ニーズを満たす水準にすぎない場合、人々が「普通の生活」をするためには働かざるをえないのである。しかもベーシック・インカムは就労所得に関係なく支給され、働いた分だけ所得が上乗せされていくので、資産・所得調査に基づく福祉のように勤労意欲を削ぐことにはならないといえる。

ベーシック・インカムの最大の特徴は、本人が嫌がる仕事を押し付けないこと、就労の選択を本人の自由に任せることにあるが、それでは誰もが嫌がる仕事をする人がいなくなってしまうという議論がある。しかし誰もがやりたがらないにもかかわらず、社会的に必要とされる労働に対しては、市場メカニズムに即して考えるなら、賃金を引き上げるのが理に適っている。高賃金の魅力がその労働への嫌悪を上回るなら、働き手はおのずと増えるだろう。たとえ実際には仕事が苦役と感じられるとしても、自らが損得を計算し、就労を選択するなら、その者の自由は守られている。

いうまでもないことだが、社会にとって労働が不可欠であることと、それが個人にとって望ましいものであることは別問題である。ハンナ・アレントは労働を生命維持にとって不可欠なものと認めながらも、それに積極的価値を認めなかった（アレント 1994）。アレントのいう労働は、本来的に自己表現や社会的承認の含まれない動物として生命を維持するだけの「消費する労働」であり、私たちが通常用いる労働という概念よりかなり限定的であり、彼女の労働観によって労働全般を否定的に捉えることはできないが、労働の消極的評価は、実はアレントのいう「消費する労働」が今日なお多くの労働に当てはまることを示唆している。社会的に不可欠であるが、誰も望まないような労働は、できるだけ軽減する工夫が必要であるし、就労に際して選択する権利があってこそ、市民としての自由が保障される。

労働を積極的に評価するなら、すなわち労働が個人を社会的に包摂し、尊厳と承認を与えるものであるなら、労働は金銭を超えた価値をもっているので、ベーシック・インカムが与えられたからといってフリー・ライダーが大量に発生するという事態はそもそも起きないはずである。フリー・ライダーが生ずるのは、労働のもつ積極的意味が何らかの理由で理解できない場合に限られるだろう。その理由が情報や知識の不足によるものであれば、政府や関係諸機関による情報や助言の提供によって問題は解決される。しかし「誤った」理解や信念に基づいて就労を拒否する場合、それに対して情報や助言の提供以上のこと、たとえば就労を強制すれば、それはミード的なパターナリズムとなる。パターナリズムの難点については繰り返さないが、たとえ難点がクリアされても、パターナリズムの考えはベーシック・インカムの考えとは相容れないものである。就労如何にかかわらず、与えられるのがベーシック・インカムである以上、パターナリスティックな介入は認められない。

情報と助言の提供にもかかわらず、大量のフリー・ライダーが発生するとすれば、それは積極的労働観が社会によって十分に支持されていないためであると考えられる。この場合、個人の選好を無視した労働の強要は、市民の自由と尊厳を確立するどころか、不満を生み、長期的には社会統合の危機を招くことになる。したがって、労働の積極的評価を認めたとしても、その評価が社会的に受容されるためには、まず選択の自由が必要なのである。パターナリスティックな見解が仮に正しく、労働しないものは現実には十全な市民として認めがたい存在であったとしても、十全な市民として取り扱うことによって自らが蒙を啓く機会を提供するのが自由社会であろう。このように労働の積極的価値を認めるとしても、「自己実現のために働け」と労働を強要することは適切ではなく、労働を選択する自由があって初めて労働と自己実現の関係を問うことが可能になると考えられる。

しかし労働と自己実現の関係は、単純ではない。自分の労働に社会的重要性を感じ、充実感を覚える者もいれば、金銭だけが目的で社会的重要性には無関心な者もいるだろう。前者が自己実現を促し、後者はそうではないと決めつけることはできないし、必ずしも前者のほうが社会的に評価されるわけでもない。客観的に判断できるのは本人に選択の自由があるかどうかだけであり、選択の自由には当然労働を拒否する自由が含まれる。そうでなければ、労働は強制になってしまう。もちろん誰もが望む仕事につけるわけではないので、選択は多くの場合妥協になるだろう。仕事に不満がある場合、できるだけ就労時間を少なくしたほうが自己実現や社会評価につながるかもしれない。教育や再訓練によって就労可能性を高めるなら、満足度の高い仕事に転職する可能性は高まるだろうが、すべての仕事が同じ様に満足度や社会的評価を高めるわけではない。またある者はより社会的評価の高い労働に移ることができたとしても、それは個人にとっての幸運であって、それによって社会的な機会構造の不平等がなくなるわけではない。

ベーシック・インカムが、このような構造的問題を解決してくれるわけではない。しかし「自己実現としての労働」を強いるのではなく、労働以外の場で自己実現を図る機会を拡大することはできる。労働に積極的意味を見出せない者は、ベーシック・インカムによって労働時間をできるだけ少なくすることが可能になる。もし雇用主がより多く働かせたいのであれば、より高い賃金を払えばよい。お金がほしくてより多くの労働を引き受けるのは、個人の自由である。そのような選択をした者は、より多くの所得がより少ない労働時間よりも自分を満足させるもの、自己実現を可能にするものと判断したと考えられる。自己実現とは、何も高邁なものである必要はない。より多くのお金を得ること、より多く消費することが、個人にとって自己実現であって構わない。もちろん利他的な、自己犠牲を通じて自己実現を図る場合もあるだろう。要は、個人に選択の機会が確保されているかどうかである。

労働機会構造の不平等を是正するためなら、労働を通じて自己実現している者に対しては、ベーシック・インカムを与える必要はない、ベーシック・インカムは仕事によって自己実現を図ることができない者に限って与えればよいという考えがありうる（White 2003: 172）。しかしこのような観点から、予めベーシック・インカムの対象を絞ることは不可能である。どのような労働が誰によって自己実現もしくは抑圧として感じられるかは、予め客観的に判断できるものではない。たとえ一般的には誰もが嫌がるような低賃金重労働の仕事であっても、何らかの理由でそれを好む者がいるかもしれない。他方、一般的に社会的評価の高い仕事であっても、本人は強いストレスと疎外感を感じているかもしれない。仕事内容、賃金、職場環境など、様々な要因が個人に充足感を与えたり、奪ったりするであろうが、どのような要因が本人を満足させるかを予め特定することはできない。

それでは望まない就労が個人の責任に帰すべきではない原因によって生じている場合に限って、ベーシック・インカムを与えるとしよう。たとえば就労能力が同等であると認められるにもかかわらず、景気や企業事情など、本人にとって全くの偶然によって雇用機会が大きく異なる場合、それによって不利益を被る者に対してのみベーシック・インカムを与えるとしよう。しかし雇用機会の不平等が個人の責に帰せられるべきかどうかを、実際に判断するのは容易ではない。そもそも同等の能力があるかどうかを判断することが難しい。また同じ教育や職業訓練を受け、技能の差が歴然としている場合、劣等の者は技能習得能力そのものが、個人の責に帰すことのできない何らかの原因によって損なわれているのかもしれない。さらに同じような技能評価を受けても、その他の就労に関係する能力で差があるのかもしれない。このように考えると、雇用機会からベーシック・インカムの受給資格を制限するのは容易ではない。ベーシック・インカムの受給資格基準を設けようとすると、結局のところ、それは失業手当や生活保護とあまり変らないものになってしまうだろう（White 2003: 171–173）。

ベーシック・インカムの受給期間を限定し、誰もが望むときに一定の間だけベーシック・インカムを受給する資格があるとすれば、対象を限定する場合のような厄介な問題は生じない。各人は、自分が必要だと思うときにベーシック・インカムを受け取ることができる。受給資格を審査する手間や困難は解消される。しかしこの場合、ベーシック・インカムは労働と福祉の関係を変えるものとはならない。一定期間が過ぎればベーシック・インカムが受給できなくなる以上、ベーシック・インカムは、それを早期退職に利用するような場合を除けば、労働力再商品化のための充電期間ということになる（White 2003: 173–174）。ベーシック・インカムを一時金として提供するベーシック・キャピタルは、各人がそれを元手に市場参入することを助けようというものであるから、労働と福祉の関係を強化する、あるいは自由競争を促進するものであって、労働から切り離された福祉を提供するものではない（White 2003: ch. 8）。

負の所得税

本章冒頭でベーシック・インカムには左右横断的な支持があるといったが、右が強く擁護するのは、正確にいえば、負の所得税（negative income tax）と呼ばれるものである。これを初めて提唱したのは、シカゴ学派の首領であったミルトン・フリードマンである。フリードマンは、市場の働きを阻害する社会福祉政策や労働立法、最低賃金法などをすべて廃止し、その見返りとして一定の所得水準を下回った者に相応の負の所得税を払うこと、すなわち給付を提供することを提唱した（Friedman 1962: 192）。負の所得税は、同一基準をすべての者に適用することによって給付対象者を限定し、必要に応じて給付を行うことで、結果としてベーシック・インカムと同様の政策効果をもつ優れたアイディアである。

もちろんフリードマンは、反福祉国家の立場から行政の簡略化・合理化・スリム化のために負の所得税を提唱したのであり、福祉国家を擁護する左翼は通常これを拒否するが、なかには積極的に評価する者たちもいる。クラウス・オッフェは、課税手続きによって一定水準にまで所得を引き上げるほうが無条件にベーシック・インカムを提供するよりも運営コストを抑えることができると考え、負の所得税を擁護する。しかしオッフェは、フリードマンの主張するように現行の社会保障制度を解体し、社会保障を負の所得税に一本化するのではなく、負の所得税の上に社会保険給付を積み上げることを提唱している（Offe 1996: 202）。また負の所得税が事後的救済であるという批判に対しては、オッフェは生活困窮者救済のために一時的な前払いを認めることを提唱する（Offe 1996: 220）。オッフェの提案は、福祉国家拡充の手段として負の所得税を利用しようというものであり、右の立場からすれば、全く魅力のない、受け入れがたい案であろう。

フレッド・ブロック＝ジェフ・マンザの議論は、より巧妙である。彼等は、雇用と福祉の問題への取り組みとして、従来二つのパラダイムがあったという。一つは雇用パラダイムであり、もう一つは移転パラダイムである。雇用パラダイムとは、完全雇用を実現し、就労によって貧困からの脱出を図るものである。労働市場の需給が逼迫していれば、最も技能の低い労働者といえども雇用主との交渉力を増し、貧困線を超える賃金を獲得できる。政府が最終的な雇い主となることや訓練プログラムによって就労可能性を引き上げることなどによって労働需要を喚起することもできるが、ブロック＝マンザはコストの割には労働市場の需給逼迫を実現することはできないと考える（Block and Manza 1997: 478–480）。

他方移転パラダイムは、雇用ではなく移転政策によって貧困問題を解決しようというものであり、ベーシック・

インカムはこれに該当する。しかしブロック＝マンザは、従来左翼が主張してきたベーシック・インカム案には勤労意欲の維持、財政的負担に対する配慮が欠けており、他方Ｍ・フリードマンの提唱する負の所得税の場合、勤労意欲の問題により真剣に取り組んでいるが、「スピーナムランドの再来」に対しては鈍感であると考える（Block and Manza 1997: 478-482）。ブロック＝マンザは、完全雇用を擁護する者たちが目指す目的（労働市場の需給逼迫）を移転パラダイムによって達成することで、双方の問題が克服されると考える。移転政策を通じてより逼迫した労働市場を実現し、低賃金労働者の市場交渉力を強化し、結果として賃上げを実現するという戦略を描くのである。

ブロック＝マンザは、すでに労働市場内にある者たちに対して「負の所得税」を与え、彼等の労働時間を短縮することでより多くの者たちが労働市場に参入できるようにすれば、労働市場の需給逼迫状況を創りだすことができるという。彼らが考えているのは、パートタイム雇用の拡大である。パートタイム雇用の場合、相当の余剰労働力を労働市場に吸収することが可能なだけでなく、就業者が子育てと有償労働を両立させる労働時間の柔軟性が得られる。パートタイム労働には雇用保障を含む様々な問題があるが、これらの問題は法的規制によって相当程度軽減されるという（Block and Manza 1997: 483-483）。

彼らは「負の所得税」が貧困線に近い水準まで保障されるならば（たとえば貧困線の八割から一〇割）、たとえ労働市場の需給逼迫が生じなくても、低技能労働者はあまりに低い賃金での労働を拒否することが可能となり、結果として労働者の市場内での交渉力を強化するので、「スピーナムランドの再来」を防ぐことができるという。このような水準の負の所得税は寛大にすぎ、勤労意欲を減少させるのではないかという疑問に対しては、貧困線レベルの所得保障は決して快適な生活を約束するものではなく、消費欲求を満たすための有償労働への意欲が削がれることはないという。また労働市場の需給逼迫はインフレを惹起するのではないかという懸念に対して、ブロック＝マンザは、むしろそれは生産性向上を通じて価格上昇を抑制する誘因になるという（Block and Manza 1997: 484-485）。

すでに述べたように、負の所得税の優れた点は、市民に対して等しく適用されるスキームによって公的支援を必要とするものを選別できるところにある。しかも資産調査のような社会的スティグマを伴わない。さらにそれはもともと福祉国家に反対するフリードマンのアイディアであるため、右からの支持を得られやすく、したがってベーシック・インカムよりも左右横断的合意が得られやすい。負の所得税は既に部分的には幾つかの国で導入され、その効果を積極的に評価する研究もある。たとえばアメリカとカナダの所得格差を研究したジョン・マイルズ＝ポール・ピアソンは、カナダの所得がより平等的であるのは相対的に大規模な負の所得税を導入しているからであると指摘している（Myles and Pierson 1997）。

しかし負の所得税にも、問題はある。ブロック＝マンザは、「スピーナムランドの再来」を避ける手段として最低賃金法を考えているが、部分的ベーシック・インカムを検討した際に述べたように、その効果はそれほど確実なものではない。「負の所得税」は、部分的ベーシック・インカム同様、社会的に容認される最低賃金水準を引き下げる可能性がある。つまり最低賃金水準の設定が「負の所得税」を織り込んだものになる可能性がある（Cattacin 1997）。たしかにブロック＝マンザの考えるように、労働者の交渉力が増せば、こうした経営者の賃下げの動きを阻止できるかもしれない。しかしグローバル化のなかで労働市場規制緩和が進み、労働組合組織率が大幅に低下している先進諸国において、労働組合の影響力強化は、第二章でみたように、それ自体が課題であり、議論の前提とすることはできない。

ブロック＝マンザのいうように、「労働時間の短縮→労働市場の需給逼迫→労働者の交渉力強化」という積極的連鎖が生じる可能性はそれほど高くないだろう。労働時間短縮は、あらゆる産業部門において同じ様に生じ、同様の結果を生むわけではない。雇用規模が縮小している衰退産業においてワーク・シェアリングをしても、労働市場の需給逼迫につながるほどの労働需要をもたらすことはないだろうし、代替可能性の高い低技能労働力が不足するほどの労働市場の需給逼迫を負の所得税がもたらしうるかといえば、首を傾げざるをえない。経済成長がなければ、労働市場の需給逼迫は生じないだろう。それでは、ブロック＝マンザのいうように、たとえ労働市場の需給逼迫を創りださないとしても、負の所得税は労働者の交渉力を高め、賃金上昇をもたらす効果があるのだろうか。負の所得税は事後的に提供されるものであるから、解雇された場合にすぐには生活の糧とはならず、ブロック＝マンザの期待するような効果を上げるためには、少なくとも追加的な給付が必要となるだろう。また負の所得税は、労使が協力して帳簿外の低賃金労働を行う誘因となるかもしれない。そうすれば労働者が受けとる負の所得税は大きくなるし、雇用主は生産コストを下げることができるからである（Howell 1997：535-537）。その場合、負の所得税は労働者を使用者に対抗して団結へと向かわせる機制とはならず、むしろ両者の共謀を促す。

負の所得税は、フリードマンにあっては福祉国家を解体するものであり、他方左翼にとっては福祉国家を強化するものであるが、どちらも福祉国家の前提となる近代的労働観を前提としている点では共通している。負の所得税は就労所得の不足を補うために、福祉・課税と労働を一本の線上で捉えるものであり、両者を切り離す発想とは無縁である。

4　条件付きベーシック・インカム

ベーシック・インカムの正当性

ベーシック・インカム論への最も強力な批判は、それが互酬性原則に反するというものである。互酬性原則については第四章において言及したが、ここではベーシック・インカムの文脈に沿ってさらに検討を加える。ヴァン・パリエスは、互酬性原則を逆手にとって本来すべての者が外在的財に対して同等の権利を有するので、外在的財を独占使用する者はその対価として使用料を支払うべきであるという。そしてレントの発生する外在的財のなかに、雇用を含める。彼によれば、雇用はわれわれの生活機会を決定する重要な要因であるが、たとえ雇用のために必要とされる技能と意欲があっても、雇用機会に恵まれないことがしばしばある。しかも失業が一時的循環的ではなく長期化する傾向がある場合、職にあるインサイダーと失業中のアウトサイダーの間には構造的格差が生まれる（インサイダー側が一方的に富、技能、経験を蓄積する）。こうした点を考慮すれば、雇用はそれ自体が多大なレントを生む外在的財とみなしうる（Van Parijs 1995: 89ff.）。

しかし外在的財という概念によって雇用を説明することに対しては、強い反発が予想される。ただちに考えられるのは、労働意欲を欠き、いかなる社会的貢献をもなそうとしない者が社会的財を生産する者にフリーライドすることは、アウトサイダーによるインサイダーの搾取であり、公正ではないという批判である（cf. White 1997: 320–325）。これに対して、ヴァン・パリエスは富や社会的遺産と労働の区別は実はあいまいなものであり、これらを分けて考える必然性はないという（Van Parijs 1997: 327–330）。しかし両者が密接不可分であるとしたら、労働による私的所有を擁護する立場からすれば、土地や社会的遺産もまた外在的財として捉えるべきではないという反論が成り立つ。

ワイダークイストもヴァン・パリエス同様に、より直截にベーシック・インカムが互酬性をもつと主張する。彼は、外在的財が私有される市場経済の発展が物質的豊かさをもたらしたことを認めるが、他方においてそれは一部の独占者を除けば、自らのために働くという選択肢を消失させ、餓えないためには他人のために働かねばならないという状態を創りだした。このように労働から一部のものだけが逃れている状態は、互酬性原則の侵犯であると ワイダークイストは主張する。ベーシック・インカムは、多くのものが外在的財を利用して自らの生のために働く機会を奪われていることへの代償であり、それによってすべてのものが労働からの自由を得ることができる

(Widerquist 1999: 390-392)。

ベーシック・インカムが非就労者(アウトサイダー)の就労者(インサイダー)に対する搾取になるという主張に対して、ワイダークイストは外在的財の所有者とそれ以外の者たちの関係のなかにこそ搾取が存在すると指摘する。後者は、生計のために前者の都合のよい条件で働かざるをえないのであり、ベーシック・インカムは、労働の強制をなくすことによってこうした搾取関係の解消につながる。またベーシック・インカム導入によって所得の減少する層は確かに存在するであろうが、そのような層は高額所得者に限られ、ほとんどの者はベーシック・インカム導入によって所得が増加すると考えられる(Widerquist 1999: 394-397)。このように、ヴァン・パリエスやワイダークイストの考えでは、ベーシック・インカムは、むしろ互酬性を回復するものなのである。

このような主張はそれなりに論理的に一貫したものであるが、すべての者には自然的社会的資源に対する平等な権利が存在する、あるいは雇用はレントであるのでその果実はすべての者が尊厳を維持するに足るレベルで再分配されるべきであるといった議論は、市場資本主義を擁護する立場からは受け入れ難いであろう。彼等のように市場資本主義や私的所有制に挑戦するのではなく、それらを所与として、ベーシック・インカムを正当化する議論は成立しないのだろうか。

私的所有制を所与とすれば、各人の資源へのアクセス、潜在能力を開拓する機会に差が生まれるのは止むをえない。また業績の違いにもかかわらず、できるだけ平等な成果配分を行うことは、市場における自由競争の原則とは両立しがたい。市場における自由競争を認める以上、それに基づく成果配分の正当性を認めないわけにはいかない。にもかかわらず、私的所有制下において一定の富の再分配が認められるのは、著しい不平等は社会統合を困難にするだけでなく、効果的な労働力の活用と再生産を損ない、ひいては市場経済の安定性・活力を奪うからである。

平等主義は、私的所有制、市場資本主義を前提とし、それを維持し、円滑に再生産するために必要なのである。

ベーシック・インカムは、資本主義経済のなかで能力や偶然による雇用機会の違いが生じることを所与として、だからこそ最低限の所得保障を提供しようというアイディアなのである。平等化という観点からすれば、このような主張は全くラディカルではなく、退屈なまでに穏健な修正主義にすぎないだろう。しかし、ベーシック・インカムは労働と福祉の関係を切り離すという一点において、ラディカルなのである。

互酬性とベーシック・インカム

市場資本主義を受け入れ、ベーシック・インカムにおける互酬性を担保するために、労働の範囲を広げようとする試みがある。つまり就労義務を賃金労働に限定せず、無償労働や社会活動などを含む幅広いものとして捉え、そのような社会貢献をなすことを条件にベーシック・インカムを提供しようというのである。このような考えは、市民所得、参加所得など様々に呼ばれるが、ここでは条件付きベーシック・インカム論と呼ぶ。

イギリスの経済学者A・E・アトキンソンの参加所得論では、労働市場のほかに、認定された教育や訓練プログラムに参加する者、無償のケア労働を行う者や認定されたヴォランタリー・ワークを行う者も、参加所得の資格要件を満たすと考えられる。また病気やけが、障害、加齢によって、就労不能な者たちも、当然参加所得を受ける資格がある。ただしアトキンソンの場合、参加所得は資力調査を伴う生活保護に代わるものとして限定的に考えられており、福祉国家の中核的な制度、たとえば社会保険にとって代わるものとしては考えられていない（Atkinson 1996）。

アトキンソンは資力調査付きプログラムへの代替として参加所得を提唱するが、それは、社会保険の場合強い権利意識がみられるため廃止が困難であるのに対して、資力調査付きプログラムの廃止については比較的政治的合意が得られやすいと考えるからである。資力調査付きプログラムには「貧困の罠」が存在し、また多くの有資格者がそれに伴う社会的スティグマゆえに申請を躊躇するという問題があり、さらに家族を単位とするため個人の自立を促すという点でも問題があるため、参加所得に代えるのが適当であるとアトキンソンは考える（Atkinson 1996: 67-68）。

参加所得は労働の範囲を拡げ、賃金労働を相対化し、かつ互酬性原則を維持する優れたアイディアであるが、幾つかの深刻な問題がある。直ちに思い浮かぶのは、どの範囲までを労働あるいは社会貢献として認めるのかという問題である。社会貢献の線引きは、所得審査や資力調査以上に難しい。その認定基準を定め、個別ケースについて判断を下す行政手続きが複雑化すれば、市民の自由ではなく、官僚制の自由裁量が拡大する。そうした問題をクリアするため、自己申告に基づいて参加所得を提供すれば、実質的に無条件ベーシック・インカムが実現するが、無条件で受け取ることが公に認められているわけではなく、あくまでも社会貢献をなしていることが前提であるから、不正受給者探し、「できることもしていない」者に対する社会の取り締まりが厳しくなり、相互監視体制が強化されるだろう。

参加所得の発想を極限まで拡張し、「生きていることがそもそも労働である」と想定してみよう。山森亮によれば、イタリアでベーシック・インカムを主張したアウトノミア運動の背景にあるのは、「いまや生きていること自体が労働だ」という思想であり、日本の脳性マヒ者たちの団体、「青い芝の会」にも同じような考えが認められるという（山森 2009: 122-125）。これは、近代的な賃金労働＝労働という考えを脱構築しようという試みといえるが、あくまでもベーシック・インカムを労働への代償として捉えようとしている点では保守的である。

ところで長年近代的労働の終焉を精力的に説いてきたアンドレ・ゴルツは、条件付きベーシック・インカム論から無条件ベーシック・インカム論へと立場を変えた。その理由を探ることで、両論の優劣を考えてみよう。ゴルツの基本姿勢は、いわゆる有償の交換価値としての社会的分業、すなわち労働というものを必要悪として捉え、この領域をできるだけ縮小し、自己実現につながる自立的活動領域を拡大することにある。彼は、エコロジストではあるが科学技術を積極的に評価し、テクノロジーの革新、オートメーション化などが、自立的活動領域の拡大に向けた改革を可能にすると考えてきた（Gorz 1982; 1999; ゴルツ 1993; 1997）。有償の労働時間の短縮は賃金低下につながるため、それを補塡するために所得保障が必要になる。しかし労働を否定的に捉えるゴルツが、かつては所得保障の条件として労働の必要性を強調していた。その理由は、義務のない権利というものはありえず、所得の権利は、労働量の多寡は問わないにしろ、就労義務と結びついていると考えていたからである（ゴルツ 1997: 343-348）。つまりゴルツもまた、互酬性原則を重視するゆえに条件付きベーシック・インカムを唱えていたのである。

ではなぜゴルツは、その立場を放棄したのだろうか。彼によれば、脱フォーディズムのなかで労働が根本的に変質し、生産される価値と労働時間とが無関係になり、知識・情報産業における労働を労働時間で評価することができなくなったからである。また条件付きベーシック・インカム（参加所得）のなかに、次のような問題を見出したからである。まずヴォランティア活動のようなものを参加所得の条件として認めることは、自発的活動の強制という矛盾を生む怖れがある。また自発的活動を給付資格と結びつけることは、真に無償の行為を貶めることになる。さらに若年者や高齢者、障害者などへの家庭内におけるケア労働を広く社会貢献とみなすことは、生産的労働と再生産労働とを交換可能なものにしてしまい、家事活動の私的な性格を否定し、親の子に対する義務、老親への成人の義務を社会的義務とすることによって私的生活を公的監視の下に置くことになってしまう。そこでは、自発的な行動は、行政的にモニターされ、標準化されることになる（Gorz 1999: 85-86）。

労働時間と価値生産の関係がますます希薄化していることは事実であろう。しかしそのことが、労働量の多寡ではなく労働すること自体が権利獲得の条件であるという議論を覆す根拠とはならない。またヴォランティア活動への参加を資格要件とすることは、ヴォランティア活動を強制することではなく、義務遂行の選択肢を広げることであり、様々な活動のなかからヴォランティア活動を選択する個人の自由、自発性を損なうものではないともいえる。しかし労働市場において雇用が確保できない場合、他に選択肢がなければ、ゴルツのいうように社会参加は実質的な強制としての意味合いをもってくる。己の望むところに反して、ベーシック・インカムを得るためにヴォランティア活動に参加することは、確かに真の無償行為を貶める可能性があるだろう。最後に、家事労働を私的な活動と考え、その社会化に反対することは、先進国に共通する少子高齢化、女性の労働市場参加率の上昇を考慮すれば、時代錯誤に思えるが、公権力の親密圏への介入、管理社会化への警告という点では、今日なお意味があるといえる。

以上のようにゴルツの「転向」には納得できる面もあるが、無条件ベーシック・インカムにおける互酬性の欠如という肝心の問題については、納得のいく議論がなされていない。

完全従事社会

ここで、経済的ではない価値を考慮しながら、互酬性を満足させる構想として、福士正博の唱える完全従事社会論を取り上げることにしたい。福士の議論は、条件付きベーシック・インカム論の一つの到達点を示している。福士の完全従事社会論は、コリン・ウイリアムズ、アンドレ・ゴルツ、エイドリアン・リトルやビル・ジョーダンをはじめ、多くの脱生産主義論者の業績を踏まえた野心的試みであり、単純な要約を許すようなものではないが、あえて筆者の問題関心に引きつけて、紹介・検討してみたい。

福士は、今日単線的近代から再帰的近代へと移ったという認識を示し、そのなかで生産主義の見直しが必要であると指摘する。生産主義の見直しのためには、所得と労働の関係を再検討する必要がある。福士の提唱するのは、仕事と所得の分離（デカップリング）と再結合（リカップリング）である。デカップリングは、有給雇用に依存しなければならない雇用社会から脱却することを意味し、リカップリングとは、有給雇用に限られない多様な活動を含む

「仕事」と所得とを再結合することである（福士 2009: 102）。デカップリングとリカップリングを通じて生まれる完全従事社会とは、「諸個人がそれぞれのニーズに合わせて働き方を選択し、その結果、有給雇用など公式の仕事と、家事・育児などのドメスティック・ワークやコミュニティで行われている相互扶助活動など非公式の仕事を組み合わせ、多様な形で所得を確保しながら、それらに従事することができるという社会である」（福士 2009: 1）。

完全従事社会では、有給雇用以外の多様な活動が「仕事」となるため、所得は貨幣所得に限定されず、コミュニティにおけるインフォーマルな互酬関係が浸透する可能性があると指摘した後に、福士は「生活手段の一部は、ベーシック・インカム（あるいは参加所得）の導入によって、国が保障する最低所得であってもかまわない」という（福士 2009: 22–23）。「あってもかまわない」というのはそうでなくてもかまわないということであるから、福士はこのような表現で、実は貨幣経済と国民国家がベーシック・インカムの前提として必要不可欠なものではないことを示唆している。

完全従事社会におけるベーシック・インカムの役割について、福士は、ビル・ジョーダンの議論を紹介しながら、「ベーシック・インカムは一定の生活手段を提供することで、有給雇用からの脱却を現実化する手段である」、「ベーシック・インカムはリカップリングを現実化する方法の1つである」と記している（福士 2009: 102）。このようにデカップリング、リカップリング、どちらにおいても手段・方法となるベーシック・インカムは、完全従事社会を実現する上で不可欠の構成要素である。福士は、「ベーシック・インカム（あるいは参加所得）」という表現を何度か用いており、彼の想定するベーシック・インカムが、条件付きのものであることには疑いがない。

福士は、無条件に支給されるベーシック・インカムは、リカップリングを促進する機能をもたないため、不十分なものであるという。福士によれば、再帰的近代のなかにある今日、問題は単なる経済的不平等ではなく社会的排除であり、この問題を解決するためには社会的参加と承認が必要になると考える（福士 2009: 6）。「参加所得構想の意義は、ベーシック・インカム（ここでのベーシック・インカムは無条件のそれである――引用者注）のように有給と所得を分離するデカップリング政策に留まらず、仕事と所得を再結合するリカップリング政策につなげることで、仕事の再配分を有給雇用に限定せず、多くの人々が広範囲の仕事に就くことができる社会、すなわち完全従事社会を展望できるところまで発展させたことにある」（福士 2009: 101）。

福士によれば、「社会的承認が重要なのは、ベーシック・インカム（あるいは参加所得）や地域通貨運動など、社会の底辺に沈んだ層も参加できるような補完的措置を実施したとしても、それだけでは参加を妨げている社会の基本構造や権力関係はなくならず、むしろその構造を結果的に補強してしまう可能性が強い」からである（福士 2009: 7）。社会貢献を前提として得られる参加所得や地域通貨はそれ自体として参加を促すであろうが、福士はそれだけでは参加を妨げる社会的基本構造を補強してしまうという。それがなぜかについて詳しい説明はみられないが、ここで福士が問題にしているのは、市場資本主義社会の再生産メカニズムそのものと考えていいだろう。であれば、なぜデカップリングを説明する際、福士が所得と有給雇用の分離だけではなく、所得について、それが貨幣所得に限定されない点を示唆しているのかが理解できる。福士の完全従事社会は、貨幣経済そのものを相対化し、ポラニー的にいえば、経済を再び社会に埋め込もうとする試みなのである（Polanyi 1957）。

無条件のベーシック・インカムにおいて労働と福祉を切り離すことは、福士のいうデカップリングを促進する。しかし、その効果は参加所得とは異なる。参加所得を通じてのデカップリングにおいては、有給労働以外の社会活動を仕事と認め、その上で就労義務を課す。すなわち賃金労働を仕事の一つとして相対化する。これに対して、無条件のベーシック・インカムでは就労義務を課さないことによって賃金労働からの解放を図る。仮にベーシック・インカムによる最低限保障の生活に甘んじ、すべての時間を趣味に使いたいと願う「怠け者」がいたとして、その者の趣味に一切の社会貢献が認められなくとも、ベーシック・インカムの受給資格が取り消されることはない。このようにベーシック・インカムにおけるデカップリングは、福士が指摘するように、リカップリングを直接促す機制をもたない。しかしそのことは、自由の擁護という観点からすれば、ベーシック・インカムの欠点ではなく、利点として積極的に評価しうる。

無条件ベーシック・インカムは、市民に対して消極的自由を提供する。つまり賃金労働からの自由を保障するにすぎない。これに対して、参加所得は、市民に賃金労働から自由になる条件として、社会参加・貢献を求める。これによってリカップリングを実現するが、実はリカップリングは所得格差に基づく自由の制限を意味することになる。参加所得を必要としない者にとって、社会参加は任意であり、自由である。他方賃金労働だけで十分な所得を得ることのできない者は、生活上参加所得を必要とするため、実質的に社会参加を強要されることになる。所得の違いによって自由選択の機会を差別化し、低所得者に参加を強要するのは、彼等を包摂し、社会的承認を実現するためである。このような議論は、ミードのパターナリズムと同じ論理構造をもつ。つまり社会から排除されている者たちに対して社会参加を強制することは、その者たちの利益に合致し、彼等の能力を高め、市民としての真の自由を与えるために必要と考えられる（cf. Berlin 1969: 131ff.）。繰り返せば、第三者が、本人に代わってその者の真の利益と能力を判断できるのは、能力と合理性を経済的価値に還元する場合に限られる。

完全従事社会では、有給雇用が相対化されることによって社会的に認められる活動はすべて仕事となり、十分な賃金労働ができない者たちは、能力に応じて社会的貢献という仕事を課せられることになる。リカップリングとは、あらゆる社会活動に対して仕事という網をかけて、できる限りの市民を包摂する、つまり労働への動員を最大化する戦略といえる。完全従事社会では、仕事が柔軟に解釈されることによって「働かざるもの食うべからず」という規範の適用範囲は飛躍的に拡大する。

仕事や労働概念の拡張がもたらす帰結は、ほかにも考えられる。たとえば仕事の序列化・差別化である。一般的にいって、賃金労働の世界では、高い賃金をもたらす仕事は低賃金労働よりも上位にあるが、無給の活動はこのような序列の外にある（そのことによって劣位にみられるにせよ）。しかし完全従事社会では有給雇用以外の活動もまた仕事という範疇に入るので、仕事による社会の階層化は一層鮮明になる。賃金労働が支配的な位置を占める社会では、それ以外の仕事は当然賃金労働以下に位置づけられるだろう。各人が自らの判断で賃金労働とそれ以外の労働を調整できるなら、この問題はあまり深刻なものにはならない。しかしもし有給雇用を望んでも得られず、社会貢献の仕事に就くしかないとしたら、彼等は「劣等市民」となる。

また完全従事社会において所得は貨幣所得に限られず、有給雇用以外の仕事では生活手段の現物支給がなされるとすれば、そのことは貨幣物神化に対抗し、個人の地域活動へのコミットメントを促進し、自律的で強いコミュニティを生むかもしれないが、他方において、自由選択の幅を著しく制限することになる。地域通貨の場合、現物支給に比べると自由選択の幅はまだ広いが、地域通貨と一般通貨、あるいは他の地域通貨との交換可能性がなければ、特定地域通貨の貯蓄は、その通貨圏外への移動を困難にする（移動の自由の制限）。地域通貨に一般的交換可能性が生まれれば、通常の貨幣同様交換価値の担保が求められ、一般通貨と変わらないものになるだろう。

完全従事社会は、社会参加と承認を可能にする社会といえるが、他面それはフリー・ライダーを許容しない社会である。フリー・ライダーを許容しない社会的包摂とは、能力に応じてすべての者が社会貢献をなすことを強制する社会であり、相互監視型の閉ざされたコミュニティを生む危険性がある。もちろんフリー・ライダーを積極的に認めよ、称賛せよといいたいのではない。繰り返すが、皆がフリー・ライダーになれば、ベーシック・インカムどころか、社会が成立しなくなる。自由は賃金労働や社会的活動を通じて、すなわち社会的コミットメントのなかでこそ実現されると各人が実感する機会を拡充する必要がある。しかし、フリー・ライダーを完全に締め出そうとすると、結果として、そこにパターナリスティックな監視社会が出現する。フリー・ライダーは自由社会の証しであるというトニー・フィッツパトリックの言は、単なる戯言ではない（フィッツパトリック 2005: 78）。

5　互酬性を超えて

今日の福祉国家改革において問われている根本問題は、労働と福祉の関係を再調整することである。福祉国家は、類型の違いはあるにせよ、いずれも労働本位という点では共通しており、生産主義的な体制である。昨今の福祉国家改革をみれば、自由主義体制におけるワークフェアはいうに及ばず、国家主義によって労働と福祉との対応関係を緩めてきた社会民主主義体制においても、個人レベルでの労働と福祉の対応関係を強化する傾向がみられる。今日労働本位社会の再確認が、先進経済諸国の大きな潮流となっている。

これに対して、本章では、労働本位社会や生産主義から抜け出す一つの可能性として、ベーシック・インカムを取り上げた。ベーシック・インカムは、労働を条件とせずに社会のフル・メンバーに最低限生活保障を与え、それによって各人の自由な活動領域を拡大するチャンスを与える。福祉を労働から切り離すことによって、ベーシック・インカムはすべての福祉国家が前提としてきた近代的労働観に異議を唱える。このようなラディカル性ゆえに社会の多数派はベーシック・インカムを忌避するし、それを政策的に実現しようとする者たちはできるだけラディカル性を消そうとする。

ベーシック・インカムに対する最も厳しい批判は、それが互酬性原則を侵害するというものである。条件付きベーシック・インカム論は、就労条件を廃止するのではなく、緩和することで互酬性原則を維持しようとする。その構想を体系的に展開した福士正博の完全従事社会論は、近代的労働観を脱し、さらに経済を社会に再埋め込みしようという試みであるが、完全従事社会は論理的には怠け者を許さない完全動員社会と化すように思われる。条件付きベーシック・インカムは、契約主義やパターナリズムの主張する互酬性論にまともに応えようとするあまり、非寛容な監視社会化を招く危険を冒している。

前章においてソーシャル・キャピタルを論じた際、社会を構成する互酬性とは直接的特殊な契約的互酬性ではなく、一般的互酬性ではないのかと論じた。特定の文脈に基づいた互酬性から、再分配や公正な社会を実現する社会的連帯を導き出すのは困難である。そもそも私たちが社会から受けとった便益に対してどれだけの義務を果たすべきかを単純に算定することはできない。互酬性を就労義務や目にみえる社会貢献によって実現しようというのは、いささか近視眼的であり、そうすることによってむしろ社会の活力を損なう怖れがある。ベーシック・インカム以外の収入源をもたず、貧困生活に甘んじ、わが道を行くことで、優れた文化的業績を残す者もいるだろう。たとえ確かな成果を残さずとも、必ずしも生産的ではない様々な価値観をもつ者たちが共存し、協同することは、長期的にみて社会の多様化、活性化に役立つ。差異こそが社会のダイナミズムを約束する。社会は多様な個人に対して開かれた構造をもつことによってその活力を生み出す。個々人は、それぞれのやり方で社会貢献を果たせばよい。

互酬性を語る場合、忘れてはならないのが、富者の義務と責任である。非就労の貧困者がベーシック・インカムを受け取る便益に対して社会的義務を果たしているかどうかが問われるなら、莫大な所得や富を享受する者もまたその便益に応じた社会的義務と責任を果たしているのかどうかが問われなければならない。世界の格差化は、互酬性からみて、どのようにして正当化されるのであろうか。巨万の富が少数の手に集中し、他方仕事をもてず、もてたとしても貧しく、その日暮らしを余儀なくされる無数の人々がいるという現状は、富の絶対量が不足しているのではなく、富の分配に問題があることを示唆している。ベーシック・インカムは、この問題の抜本的解決にはならないが、豊かさのなかで飢えと貧困に苦しむ人々の状況を改善し、最低限の平等性を実現することには貢献できる。

ベーシック・インカムは、互酬性のほかに労働の権利という観点から批判されることがある。第一に、労働は万人の権利であるにもかかわらず、「労働なしの福祉」は、労働を特権的なものとし、就労者と非就労者との社会的分岐を固定する。第二に、最低限保障を失業者に与えることで、国家の雇用創出の責任を曖昧にし、雇用関係がすべて市場に委ねられることを許す。すなわちベーシック・インカムは、市場原理主義を正当化する。これらの批判は、故なしとはしない。国家はベーシック・インカムを与えることで、失業者を放置し、就労可能性を高めよう、雇用を創出しようという努力を放棄するかもしれない。そうなれば、ベーシック・インカムは国家の責任逃れと市場原理主義を正当化するものにすぎないことになる。

しかしすでに詳しくみたように、市場における自由競争を実現するためには、そもそも市場原理主義では不十分なのである。国家は、自由競争できる自立した強い市民を創りだす責務がある。そのためには、国家はサプライ・サイドへの介入を強化せざるをえない。弱い個人を放置するだけでは、自由競争社会は生まれない。またそもそもベーシック・インカムが実現するためには、新自由主義的合意では不十分であると考えられる。賃金労働以外を選択する自由に関して社会的合意と社会的連帯が必要なのである。このような合意と連帯が、夜警国家や自由競争国家の下で生まれるとは考え難い。

ベーシック・インカムの提唱は、失業の放置を含意するわけではない。社会投資とベーシック・インカムは相容れないものではない。ベーシック・インカムは、ワークフェアのように就労可能性を高める努力を個人に強制しないが、労働以外の活動の幅を拡げ、労働時間の短縮やワーク・シェアリングを可能にすることで、より多くの者が賃金労働に就く機会を高める。「労働なしの福祉」を通じて市民活動領域の拡大が実現されれば、それは市場関係の生活世界への無制限の侵入を食い止めるだけでなく、市場交換に代わる社会的ネットワーク網の形成にもつながる（Offe 1996: 212-217）。

もちろんベーシック・インカムが完全雇用社会を実現するわけではない。しかしベーシック・インカムが、完全雇用社会の実現を妨げるわけでもない。完全雇用が実現されず、富の集中が加速している状況下において、ベーシック・インカムは市民への最低限保障として機能し、富の再分配になにほどかの貢献をなしうる。それは、社会秩序を維持し、自由競争の活力を生み出す最低限の所得保障である。就労意欲と規律の低下を危惧する前に、労働をより魅力的なものにする必要がある。労働を魅力的にするためには、労働の内容を問う前に選択の自由がなければならない。自らが選択することによって、労働は初めて尊厳を獲得しうる。

カナダ生まれの制度派経済学の泰斗であり、日本でも多くの読者を獲得したジョン・K・ガルブレイスは、今から五〇年以上も前に、豊かな社会の可能性として、老人と若者を労働から解放するだけでなく、そもそもいつも働いている人の数が減ることを指摘している（ガルブレイス 1990: 392）。皮肉にも、ガルブレイスの期待を裏切って、今日アメリカでは高額所得者ほどますます長時間働くようになり、多くのワーキング・プアが生まれ、福祉受給者はワークフェアで罰せられるようになっている（ライシュ 2008）。勤労精神から逃れた人々は怠け者と呼ばれ、非難され、蔑まれてきた（ルッツ 2006）。

あえて怠け者を礼賛したのが、マルクスの娘婿であった異端児ポール・ラファルグである。ラファルグは、「資本主義文明が支配する国々の労働者階級は、いまや一種奇妙な狂気にとりつかれている。その狂気をもたらす個人的、社会的悲惨が、ここ二世紀来、あわれな人類を苦しめ続けてきた。その狂気とは、労働への愛、すなわち各人およびその子孫の活力を枯渇に追い込む労働に対する命がけの情熱である」（ラファルグ 2008: 14）と皮肉り、「資本主義社会では、労働が、一切の知的荒廃と、生体の歪みの原因となっている」と断罪する（ラファルグ 2008: 15）。

二〇世紀の偉大な数学者・哲学者であったバートランド・ラッセルもまた、近代的労働観への反逆者であった。「幸福と繁栄にいたる道は、組織的に仕事を減らしていくことにある」（ラッセル 2009: 13）、「ひまこそ文明に欠かせない」と主張し、「労働に価値があるのは、勤労がよいからでなく、ひまがよいもの」だからであると断じ、「近代の技術をもってすれば、ひまを公平に分配することも出来そうなものである」（ラッセル 2009: 17）と訝る。大部分の人が適度に働き、労働が科学と組織によって生産的となるなら、「生活の必要財を、すべてのものに無料で提供してはいけない適当な理由はない」（Russell 1966: 92）。

貧富の差がますます拡大し、「働きたくても働けない」人々が巷に溢れる今日、ラッセルの言葉は虚しく響く。しかし繰り返すが、富がなくて貧困が蔓延しているのではない。富の分配が偏りすぎているのだ。ベーシック・インカムは、その偏りを全面的に是正するほどのラディカリズムをもたない。資本主義が蓄えてきた富の一部を、すべての者が生きられる資源として活用しようというささやかな提言にすぎない。しかし近代的労働観を相対化するほどにはラディカルである。ベーシック・インカムによって労働からの自由を得ることで、労働への自由もまた生まれる。

註

（1）目の前で起こっている事件に対してすぐに行動しなければならないという主張は、事件の深刻性が増せば増すほど、逃れがたい説得力をもって迫ってくる。そのような力は、私たちから事件と距離をとり、状況を把握し、思考する時間を奪う。ジジェクは、「理論に費やす時間はない、人が餓死しているのだから、即時に行動をおこさなければならない」という強迫観念に屈してはならないと語るが、これについては筆者も同感である（ジジェク 2006: 12-13）。

（2）ただしワークフェア全般をアクティヴェーションと呼ぶこともある。

（3）合理的に予想される害悪や損害から人々を守るための規制一般をパターナリズムと呼ぶことができるが、ミードが対象とするのは長期にわたって社会に依存する者たち（主として貧困者）である。情報提供や助言といった形での当該者への影響力行使をパターナリズムの範疇に入れる場合もあるが（cf. Lively 1983）、ミードは、指令や指導がなければ、パターナリズムとは考えない。パターナリズムにおいて、選択は個人に委ねられず、公的権威（政府）が指示や指導を通じて個人の行動に介入する。このような介入は、個人が自己利害に適った合理的行動ができない場合に正当化される。

貧困問題においてパターナリズムが求められるのは、貧困者に対して福祉受給資格を与えるだけでは問題が解決されず、貧困者に行動規範を求める必要があるからである。ミードは、就労義務強化政策が、一九世紀的なワークハウス、監獄、アサイラムにおける収容者の規律化と社会復帰という考えへの回帰であることを認める。しかしながら、ミードによれば、新パターナリズムは、幾つかの点で、従来のパターナリズムとは異なる。第一に、新パターナリズムは、たとえ行動要件を課すことが実質的に資格へのアクセスを制限するとしても、第一義的な目的はそこにはなく、資格に対して一定の義務を課すことにある。またパターナリズムは、政府の責任放棄ではなく、あくまでも政府主導によって実現されるのであり、貧困者は社会から隔離されるのではなく、社会のなかで指導され、社会に統合される。

パターナリズムに幾つかの難点があることは、ミード自身認める。政府が当の本人よりも彼／彼女の利害を知悉することを論証するには多くの困難があるし、成人を十全な市民として処遇しないことは、当然本人の尊厳を傷つける。しかしミードは、働かず、貧困のなかで暮らし続けることは、より一層本人の尊厳を傷つけるものであり、パターナリズムは「ほかに手段がない」ことによって正当化されると考える（Mead 1997）。

ちなみに近年ミードが一般向けに刊行した著書では、よりストレートな形で貧困は個人の行動（生活態度）の問題であると指摘し、福祉資格を与えるのではなく、就労の強制こそが問題を改善すること、PRWORAは資格を撤廃するものであること、AFDCのTANFへの再編は福祉の発想が正義の実現から慈善へと移行したことを意味すると率直に語っている（Mead 2011）。「福祉はもはや権利として保有されるものではない。むしろ福祉は、われわれが貧困者を助けようとする最大限の努力を表している」（Mead 2011: 108）。

（4）ミード自身、契約主義的立場を表明しているが、ホワイトはその立場をより徹底している（Mead 1997: 3）。

（5）一八世紀末イギリス・バークシャー州のスピーナムランド地区において、パンの価格と家族規模に応じて賃金補助金が与えられたが、雇用主は、それによって低賃金労働を正当化し、結果としてかえって貧困の問題は悪化し、労働意欲は減退したといわれる（樫原 1973: 101）。

（6）二〇〇九年度の国民負担率は、スウェーデンが六二・五％、フランス六〇・一％、ドイツ五三・二％、イギリス四五・八％、日本三八・三％となっている（http://www.mof.go.jp/tax_policy/summary/condition/020.htm、二〇一二年一二月二一日閲覧）。

（7）この点について、二〇一〇年四月九・一〇日、ニューヨーク大学でトニー・ジャットが私的に開催した Workshop on

Social Democracy における Bo Rothstein の報告を参考にした。

補論　権力論の再構成にむけて

本論文は一九八五年『法学』（東北大学法学部紀要）第四九巻第一号に掲載した旧稿に最小限の加筆修正を施したものである。

はじめに

権力概念が政治学にとって主要概念の一つであることは衆目の一致するところであるが、にもかかわらずこの概念の意味するところに関しては論者間に見解の対立がみられ、その政治学における有効性は現在なお十分に確認されるに至っていない。本稿は、権力関係が政治現象の本質に関わるものであるという認識に立ち、政治現象分析への権力論的視座を設定し、今後の研究の一方向を探ってみようとするものである。

本論に入る前に幾つかの点について留意を促しておく。本稿は従来なされてきた厖大な権力論の学説整理を目的とするものではなく、網羅的に多様な権力観を紹介することを狙いとしていない。またこのことに直接関連するが、権力を数量分析的に取り扱おうとする研究には言及していない。現段階において権力概念に厳密な明晰性を要求することは、概念の貧困化を招き権力論を周辺的話題に追いやる危険性が少なくないと判断したからである。筆者の考えでは多くの社会科学「理論」同様、権力論もまたいまだ前理論的段階にある。この段階では徒に概念の操作化、特定仮説の設定を試みるよりも、研究の一般的方向性を提示することが肝要と思われる。同様にマルクス主義に直接的に依拠する権力論にも触れていない。機会があれば改めて論ずることにしたい。

本稿では以下の順序で議論が進められる。第一節においては、これまで有力であった権力論を二つの潮流に分け、各々を批判的に検討する。潮流の一つは、権力をアクター間の相互行為《インターアクション》レベルにおけるミクロな現象とみなすものであり、今一つは権力を社会システムにおけるマクロ構造の属性と考えるものである。この検討を踏まえて第二節では、筆者なりの権力論への視座設定を行い、政治現象(D・イーストンに倣って価値の権威的配分に着目する)[1]への権力論的アプローチを試みる。

(1) David Easton, *The Political System* (1953), ch. v. 山川雄巳訳『政治体系』(ぺりかん社・一九七六年)第五章。

1 権力概念をめぐる諸問題

権力と主体——ミクロ分析

権力とプルラリズム 現代政治学において「政治の研究とは、影響力及びその主体に関する研究である」[1]と宣言したのは、H・ラスウェルであった。政治研究における権力論の重要性に懐疑的なシステム論者、イーストンは、ラスウェルの見解が一面的にすぎると批判的であるが[2]、ラスウェルの主張が米国における権力研究の支えとなり、大きな影響を与えてきたことに疑いはない。ラスウェルの提起した「誰が、何時、いかにして、何を得るか」[3]という権力の動態分析は、政治学における国家論的アプローチからの訣別を象徴的に物語るものであるが、この動態分析を実質的に推進する旗手となったのがＣＰＳ（Community Power Structure）論争から *Who Governs?* に至る時期のロバート・ダールであり、その後継者たるＮ・ポルスビー等のプルラリストたちであった。(4) 権力を行為者間の因果関係という観察可能な現象に限定して捉えようとするプルラリストの見解は、行動論の興隆を背景とした実証主義への志向性が強まる中で多くの論者によって共有され、政治学においては大筋において主流といってよいものとなった。一九六〇年代末にある論者は「経験主義的政治理論家の間では、権力関係を一種の因果関係と看做すことに広汎な合意が存する」と語っている。(5) 政治学において主流を占めるこの権力観を形成した代表者として、ここではダールをとり上げることにする。

まずダールは権力の直観的定義を行う。「Ａの働きかけがなければＢはそうしなかったであろうことをＢにさせうる限りにおいて、ＡはＢに対して権力を持つ」。(6) ダールは権力を因果関係と同一視した場合に生ずる厄介な認識論上の問題を避けるため因果関係という概念を採用しないと述べているが、その後の彼の議論をみれば彼が権力現象を端的にいって因果関係と捉えていることは明らかである。(7) 権力は諸アクター（個人、集団、役割等）間の関係であって、この関係が確認されるためにはアクターＡの行為（ａ）と反応者Ｂの反応（ｂ）との間にタイム・ラグがなければならない。すなわちａはｂの後やｂと同時に生ずるものではなく、常にｂに先行してなされる行為でなければならない。またａとｂとの間に直接的な関係が確認される必要がある。たとえａがｂに先行していたとしてもａがｂを惹起したという直接的関連性がなければ、Ａは権力を行使したとはいえない。以上二つの条件から、ダールが権力関係をａ（原因）→ｂ（結果）という単純な因果関係に還元していることは明白である。第三の条件としてダールは、ＡとＢとの関係は非対称的なものでなければならないという。例えば、ＡとＢとの権力量（かりにそういったものが測定可能であるとして）が同じであれば、そこに権力関係は生じない。(8)

こうした立論の上にダールは、ＡがＢに対して権力をもつというだけでは権力関係の言明として不十分であり、権力の基盤、手段、領域等の特定化が必要であると主張する。彼の考えでは権力関係は特定領域内においてのみ確認される。個々特定の権力関係を比較し、そこから一般的権力関係、権力構造というものを導出することにダールは懐疑的である。ある権力関係に着目し分析する視点は、全く研究者個人の選択に委ねられるものであって、況んや検出された権力関係を比較する客観的基準というものは存在しないと考えるからである。(9)

以上の言述から、ダールの場合権力論を政治システムの一般的特性に言及するものとして、すなわち権力構造論として展開する志向性が稀薄である点が確認されよう。権力関係が恒常的パターンをもつものとして一般的に語りえないという主張は、その後のCPS論争のなかで前面に押し出され、*Who Governs?* における多元主義的権力論に結実してゆくことになる。CPS論争そのものについては、わが国においても繰り返し紹介がなされ、筆者もまた別稿において論じたところであり詳論は避けるが、本稿のテーマとの関連上最小限ダールの主張をみておくことにする。(10)

CPS論争においてエリーティストと呼ばれたF・ハンター等はある特定コミュニティにおける「権力者」を主に当該コミュニティでの彼らの評判から割り出す。その結果得られる政治的エリート達は多くの場合経済エリートと重複しており、そこに恒常的権力構造が形成されている。(11) このようなエリーティスト及び広く社会成層化理論一般を念頭において、ダールは次のような批判を加えた。支配エリート集団の存在が経験的に確定しうるためには、説明上の「無限後退」を回避する必要がある。「無限後退」とは、コミュニティの表舞台に立つリーダー達が単一の支配エリート集団を形成していそうになければ、その背後に隠れた支配集団がいると論じ、そこにおいて再び支配集団の存在が確認されなければまたその背後に支配集団を想定するといった類の議論である。この論法では無限に背後を想定しうるため、支配エリート論は経験的に反証不可能となる。(12) こうした「無限後退」が起こりうるのは論者の拠って立つところが理論である以上に信仰である場合に他ならない。

経験的に権力集団が検証されるためには、(i)複数の重要な争点領域において（ダールによれば特定の争点領域の権力関係はアプリオリに一般化しえない故に）、(ii)主張・利害の対立－紛争が生じており、(iii)そこにおいてある集団が団結して同一の選好を示し、最終決定においてはその集団の選好が採択される、という現象が確認される必要がある。(13)ダールの考えでは、エリーティストの研究は潜在的権力（権力リソース）に言及するものではあっても、現実の権力関係の分析としては不十分である。権力は、具体的紛争過程のなかで行使される影響力に他ならない。ダールの権力分析は、こうして専ら政治的影響力（公的政策決定に与える影響力）に向かうことになる。

ダールの権力分析は、*Who Governs?* として公けにされるが、そこで彼が研究対象としたのはニュー・ヘィヴンにおける都市再開発、政党の候補者指名、及び教育の三つのイシュー領域であった。結論的にいえば、そこでダールが見出した権力「構造」は政治的影響力が多くのアクターに分有され、しかもその関係は各イシュー領域ごとに異なるという性格をもつ。換言すれば、ニュー・ヘィヴンには権力構造といった持続的パターンは存在せず、権力（影響力）関係は分散的でアド・ホックなものにすぎない。(14)

このようなダールの多元主義的権力論に対する批判として、政治的アリーナの閉鎖性、政治的リクルートの限定性がしばしば指摘されてきた。(15)すなわちこの見解では、政治的アクターが多元的といっても他の多くのものは構造的に政治的アリーナから排除されていると考えられ、「多元主義」はエリーティストの指摘した米国における民主主義の形骸化という事態に対する有効な反証たりえていない。しかしこのような批判は、ダールによってさほど深刻に受けとめられなかったように思われる。その理由として第一に、ダールにとって権力分析とは始めから公的政策決定過程において顕在化した影響力関係の分析に限定されるのであって、大多数の者たちの政治からの排除（あるいは政治的無関心）は、少なくとも権力論の文脈からは問題とはなりえないという点が挙げられる。第二に、多元主義モデルは合理的経済人としての市民と産業社会におけるリソースの分散化とを前提としている点が指摘される。

合理的経済人が何らかの政治的リソースを有するにもかかわらず政治へ参加しないというのは、彼らの合理的選択を意味するものであり、そこに政治的問題を見出すことはできない[16]。

このように権力分析が政治的影響力分析に限定され、その影響力行使を可能にする「背景」を研究対象とすることがない（あるいは特定の「背景」をアプリオリに前提としているといってもよい）のであれば、多元主義的権力論とは常識的見解の域を脱するものではない。政治的リソースが一般市民レベルまでどの程度分散化されているかという問題は別としても、高度に産業化された現代社会において政策作成に要求される決定事項の複雑性、多様性、専門性に対応する能力を鑑みるならば、政策決定が多元的アクターに分散されることは不可避といってよい[17]。

ダールの権力研究が理論的レベルから実証分析へ向かう過程で政治的影響力に焦点が絞られていったことに加え（あるいはそれに伴い）、権力主体が専ら個人と看做されるようになったことも彼の多元主義的偏向を増幅させることになる。個人のもつ政治的リソースは集約度が低く流動的なものであり、またその絶対量の不足から限定的効果をもつにすぎない場合が多い。集団的リソースと個人的リソースとの間にある流動性の相違に着目し、比較的恒常的に安定した凝集性を示す集団リソースの権力基盤としての重要性を指摘したのはD・ロングである。ロングはダールの実証分析が個人的リソースに関心を集中させていると指摘し、次のように批判を加えた。ニュー・ヘイヴンでは、ダールが「政治的階層」と呼ぶところの非常に小さな集団が定期的にコミュニティの政治に関与し、他の多くの市民はせいぜい時々活動的になるだけであり、大部分の者たちは地方選挙での投票権すら行使していない。ダールが個人的リソースに興味を限定するのは、こうした事実を眼の前にしてなお多元主義的民主主義の「現実性」を再確認したいと願うためである[18]。

しかしながら、これはあまりに穿った見方であろう。むしろダールの場合、ロングのいう個人的リソースと集団リソースとの質的差異に対して無自覚的であったと考えるのが妥当である。彼の場合、明言はしていないのだが、個人、集団、制度等を研究対象として認めながらもそれらを個人によって代表させる傾向がある。この点で彼は「無自覚的」であるにせよ、方法論的個人主義の立場にあるといえる（無自覚的であるが故に、G・ホマンズ流の「心理学的還元主義」に至ることを免れているという面もある）[19]。すなわち、集団現象というものは個人の行為から説明可能であり、集団あるいは制度というものに固有の属性、創発性は存しないと考えられている[20]。ダールの前提とする合理的経済人としての市民は、自己利益のため必要とあれば集団を形成するであろうし、組織化はそれ自体特別の理論的課題とはならない（ちなみに、ダールのように合理的経済人を前提とした場合に起こりうる集団形成上の難点を理論的に探求したのは、M・オルソンの大きな業績である[21]）。

ダールの権力論を継承したポルスビー、メレルマン、ウォルフィンガー等には、具体的行動レベルに権力分析を限定しようとする姿勢が共通している[22]。ポルスビーは権力を他のアクターに影響を与える何事かをなす能力と看做すが、それは結局決定作成において調査されると考える。彼によれば、決定作成において誰が優位に立つかを確認することは、誰が、あるいはどの集団が社会生活において「より」権力を持つかを確定する最良の方法である。なぜならアクター間の直接的紛争は、結果に影響を与える各アクターの能力を調べる臨床的テストに最も近い状況をもたらすからである[23]。「彼（調査者――引用者註）は、直接観察するのであれ、記録や情報通、新聞その他の適当な情報源から行動を再構成するのであれ、現実の行動を研究すべきである[24]」。メレルマンは、プルラリストの方法とは「現実の行動を研究し、操作的定義を重視し、証拠を明らかにすることである。最も重要なことは、科学的基準に適った信頼にたる結論を導出することであろう」と語っている[25]。

後にみるようにダールの実証研究のなかには彼の権力論の文脈から逸脱していると思われる重要な考察（間接的影響力の指摘）が含まれているのだが、それは多元主義的政策決定を民主的なものとして擁護するための彌縫策にすぎず、理論的に十分検討されずに終わった。したがって彼の後継者たちの楽観的「行動主義」はダール自身のものではないにしろ、彼の理論の「正当」な発展といえよう。

権力と交換理論

プルラリストの場合、方法論的個人主義への傾斜といってもそれは政策決定分析という対象に規定される側面が大きく、派生的現象と考えてよい。そもそも現代政治学において方法論的個人主義あるいは方法論的全体主義というものが論議の的となることはほとんどない。これに比して社会学においては、両派の方法論が二大潮流をなし、今なお議論の対象となっている。[26] したがって社会学においては当然「自覚的」に各方法論にコミットする研究者が多くみられる。プルラリストが無自覚に前提としていた方法論的個人主義を意識的に採用し、権力論を展開した社会学者として、ここではＰ・ブラウを取りあげることにする。彼の理論は自覚的方法意識をもってミクロな相互行為から論をおこすものであり、ミクロ分析の特質、限界がそれだけ一層明らかであるように思われる。彼の包括的体系的理論を単純に図式化することは不当といわざるをえないが、あくまで本稿の文脈にひきつけ、以下彼の議論を紹介することにしよう。[27]

ブラウは、ダール同様ミクロな相互作用から権力関係を導出しようとする。彼の交換理論は出発点において合理主義的アクターを仮定する点では、ダールの多元主義論と同様ではあるが、ダールのそれと異なりミクロ分析をマクロな「構造」レベルへと普遍化しようとする指向性をもつ。だが、ブラウにはホマンズ流の「心理学的還元主義」に対する意識的警戒、社会構造の創発的特性への配慮がみられるとはいえ、結局のところ、彼によれば、こうした特性は単純な構成要素に還元しうる。彼の方法論的個人主義へのコミットは、「本書（*Exchange and Power in Social Life*——引用者註）の目的は、諸個人及び諸集団の諸関係を支配する社会過程の分析に基づいた社会構造の理解に貢献すること」にあり、「問題は、コミュニティや社会の複雑な諸構造を支配する社会過程を諸個人の日常的交渉及びそれらの人々の相互関係に浸透している、より単純な諸過程から導出することである」と述べていることに明らかであろう。[28]

ブラウによれば、社会的交換とは物理的強制力、内面化された規範への服従といった事態を除外したところの他者から期待され、典型的には実際になされる返礼によって動機づけられた諸個人の自発的行為である。社会的交換は経済的交換とは異なり、特定化されない義務を伴う。換言すれば、社会的交換においては返礼が将来なされるであろうという一般的期待は存するのだが、それがどのようなものなのかに関しては予め特定化されているわけではない。したがって社会的交換には他者の義務履行に対する信頼が要求される。他方、ブラウによれば、「社会的交換のみが個人的義務、感謝、信頼をうむ傾向がある」と考えられるのである。(29)

権力関係は、こうした社会的交換における互酬バランスが崩れた時に発生する。権力は、例えばアクターAとBとの非対称的なサーヴィス能力に基づく。(i)BがAのサーヴィスに一方的、あるいは非対称的に依存し、(ii)しかもBはそのサーヴィスをA以外の者から期待しえず、(iii)Aにサーヴィスの提供を強制することもできず、(iv)しかもそのサーヴィスを不可欠と考える場合、BはAに対する義務からAの意志に服従することを余儀なくされる。これが権力関係である。(30)

このような社会的交換、その枠組のなかでの権力関係がブラウのいう単純な基礎的社会過程であるわけだが、我々はすでにこの段階で、彼がこれから解明しようとする社会構造なり秩序なりに依拠することなくしては、これらの基礎的交換関係が説明し難いことを指摘しうる。ブラウの前提とするアクターは、合理的で自己利益(有形無形を問わず)のために自発的に交換関係に入ると想定されるわけだが、この関係が最も基礎的であるならば、合理主義的アクターは一体いかなる義務を拘束として感ずるのであろうか。またブラウによれば社会的交換が成立するために必要で、しかも社会的交換から生ずるという「信頼」を合理主義者は何を根拠に、何時、何処でもつことが可能になるのか。(31)

社会的交換に伴う一般的義務にせよ、信頼にせよ、実は社会的交換が安定した社会秩序やルールに基づくものであるという前提抜きには了解し難い。つまり社会的交換はブラウが排除したところの内面化された規範なしには説明困難である。規範の内面化ゆえにAならAは、自己のサーヴィスに対するBの反応を予測できる。こうした規範から生ずる役割は無論一方的に押しつけられるものではなく、役割取得はアクターによる役割形成としてもあるわけだが、役割形成が社会的な役割期待と大きく離反する場合、最終的には物理的強制力（ブラウの排除する）をも含むサンクションによって一定行為がBに義務づけられる。AがBを信頼するということの意味は、Bがこうしたルールを A と共有し、ルールに即した行動をとるであろうことをAが信ずるということに他ならない。もし交換が、こうしたルールの共有なしで行われるとすれば、それは信頼や義務というものを前提にするブラウのいう社会的交換とは異なるものであろう。

しかしながらここでの興味は、権力関係がいかに生じたかという発生論にはなく、権力の存立構造論にある。注目すべきは、ミクロ構造を記述する際に、暗々裡に前提とされることになったマクロ構造の存在である。ミクロ分析からマクロ構造を導出しようとするアプローチの破綻は、マクロ構造分析のためにはミクロ分析とは位相を異にする分析論理が要請される点を明らかにしていると思われる。現代社会の権力構造を分析する際に、一種の「白紙状態」を想定し、そこから論をおこすといった発生論、起源論は必ずしも必要であるとは思われない。それは、現代社会があたかも自由かつ理想的な状況での相互行為を可能にしているかの印象を与えかねない点で、ミスリーディングでさえある。(32)

権力と構造——マクロ分析

間接的影響力

先に触れたように、ダールには権力関係をアクター間の直接的相互行為、あるいは交換関係に限定しない柔軟な姿勢があった。彼は間接的影響力という概念をニュー・ヘィヴンの研究において使用している。間接的影響力とは、アクターBがアクターAの選好を配慮し（Aによるサンクションを予想する故に）、それに沿った行為選択を行う場合のAのBに対する影響力である。この場合Aの明示的行動は影響力行使の要件とはならず、またBの行為選択が現状維持、非活動であっても（Aの意向に沿うのであれば）構わない。こうしたAとBとの関係は、可能性としては直接行動に基づく影響力関係よりも長期的に安定していると考えられる。BがAの選好に服従するということは、Bが予めAの選好を知り、かつAが自分にサンクションを与える能力をもつという点を認識していることを意味するが、このような認識はAとBとの間に長期的に安定した関係が存する場合ほど生じやすいと思われるからである。ダールは、「間接的影響力は大変重要なものであるが、また相当に観察、測定が困難なものである。しかしながら影響力配分の分析において間接的影響力を無視することは、多元主義的民主主義にとって非常に重要なコントロール過程であることが証明されるであろうところのものを排斥することになろう」[33]（傍点は引用者による）と語る。このようにダールにとって間接的影響力とは、多元主義的政治が大多数の政治的に非活動的な市民の選好に従う民主的なものであると主張するための便宜的な概念にすぎず、分析概念として純化されていない。一般市民は政治的に活動的ではないが、公職者達は選挙を通じてリクルートされ再選を望む以上、市民の選好を考慮して政策決定を行うと想定され、これを市民の間接的影響力による民主的コントロールと呼ぶわけである。しかしこの「予想される反応」に基づく間接的影響力が民主的コントロールと等置される理由は稀薄である。M・クレンソンの述べるように、「間接的影響力がコミュニティの一般市民のために働くのであれば、それがUSスティールやジェネラル・モーターズ、銀行頭取や名士録に記載された家門のために働かない理由は何らない」[34]。

ダールにとって間接的影響力なる概念が便宜的なものにすぎなかったということは、彼の権力定義を想起するなら一層明らかとなる。彼のように権力を行為レベルに限定して考えるならば、行為をなさない市民と公職者との関係を権力関係と看做すことはできない（ちなみにこの時期ダールは、権力、コントロール、影響力を交換可能な概念として使用していた）[35]。本来彼の権力論と間接的影響力なる概念とは相容れない性質のものであり、間接的影響力を理論的に定式化することは彼の権力論の根幹を修正することなくしては不可能であったといえる。

権力の二面性　ミクロ分析に一般にみられる傾向として、相互行為のなされる制度的枠組、状況、脈絡の軽視があげられる。これはミクロ分析をとる論者達が、意識するしないにかかわらず、相互行為の場を中立的、解放的アリーナとみなしがちであることに起因する。この盲点を逸早く指摘したのがバカラックとバラッツであった。彼らは政策決定分析における権力とは権力の一面にすぎず、権力にはそもそも政治的アジェンダとなるイシューを限定するというもう一つの面が存すると考えた。このもう一つの権力が行使される過程を彼らは、「非決定作成 nondecision-making」と概念化する。シャットシュナイダーは、組織一般にみられる動員における偏向に着目し、全ての政治組織はある種の紛争を利用し他のものを抑圧する、あるイシューは政治に組み込まれ他のイシューは排除されると主張したが、バカラックとバラッツのいう「非決定作成」はこれに基づくものである[36]。偏向をもたらす政治システムの価値、神話、手続等の操作が権力分析の重要な対象となる[37]。

バカラックとバラッツによるこうした議論は、ポルスビー等のダール理論の「正統な」継承者達の厳しい反論を受けることになる。それは、彼らの権力論からいって当然なのであるが、制度的偏向という概念を採用するにしてもその偏向は相互行為レベルで具体的に誰が創出し操作するのかが特定化されねばならず、そのような特定化はイシュー分析によって可能であると主張される[38]。権力は特定主体によって意図的に行使される場合に限って観察可能であり、概念はこの可能性に見合ったものでなければならないというポルスビー等の素朴な批判に対して、バカラックとバラッツは譲歩ともとれる形で「非決定作成」の再定義を行う。非決定とは「決定作成者の価値や利益に対する潜在的、顕在的挑戦に対する抑圧や脅迫を招く決定である」[39]。彼らが初めて「非決定作成」概念を提起した論文 Two Faces of Power における「非決定作成」の多義性がここでは消えて、具体的行為レベルに焦点があてられている。これは確かにプルラリストへの譲歩といえるが、実は彼らの権力観そのものは、当初よりプルラリストと本質的に異なるものではない(40)。

バカラックとバラッツによれば、権力関係とは(i)AとBとの間に価値や行動方針について対立があり、(ii)BはAの意志に従い、(iii)BがAに従うのはBが服従しない結果獲得しうる価値以上のものをAが剝奪することを恐れるためである場合に存在する。さらに権力関係確認の際は、権力の及ぶ領域及び権力量が特定化される必要があると考える(41)。ここから明らかなように彼らとダールとの間に権力観に関する本質的相違があるわけではなく、権力分析の対象領域に関して食い違いがあるにすぎない。ダール等のプルラリストたちが政治的アリーナの中立性、開放性を前提とする故に公的政策決定過程に分析を限定しえたのに対して、バカラックとバラッツは政治システムの偏向故にある種の紛争は表面化する前に抑圧されると考え、「非決定作成」過程の分析を提唱した。彼らの視点は、六〇年代末における人種的少数派による都市暴動の続出等から多元主義モデルがその威信を低下した結果、多くの論者に共有されることになる。J・ウォーカー等は、政治的無関心を所与とし、その政治的重要性を認識できなかったとプルラリストを断罪し、政治的無関心が政治的疎外の結果であり、疎外された者たちの不満が暴力的抗議活動に転化するという可能性を指摘した(42)(43)。このように、バカラックとバラッツの議論が米国の政治的現状を見直す際に果たした指導的役割は正当に評価されねばならないが、彼らの権力観が米国政治学のなかにあってオーソドックスなものであり、制度的偏向への着目という権力研究の新たな地平を切り開いたにもかかわらず、権力論に新たな地平をもたらすものではなかったこともまた事実である。したがって、彼らのボルティモアにおける「非決定作成」分析は、ウォーカーやリプスキー、さらにはパレンティ等の研究とともにプルラリストの権力分析対象の狭隘性を明らかにした点では有意義であったが(44)、ポルスビーが彼らの分析は何らプルラリストの方法を越えているものではないと批判したこともまた故なきことではない。(45) 彼らの研究は、ミクロな権力概念から脱する視点を萌芽的に孕むものであったとはいえ、結局はその枠内にとどまるものであった。

パーソンズの権力論

R・プレッサスは、プルラリストの権力論が「抵抗に逆っても『自己の意志を実現する人や集団のチャンス』」というヴェーバーの権力定義から影響を受けていると指摘し、(46) この定義では権力の社会的次元が射程にいれられていないと批判する。(47) 相互行為レベルにおける権力は経験的に決定可能であるにしても、(i)個人の権力は常により大きな制度権力のなかで作動するものであり、(ii)所与の個人の権力は、このより大きなシステムを操作する能力の結果であることが看過されてはならない。彼によれば権力は社会関係システムであり、たとえ個人に自由に用いられる権力も個人の権力の指標としてではなく、彼がそこに属し、そこから「自己の」権力を引き出すところの社会的サブシステムの存在を示す指標と考えられる。(48)

ところでミクロ権力論がヴェーバーの Macht 定義から影響を受けていることは事実であるが、ミクロ分析の限界を直ちにヴェーバーと結びつけることは早計であろう。ヴェーバーによれば、「権力（Macht）は、社会関係の中で抵抗に逆っても自己の意志を貫徹するおのおののチャンス――このチャンスが何にもとづこうとも――を意味する」(49)。プレッサスを含む論者の多くは、この「社会関係内の中で innerhalb einer sozialen Beziehung」という句にあまり注意を払っているとは思われないが、この句に着目してヴェーバーの Macht を解釈してゆくならば、それは必ずしもミクロ権力論の限界を共有するものとはならないのではあるまいか。

さてプレッサスの提起する、権力を一定の社会システム特性と関連づける思考の一つの極にあると考えられるのが、T・パーソンズである。彼もプレッサス同様、ヴェーバー流の権力定義批判から出発するのだが、彼の批判はヴェーバー流定義の根幹ともいうべき点、権力状況が紛争を前提としていることに向けられる。(50) すなわち紛争を権力関係の前提とするなら、利害の一致する、合意に基づく権力関係は存在しなくなり、権力関係は一方のアクターが他方のアクターの利益を損って自己目的を実現する、ゲーム理論にいうところのゼロ・サム状況と看做されることになる。[51] その結果、この見解では権力とは権力保持者によって行使される、あるいは潜在的に行使しうるサンクションと同じことになる（すでにみてきたように、プルラリストの場合は行動レベルで顕在化するサンクションに関心が集中する）。しかしパーソンズの考えでは、強制的サンクションの度重なる行使はむしろ権力基盤の脆弱性を意味し、場合によってはそれは「権力の失敗《フェイリアー・オブ・パワー》」を物語るものかもしれない。[52] パーソンズは、権力は紛争を前提とする必要もなければ、個人に属する事柄でもないと考える。「権力とは、集合的目標との関係から諸義務が正当化されている場合、集合的組織システムにおける諸単位による拘束的義務の遂行を確実にする一般化された能力である。もし義務違反が生じたならば、状況に応じた消極的サンクションが行使されると想定される（実際に強制を行う機関がどのようなものであろうとも）」。[53] この定義で重要な点は、(i)権力はシステムの一般的能力であり、(ii)サンクションの行使は正当な義務からの逸脱者にのみ向けられており、(iii)したがってシステム構成員の一般的利害と合致しているということである。権力は単純なゼロ・サム状況には還元しえない。また権力は、アド・ホックな特定された関係ではなく、極めて一般化されている。

　このようにパーソンズの権力論は、ミクロ権力論とは全く異なる視点を我々に提供してくれるのであるが、難点もまた目につく。第一に、パーソンズの権力定義ではそもそも不当な権力行使というものは存在しなくなる。権力は定義上、常に集合目標との関係からみて正当性をもつのであり、こうした正当性を欠くものは権力とはいえない。パーソンズにあっては、権力は権威と同義的、もしくは権威から直接派生するものと看做される。権力が正当性をもつか否かという問題は主観によって大きく意見がわかれ、判断基準が明確ではないため、ここでの深入りは避けるが、少なくとも権力を定義上正当性をもつものと考えるのは過度な限定であると思われる。正当と思われた権力も時代及び状況によって不当なものに変わるであろうことは異論の余地があるまい。その場合、不当な「権力」もやはり権力のダイナミズムとして権力論の射程で考えることが妥当であると思われる。第二に、権力論の射程としてシステムの目標や特性を考えることに異論はないが、パーソンズにはシステム内における紛争や政策決定・遂行を通じての相互行為がシステム目標や特性に与える影響を分析する論理、権力を動態的に捉える視点が欠落している。パーソンズのシステム論にあっては、個人の自主性、創造性が等閑視されているとしばしば批判されるが、こうした批判は彼の権力論に対しても妥当するのである。(54) 相互行為とシステムを媒介する論理への言及は本稿の最終課題とし、ここでは権力をシステム特性と結びつける視点について今少し別な角度から考察してみよう。

権力とルール　ダールは権力を定義する際、次のような例をあげている。私（ダール）がドライバーに対して右側通行を命じ、ドライバーがそれに従うということはない。もし従うと主張すれば、私は精神異常者とみなされよう。だが交通整理にあたる警察官は、まさにこうしたことを行う。この場合、警察官は権力をもつというにふさわしいとダールはいう。(55)

ダールの言述の直観的妥当性はともかくとして、ここから直接に前述したダールの権力定義を導出するのはいささか早計と思われる。何故にドライバーが警察官の指示に従うのかについて若干の考察を要する。(i)警察官が私服で交通整理にあたる場合、(ii)私人が警察官の制服を着用して交通整理にあたる場合、(iii)制服を着用したアクターが常軌を逸した指示を行う場合を分けて考えてみよう。第一の場合、彼が警察官であることをドライバーに理解させる他の明示的特徴を備えていない限り、彼の指示は無視されるであろう。第二の場合、私人が明らかに偽の警察官であることを示す特徴がなければ、彼は実際に警察官ではないにもかかわらず、彼の命令、指示はドライバーの服従を獲得すると考えられる。無論これは指示が妥当であることを前提とし、第三の場合のように指示が一般常識から逸脱していると考えられる場合、制服着用者が真の警察官であるか否かにかかわらず、結局その指示は無視されることになろう。

以上の例が示唆することは交通整理にあたる警察官の権力というものが想定しうるにしても、それは一定ルールに従ったものであるということである。運転という行為はルールに導かれたものであり、警察官はそのルールの体現者として役割類型的に了解されるにすぎない。つまりドライバーは個々具体的な人格としての警察官に服従するわけではなく、彼の担う役割に服従するのである。警察官が匿名化された役割類型として存在することを伝達するのが明示的記号、象徴としての制服である。このように実は警察官もルールに従って役割を遂行することによって、初めてドライバーの服従をかちえる。無論この役割は具体的状況に応じた一定の裁量を含むものであり、一元的に明確化されていると考える必要はない。そもそもドライバーに対して要求されるルールへの知識とは交通法規に関する正確で包括的なものではなく、通常の運転に差し支えない程度の、いわば常識に属する類いのものであり、極端な場合にはルールが存在するというだけの知識があれば服従は生じる。交通整理にあたる警察官の役割類型とは、こうした大まかなルールに規定されており、具体的「出会い《エンカウンター》」の中での警察官の裁量は決して小さなものではないと考えられる。(56) いずれにせよ、ここで確認したいのは警察官もまたルールに従う役割類型にすぎず、彼がドライバーに対して権力をもつということは可能であるにせよ皮相なものであるということである。また筆者がここでいうルールを警察官の権力基盤、権力リソースであるということは可能であり正当であるが、その言述だけではルールそのものが警察官とドライバーとの非対称的関係をもたらすという、いわばルールの「能動的機能」が軽視されることになる。ルールは権力リソースであるとともに、あるいはそれ以上に、それ自体権力なのである。

以上の考察から、AとBという二者間の権力関係が実は二者間の表層レベルにおける相互行為に視角を限定することによっては十分に理解し難いものであることが了解されよう。いかなる相互行為も特定のシステムやルールに結びついている。とりわけダールの提示した例は、ある社会システムを所与としてその内部で生活する人々の間では最も紛争の少ない一般的合意の成立している権威に基づく権力行使であり、むしろパーソンズの権力観に適合する例と考えられる。ドライバーと警察官との間に、一方が他方の意志に抗して自己の意志を貫徹するという紛争状況、ゼロ・サム的状況が想定しうるであろうか。個人的な事情によって交通整理に従うことが自己利益に反する者が存在するとしても、一般的にはドライバーは交通整理に従うことによって交通上の安全を確保できるのであり、そのことは彼らの利害と一致する。つまり警察官とドライバーとの関係は、ゼロ・サム的というよりはノン・ゼロ・サム的であり、両者の間にはルールに従うことに関して対立、紛争はなく、一般的合意が成立していると考えられる。

では次にルールそのものがもつ権力的機能について、S・クレッグの立論に沿って敷衍してゆく。クレッグは表層レベルにおける相互行為に権力を帰属させることの不十分性をN・チョムスキーの構造言語学等に依って指摘し、社会的行為を可能たらしめる深層構造から権力を捉え返そうとする。クレッグは、ヴィトゲンシュタインの「正しかったり、誤まったりするのは、人間の言っていることだ。そして、言語において人間は一致するのだ。それは意見の一致ではなく、生活様式の一致なのである」[57]という言述を援用した上で、チョムスキーに倣った「生活様式」→「深層構造」→「表層構造」という社会的行為の三重構造モデルを提示する（ただし、チョムスキーの場合クレッグのいう「生活様式」が「深層構造」であり、「深層構造」が「変成文法」となる）[58]。

物事を秩序づける認識の原理・意味解釈や正当性根拠といったものは、所与のシステムにとって最も基底的な「解釈図式」――「生活様式」と呼ばれる。生活様式とは、それ以上の遡及的考察が不可能であり、まさにそのものを示し、「これが我々のなすことである」という他ないものである。こうした「生活様式」を具体的事象に合理的に媒介する形式として「深層構造」があり、「表層構造」は「生活様式」が「深層構造」を媒介して発現すると概念化される。この社会的行為の一般図式を権力論に適用すれば、ある一定の支配（的秩序）が一定のルール、規範を媒介として表層レベルに発現するのが権力であると考えられる。[59] クレッグは、これをチェスの例から説明している。盤上の駒の「力 power」は、盤上での駒の配置とは関係なく、ゲームのルールによって与えられている。このように権力関係とは各アクター間の関係から導出しうるものではなく、AとBとが相互行為のなかで共通に準拠しているルールとの関係から生ずる。[60]「表層構造」における権力は、常に「深層構造」におけるルールとの関係から規定される。ただ先に述べた交通整理の例からも明らかなように、筆者はここでいうルールとは現実的状況においては多様性をもつものと考える。しかし、そこには自ずと限定された方向性があり、それは一定の支配――「生活様式」を指示すると思われる。

中間総括

以上我々はミクロ権力論からマクロ権力論まで俯瞰的に考察してきた。プルラリストの権力論にあっては権力を社会構造と結びつける視点が稀薄であり、一般理論構築の可能性が否定される。ブラウの場合、ミクロ現象の分析からマクロ構造の解明へと向かう一般理論構築への強い志向性が窺われるが、少なくとも権力論においては「ミクロからマクロへ」というアプローチは成功しているとは言い難い。こうしたアプローチの失敗は、マクロ構造がミクロ現象に還元されつくすものではなく、マクロ構造分析にはミクロ分析とは異なるアプローチが必要とされることを示唆しているように思われる。パーソンズは権力をシステム能力と看做すことによってミクロ分析の弱点を克服しているが、そこにはミクロ分析とは逆の難点がみられる。すなわちパーソンズにあっては、ミクロな権力現象を分析する視点が完全に欠落しているのである。クレッグの三重構造モデルは、これらの難点を克服しているかにみえる。彼は、「表層構造」レベルに発現する権力に着目しながら、それをより普遍的な構造に関連づける議論を展開している。それはミクロとマクロを同時に射程に入れるものである。しかしながら、彼の理論ではやはりパーソンズ同様ミクロ・レベルの独自性が等閑視されている。チェスの例からも窺われるように、彼のいう「表層構造」における権力は、一方的に「深層構造」、「生活様式」から規定されており、「表層構造」が「深層構造」に与える影響は考慮されていない。つまり相互行為レベルでのアクターの自主性、創造性というものが等閑視され、「深層構造」が変化する可能性は閉ざされているのである。単にマクロ構造から権力関係を引き出しミクロ現象をこれに従わせるのではなく、権力関係の構造的側面を解明しつつ、相互行為レベルにおける創造性にも配慮する、いわば主体と構造を弁証法的に媒介する論理が要請される。(61)

（1） Harold D. Lasswell, *Politics: Who Gets What, When, How* (1936), p. 3. 久保田きぬ子訳『政治―動態分析』（岩波書店・一九五九年）一頁。

（2） Easton, *op. cit.*, pp. 115–124.

（3） ラスウェル・前掲書の副題である。

（4） Robert A. Dahl, *Who Governs?* (1961).

（5） Andrew S. Mcfarland, *Power and Leadership in Pluralist Systems* (1969), p. 1.

（6） Robert A. Dahl, "The Concept of Power," in N. Polsby *et al.*, eds., *Politics and Social Life* (1963), p. 107.

（7） *Ibid.*, p. 107. 後にダールは、権力関係に最も同義的なものは因果関係であると明言している。cf. Robert A. Dahl, "Power," in *International Encyclopedia of the Social Science*, vol. 12 (1968), p. 410.

（8） ダールはこの権力量の問題から消極的権力 negative power なる概念を導き出している。つまりAよりもBの権力量が大きい場合、AのBに対する権力はマイナスになる。AはBから何らかの行為を引き出したとしても、それはAの意図に沿うものではない。このような消極的権力を考えると権力関係はまさに因果関係一般に解消されてしまい、ここでの関心から著しく離れることになるので、議論を積極的権力――Aの意図に沿った反応をBが示す――に限定することにする。ダール自身消極的権力というものの可能性を指摘するにとどまり、なぜそれを「権力の失敗《フェイリアー・オブ・パワー》」としてではなく「権力」として概念化するのかについて十分な議論を展開していない。Dahl, "The Concept of Power," pp. 109–110.

（9） *Ibid.*, p. 113.

（10） CPS論争については、秋元律郎『政治社会学序説』（早稲田大学出版部・一九七四年）、『権力の構造』（有斐閣選書・一九八一年）等に詳しい紹介がある。なお拙稿「ロバート・ダールにみる多元主義の論理」『東北法学』（第七号）五三～八八頁もあわせて参照されたい。

（11）cf. Floyd Hunter, *Community Power Structure* (1953); Michael Aiken and Paul E. Mott, eds., *The Structure of Community Power* (1970), etc.

（12）Robert A. Dahl, "A Critique of the Ruling Elite Model," *American Political Science Review*, vol. 52 (1958), p. 463.

（13）*Ibid*., p. 466.

（14）*Who Governs?*, esp., Book II.

（15）cf. E. E. Schattschneider, *The Semisovereign People* (1960); Grant McConnell, *Private Power and American Democracy* (1966); Todd Gitlin, "Local Pluralism as Theory and Ideology," in Charles A. McCoy and John Playford, eds., *Apolitical Politics* (1967).

（16）*Who Governs?*, chs. 6, 27.

（17）多元的アクターの活動形態は無論重要な研究対象であるが、それはまた別個の問題である。cf. James W. Eesler, "Approaches to the Understanding of Decentralization," *Journal of Politics*, vol. 27 (1965), pp. 536-566. なお多元主義理論の限界を補完する作業として、大嶽秀夫「エリートの機能と権力と特権——制度権力アプローチの理論的枠組——」『専修法学論集』（第21号）五一～七九頁、「行政過程における抵抗力と利益代表」（同25号）一五三～一六三頁、を参照のこと。

（18）Dennis H. Wrong, *Power: Its Forms, Bases, and Uses* (1979), p. 134.

（19）cf. George C. Homans, *The Nature of Social Science* (1967). 橋本茂訳『社会科学の性質』（誠信書房・一九八一年）。

（20）佐藤勉『社会学的機能主義の研究』（恒星社厚生閣・一九七一年）一三～一六頁参照。cf. Steven Lukes, *Individualism* (1973). ミクロ分析に際して個人の行為に焦点があてられることが一般的に不当だというわけではない。要はそうした方法の適用可能領域の限界を知ることである。

（21）Mancur Olson, *The Logic of Collective Action* (1965). 依田博・森脇俊雅訳『集合行為論』（ミネルヴァ書房・一九八三年）。

（22）cf. Raymond E. Wolfinger, "Reputation and Reality in the Study of Community Power," in Aiken and Mott, eds., *op. cit.*, pp. 241-250; "Nondecisions and the Study of Local Politics," *American Political Science Review*, vol. 65 (1971), pp. 1063-1080.

（23）Nelson W. Polsby, *Community Power and Political Theory*, 2nd ed. (1980), pp. 3-4.

（24）*Ibid*., p. 121.

(25) Richard M. Merelman, "On the Neo-Elitist Critique of Community Power," *American Political Science Review*, vol. 62 (1968), p. 451.

(26) cf. Peter P. Ekeh, *Social Exchange Theory* (1974). 小川浩一訳『社会的交換理論』(新泉社・一九八〇年)。

(27) ここで取りあげるブラウの著書、*Exchange and Power in Social Lifet* には矛盾する言述が多く含まれており、その取り扱い次第では筆者がここで述べるブラウ像とは全く異なる像も形成されうる点を予め断っておきたい。

(28) Peter M. Blau, *Exchange and Power in Social Life* (1964), pp. 2-6.

(29) *Ibid.*, ch. 4.

(30) *Ibid.*, pp. 115–125.

(31) cf. Jack Lively, "The Limits of Exchange Theory"; Pierre Birnbaum, "Power Divorced from Its Sources: A Critique of the Exchange Theory of Power," both are in Brian Barry, ed., *Power and Political Theory* (1976).

(32) 相互行為レベルから権力を説明しようとする論者に一般的にみられる傾向として、制度的枠組、社会構造の軽視が指摘される。cf. David A. Baldwin, "Money and Power," *Journal of Politics*, vol. 33 (1971), pp. 578–614; "The Power of Positive Sanctions," *World Politics*, vol. 24 (1971), pp. 19–38; "Power and Social Exchange," *American Political Science Review*, vol. 72 (1978), pp. 1229–1242; William H. Riker, "Some Ambiguities in the Notion of Power," *American Political Science Review*, vol. 58 (1964), pp. 341–349, etc.

(33) Dahl, *Who Governs*?, p. 89.

(34) Matthew Crenson, *The Un-Politics of Air Pollution* (1971), p. 108.

(35) Dahl, "The Concept of Power," p. 107.

(36) Schattschneider, *op. cit.*, p. 69.

(37) Peter Bachrach and Morton Baratz, "Two Faces of Power," *American Political Science Review*, vol. 56 (1962), pp. 947–952.

(38) 本節註(22)(23)(25)で紹介した著書、諸論文を参照されたい。なおメレルマンの説に関しては、拙稿「ロバート・ダールにみる多元主義の論理」前掲論文・七五～七六頁で簡単に紹介している。

(39) Peter Bachrach and Morton Baratz, *Power and Poverty* (1970), p. 44.

(40) S・ルークスはバカラック&バラッツの再定義を「後退」と考えている。Steven Lukes, *Power: A Radical View* (1974),

ch. 3.

（41） Peter Bachrach and Morton Baratz, "Decisions and Nondecisions: An Analytical Framework," *American Political Science Review*, vol. 57 (1963), pp. 632–642.

（42） Jack L. Walker, "A Critique of the Elitist Theory of Democracy," *American Political Science Review*, vol. 60 (1966), pp. 285–295. 他に McCoy and Playford, eds., *op. cit.* 内の諸論文を参照されたい。

（43） プルラリズムの威信低下は公共政策研究の隆盛を促した。多元主義的政治のもとで貧困や人種差別の問題は漸進的に解決されるという楽観主義が否定され、具体的政策遂行の追跡調査の必要性が認識されたためである。cf. Herbert Jacob and Michael Lipsky, "Outputs, Structure and Power: An Assessment of Changes in the Study of State and Local Politics," *Journal of Politics*, vol. 30 (1968), pp. 510–538; Theodore J. Lowi, *The End of Liberalism*, 2nd ed. (1979); Thomas R. Dye *Understanding Public Policy*, 3rd ed. (1978), etc.

ダールもまたリンドブロムと共に「偉大なるアメリカ」への幻想を自己批判的に語る。Robert A. Dahl and Charles E. Lindblom, *Politics, Economics, and Welfare*, with a new preface by the authors (1976), pp. xxi–xliv.

（44） cf. Bachrach and Baratz, *Power and Poverty*; Walker, *op. cit.*; Michael Lipsky, *Protest in City Politics* (1970); Michael Parenti, "Power and Pluralism: A View from the Bottom," *Journal of Politics*, vol. 32 (1970), pp. 501–530; *Democracy for the Few*, 3rd ed. (1980), etc.

（45） Polsby, *op. cit.*, pp. 210–213.

（46） ヴェーバーからの影響は、ブラウの場合も明らかである。Blau, *op. cit.*, p. 115.

（47） Robert Presthus, *Men at the Top* (1964), pp. 4–5.

（48） *Ibid.*, pp. 5–8.

（49） Max Weber, *Wirtschaft und Gesellschaft*, Erster Teil, Kapitel 1, § 16. 阿閉・内藤訳『社会学の基礎概念』（角川文庫・一九六八年）九〇頁。

（50） プレッサスはヴェーバーの Macht 定義における against opposition（gegen Widerstreben）の重要性を指摘してはいるが、批判は加えていない。Presthus, *op. cit.*, p. 4.

（51） ゲーム理論に関しては、鈴木光男『人間社会のゲーム理論』（講談社・一九七〇年）、佐伯胖『「きめ方」の論理』（東京大学出版会・一九八〇年）参照。

（52） Talcott Parsons, "The Distribution of Power in American Society," in Parsons, *Politics and Social Structure* (1969), pp. 185-203; "On the Concept of Political Power," in *ibid.*, pp. 352-404. なおパーソンズの権力論の時代的変遷を考慮し包括的に考察した論文として、山川雄巳「パーソンズの政治権力論」『法理学の諸問題――加藤新平教授退官記念』（有斐閣・一九七六年）所収、がある。

（53） Parsons, "On the Concept of Political Power," p. 361.

（54） 例えば、船津衛『シンボリック相互作用論』（恒星社厚生閣・一九七六年）を参照されたい。

（55） Dahl, "The Concept of Power," p. 107.

（56） 畠山弘文「日常的警察活動の構造――米英の実証的警察研究に関する政治学的解釈――」『法学』（第四七巻第一号）八四～一二一頁参照。

（57） Ludwig Wittgenstein, *Philosophische Untersuchungen*. 藤本隆志訳『哲学探究』（大修館書店・一九七六年）一七六頁。

（58） チョムスキーの著書は多数邦訳がなされているが、ここではコンパクトな（批判的）紹介として、田中克彦『チョムスキー』（岩波書店・一九八三年）をあげておく。

（59） Stewart Clegg, *Power, Rule and Domination* (1975), pp. 67-80. クレッグにはその後、*The Theory of Power and Organization* (1979) という著書があるが、自説の新展開はほとんどみられず、*Power, Rule and Domination* で確立した視点から多くの論者の権力論を批判的に検討している。

（60） Clegg, *Power, Rule and Domination*, p. 49.

（61） こうした評価は、政治現象を包括的に捉えるパラダイムとして権力論を位置づけたいという筆者の「偏向」によるものである。

2　重層的権力論

権力論への視座設定

権力がミクロな相互行為レベルから捉えられたり、マクロな構造レベルから捉えられたりするという事態は決して偶然的なものではない。筆者は、こうした事態はどちらか一方が誤りであることを示すのではなく、権力現象そのものの多面性を表わすものと考える。このような多面性を一貫して捉える視座を確立することが、本節の課題である。

権力とは社会統合の成立しているところでは必ずみられる、いわば普遍的現象であり、M・クロジェによれば「いかなる統合にせよ、社会にせよ、権力なしには成立しない」[1]。社会統合とは、とりもなおさず社会構成員の相互行為を規定するルールが成立し、そのルールに準拠した価値の階序的配分秩序が形成されていることを意味する。この階序形態がいかなる形をとろうとも、価値が稀少性と結びつく限りそれは不平等なものとして存在し、この不平等は相互行為に反映し、相互行為のなかで不平等、非対称的関係はまた再生産されてゆくのである。政治とは、少なくともその一面においてはこうした社会統合の維持、再生産を最終的に可能にする営為であり、価値の権威的階序的配分による現行の非対称的関係を恒常的に安定させることに関わる。政治から捉えた権力とは、この配分に対する影響力、配分の前提であり結果である社会構成員の非対称的関係に言及するものと考えられる。権力は社会的非対称的関係を維持、再生産する等価的機能の集合として概念化される[2]。現行の価値配分を正当なものとして作動させ（構造レベルへの言及）、それに対して異議申し立てを試みようとする者達が現われた場合その戦略的位置を規定し（「非決定作成」レベルへの言及）、結局は政治的影響力によって現行秩序を守る（決定作成レベルへの言及）機能

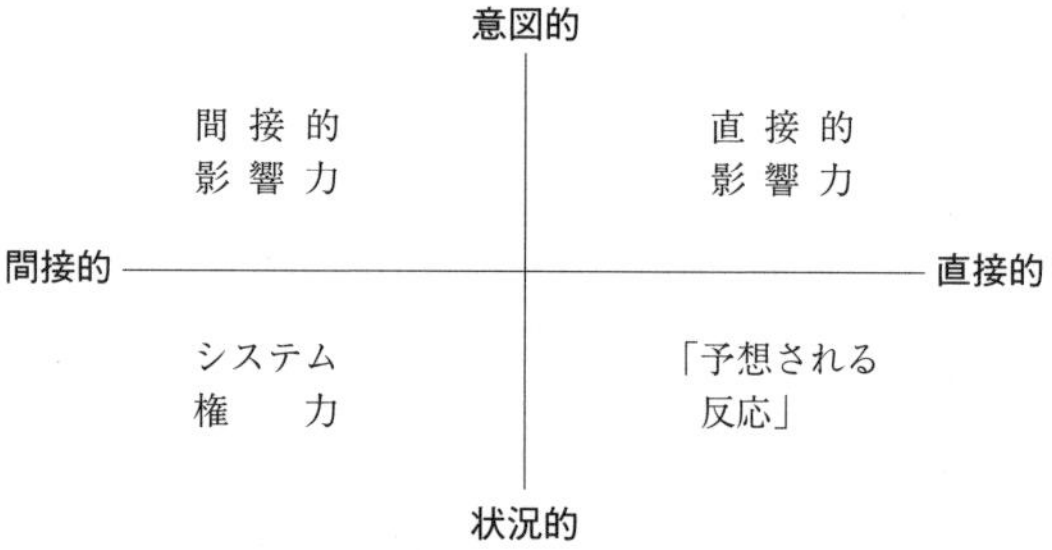

の集合が権力なのである。それは意図された作用であるかもしれないが状況的であるかもしれず、直接的でありうるし、間接的でもありうる。

したがって権力とは、社会的諸制度の偏向から直接作動することもあれば、個人が相互行為レベルで直接的に他者を服従させようとする営為でもありうる。こうした権力の重層性は複雑に入り組んでおり作動状態においては分化不可能とも考えられるが、ここでは権力作用の意図性及び直接性に着目して概念的に権力関係の四類型を提示する。[3] 権力関係は、比較的観察可能性の高い直接的影響力をはじめとし、「非決定作成」において強く作動すると考えられる間接的影響力、「予想される反応」、さらにシステム権力という深層構造に至る複合的関係の総体から生ずる。状況的間接的に働く権力作用たるシステム権力は他の権力関係を究極的に規定する。すなわちシステム権力は社会秩序、ルール、政治的神話等の機能として直接作動する一方、間接的には様々な形態で行使される政治的影響力のリソースとなり、かつ諸アクターの戦略的位置を規定する。[4] 先に紹介したプレッサスの論は、後者の側面を捉えたものとして評価される。社会的行為レベルにおける権力関係は、周囲を取り囲む制度的枠組から切り離すことができない。現実のなかに中立的アリーナは存在しえず、諸個人の参加するゲームの規則のもとになる一連の「構造的」制約が権力関係の置かれる諸条件を決定する。したがって表層的権力関係は制度や構造の論理を反映することになる。[5]

権力を影響力リソース、あるいはそれに対するコントロール能力と看做す論者は多い。[6] 例えば、M・ロジャース[7]があげられる。彼らの概念枠組はダールのそれに大きく依存している。ただダールが権力を影響力とリソースとに峻別した後、権力分析の対象を影響力行使過程と考えたのに対して、彼らはダールが潜在的権力にすぎないと看做したリソース配分を権力と考える。ダールのように影響力行使を権力と看做すならば権力の比較可能性が疑わしいものとなる点を考慮して、ダール流ペシミズムを克服し、一般理論構築を目指すために彼らが行った意識的修正である。しかし枠組そのものの変更を行わず、用語の指示対象を変えただけであるため、権力現象をシステム特性と結びつけながらも、結局彼らは「社会システムにおけるリソース配分が当該システムの権力構造を構成する」[8]という認識にとどまる。[9]リソース配分を研究することの重要性に異論の余地はないが、権力構造がリソース配分そのものと考えられるなら権力構造は単に潜在的なものにすぎず、それ自体としては政治過程に対して規定力をもたないことになる。これでは権力は社会学上の重要なテーマとはなりえても政治過程、政治現象を分析対象とする政治学にとっては周辺的話題にすぎなくなる。本稿では政治過程を規定し、作動するメカニズムの総体として権力を捉えることを目的としているため、こうした議論はいまだ不十分なものに思われる（この種の議論の多くは社会学者によってなされ、それが彼らの問題意識に適合的である点を認めるに吝かではない）。[10]

システム権力

社会システムは様々な機能を分有する諸下位システムから成るが、それらは支配者によるコントロールという限界状況を別にしても、現行の非対称的社会関係を維持、再生産すべく作動している。この権力機制が存立構造論からみれば、他の権力関係に先行する。叙述は行為レベルからシステム権力へと下向することも可能であるが、ここでは演繹的方法をとる。

「いずれの政治体制も暴力＝物理的強制力によってのみ社会的統合を達成することはできない。そこでは、さまざまな要素からなる記号＝象徴システムが用いられ、人びとのあいだに一様な行動を引き起こし、また共同の行動にとって必要な思考や感情、意欲や行動の統合を生み出している。……こうした象徴的方法による社会的統合は――しばしば濫用される可能性をふくむとはいえ――政治体制にとって、たんなる強制力にもとづく支配よりも、いっそうヒューマンな形態であり、またいっそう有効な支配であるといわねばならない[11]」。

いかなる社会においても秩序形成とはシスティマティックな価値の不平等配分が行われることを意味する。このシスティマティックな不平等を根底的に支えるのが象徴システムから作動する権力、すなわち象徴的権力である[12]。このレベルにおける権力は原則的に歴史的、社会的に形成された機制であって、意図的であったり実体的であったりするものではないといえる。人間は所与の社会秩序のなかに投げこまれ、秩序の前提をなす諸々のルール、価値、手続きといった象徴システムを「当然のものとして」学習する。すなわちこれらの象徴は客観的所与として我々の前に現出するのであり、我々はそれらの最低限の学習なくしては社会的行為の相互主観的な有意味性を理解することができない。つまり、社会生活を営むことができない。我々が社会生活を営む上で最も重要な象徴システムとして、言語があげられる。言語は我々の基本的認識活動を規定する。この言語といえども現実社会のなかでは中立的ではなく、一定の社会的経済的条件を反映したものである。C・ミューラーはいう。「言葉、概念、シンボル、文章構造を履修していく過程で、個人はそれらのものを自分の環境に対して検証することによって自己の知識や言語を確認してゆく。その結果、個人は意識せずに自己が属する集団の準拠基準や政治的社会的価値を吸収する。そこで言語は、より正確にいえば集団の共有するコードは、文脈的に限定されたものといえる[13]」。例えば極貧層《ハード・コア・プア》の場合、言語を道具的・内省的に用いることができないので、彼らの話す言語はそれ自体彼らの（価値）剥奪された社会的位置を強化することになる。「各人の言葉は彼の環境から直接に鋳造され、彼の知覚を条件づける。彼の言語範疇は、ここと今を把握することはできるが、分析を、したがって自己の存在する社会的文脈を超えることを許さない。政治的にみれば、こうした言語は特定コードを共有する集団の凝集性を強化するものではあるが、その集団が自らを社会全体、政治的諸制度と関連づけることを妨げる。各人は自己の〈価値〉剝奪を個人的に体験するにすぎない。認識論的にいえば、彼は彼の個人的条件の客観的理由に気づき、それを自己の住む社会構造と結びつけるために必要な準拠点を欠いている」(14)。

こうした限定された言語コード（restricted language code）に依拠せざるをえない者達は、自己を取り巻く現状を識別し、概念化し、分析する能力に劣るため、結局社会構造の矛盾を指摘し、批判する能力に欠けることになる。その結果、彼は現状により「良く」順応する。極貧層という極端な事例を想定せずとも、この種の限定された言語コードが非対称的価値配分に正統性を与えるシステムへの一般的支持、合意を調達する上で果たす役割は明らかである。例えばシステムへの一般的支持を調達すべく、〈「政治的自由」、「平等な機会」が与えられた社会〉なる政治的神話が教化・伝達されたとする。〈価値〉剝奪された者達は、自己の状況を省みてこの神話の欺瞞性を見破るというよりは、その限定された言語コード故に、「自由社会」、「平等な機会のある社会」での自己の〈価値〉剝奪状態は自分の責任であり、無能力の結果であると考える傾向をもつ。その結果、彼らの不満は内面に向かい、外部的な社会改革への誘因とはならない。こうした象徴的権力が良好に機能することは、現行社会秩序が「自律的に」維持されるチャンスを増大させる。ところで、限定された言語コードをもつ者たちの凝集性とは、彼らの言語上の特質が彼らを一つの集団、階層として分別可能にするということであって、彼らが意識的に団結し集団を形成するという意味ではない。集団形成という点からみれば、彼らの言語コードはその特質上、問題の明確な定式化・伝達を困難にするという問題がある。

現行秩序の維持は政治の重要な機能である以上、政治的アウトプットたる公共政策がこの限定的認識コードの再生産といかに関わるかという問題は、政治学にとって興味あるテーマである。エーデルマンの指摘によれば、公共政策は単にシステム構成員の要求の結果であるばかりではなく、特定の態度や要求そのものをも創り出す[15]。米国における貧困問題を例にとれば、それが単に物質的欠乏の問題ではなく、自己能力への自信喪失、無力感といった心理的問題でもあることは多くの論者によって指摘されてきたところである[16]。しかしながら政府による従来の貧困救済政策は、こうした貧困者の無力感を克服することに必ずしも役立っていないといわれる。貧困者は「平等な機会の与えられている国、アメリカ」という神話の前では、失敗者、無能力者として救済対象とはなっても、十分な社会的行為能力をもった主体とはみなされない。多くの貧困調査レポートは、貧困者の卑しい趣味、ルーズな金銭感覚、及び知的能力の低さを指摘し、貧困が彼らの自己責任である点を暗に指摘する[17]。こうした貧困者への対応は、彼らの自尊心を一層破壊し、依存的態度を強化することになる。貧困は「構造的貧困」としてある。

　しかしながら、この構造性を、意図的に貧困状況を操作する支配集団（あるいは階級）の存在を示唆するものとみなす必要はない。政治的エリートは特定階層の限定的言語コードに着目し、彼らの不満を象徴操作によって「解消する」ことが場合によって可能であるにせよ、象徴システムの示差機能そのものは歴史的なものであり、個々具体的エリートの創作物とはいえない。歴史的、社会的に形成された機制にからめとられている点では、政治的エリート、政策決定者といえども例外ではない。彼らは相対的に高度な分析・抽象化能力をもつ精巧な言語コード（elaborated language code）[18]をもつが、やはり社会的帰属を明らかにする何らかの特殊な言語様式を要求される。しかもこうした言語スタイルは彼らの職務からみて、必ずしも合理的に構成されているとは言い難い。官庁用語といったものを例にとれば、それは事実、思考、教育等の伝達手段としては必ずしも効率的とはいえない。にもかかわらずそうした用語が使用されるのはなぜか。少なくともその回答の一部は、それを用いることによって当該者の特定組織の目標、価値、リーダーシップへの服従が伝えられることのなかにある。官庁用語を使用することによって彼は、官庁の基本的価値前提を疑問視したり、既存秩序を覆そうとする意図をもっていないことを示す。彼の発する様式化された言語形態は、彼の活動が組織にとって馴染みの深いものであり、予測可能であることを伝える。専門的ジャーゴンといわれるものには、常にそれを使用する者の特定価値、信念への帰依を表示する機能がある。それらは内部的団結、連帯感を亢進する一方、外部に対してはその独特のスタイルによって保塁を築く。(19)個々の官僚は、特有の言語スタイルを学習することによって「自然」に制度的偏向に見合った行動をとるようになる。

以上みてきたように、象徴システムはそれ自体非対称的社会関係を創り出す権力として機能する。もとより筆者の作業は象徴的権力の例示にとどまっており、体系的考察は今後の課題として残る。

制度権力

象徴システムもまた広く制度の一形態であることは言を俟たないが、次に実体レベルに着目して制度に言及する。政治システムの具体的形態とは、様々な機能を担う諸制度の集合体として観念される。民主主義政治システムとは、能う限りの方途によって市民の選好を政策に反映するものと理念化されようが、現代社会では市民選好の多様性（無関心をも含めた）及びその評価上の困難性と、政策対象そのものの多様性、複雑性、専門性とが相俟って、こうした理念の現実化はますます難しくなってきている。(20)市民の代表たる公職者にとっても特定イシューに注目することは、それ自体が稀少なリソースとなっているのである。(21)こうしたなかで日常的政策決定、遂行を日々担う官僚制の重要性が高まっている。官僚制が単に政治的に決定された事項を遂行する行政機関にとどまらず、自ら政治的アクターとして行動することは今日周知の事実といってよく、プルラリストにしろその批判者にしろ、官僚制の政治的機能にほとんど注目することがなかったのは奇異にすら感じられる。(22)

組織論において限定合理性の概念を導入したのはサイモンとマーチの大きな業績であったが、この概念は次の点を明らかにする。(23)組織の合理化はどこまで進行しようとも完全に不確実性を消し去ることはできず、したがっていかなる権威的階序制といえども各組織ユニット、アクターの裁量行為を完全に防ぐことはできない。裁量行為の完全な消滅はたとえ可能であったとしても、現実に対応をせまられる状況の多様性を鑑みるならば、非合理的なものと考えられる。しかしまた、人間はせいぜい限定合理性をもつにすぎないからこそ、組織は限られた能力、諸リソースの限度内で所与の目標群を効率的に追求すべく、各ユニット（機能）の調整手段、就中標準作業手続き standard operating procedures をもつことになる。つまり限定合理性の概念は、人間行為から主体性を完全に払拭しようとする営為の虚しさを教える一方、それ故にこそ組織は標準作業手続きによる合理化・調整をめざし、結果として一定予測範囲を超えた事態への認識、対応、処理への遅滞が生ずることをも理解可能にする。後者の文脈においてルーティンから生ずる組織的惰性は、問題の緊急性・重要性に関わりなく古いアジェンダを優先する傾向を生む。[24] このような組織的偏向は最終的には、行為者の主体性の完全回復による組織崩壊へと連なる可能性をも秘めているのだが、さしあたりこうした偏向は、政治システムからみれば、政策決定における権力関係を惹起することになる。

例を先進産業諸国にとれば、そこにおける主要な政策課題の一つとして経済的安定・繁栄があることは衆目の一致するところであろう。価値多様化、脱産業化社会といった現象が基本的に産業化の成功と物質的豊かさに支えられているものであることは言を俟たない。いわゆる「脱イデオロギー化」社会において社会統合の基軸は、経済的豊かさにある（少なくとも表層レベルにおいては）。だが市場システムを経済原理として採用する社会 market-oriented society においては、経済的繁栄に関わる多くの決定——産業技術、立地、組織パターン、商品の種類、品質、等々に関する——は私企業によってなされる。私企業は、market-oriented society においては公的機能を実質的に担っているといえる。私企業の公的役割は、経済エリートの政治的アリーナにおける特権的立場を約束することになる。政策決定者は、私企業が経済の安定という公的役割を果たすように監視し、目的にあった刺激や報酬を与えることを余儀なくされるからである。標準的な経済理論では市場システムは専ら買手と売手の交換関係によって動機づけられているかのように考えられてきたが、C・リンドブロムによれば、そのような稀薄な動機づけでは現代社会の巨大な生産システムは確立されない。政府が与える刺激こそ不可欠なのである。リンドブロムの考えでは、政府による需要育成は市場システムの逸脱や修正といったものではなく、不可欠の構成要件である。(25)

私企業（就中、それを代表する経済エリート）が政治的アリーナにおいて特権的位置にあるということは、政治的エリートと経済エリートとの二者間の関係に着目するなら「機能的協力関係」といえよう。つまり両者は、各々の観点から合理的行動をとるにすぎず、これを影響力関係ということはできない。(26)ただこの協力関係は、システムの価値配分上の偏向を生みだすものであり、間接的状況的に、この偏向から（価値）剝奪を経験しなければならない者たちとの関係からみるならば、それは権力関係に他ならない。(27)こうした権力の発動は、典型的には政治的アリーナに参入し（あるいは参入せずとも）効果的発言力を獲得するための「機会費用 opportunity costs」の比較によって検出されよう。(28)

以上我々は構造的貧困及び経済エリートの政治的アリーナにおける特権的位置を例にとってシステム権力を論じてきたわけであるが、システム権力は直接作動するだけでなく、他の権力関係を生ぜしめる基盤でもある。システム権力は社会統合の根幹をなすものではあるが、それのみによって秩序が完全に保持されるわけではない。システム権力の作動にもかかわらず、現行秩序に不満を抱き、社会的紛争、さらにはその政治化を志向するアクターが存在するのである。彼らの要求が単に価値配分の融通性のなかで解決されうるものか、あるいはルールそのものの変更を迫るものかによって政府の対応も異なるであろうが、こうした紛争の発生から解決へ至る過程に深く関わると思われるのが、システム権力以外の権力関係である。システム権力はそれら諸権力の規定力となる。

アジェンダ分析

R・W・コッブとC・D・エルダーによれば、アジェンダとは政治的に注目されるに値する正統な関心領域内にあると看做される政治的議題の一般的集合 systemic agenda と、特定の制度的決定作成機関によって積極的かつ真剣な検討に値するとされる具体的議事項目の集合 institutional agenda とに区別される。そしてこの両者の齟齬が大きければ大きいほど、政治システム内における紛争は激しく頻繁になる。(29) 換言すれば、所与の政治システムにおいて当然政治的解決を要すると思われるに至った問題に対して、政府機関がどれだけ迅速かつ効果的に対応できるかによって政治システムの安定度が左右される。ここでは制度的アジェンダについて、その形成、解決(あるいは抑圧)過程を権力分析の観点から考察する。

アジェンダ形成

現行秩序のなかで優位にある者たちは、アジェンダへの要求を行う場合、一般的に「事を荒立てよう」とはしない。彼らは政治的アリーナにおけるその特権的位置故に政策決定者との間に制度化されたコミュニケーション・チャネルをもつのが通例であり、要求はこのチャネルによってなされる。無論彼らとて問題を公然化する戦略を採用することもあるが、それは例外的事態であって、一般的には彼らの政治的影響力の公然化は世論の批判にあいやすいため、紛争の拡大を極力避けようとする。こうした「非公然化」戦略は、政治的アクターが政策遂行上重要なリソースを保有する者たちの反応を十分考慮せざるをえないことによって有効たりうる。とりわけ market-oriented society におけるビッグ・ビジネスは、このレベルで「予想される反応」に基づく効果的な権力をもつと考えられる。一般的にいって、今日では特権的位置を占めるアクターは、組織に限られる傾向がある。組織とはとりもなおさずリソースの集合体であり、通常それは政治的アリーナに転移可能である。また政治的アリーナへの参入には最低限必要とされるリソースの「閾値 threshold」が存在し、これもまた既存組織の戦略的優位性をもたらす。新たな組織形成は、それ自体リソースの費消を伴うからである。

他方、（価値）剥奪された者達は限定された言語コード故に現状を甘受する傾向があると指摘したが、彼らが政治的不満を抱いた場合、一番最初に不満の発現を妨げる権力関係は「予想される反応」によるものと思われる。（価値）剥奪が大きければそれに比例して彼らは政治的成功の可能性に対して悲観的となり、具体的行動への誘因を欠くことになる（紛争を心理学的に解明する研究は、権力バランスの研究と結びつけて初めて有効たりうる）[30]。こうした「予想される反応」の効果的作動が、秩序維持、再生産に貢献する。この直接的ではあるが、必ずしも意図されていない「予想される反応」に基づく権力関係はダールが民主的機能を担う「間接的影響力」として概念化したものであるが、既に指摘したようにこれが民主的である保証はない[31]。むしろシステム権力の文脈に引きつけて考えるならば、非民主的である可能性が強い。この点についてM・クレンソンの研究に依拠して若干敷衍しておく。

クレンソンが研究を行ったゲーリー市においては深刻な大気汚染に悩まされながらも市当局の反応は鈍く、かつ結果的に施行されることになった規制条例も緩やかなものにすぎなかった。こうした状況を彼は同様の問題に苦しむイースト・シカゴ市と比較検討し、ゲーリー市におけるUSスティールの強大な「間接的影響力」を剔出する。ゲーリー市はUSスティール一社に依存する経済構造をもち、その一挙一動が政策的に考慮される。例えばUSスティールが大気汚染規制に沈黙を守ったということ、非活動的であったということ、それだけで社の規制への否定的態度を表わすに十分であった。政策決定者達は、USスティールの規制への不快感を「予想する」故に当初は規制に消極的であったし、連邦、州の介入を防ぐためやむなく規制条例を作成することになった際にも、USスティールの利害をまず考慮した。つまり強大な経済力をもつUSスティールの直接的影響力への評価が、同社の強大な「間接的影響力」を生むことになった[32]。

こうした「間接的影響力」故に大気汚染問題のイシュー化が長期に亘って妨げられたというクレンソンの主張に対して、ポルスビーは、イシュー化がなされない場合、(i)抑圧されている、(ii)真の合意が成立している、という二つの可能性があり、クレンソンは(ii)の可能性を見落していると批判する。ポルスビーによれば、ゲーリー市の多くの人々の間には大気汚染規制と雇用の問題が競合的選択であり、それ故に規制を行わない、あるいは規制を強硬なものとしないことに「真の合意」があったという。(33) 筆者の考えではそもそも「真の合意」か「虚偽の合意」かということは、権力関係のメルクマールたりえない。「自発的」合意が存在しようと、支配階級によって操作された「虚偽の合意」が存在しようと、非対称的関係が構造化されている限り、そこに権力関係を見出すことが可能であると考えるからである。この点はさて置くとしても、大気汚染規制と雇用の問題とを競合的選択と認め、後者のために大気汚染に耐えようとする市民の「真の合意」とはいかなる意味をもつのであろうか。雇用と大気汚染規制とが競合的選択である点は、多分ポルスビーの信ずるほど自明の理ではない。職業的安定と環境保全とは共に市民の生存に不可欠な条件であり、両者を競合的選択として設定しうるところにこそ強大なUSスティールの権力が窺われる。さらにいえば、そうした認識を当然のものとするところに経済合理性という神話の力——象徴的権力——を見出すことができる。

ところで「間接的影響力（予想される反応）」による政治的非活動状態を克服しえたとしても、通常金銭、時間、情報、知識等のリソース不足から貧困者はもとより一般市民にとって政治的アリーナへの参入はなお困難なものといえる。しかも彼らの要求が特定集団の域をでない場合、たとえ彼らが組織化に成功したとしても、政策決定者との制度化されたコミュニケーション・チャネルをもたない以上、その要求は意図的にして間接的な権力（筆者のいう間接的影響力）によってアジェンダとなることを阻まれる可能性が強い。組織においては既存のアジェンダを優先する惰性があると前述したが、間接的影響力行使に際してはこの惰性が意図的に利用される。すなわち、政府の限られたリソースでは新たな要求に応える余裕がないこと、あるいは要求が政府によって処理されるに相応しいものではないことを主張し、アジェンダ形成を阻止しようとする。したがって政治的アリーナへの制度化されたアクセスを欠くものにとって紛争を拡大すること、すなわち特定の要求を一般的に再定義し、広く支持獲得を求めることが重要になる。[34] 社会運動や抗議活動にウォーカーやリプスキー等が注目するのは、現行の価値配分は既存のチャネルを通じては変更し難いこと（政策的惰性）、そもそも不平等を被る者たちはこうしたチャネルへのアクセスをもたないことを認めるからである。自己の要求を公式チャネルにのせるためのリソースが不足していることを補うために、ある者たちは自己の要求をより強大な第三者集団に伝え、政策決定者を取り巻く環境を変えることによって政策決定者に圧力を加えようとする。[35] こうした試みが成功するか否かは、彼らの要求を支持する層がどこまで広まるか、またいかなる層が支持するかに依る所が大である。例えばわが国において公害問題がアジェンダとなる過程をみるならば、被害者の要求に連帯する開発反対運動や各種市民運動の隆盛、マス・メディアによる被害実態報告による一般市民の関心の昂まりを俟って、初めて従来の経済成長偏重の政策アジェンダのなかに公害問題が入り込むことができた。[36][37]

アジェンダ形成過程においてバカラックとバラッツのいう「非決定作成」が起こる場合、そこに顕著に表われる権力関係は「予想される反応」及び間接的影響力によるものである。両者ともにシステム権力によって規定されており、どちらの関係が強く働くかはその文脈上でのシステム権力の作動状態に深く関わる。ただ「予想される反応」による権力関係のほうが、一般的にいってより密接にシステム権力に結びついていると考えられる。

では直接的意図的権力関係によって「非決定作成」は生じないのであろうか。いうまでもなく論理的には、実力による争点排除は可能である。しかし民主主義的手続きを正統性根拠とする政治システムにあっては、このレベルでの直接的影響力行使はリスクが高い。場合によっては意図とは逆に紛争の拡大という結果を生みかねない。したがって直接的影響力の行使を伴わなければアジェンダ形成が阻止しえない場合、現状維持勢力にとって一旦その要求をアジェンダとして認め、しかる後政治的アリーナ内での「解決」を図ることが効果的戦略となる。

アジェンダ解決
——政策決定

政治的アリーナとは、何らかの「正統な」理由によって参入を認められたアクターによる相互行為の場であり、このレベルにおける権力関係は主に直接的影響力として発現する。政治的アリーナへの参入はこれまでみてきた権力関係によって規定されており、マコーネル等がプルラリストを批判し、政治的アリーナへ参入するアクターはごく限られており、こうした限定は恒常的に維持されていると論じたことは、この文脈で正当である[38]。実証的には、システム固有の限定の形態が問題となる。具体的政策決定における相互行為は、自らの戦略的位置、利用可能なリソースを考慮して自己の目的や利益を達成しようとするゲームとして概念化されるので、分析に際しては、各アクター独自の能力、技術、情報といったものも当然考慮されねばならない。

さて現行価値配分への異議申し立てがアジェンダとして承認された場合、我々は次のような点に着目する必要がある。すなわち、当該のアジェンダ解決を推進する政治的リーダーの存否、要求内容が価値配分の根幹、ルールの変更に関わるか否か、さらにはアリーナ外における支持動員の状態、等々である。わが国における公害問題を例にとる。公害問題がアジェンダとして承認されたのは、潜在的にはいかなる組織をも上回るリソース動員能力をもつ広範な市民の関心が集まり、いかに経済成長を偏重する政治システムといえども、それを無視しきれなくなったためである。これはとりもなおさずシステム権力の一時的機能不全を意味するが、環境保全といった異質なアジェンダが形式にとどまらず実質的に定着するならば、それは次のような「危険」を伴うことになる。すなわち、政治的危機回避のための一時的アジェンダの優先順位の変更が実質的に定着するならば、それは長期的には制度権力のあり方を変え、ひいては象徴的権力の作動を転換する可能性を孕む。換言すれば、経済活動の特権的位置が相対化されるならば、経済の絶対性を実質的に保証してきた解釈図式の変更をせまることになる。

このような権力の根本的転換が生ずるためには、新たな価値理念に奉ずる政治的リーダーとその者たちを支えるリソースの動員を必要とする。しかしながら現実には政治的リーダーは現行秩序への信仰告白を幾度となく繰り返しリクルートされてくるのが一般的であり、現行秩序の枠内で自己の報酬たりえないことに強くコミットする誘因を見出し難い。さらに要求が広範な層に支持されるべく一般的になればなるほど、支持母体となる者たちにとって長期的に自己のリソースを投資する動機が薄れがちになる。一般的価値を特殊限定的に分配することは不可能であり、フリー・ライダーが不可避的に生ずることになるからである。(39)

新たなアジェンダ形成を担った集団の組織的基盤が脆弱である場合、アジェンダ解決において対抗勢力がとりうる戦略としてまず審議の引き延しが考えられる。長期にわたる政策決定過程へのコミット、監視は、リソース動員が十分組織されていなければ不可能である。多くの社会運動、異議申し立て集団の場合、この種の組織化が欠如している。次に要求への報酬として象徴的なぐさめ symbolic reassurence を与えることが考えられる。(40) エーデルマンは民主主義的手続きが、実質的価値配分に影響を与えるものとなりえていないと指摘し、見物人のなぐさみ《スペクテーター・スポート》としての政治と組織された集団が特定有形の利益をうるための政治とが区別される必要があると論じた。多くの市民にとって政治は象徴的なものにすぎず、彼らは一時的な参加の感覚を楽しみ、実質的な価値が組織された特定集団に分配されることに正統性を与える。(41) 一般的に社会運動を担う市民の政治への関わりがこのように情動的なものであるならば、彼らへの報酬は政治参加の有効感、満足感を与える象徴的なもので済む場合が多い。リソース動員の脆弱性から、市民の関心が立法的処置、各種審議会の設置レベルを越えて、政策遂行過程にまで及ぶことは稀であることを鑑みるならば、このような象徴的報酬戦略は多くの場合有効なものである。無論対抗的要求に対して実質的価値が分配されることもある。しかしこの戦略も現状維持のためであり、その適用可能性は要求と既存秩序との距離によって異なる。こうした戦略の典型的なものとして要求運動指導者層の「抱き込み《コオプテイション》」が挙げられる。価値配分の変更を求める集団の指導者に対して既存秩序内で何らかの価値を与え、要求の鋒先をかわすという手法は比較的良く知られている。例えば労働組合幹部の各種審議会等を通じての既成秩序への「抱き込み」は先進諸国において

は頻繁にみられ、今日コーポラティズムの文脈のなかで大きな関心の的になっていることは周知の通りである。(42)

ところで我々はこれまで、政府内アクター間の「権力闘争」というものを考慮してこなかった。政治システムは社会的非対称的関係を維持・再生産する代表的制度として一元的に捉えられてきた。しかし実体としての政府は決して一枚岩ではなく、その内部に権力関係を反映する。所与のアジェンダ優先順位、それを支える価値信仰、組織基盤、形式的権限等によって政府内ユニット間の関係は比較的安定しているといえるが、それは絶対的なものではありえない。例えば、先に筆者は、公害問題に即して従来のアジェンダ優先順位の実質的変更が長期にわたるならば、システム権力の構造的転換が生ずる可能性があると指摘したが、これは政府内ユニット間の権力関係が（少なくとも可能性としては）流動的なものであることを前提としている。つまり通常周辺的と看做されているユニットが中心的ユニットに取って替わる可能性は、より大きな社会システムにおける権力関係の変化の可能性と連動していると考えられる。無論周辺的ユニットといえども広く視野をとれば現状の権力作用を担うものである点に変わりはなく、こうした可能性の過大評価は慎しまねばならないが、権力関係のダイナミズム、就中システム権力の構造的転換への糸口として、この点を少し敷衍してみよう。

政治システムとは周界に対して開かれた相互依存体系に他ならない。システムは周界の予測不可能な複雑性に対して、それらの縮減、すなわち相互行為に対する一般化された期待の複合体として周界から差異化されるわけだが、周界は常にシステム危機をもたらす不確実性として偏在し、消滅することはない（周界の消滅は、ここで前提とする開放体系からして論理的にありえない）。(43) 不確実性は多くの場合、ルーティン的に吸収可能な範囲にとどまると思われるが、時としてルーティン的処理が不可能な事態が生ずる。こうした状況下でシステム崩壊の危機を回避するためにシステムはルールの一時的中断、制度の見直しを余儀なくされる。この過程で各ユニットの関係は流動化され、場合によっては中心と周辺が逆転する可能性も生まれる。これは直ちに相互行為レベルにおける影響力関係の変化として表われる。つまりシステムは外部に対して開かれた相互依存体系に他ならず、常に不確実性に対処してゆかなければならないために、時として既存の権力関係の変動を迫られることになる。その際システム危機に対処する能力をもつ新たなユニットが、従来の中心的ユニットに代わって影響力を獲得する[44]（その能力が代替不可能であれば、それに比例して影響力は強大になる）。例えば、労使関係が緊張している場合の労働省、公害問題に国民的関心が集まっている際の環境庁の政府内での活躍を想起されたい。危機回避の後には従来の権力関係が復活するのが一般的であろうが、この復活に要する時間等のリソースの程度は危機がどのレベルまで権力関係の布置編制に影響を与えたかを計る一助となる。ただシステム権力、とりわけ象徴的権力が、特定運動によって創り出された短期的危機によって転換してゆくことは現実には稀であろう。

（1）ミシェル・クロジェ（影山喜一訳）『閉ざされた社会』（日本経済新聞社・一九八一年）二九頁。

（2）バーガー&ルックマンはいう。「社会における権力とは、決定的な社会化過程を規定する権力、それ故に現実を生産する権力を含むものである。」（傍点は原文ではイタリック）Peter L. Berger and Thomas Luckman, *The Social Construction of Reality* (1966), p. 119. 山口節郎訳『日常世界の構成』（新曜社・一九七七年）二〇二頁。ただし、ここでの訳は必ずしも邦訳書に依るものではない。

（3）この四類型は、Clarence N. Stone, "Systemic Power in Community Decision Making: A Restatement of Stratification Theory," *American Political Science Review*, vol. 74 (1980), pp. 978-998. に倣ったものである。ただストーンの場合、筆者のいう直接的影響力が決定（作成）権力、間接的影響力が非決定作成権力となる。直接的影響力が決定作成レベルにおいて、また間接的影響力が非決定作成レベルにおいて主に作動すると考える点では筆者はストーンに同意するが、しかし決定作成においても直接的意図的でない権力が作動しようし、また非決定作成においても間接的意図的以外の権力も作動するように思われる。決定作成、非決定作成は異なる権力というよりも異なる政治過程であり、各過程でそれぞれ直接的影響力、間接的影響力の発現が著しいとしても、そこには複数の権力作用が働いていると考えられる。またストーンのいうSystemic Power は、筆者のいうシステム権力よりも射程が狭く、筆者のいう制度権力（後述）に該当するものである。

(4) 文脈上明らかであると思うが、ここでいう直接的、間接的という表現は権力関係分類のために用いたそれとは多少ズレがある。権力類型における直接、間接は権力が諸アクターに対していかに働きかけるかに言及するものであるが、ここではシステム権力がそれ自体として作動する場合を直接的、それが他の権力形態のリソースとなる場合を間接的と呼んでいる。

(5) クロジェ・前掲書・三一頁。

(6) cf. Wrong, *op. cit.*; Paul E. Mott, "Power, Authority, and Influence," in Aiken and Mott, eds., *op. cit.*, pp. 3-16.

(7) Mary F. Rogers, "Instrumental and Infra-Resources: The Bases of Power," *American Journal of Sociology*, vol. 79 (1974), pp. 1418-1433.

(8) *Ibid.*, p. 1428.

(9) 彼らはダールの概念枠組のなかでかつてのエリーティストの権力観を復活させたといえる。

(10) ダール流の概念枠組を採用し権力論の交通整理を試みた書として、William A. Gamson, *Power and Discontent* (1968) がある。

(11) 宮田光雄「政治的言語と政治的祭儀——ナチ・ドイツの精神構造——（上）」『思想』（一九七九年・一〇月号）七二頁。

(12) 山本哲士の紹介によれば、ピエル・ブルデューに象徴的権力という概念の使用がみられるとのことであるが、筆者は残念ながら参照しておらず、ここでいう象徴的権力とは筆者が独自に概念化したものである。山本哲士『消費のメタファー』（冬樹社・一九八三年）一一二頁参照。

(13) Claus Mueller, *The Politics of Communication* (1973), p. 14. 辻村明・松村健生訳『政治と言語』（東京創元社・一九七八年）二四頁。訳文は必ずしも邦訳書に依っていない。

(14) *Ibid.*, p. 55.

(15) Murray Edelman, *Politics as Symbolic Action* (1971).

(16) Kenneth B. Clark, *Dark Ghetto* (1965); Parenti, *op. cit.*; Mueller, *op. cit.*

(17) cf. William A. Kelso, *American Democratic Theory* (1978), ch. 9; Murray Edelman, *Political Language* (1977); Edelman, *op. cit.*, esp., ch. 4. Edelman, *Political Language* では、貧困の考察にとどまらず、「精神病」、「犯罪」といった言葉が政治的文脈のなかで担う権力作用を解明している。

(18) Mueller, *op. cit.*, p. 44.

(19) Edelman, *Politics as Symbolic Action*, pp. 72–76; *Political Language*, pp. 98–102.

(20) 市民の選好を認知・評価することの理論的問題については、例えば Kenneth J. Arrow, *Social Choice and Individual Values*, 2nd ed. (1963). 長名寛明訳『社会的選択と個人的評価』（日本経済新聞社・一九七七年）; Robert A. Dahl, *A Preface to Democratic Theory* (1956), ch. 2.

(21) Eugene Lewis, *American Politics in a Bureaucratic Age: Citizens, Constituents, Clients and Victims* (1977), p. 162.

(22) この点を指摘したものとして、Robert L. Lineberry and Ira Sharkansky, *Urban Politics and Public Policy*, 3rd ed. (1978), ch. 7.

(23) Herbert A. Simon, *Administrative Behavior*, 3rd ed. (1976); James G. March and Herbert A. Simon, *Organizations* (1958).

(24) これらの点はマーチ&サイモンの前掲書に詳しいが、政治学者の言及として、Graham T. Allison, *Essence of Decision* (1971), ch. 3. 宮里政玄訳『決定の本質』（中央公論社・一九七七年）第三章; Roger W. Cobb and Charles D. Elder, *Participation in American Politics: The Dynamics of Agenda-Building* (1972), pp. 9–16.

(25) Charles E. Lindblom, *Politics and Markets* (1977), ch. 13. cf. Stone, *op. cit.*; Lester M. Salamon and John J. Siegfried, "Economic Power and Political Influence," *American Political Science Review* vol. 71 (1977), pp. 1026–1043.

(26) 影響力関係とは異なる機能的協力関係を指摘したものとして、大嶽秀夫「現代政治における大企業の影響力㈠」『国家学会雑誌』（第九一巻五・六号）二七〜三二頁を参照されたい。

(27) いうまでもなくこうした特権的位置にある諸アクターは一枚岩ではなく、これらのアクター間の影響力関係は実証研究上の大きなテーマとなる。

(28) Stone, *op. cit.*, p. 981.

(29) Cobb and Elder, *op. cit.*, p. 14.

(30) Walter Korpi, "Conflict, Power and Relative Deprivation," *American Political Science Review*, vol. 68 (1974), pp. 1569–1578.

(31) 以下ダールのいう間接的影響力と筆者のいうそれとを区別するため、ダールのいう「予想される反応」に基づく間接的影響力を「間接的影響力」と括弧を付けて表わすことにする。

(32) Crenson, *op. cit.*, ch. IV. わが国におけるイシュー抑制過程の研究として、大嶽秀夫『現代日本の政治権力経済権力』(三一書房・一九七九年)第二章「社会的紛争と企業権力」を参照。

(33) Polsby, *op. cit.*, pp. 216–217.

(34) 紛争拡大は、形勢不利なアクターにとって重要な戦略である。cf. Schattschneider, *op. cit.*

(35) Lipsky, *op. cit.*, pp. 1–15.

(36) わが国の公害問題については、畠山弘文・新川敏光「環境行政にみる現代日本政治」大嶽秀夫編著『日本政治の争点』(三一書房・一九八四年)第五章を参照されたい。

(37) ブレイブルックとリンドブロムは政策決定が急激に変化し難い点に着目し、「分節的漸増主義 disjointed incrementalism」モデルを提起したが(David Braybrooke and Charles E. Lindblom, *A Strategy of Decision* (1970), ch. 5.)、公衆、マス・メディアの関心が増大する場合、例外的に大幅な政策変更が起こりうる。cf. Charles O. Jones, "Speculative Augmentation in Federal Air Pollution Policy-Making," *Journal of Politics*, vol. 36 (1974), pp. 438–464.

(38) McConnell, *op. cit.*; Schattschneider, *op. cit.*

(39) Olson, *op. cit.*; James M. Buchanan, *The Limits of Liberty* (1975), ch. 3. 加藤寛監訳『自由の限界』(秀潤社・一九七七年)第三章。

(40) Murray Edelman, *The Symbolic Uses of Politics* (1964), ch. 2.

(41) *Ibid.*, ch. 1.

(42) cf. Philippe C. Schmitter and Gerhard Lehmbruch eds., *Trends toward Corporatist Intermediation* (1979).

(43) cf. Niklas Luhman, *Soziologische Aufklärung* (1974). 土方昭監抄訳『法と社会システム——社会学的啓蒙』(新泉社・一九八三年)。

(44) cf. Michel Crozier, *The Bureaucratic Phenomenon* (1964), ch. 6; D. J. Hickson et al., "A Strategic Contingencies' Theory of Intraorganizational Power," *Administrative Science Quarterly*, vol. 16 (1971), pp. 216–229.

結──権力と「構造の二重性」

これまでシステム権力→「予想される反応」→間接的影響力→直接的影響力という順序で、前者が後者を規定するベクトルを考えてきた。しかし現実においてこのベクトルがいかに支配的にみえようと、後者が前者に影響を与える可能性が看過されてはならない。この可能性を論理化することが最後の課題となる。もしこの論理が欠落するならば、クレッグ同様権力をルールそのものに還元してしまうことになろう。我々がすでにみてきたように権力関係は表層の相互行為レベルではある程度流動化しやすいものである。このことは単にシステム権力の機能に限界があり、その限界点を超えたところにアクターの自由が保障されるといったことを意味するのではない。こうした立論では結局アクターの主体性、創造性というものは単なるエピソードにすぎず、システム権力そのものは不変的絶対的なものと観念されることになる。筆者の考えではシステムは開放系であり、システム権力そのものもやはり相互行為レベルに対して開かれており、そこにおいて再生産される。システム権力の深層性、影響力の表層性といっても、それは概念上の弁別にすぎない。

相互行為レベルにおける権力（影響力）関係が成立するためには、というよりも相互行為そのものが社会的に有意味なものであるためには、各行為主体の伝達意図が理解されねばならない。すなわちアクター間には共有された知識が必要とされ、それが解釈図式として適用される。この解釈図式に則ったアクターの行為のみが社会的に有意味なものとして理解される。つまり当該行為は特定共同体秩序内に位置づけられる。この意味で社会的行為はパターン化され、構造化されている。社会的行為は特定ルールを媒介することによって構造と結びつけられている。しかし相互行為、ルール、構造は各々別個な研究対象として実在するわけではない。ルールは所与のシステム構造を再生産する手段であると同時にその結果でもある。すなわち我々が他者の行為を有意味なものとして理解するためには知識の共有――相互主観的な意味の世界に存在すること――が不可欠なわけであるが、こうした相互知識は閉ざされた体系として、相互行為を一方的に規定するものとして、その外側に発見されるものではなく、常に状況に対して開かれたものとしてある。相互行為は共同体的認識秩序＝解釈図式に依拠する一方、構造は状況に対して開かれており、故に解釈図式の適用は解釈図式そのものを、ひいてはシステム秩序を再生産することになる。構造は相互行為を規定する手段でありながら、相互行為によってのみ実現され再生産されてゆく。これを「構造の二重性」と呼ぶ。(1) 構造は構造化の果てることない過程の中にのみ見出される。このダイナミズム、弁証法的論理を表わす概念が「構造の二重性」であり、これによってクレッグの静態的三重構造モデルが克服されるように思われる。

権力における主体的契機と構造的契機とは「構造の二重性」に帰因するのであり、故にこそマクロ分析、ミクロ分析は各々の存在理由をもつ。表層レベルにおける権力とは相互行為の非対称性を意味するのだが、この非対称性は、様々なレベルでの権力機能に着目することなくしては十分に理解しえない。しかしまたいかに客観的に我々の現前に表われる制度や機構も、原理としては絶えず相互行為のなかで状況化され再生産されてゆく。この開かれた構造こそが人間の主体性、創造性に対する根源的保障なのである。(2)

本稿では権力を等価的機能の集合として捉え、権力の重層性を明らかにした。この重層的権力の視点から従来の様々な権力論を一つの枠組内で把握することが可能になった。権力は主体的営為のなかにもシステムの機能のなかにも見出しうる。権力は遍在し様々な形態をとりうる。しかしながらまた権力の奉仕するところは一定の支配であり、秩序である。(3)

（1） Anthony Giddens, *Central Problems in Social Theory* (1979); *A Contemporary Critique of Historical Materialism* (1981).

chs. 1, 2; cf. Berger and Luckman, *op. cit.*

（2）このような人間の主体性を想定することは必ずしも方法論的個人主義への傾斜を意味するものではない。「社会を構成しているのは個人の行為である」という方法論的個人主義の第一命題を「存在論的個人主義」と呼ぶなら、これは方法論的個人主義を必然的に随伴するものではない。佐藤勉、前掲書・一三頁以下参照。

（3）従来、権力はアクターの能力、属性か、アクター間の関係かについて少なからず議論がなされてきた。本稿では権力の機能に着目し、この問題を正面から取り扱うことはしなかった。最後に一言しておく。結論的にいえば、権力は能力であり関係でもある。権力を能力と看做すということは、既に触れたように、影響力行使の可能性をもたらす手段的、実体的側面に言及することと考えられる。しかしこの能力は関係性のなかからのみ生ずる。つまり、リソース・コントロール能力は社会のなかに位置づけられて初めて権力性をおびる。地中に埋められた孤独な老人の財産は、何らの権力をも生みだしはしない。ロジャースのいうようにリソースの配分そのものが権力構造となるのではなく、社会的関係のなかで能力落差から生ずる（また能力落差を生ぜしめる）権力位置というものがあり、この関係の重層性から権力構造が形成される。権力基盤とは権力の能力的側面を、権力位置とは関係的側面を指示する概念と考えられる。この点に限って、R.J. Mokken and F. N. Stokman, "Power and Influence as Political Phenomena," in Barry, ed., *op. cit.*, pp. 33–65. を参照されたい。

参照文献

（補論の参照文献は補論内の註に記載されている。）

日本語文献

アイケングリーン、バリー・J（1999）『グローバル資本と国際通貨システム』（高屋定美訳）ミネルヴァ書房。

アクセルロッド、ロバート（1998）『つきあい方の科学――バクテリアから国際関係まで』（松田裕之訳）ミネルヴァ書房。

アスレイナー、エリック・M（2004）「知識社会における信頼」宮川公男・大守隆編『ソーシャル・キャピタル――現代経済社会のガバナンスの基礎』東洋経済新報社、一二三～一五四頁。

天野拓（2009）『現代アメリカの医療改革と政党政治』ミネルヴァ書房。

雨宮処凛（2007a）『生きさせろ！　難民化する若者たち』太田出版。

雨宮処凛（2007b）『プレカリアート――デジタル日雇い世代の不安な生き方』洋泉社。

アレント、ハンナ（1994）『人間の条件』（志水速雄訳）筑摩書房。

安保則夫（2005）『イギリス労働者の貧困と救済』明石書店。

飯笹佐代子（2007）『シティズンシップと多文化国家』日本経済評論社。

イグナティエフ、マイケル（1999）『ニーズ・オブ・ストレンジャーズ』（添谷育志・金田耕一訳）風行社。

石川一雄（1994）『エスノナショナリズムと政治統合』有信堂。

今井貴子（2008）「イギリスの労働組合と政治――その理念とリアリズム」『生活経済政策』第一三四号、一九～二九頁。

今田高俊（1989）『社会階層と政治』東京大学出版会。

今村仁司（1998）『近代の労働観』岩波書店。

ヴァン・パリース、P（2009）『ベーシック・インカムの哲学――すべての人にリアルな自由を』（後藤玲子・齊藤拓訳）勁草書房。

ウイルキンソン、リチャード＝ケイト・ピケット（2010）『平等社会』（酒井泰介訳）東洋経済新報社。

ウィントロープ、ノーマン編（1983）『自由民主主義の理論とその批判（氏家伸一訳）（上巻）』晃洋書房。

ヴェーバー、マックス（1989）『プロテスタンティズムの倫理と資本主義の精神』（大塚久雄訳）岩波書店。

ウォルツァー、マイケル（2003）『寛容について』（大川正彦訳）みすず書房。

宇都宮健児・湯浅誠編（2009）『派遣村――何が問われているのか』岩波書店。

宇野弘蔵・梅本克己（1976）『社会科学と弁証法』岩波書店。

江里口拓（2008）『福祉国家の効率と制御――ウェッブ夫妻の経済思想』昭和堂。

エンゲルス、フリードリッヒ（1965）『家族・私有財産・国家の起源』（戸原四郎訳）岩波書店。

遠藤乾（2008）「冷戦後のヨーロッパ統合――一九九二～九八年」遠藤乾編『ヨーロッパ統合史』名古屋大学出版会、二五五～二七九頁。

遠藤泰生（1999）「多文化主義とアメリカの過去」油井大三郎・遠藤泰生編『多文化主義のアメリカ』東京大学出版会、二一～五七頁。

大越愛子（1996）『フェミニズム入門』筑摩書房。

大沢真理（2007）『現代日本の生活保障システム』岩波書店。

大竹文雄（2005）『日本の不平等』日本経済新聞社。

大水善寛（2010）『J・A・ホブスンの新自由主義』九州大学出版会。

岡伸一（1999）『欧州統合と社会保障』ミネルヴァ書房。

岡眞人（1982）「G・D・H・コール晩年の社会主義像――福祉国家をこえて」『一橋研究』七（二）、一六～三一頁。

岡村東洋光・高田実・金澤周作編著（2012）『英国福祉ボランタリズムの起源――資本・コミュニティ・国家』ミネルヴァ書房。

小川有美（2009）「ヨーロッパ化する労働運動」新川敏光・篠田徹編著『労働と福祉国家の可能性』ミネルヴァ書房、二六八～二八三頁。

小川正浩（2009）「新段階へ向かう国際労働運動」新川敏光・篠田徹編著前掲書、二八四～三〇四頁。

小沢修司（2002）『福祉社会と社会保障改革』高菅出版。

小沢修司（2008）「日本におけるベーシック・インカムに至る道」武川正吾編著『シティズンシップとベーシック・インカムの可能性』法律文化社、一九四～二一五頁。

小野塚知二編著（2009）『自由と公共性――介入的自由主義とその思想的起点』日本経済評論社。

樫原朗（1973）『イギリス社会保障の史的研究Ｉ』法律文化社。

カースルズ、Ｓ＝Ｍ・Ｊ・ミラー（1996）『国際移民の時代』（関根政美・関根薫訳）名古屋大学出版会。

ガットマン、エイミー編（1996）『マルチカルチュラリズム』（佐々木毅・辻康夫・向山恭一訳）岩波書店。

加藤哲郎（1986）『国家論のルネサンス』青木書店。

金田耕一（2000）『現代福祉国家と自由』新評論。

カミングス、ジム＝マルセル・ダネシ（2005）『カナダの継承語教育』（中島和子・高垣俊之訳）明石書店。

亀嶋庸一（1995）『ベルンシュタイン――亡命と世紀末の思想』みすず書房。

カリニコス、アレックス（2004）『アンチ資本主義宣言』（渡辺雅男・渡辺景子訳）こぶし書房。

苅谷剛彦（2001）『階層化日本と教育危機――不平等再生産から意欲格差社会（インセンティヴ・ディヴァイド）へ』有信堂高文社。

ガルブレイス、Ｊ・Ｋ（1990）『ゆたかな社会』（鈴木哲太郎訳）岩波書店。

川上忠雄・増田寿男編（1989）『新保守主義の経済社会政策――レーガン、サッチャー、中曽根三政権の比較研究』法政大学出版局。

北岡勲（1985）『保守主義研究』御茶の水書房。

吉瀬征輔（1997）『英国労働党――社会民主主義を超えて』窓社。

キムリッカ、ウィル（1998）『多文化主義時代の市民権』（角田猛・石山文彦・山崎康仕監訳）晃洋書房。

キムリッカ、ウィル（2005）『新版　現代政治理論』（千葉眞・岡﨑晴輝監訳）日本経済評論社。

キムリッカ、ウィル（2012）『土着語の政治――ナショナリズム・多文化主義・シティズンシップ』（岡﨑晴輝・施光恒・竹島博之監訳）法政大学出版局。

クイントン、アンソニー（2003）『不完全性の政治学――イギリス保守主義思想の二つの伝統』東信堂。

クーペルス、ルネ＝ヨハネス・カンデル編（2009）『EU時代の到来』（田中浩・柴田寿子監訳）未来社。

グリーン、トマス・ヒル（2011）『イギリス革命講義――クロムウェルの共和国』（田中浩・佐野正子訳）未来社。

グレイ、ジョン（1985）『増補　ハイエクの自由論』（照屋佳男・古賀勝次郎訳）行人社。

グレイ、ジョン（2011）『ユートピア政治の終焉――グローバル・デモクラシーという神話』（松野弘監訳）岩波書店。

クロスランド、C・A・R（1961）『福祉国家の将来　1』（関嘉彦監訳）論争社。

ケニー、マイケル（2005）『アイデンティティの政治学』（藤原孝他訳）日本経済評論社。

コノリー、ウイリアム・E（1998）『アイデンティティ／差異』（杉田敦・齋藤純一・権左武志訳）岩波書店。

小林清一（2007）『アメリカン・ナショナリズムの系譜――統合の見果てぬ夢』昭和堂。

小林英夫（1970）『サミュエル・ゴンパーズ』ミネルヴァ書房。

ゴルツ、アンドレ（1993）『資本主義・社会主義・エコロジー』（杉村裕史訳）新評論。

ゴルツ、アンドレ（1997）『労働のメタモルフォーズ』（真下俊樹訳）緑風出版。

近藤正基（2009）『現代ドイツ福祉国家の政治経済学』ミネルヴァ書房。

近藤康史（2008）『個人の連帯』勁草書房。

ゴンパース、サミュエル（1969a）『サミュエル・ゴンパース自伝（上）――七十年の生涯と労働運動』（寺村誠一他訳）日本読書協会。

ゴンパース、サミュエル（1969b）『サミュエル・ゴンパース自伝（下）――七十年の生涯と労働運動』（寺村誠一他訳）日本読書協会。

佐々木専三郎（1977）『サミュエル・ゴンパース研究』晃洋書房。

佐々木毅（1993a）『アメリカの保守とリベラル』講談社。

佐々木毅（1993b）『現代アメリカの保守主義』岩波書店。

サッセン、サスキア（1992）『労働と資本の国際移動』（森田桐朗他訳）岩波書店。

サッセン、サスキア（2004）『グローバル空間の政治経済学』（田淵太一・原田太津男・尹春志訳）岩波書店。

佐藤俊樹（2000）『不平等社会日本』中央公論社。

塩原良和（2005）『ネオ・リベラル時代の多文化主義』三元社。

塩原良和（2010）『変革する多文化主義へ』法政大学出版局。

ジジェク、スラヴォイ（2006）『人権と国家』（岡崎玲子訳・インタヴュー）集英社。

シーブルック、ジェレミー（2004）『階級社会──グローバリズムと不平等』（渡辺雅男訳）青土社。

シュミット、カール（1970）『政治的なものの概念』（田中宏・原田武雄訳）未来社。

シュレジンガー Jr.、アーサー（1992）『アメリカの分裂──多文化社会についての所見』（都留重人監訳）岩波書店。

白波瀬佐和子編（2006）『変化する社会の不平等』東京大学出版会。

新川敏光（1993）『日本型福祉の政治経済学』三一書房。

新川敏光（1994）「カナダ福祉国家の発展と構造──年金制度を中心的事例として」国武輝久編著『カナダの憲法と現代政治』同文舘、七九～一一四頁。

新川敏光（1997）『戦後日本政治と社会民主主義』法律文化社。

新川敏光（1999）「医療保険──財政連邦主義の終焉」城戸喜子・塩野谷祐一編『先進諸国の社会保障三 カナダ』東京大学出版会、二三九～二五六頁。

新川敏光（2002）「グローバル社会は国家能力を減退させる？」『現代思想』第三〇巻第一五号、七六～八五頁。

新川敏光（2004a）「福祉国家の危機と再編──新しい社会的連帯の可能性を求めて」齋藤純一編著『福祉国家／社会的連帯の理由』ミネルヴァ書房、一三～五三頁。

新川敏光（2004b）「福祉国家の改革原理──生産主義から脱生産主義へ」塩野谷祐一・鈴村興太郎・後藤玲子編著『福祉の公共哲学』東京大学出版会、一九七～二一四頁。

新川敏光（2005）『日本型福祉レジームの発展と変容』ミネルヴァ書房。

新川敏光（2006）「カナダ連邦政治と国家統合──その持続と変容」『法学論叢』第一五八巻第五・六号、一四八～一七九頁。

新川敏光（2007）『幻視のなかの社会民主主義──戦後日本政治と社会民主主義（増補改題）』法律文化社。

新川敏光（2008）「カナダにおけるナショナル・アイデンティティの探求と超克の旅」新川敏光編著『多文化主義社会の福祉国

家——カナダの実験』ミネルヴァ書房、一～三九頁。

新川敏光（2009a）「嫌税の政治学」『生活経済政策』第一四四号、八～一四頁。

新川敏光（2009b）「福祉レジーム変容の比較と日本の軌跡」宮島洋・西村周三・京極高宣編『社会保障と経済』東京大学出版会、二九～五一頁。

新川敏光（2009c）「21世紀型労働運動を展望する」新川敏光・篠田徹編著『労働と福祉国家の可能性』ミネルヴァ書房、一～一三頁。

新川敏光（2010a）「カナダ多文化主義と国民国家」『法学論叢』第一六六巻第六号、三五～六七頁。

新川敏光（2010b）「基本所得は福祉国家を超えるか」『現代思想』第三八巻第八号、一六五～一八一頁。

新川敏光（2011a）「ポスト社会民主主義政治の展望」『思想』第一〇四七号（七月号）、三二～五二頁。

新川敏光（2011b）「福祉国家変容の比較枠組」新川敏光編著『福祉レジームの収斂と分岐』ミネルヴァ書房、一～四九頁。

新川敏光・井戸正伸・宮本太郎・眞柄秀子（2004）『比較政治経済学』有斐閣。

新川敏光＝ダニエル・ベラン（2007）「自由主義福祉レジームの多様性——断続均衡と漸増主義のあいだ」『法学論叢』第一五九巻第五・六号、一八四～二二〇頁。

新川敏光・篠田徹編著（2009）『労働と福祉国家の可能性』ミネルヴァ書房。

新川敏光・林成蔚・安周永（近刊）「家族主義福祉レジームの多様性——日韓台福祉レジームの比較研究」新川敏光編著『福祉レジーム』ミネルヴァ書房。

杉田敦（1999）「全体性・多元性・開放性」日本政治学会編『年報政治学一九九九——二〇世紀の政治学』岩波書店、三～一七頁。

杉田敦（2005）『境界線の政治学』岩波書店。

杉田俊介（2005）『フリーターにとって「自由」とは何か』人文書院。

鈴木一人（2008）「21世紀のヨーロッパ統合」遠藤乾編『ヨーロッパ統合史』名古屋大学出版会、二八〇～三〇九頁。

生活経済政策研究所（1999）『ヨーロッパの新しい政治と「第三の道」』訪欧調査団報告。

生活経済政策研究所（2000）『ヨーロッパ社会民主主義「第三の道」論集（Ⅰ）』。

生活経済政策研究所（2001）『ヨーロッパ社会民主主義「第三の道」論集（Ⅱ）多様な「第三の道」』（Cuperus, R. K. Duffek, and

J. Kandel. Wiardi Beckman Stichting (ed.), *Multiple Third Ways: European Social Democracy facing the Twin Revolution of Globalization and the Knowledge Society*)。
生活経済政策研究所（2002）『ヨーロッパ社会民主主義「第三の道」論集（Ⅲ）労働組合と中道左派政権』。

関口礼子・波田克之介編（2006）『多様社会カナダの「国語」教育』東信堂。

高川清明（1992）「イギリスにおけるバッケリズムの研究」『明治大学社会学部研究所紀要』第三一巻第一号、五三〜六二頁。

高田宏史（2011）『世俗と宗教のあいだ――チャールズ・テイラーの政治理論』風行社。

田口富久治（1973）『現代政治学の諸潮流』未来社。

武川正吾編著（2008）『シティズンシップとベーシック・インカムの可能性』法律文化社。

竹信三恵子（2009）『ルポ雇用劣化不況』岩波書店。

橘木俊詔（1998）『日本の経済格差』岩波書店。

立岩真也・齊藤拓（2010）『ベーシック・インカム――分配する最少国家の可能性』青土社。

田中浩（2011）「解説『イギリス革命』再考」トマス・ヒル・グリーン『イギリス革命講義――クロムウェルの共和国』（田中浩・佐野正子訳）未來社、一七三〜二〇一頁。

田中浩（2013）「リベラル・デモクラシーからソーシャル・デモクラシーへ――現代世界の思想を理解する一視点として」田中浩編『リベラル・デモクラシーとソーシャル・デモクラシー』未來社、七〜二八頁。

タミール、ヤエル（2006）『リベラルなナショナリズムとは』（押村高・森分大輔訳）夏目書房。

ダール、ロバート・A（2006）『ダール、デモクラシーを語る』（伊藤武訳）岩波書店。

タロー、シドニー（2006）『社会運動の力』（大畑裕嗣監訳）彩流社。

「中央公論」編集部編（2001）『論争・中流崩壊』中公新書ラクレ。

鄭暎惠（チョン・ヨンへ）（2003）『〈民が代〉斉唱』岩波書店。

辻由希（2012）『家族主義福祉レジームの再編とジェンダー政治』ミネルヴァ書房。

辻内鏡人（2001）『現代アメリカの政治文化――多文化主義とポストコロニアリズムの交錯』ミネルヴァ書房。

テイラー、チャールズ（1996）「承認をめぐる政治」エイミー・ガットマン編前掲書、三七〜一一〇頁。

テイラー、チャールズ（2010）『自我の源泉——近代的アイデンティティの形成』（下川潔・桜井徹・田中智彦訳）名古屋大学出版会。

戸澤健次（2010）「イギリス保守主義の二大潮流——ベンジャミン・ディズレーリとロバート・ピール」野田裕久編『保守主義とは何か』ナカニシヤ出版、五〇〜七一頁。

年越し派遣村実行委員会編（2009）『派遣村——国を動かした六日間』毎日新聞社。

トムスン、エドワード・P（2003）『イングランド労働者階級の形成』（市橋秀夫訳）青弓社。

中澤信彦（2009）『イギリス保守主義の政治経済学』ミネルヴァ書房。

中野麻美（2006）『労働ダンピング』岩波新書。

中野剛充（2007）『テイラーのコミュニタリアニズム——自己・共同体・近代』勁草書房。

中村健吾（2005）『欧州統合と近代国家の変容』昭和堂。

名古忠行（1987）『フェビアン協会の研究』法律文化社。

名古忠行（2002）『イギリス社会民主主義の研究』法律文化社。

名古忠行（2005）『ウェッブ夫妻の生涯と思想——イギリス社会民主主義の源流』法律文化社。

西尾孝司（2005）『ベンサムの幸福論』晃洋書房。

西川長夫（2001）『増補　国境の越え方』平凡社。

ネグリ、A＝M・ハート（2004）『マルチチュード　上下』（幾島幸子訳）NHKブックス。

野田祐久編（2010）『保守主義とは何か』ナカニシヤ出版。

ハイエク、F・A（1986-87）『自由の条件［Ⅰ］、［Ⅱ］、［Ⅲ］』（気賀健三・古賀勝次郎訳）春秋社。

ハイエク、F・A（1987-88）『法と立法と自由［Ⅰ］、［Ⅱ］、［Ⅲ］』（矢島鈞次・水吉俊彦・篠塚信吾・渡辺茂訳）春秋社。

ハイエク、F・A（1992）『隷属への道』（中山千明訳）春秋社。

萩原進（1989）「転換期の労使関係とレーガン政権」川上忠雄・増田寿男編前掲書、一八〇〜二一三頁。

バーク、エドマンド（1989）『フランス革命の省察』（半沢孝麿訳）みすず書房。

バーグマン、ヴァリティ（2006）「サンディカリズムからシアトルへ」『生活経済政策』第一一三号。

ハージ、ガッサン（2003）『ホワイト・ネイション』（保苅実・塩原良和訳）平凡社。

橋本健二（1999）『現代日本の階級構造』東信堂。

畠山弘文（1989）『官僚制支配の日常構造』三一書房。

初瀬龍平編著（1996）『エスニシティと多文化主義』同文舘。

パットナム、ロバート・D（2001）『哲学する民主主義――伝統と改革の市民構造』（河田潤一訳）NTT出版。

バトラー、エイモン（1991）『ハイエク　自由のラディカリズムと現代』（鹿島信吾・清水元訳）筑摩書房。

バーバー、ウイリアム・J（2011）『グンナー・ミュルダール――ある知識人の生涯』（藤田菜々子訳）勁草書房。

ハーバーマス、ユルゲン（2000）『近代――未完のプロジェクト』（三島憲一監訳）岩波書店。

濱嶋朗（1991）『現代社会と階級』東京大学出版会。

林信吾（1999）『これが英国労働党だ』新潮社。

林信吾（2005）『しのびよるネオ階級社会――〝イギリス化〟する日本の格差』平凡社。

原純輔（1993）「政治的態度の変容と階層・ジェンダー」直井優他編『日本社会の新潮流』東京大学出版会。

原純輔・盛山和夫（1999）『社会階層』東京大学出版会。

バリー、ノーマン・P（1984）『ハイエクの社会・経済哲学』（矢島鈞次訳）春秋社。

ハリス、ホセ（1995）『ウィリアム・ベヴァリッジ　その生涯　上』（柏野健三訳）星雲社。

ハリス、ホセ（1997）『ウィリアム・ベヴァリッジ　その生涯　中』（柏野健三訳）星雲社。

ハリス、ホセ（1999）『ウィリアム・ベヴァリッジ　その生涯　下』（柏野健三訳）星雲社。

ハリスン、ロイドン（2005）『ウエッブ夫妻の生涯と時代――一八五八～一九〇五年：生誕から共同事業の形成まで』（大前眞訳）ミネルヴァ書房。

ヒルシュ、ヨアヒム（2007）『国家・グローバル化・帝国主義』（表弘一郎・木原滋哉・中村健吾訳）ミネルヴァ書房。

フィッツパトリック、トニー（2005）『自由と保障――ベーシック・インカム論争』（武川正吾・菊地英明訳）勁草書房。

福士正博（2009）『完全従事社会の可能性――仕事と福祉の新構想』日本経済評論社。

福田歓一（2009）『デモクラシーと国民国家』（加藤節編）岩波書店。

福田敏浩（1999）「社会的市場経済の原像――ドイツ経済政策の思想的源流」『彦根論叢』第三二〇号。

フーコー、ミシェル（2008）『生政治の誕生』（慎改康之訳）筑摩書房。

藤田菜々子（2010）『ミュルダールの経済学』ＮＴＴ出版。

ブラウン、ウェンディ（2010）『寛容の帝国――現代リベラリズム批判』（向山恭一訳）法政大学出版局。

ブランデイジ、アンソニー（2002）『エドウィン・チャドウィック――福祉国家の開拓者』（廣重準四郎・藤井透訳）ナカニシヤ出版。

フリートウッド、スティーヴ（2006）『ハイエクのポリティカル・エコノミー』（佐々木憲介・西部忠・原伸子訳）法政大学出版局。

ブルース、モーリス（1984）『福祉国家への歩み　第四版』（秋田成就訳）法政大学出版局。

古谷旬（2002）『アメリカニズム――「普遍国家」のナショナリズム』東京大学出版会。

ベック、ウルリヒ（1998）『危険社会』（東廉・伊藤美登里訳）法政大学出版局。

細川道久（2007）『カナダ・ナショナリズムとイギリス帝国』刀水書房。

ボッビオ、ノルベルト（1977）『右と左』（片桐薫・片桐圭子訳）御茶の水書房。

ホブズボーム、Ｅ・Ｊ（1968）『イギリス労働史研究』（永井義雄・鈴木幹久訳）ミネルヴァ書房。

ホブハウス、Ｌ・Ｔ（2010）『自由主義――福祉国家への思想転換』（吉崎祥司監訳）大月書店。

ホリンガー、デイヴィッド・Ａ（2002）『ポストエスニック・アメリカ――多文化主義を超えて』（藤田文子訳）明石書店。

増田寿男（1989）「イギリス資本主義の危機とサッチャリズム」川上忠雄・増田寿男編前掲書、二二四〜三〇二頁。

マックウィリアム、ローハン（2004）『一九世紀イギリスの民衆と政治文化』（松塚俊三訳）昭和堂。

マルクス、カール（1954）『哲学の貧困』（高木祐一郎訳）大月書店。

マルクス、カール（1956）『経済学批判』（武田隆夫他訳）岩波書店。

マルクス、カール（1964）『経済学・哲学草稿』（城塚登・田中吉六訳）岩波書店。

マルクス、カール（1968）『資本論第一巻　二』（マルクス＝エンゲルス全集刊行委員会訳）大月書店。

マルクス、カール＝フリードリッヒ・エンゲルス（1952）『共産党宣言　共産主義原理』（マルクス＝レーニン主義研究所訳）大月書店。

マルクス、カール＝フリードリッヒ・エンゲルス（1966）『新版ドイツ・イデオロギー』（花崎皋平訳）合同出版。

丸山眞男（1995）「『現実主義』の陥穽」『丸山眞男集　第五巻』岩波書店。

萬田悦生（2008）『文明社会の政治原理――F・A・ハイエクの政治思想』慶應義塾大学出版会。

マンハイム、カール（1997）『保守主義的思考』（森博訳）筑摩書房。

マンハイム、カール（2006）『イデオロギーとユートピア』（高橋徹・徳永恂訳）中央公論社。

三浦展（2005）『下流社会――新たな階層集団の出現』光文社。

水島治郎（2012）『反転する福祉国家――オランダモデルの光と影』岩波書店。

宮川公男（2004）「ソーシャル・キャピタル論――歴史的背景、理論および政策的含意」宮川公男・大守隆編『ソーシャル・キャピタル――現代経済社会のガバナンスの基礎』東洋経済新報社、三～五三頁。

宮川公男・大守隆編（2004）『ソーシャル・キャピタル――現代経済社会のガバナンスの基礎』東洋経済新報社。

宮寺由佳（2008）「スウェーデンにおける就労と福祉――アクティヴェーションからワークフェアへの変質」『外国の立法』第二三六号、一〇二～一一四頁。

宮本太郎（1999）『福祉国家という戦略』法律文化社。

宮本太郎（2004）「新しい右翼と福祉ショービニズム」齋藤純一編著『福祉国家／社会的連帯の理由』ミネルヴァ書房。

宮本太郎（2008）『福祉政治』有斐閣。

宮本太郎（2009）『生活保障』岩波書店。

宮本太郎（2011）「社会的包摂とEUのガヴァナンス」『未来』第五三六号、一七～二五頁。

宮本太郎・イト＝ペング・埋橋孝文（2003）「日本型福祉国家の位置と動態」G・エスピン－アンデルセン編『転換期の福祉国家』（埋橋孝文監訳）早稲田大学出版部、二九五～三三六頁。

ムフ、シャンタル（2005）『政治的なものについて』（酒井隆史・篠原雅武訳）明石書店。

ムフ、シャンタル（2006）『民主主義の逆説』（葛西弘隆訳）以文社。

村上泰亮（1984）『新中間大衆の時代』中央公論社。

村田光義（2007）『イギリス自由党の社会政策　一九〇六～一九一四――老齢年金制度の成立過程と社会改革の先駆者たち』尚

学社。

メンダス、スーザン（1997）『寛容と自由主義の限界』（谷本光男・北尾宏之・平石隆敏訳）ナカニシヤ出版。

百瀬宏・小倉充夫編（1992）『現代国家と移民労働者』有信堂。

森田雅憲（2009）『ハイエクの社会理論』日本経済評論社。

森元孝（2006）『フリードリヒ・フォン・ハイエクのウイーン』新評論。

薬師院仁志（2011）『社会主義の誤解を解く』光文社。

山岸俊男（1998）『信頼の構造――こころと社会の進化ゲーム』東京大学出版会。

山岸俊男（1999）『安心社会から信頼社会へ――日本型システムの行方』中央公論社。

山岸俊男（2008）『日本の「安心」はなぜ、消えたのか』集英社インターナショナル。

山口定・高橋進編（1998）『ヨーロッパ新右翼』朝日新聞社。

山崎弘之（2007）『ハイエク・自制的秩序の研究』成文堂。

山田鋭夫（1991）『レギュラシオン・アプローチ』藤原書店。

山田鋭夫（1994）『20世紀資本主義――レギュラシオンで読む』有斐閣。

山田昌弘（2004）『希望格差社会』筑摩書房。

山中優（2007）『ハイエクの政治思想』勁草書房。

山本賢蔵（2003）『右傾化に魅せられた人々』河出書房新社。

山本卓（2009）「レオナード・ホブハウスの『自由主義的社会主義』――ナショナルミニマムの政治理論」政治思想学会編『政治思想研究』第九号、三六五～三九六頁。

山森亮（2009）『ベーシック・インカム入門』光文社。

ヤング、アイリス・M（1996）「政治体と集団の差異――普遍的シティズンシップの理念に対する批判」『思想』第八六七号。

湯浅誠（2008）『反貧困――「すべり台社会」からの脱出』岩波書店。

吉浜精一郎（2001）『オーストラリア多文化主義の軌跡　一九九二～二〇〇〇年』ナカニシヤ出版。

ライシュ、ロバート・B（2002）『勝者の代償』（清家篤訳）東洋経済新報社。

ライシュ、ロバート・B（2008）『暴走する資本主義』（雨宮博・今井章子訳）東洋経済新報社。

ラッセル、バートランド（2009）『怠情への讃歌』（堀秀彦・柿村峻訳）平凡社。

ラファルグ、ポール（2008）『怠ける権利』（田淵晋也訳）平凡社。

リー、フィル＝コリン・ラバン（1991）『福祉理論と社会政策』（向井喜典・藤井透訳）昭和堂。

リクール、ポール（2011）『イデオロギーとユートピア』（ジョン・テイラー編、川﨑惣一訳）新曜社。

リフキン、ジェレミー（1996）『大失業時代』（松浦雅之訳）ＴＢＳブリタニカ。

ルッツ、トム（2006）『働かない――「怠けもの」と呼ばれた人たち』（小澤英実・篠儀直子訳）青土社。

レッシェ、ペーター＝フランツ・ヴァルター（1996）『ドイツ社会民主党の戦後史』（岡田浩平訳）三元社。

レーニン、ヴェ・イ（1968）「何をなすべきか」『新版レーニン選集　一』（レーニン全集刊行委員会訳）大月書店。

レーニン、ヴェ・イ（1970）「プロレタリア革命と背教者カウツキー」『新版レーニン選集　五』（レーニン全集刊行委員会訳）大月書店。

ロック、ジョン（2007）『統治二論』（加藤節訳）岩波書店。

ローチ、ケント（2008）「カナダにおける国家安全保障政策とムスリム・コミュニティ」新川編著前掲書、二九三～三一二頁。

ローティ、リチャード（2000）『アメリカ　未完のプロジェクト』（小澤照彦訳）晃洋書房。

若松繁信（1991）『イギリス自由主義史研究――Ｔ・Ｈ・グリーンと知識人政治の季節』ミネルヴァ書房。

渡辺博明（2002）『スウェーデンの福祉制度改革と政治戦略』法律文化社。

渡辺雅男（1993-1995）「現代日本における階級格差とその固定化（1）～（4）」『一橋大学研究年報・社会学研究』第三一～三四巻。

渡辺雅男（1996）「マルクスにおける階級の概念」『一橋大学研究年報・社会学研究』第三五巻、三～一三八頁。

渡辺雅男（1997a）「ヴェーバーにおける階級の概念」『一橋大学研究年報・社会学研究』第三六巻、三～四七頁。

渡辺雅男（1997b）「書評：John Scott 著 Stratification & Power: Structures of Class, Status and Command」『日本労働社会学年報・転換期の「企業社会」』第八号。

渡辺雅男＝ジョン・スコット（1998）『階級論の現在――イギリスと日本』青木書店。

渡辺雅男（2004）「福祉資本主義の危機と家族主義の未来」経済理論学会編『季刊経済理論』第四一巻第二号、三～一四頁。

渡辺雅男（2009）『階級政治』昭和堂。

英語文献

Alesina, A. and E. Glaeser (2004) *Fighting Poverty in the US and Europe: A World of Difference*. Oxford: Oxford University Press.

Anderson, Benedict (1983) *Imagined Communities*. London: Verso.

Anderson, C. G. and J. H. Black (2008) "The Political Integration of Newcomers, Minorities, and the Canadian-Born: Perspectives on Naturalization, Participation, and Representation," pp. 45–75 in J. Biles, M. Burnstein, and J. Frideres (eds.), *Immigration and Integration in Canada*. Kingston, Ont.: School of Policy Studies, Queen's University.

Atkinson, A. B. (1996) "A Case for a Participation Income," *Political Quarterly* 67(1): 67–70.

Atkinson, Robert D. (2006) "Inequality in the New Knowledge Economy," pp. 52–68 in A. Giddens and P. Diamond (eds.), *The New Egalitarianism*. Cambridge, U. K.: Polity.

Babcock, Robert H. (1974) *Gompers in Canada: A Study in American Continentalism before the First World War*. Toronto: University of Toronto Press.

Bader, Veit (2001) "Associative Democracy and the Incorporation of Minorities: Critical Remarks on Paul Hirst's Associative Democracy," pp. 187–202 in P. Hirst and V. Bader (eds.), *Associative Democracy: the Real Third Way*. London: Frank Cass.

Baily, David J. (2009) *The Political Economy of European Social Democracy*. London: Routledge.

Banting, K. and W. Kymlicka (2005) "Do Multiculturalism Policies Erode the Welfare State ?," a revised paper presented to the Colloquium Francqui 2003, Cultural Diversities versus Economic Solidarity, Brussels, February 28–March1, 2003.

Banting, K., T. J. Courchene, and L. Seidle (2007) *The Art of the State Volume III Belonging? Diversity, Recognition and Shared Citizenship in Canada*. Quebec: The Institute for Research on Public Policy.

Baron, S., J. Field, and T. Schuller, eds. (2000) *Social Capital: Critical Perspectives*. Oxford: Oxford University Press.

Barrientos, A. and M. Powell (2004) "The Route Map of the Third Way," pp. 9–26 in S. Hale, W. Leggett, and L. Martell (eds.), *The Third Way and Beyond: Criticisms, Futures, Alternatives*. Manchester: Manchester University Press.

Beck, Ulrich (2000) *The Brave New World of Work*. Cambridge, U. K.: Polity.

Beck, Ulrich (2004) "Inequality and Recognition: Pan-European Social Conflicts and Their Political Dynamic," pp. 120–142 in A. Giddens and P. Diamond (eds.), *The New Egalitarianism*. Cambridge, U. K.: Polity.

Beck, U., A. Giddens, and S. Lash (1994) *Reflexive Modernization*. Cambridge, U. K.: Polity Press.

Beland, Daniel and Toshimitsu Shinkawa (2007) "Public and Private Policy Change: Pension Reform in Four Countries," *Policy Studies Journal* 35(3): 349–371.

Bell, Daniel (1973) *The Coming of Post-Industrial Society*. New York: Basic Books.

Bell, Daniel (1988) *The End of Ideology* (with a new afterword). Cambridge, Mass.: Harvard University Press.

Bennett, Lance (1998) "The Uncivic Culture: Communication, Identity, and the Rise of Lifestyle Politics," *PS* (December): 741–761.

Berlin, Isaiah (1969) *Four Essays on Liberty*. Oxford: Oxford University Press.

Bernstein, Eduard (1993) *The Preconditions of Socialism*, edited and translated by Henry Tudor. Cambridge, U. K.: Cambridge University Press.

Bickenton, G. and J. Stinson (2008) "Challenges Facing the Canadian Labour Movement in the Context of Globalization, Unemployment and Casualization of Labour," pp. 161–177 in Bieler, Lindberg, and Pillay (eds.), *Labor and Challenges of Globalization: What Prospects for Transnational Solidarity*. London: Pluto Press.

Bieler, A., I. Lindberg, and D. Pillay (2008) "The Future of the Global Working Class: An Introduction," pp. 1–22 in Bieler, Lindberg, and Pillay (eds.), *op. cit.*

Bieler, A. and T. Schulten (2008) "European Integration: A Strategic Level for Trade Union Resistance to Neoliberal Restructuring and for the Promotion of Political Alternative?," pp. 231–247 in Bieler, Lindberg, and Pillay (eds.), *op. cit.*

Bieler, A., I. Lindbeng, and D. Pillay, eds. (2008) *Labor and Challenges of Globalization: What Prospects for Transnational Solidarity*. London: Pluto Press.

Biles, John (2008) "Integration Policies in English-Speaking Canada," pp. 139–186 in Biles, et al. (eds.), *op. cit.*

Biles, J., M. Burstein, and J. Frideres, eds. (2008) *Immigration and Integration in Canada*. Montreal and Kingston: McGill-Queen's

University Press.

Blair, Tony (1998) *The Third Way: New Politics for the New Century*. London: Fabian Society.

Blair, T., and G. Schroeder (1999) *Europe: The Third Way/ Die Neue Mitte*（生活経済政策研究所訳「『第三の道』／新中道――ヨーロッパ社会民主主義の漸進の道」『ヨーロッパの新しい政治と「第三の道」』生活経済研究所、一九九九年）.

Block, Fred and Jeff Manza (1997) "Could We End Poverty in a Postindustrial Society? The Case for a Progressive Negative Income Tax," *Politics and Society* 25(4): 473–511.

Bloom, Allan (1987) *The Closing of the American Mind*. New York: Penguin（菅野盾樹訳『アメリカン・マインドの終焉』みすず書房、一九八八年）.

Bloemraad, Irene (2006) *Becoming A Citizen*. Berkeley: University of California Press.

Bonoli, Giuliano (2000) *The Politics of Pension Reform*. Cambridge, U. K.: Cambrdige University Press.

Bonoli, Giuliano and T. Shinkawa, eds. (2005) *Ageing and Pension Reform around the World*. Cheltenham: Edward Elgar.

Bonoli, Giuliano and David Natali, eds. (2012) *The Politics of the New Welfare State*. Oxford: Oxford University Press.

Bouchard, Luchien (1997) "Statement by Luchien Bouchar, Prime Minister of Quebec, following the meeting of the first ministers' meeting in Calgary" (www.saic.gouv.qc.ca/publications).

Bouchard, Gérard and Charles Taylor (2008) "Building the Future: A Time for Reconciliation—Abridged Report" (http://www.cpj.ca/en/content/building-intercultural-future).

Bouvet, Laurent and F. Michel (1999) "Pluralism and the Future of the French Left," pp. 35–46 in Gavin Kelly (ed.), *The New European Left*. London: Fabian Society.

Braverman, Harry (1974) *Labor and Monopoly Capital: The Degradation of Work in the Twentieth Century*. New York: Monthly Review Press.

Breen, R. and D. Rottman (1995) *Class Stratification*. New York: Harvester Weatsheaf.

Bririentos, A. and M. Powell (2004) "The Route of the Third Way," pp. 9–26 in S. Hale, W. Leggett, and L. Martell (eds.), *The Third Way and Beyond*. Manchester: Manchester University Press.

Brittain, Sammuel (1990) "The Case for Basic Incomes," pp. 1–11 in S. Brittain and S. Webb (eds.), *Beyond the Welfare State: An Examination of Basic Incomes in a Market Economy*. Aberdeen: Aberdeen University Press.

Burke, Edmund (1913) *Burke's Reflections on the French Revolution*, edited with Introduction and Notes by F. G. Selby. London: Macmillan and Co.

Callinicos, Alex (2001) *Against the Third Way*. Cambridge, U. K.: Polity Press（中谷義和監訳『「第三の道」を超えて』日本経済評論社、二〇〇三年）.

Calvert, Peter (1982) *The Concept of Class*. London: Hutchinson.

Cameron, David (1984) "Social Democracy, Corporatism, Labour Quiescence, and the Representation of Economic Interest in Advanced Capitalist Society," pp. 143–178 in J. Goldthorpe (ed.), *Order and Conflict in Contemporary Capitalism*. Oxford: Clarendon Press.

Cammack, Paul (2004) "Giddens's Way with Words," pp. 151–166 in S. Hale, W. Leggett, and L. Martell (eds.), *op. cit.*

Carter, John, ed. (1998) *Postmodernity and the Fragmentation of Welfare*. London: Routledge.

Castles, F. and D. Mckinlay (1979) "Does Politics Matter: An Analysis of the Public Welfare Commitment in Advanced Democratic States," *European Journal of Political Research* 7: 169–186.

Castles, F. and D. Mitchell (1992) "Identifying Welfare State Regimes," *Governance* 5: 1–26.

Cattacin, S. and V. Tattini (1997) "Reciprocity Schemes in Unemployment Regulation Policies: Towards a Pluralistic Citizenship of Marginalisation?" *Citizenship Studies* 1(3): 351–364.

Caulfield, Norman (2010) *NAFTA and Labor in North America*. Urbana and Chicago: University of Illinois Press.

Clark, T. N. and S. M. Lipset (1991) "Are Social Classes Dying?" *International Sociology* 6(4) in Lee and Turner 1996: 42–59.

Clark, T. N., S. M. Lipset, and M. Rempel (1993) "The Declining Political Significance of Social Class," *International Sociology* 8(3): 293–316.

Clayton, R. and J. Pontusson (1998) "Welfare-State Retrenchment Revisited," *World Politics* 51(1): 67–98.

Cohen, G. A. (2009) *Why Not Socialism?* Princeton: Princeton University Press.

Cole, G. D. H. (1952) *The Development of Socialism during the Past Fifty Years*. London: University of London, Athlone Press.

Coleman, James S. (1990) *Foundations of Social Policy*. Cambridge, Mass.: Harvard University Press.

Crompton, Rosemary (1993) *Class and Stratification: An Introduction to Current Debates*. Oxford: Polity Press.

Crompton, Rosemary (1996) "Gender and Class Analysis," pp. 115–126 in Lee and Turner 1996.

Dahrendolf, Ralf (1959) *Class and Class Conflict in Industrial Society*. London: Routledge and Kegan Paul.

Davidson, Stephen, M. (2010) *Still Broken: Understanding the U. S. Health Care System*. Stanford, Cal.: Stanford University Press.

Dimitrakopoulos, D. G., ed. (2011) *Social Democracy and European Integration*. London: Routledge.

Driver, Stephen and Luke Martell (2001) "Left, Right and the Third Way," pp. 36–49 in A. Giddens (ed.), *The Global Third Way Debate*. Cambridge: Polity.

Erikson, R. and J. H. Goldthorpe (1987) "Commonality and Variation in Social Fluidity in Industrial Nations, Part I and II," *European Sociological Review* 3(1): 54–77; 3(2): 145–166.

Erikson, R. and J. H. Goldthorpe (1988) "Women and Class at Crossroads: A Critical Note," *Sociology* 22: 545–548.

Erikson, R. and J. H. Goldthorpe (1992a) *The Constant Flux: Class Mobility in Industrial Societies*. Oxford: Clarendon Press.

Erikson, R. and J. H. Goldthorpe (1992b) "Individual or Family? Results from Two Approaches to Class Assignment," *Acta Sociologica* 35: 95–106.

Esping-Andersen, G. (1985) *Politics against Markets*. Princeton, N. J.: Princeton University Press.

Esping-Andersen, G. (1990) *The Three World of Welfare Capitalism*. Princeton: Princeton University Press（岡沢憲芙・宮本太郎監訳『福祉資本主義の三つの世界』ミネルヴァ書房、二〇〇一年）.

Esping-Andersen, G. (1999a) *Social Foundations of Postindustrial Economics*. Oxford: Oxford University（渡辺雅男・渡辺景子訳『ポスト工業経済の社会的基礎』桜井書店、二〇〇〇年）.

Esping-Andersen, G. (1999b) "Politics without Class: Postindustrial Cleavages in Europe and America," pp. 293–316 in H. Kitschelt et al. (eds.), *Continuity and Change in Contemporary Capitalism*. Cambridge, Mass.: Cambridge University Press.

Esping-Andersen, G. (2006) "Inequality of incomes and opportunities," pp. 8–38 in A. Giddens and P. Diamond (eds.), *op. cit.*

Esping-Andersen, G and M. Regini, eds. (2000) *Why Deregulate Labour Markets?* Oxford: Oxford University Press.

ESP (European Social Partners) (2006) *Implementation of the European Framework Agreement on Telework*, adopted by the Social Dialogue Committee on 28 June 2006.

Evans, Robert (1993) "Less is More: Contrasting Styles in Health Care," pp. 21–41 in David Thomas (ed.), *Canada and the United States: Differences That Count*. Peterborough, Ont.: Broadview Press.

Evans, B. P., D. Rueshemeyer, and T. Skocpol, eds. (1985) *Bringing the State Back In*. Cambridge, Mass.: Cambridge University Press.

Ferrera, Maurizio (1996) "The Southern Model in Social Europe," *Journal of European Social Policy* 6: 17–37.

Flaherty, D. and F. E. Manning, eds. (1993) *The Beaver Bites Back? American Popular Culture in Canada*. Montreal and Kingston: McGill-Queen's University Press.

Flynn, Rob (1997) "Quasi-Welfare, Associationalism and the Social Division of Citizenship," *Citizenship Studies* 1(3): 335–350.

Foucault, Michel (1975) *Discipline and Punish: The Birth of the Prison*. London: Penguin.

Friedman, Milton (1962) *Capitalism and Freedom*. Chicago, Ill.: University of Chicago Press（熊谷尚夫・西山千明・白井孝昌訳『資本主義と自由』マグロウヒル好学社、一九七五年）.

Fukuyama, Francis (1995) *Trust: The Social Virtues and the Creation of Prosperity*. New York: Free Press（加藤寛訳『「信」なくば立たず』三笠書房、一九九六年）.

Gagnon, A. G. and A. B. Tanguay (2007) *Canadian Parties in Transition, 3rd* ed. Toronto: Broadview Press.

Garrett, Geoffrey (1998a) "Global Markets and National Politics: Collision Course or Virtuous Circle?," *International Organization* 52 (4): 787–824.

Garrett, Geoffrey (1998b) *Partisan Politics in the Global Economy*. Cambridge, U. K.: Cambridge University Press.

Geoghegan, Vincent (2008) *Utopianism and Marxism*. Switzerland, Bern: Peter Lang.

Giddens, Anthony (1994) *Beyond Left and Right*. Cambridge, U. K.: Polity.

Giddens, Anthony (1998) *The Third Way: The Renewal of Social Democracy*. Cambridge, U. K.: Polity Press（佐和隆光訳『「第三

の道』』日本経済新聞社、一九九八年).
Giddens, Anthony (2000) *The Third Way and its Critics*. Cambridge, U. K.: Polity Press（今枝法之・干川剛史訳『「第三の道」とその批判』晃洋書房、二〇〇〇年).
Giddens, Anthony (2001) "Introduction," pp. 1-21 in A. Giddens (ed.), *The Global Third Way Debate*. Cambridge, U. K.: Polity.
Giddens, A. and D. Held, eds. (1982) *Classes, Power, and Conflict*. Berkeley: University of California Press.
Giddens, A. and W. Hutton, eds. (2000) *Global Capitalism*. New York: New Press.
Gilens, Martin (1999) *Why Americans Hate Welfare: Race, Media, and the Politics of Antipoverty Policy*. Chicago: University of Chicago Press.
Gill, Stephen R. and David Law (1989) "Global Hegemony and the Structural Power of Capital," *International Studies Quarterly* 33: 475-499.
Glazer, Nathan (1997) *We Are All Multiculturalists Now*. Cambridge, Mass.: Harvard University Press.
Goldthorpe, J. H. (1980) *Social Mobility and Class Structure in Modern Britain, 2nd* ed. Oxford: Oxford University Press.
Goldthorpe, J. H. (1983) "Women and Class Analysis: In Defense of the Conventional View," *Sociology* 17(4): 465-488.
Goldthorpe, J. H. (1984) "A Reply to the Replies," *Sociology* 18(4): 491-499.
Goldthorpe, J. H. (1996) "Class and Politics in Advanced Industrial Societies," pp. 196-208 in Lee and Turner 1996.
Goldthorpe, J. H. and Gordon Marshall (1992) "The Promising Future of Class Analysis: A Response to Recent Critiques," *Sociology* 26(3) in Lee and Turner 1996: 98-109.
Goodhart, David (2004) "Britain's Glue: the Case for Liberal Nationalism," pp. 154-170 in A. Giddens and P. Diamond (eds.), *op. cit.*
Goodin, R. E. (2001) "Work and Welfare: Towards a Post-Productivist Welfare Regime," *British Journal of Political Science* 31: 13-39.
Gorz, Andre (1982) *Farewell to the Working Class* (translated by M. Sonenscher). London: Pluto.
Gorz, Andre (1999) *Reclaiming Work: Beyond the Wage-Based Society* (translated by Chris Turner). Cambridge, U. K.: Polity.
Gough, Ian (1979) *The Political Economy of the Welfare State*. London: Macmillan Press（小谷義次他訳『福祉国家の経済学』大月

書店、一九九二年).
Grant, George (1965) *Lament for a Nation*. Ottawa: Carlton University Press.
Gray, John (1998) *False Dawn*. New York: New Press (石塚雅彦訳『グローバリズムという妄想』日本経済新聞社、一九九九年).
Gwyn, Richard (1995) *Nationalism without Walls: The Unbearable Lightness of Being Canadian*. Toronto: McClelland & Stewart.
Hacker, Jacob S. (2002) *The Divided Welfare State*. Cambridge, U. K.: Cambridge University Press.
Hall, Peter A. (1986) *Governing the Economy*. New York: Oxford University Press.
Hall, Peter A. (1999) "Social Capital in Britain," *British Journal of Political Science* 29: 417-461.
Halpern, David (2005) *Social Capital*. Cambridge, U. K.: Polity.
Hartz, Louis (1964) T*he Founding of New Societies : Studies in the History of the United States, Latin America, South Africa, Canada, and Australia*. San Diego: Harcourt, Brace & World.
Harvey, David (1990) *The Condition of Postmodernity*. Oxford: Basil Blackwell (吉原直樹訳『ポストモダニティの条件』青木書店、一九九九年).
Harvey, David (2005) *A Brief History of Neoliberalism*. Oxford: Oxford University Press (渡辺治監訳『新自由主義』作品社、二〇〇七年).
Heberle, R. (1959) "Recovery of Class Theory," *Pacific Sociological Review* 2(1): 18-24.
Heidenreich, M. and J. Zeitlin, eds. (2009) *Changing European Employment and Welfare Regimes*. London: Routledge.
Held, David (1995) *Democracy and the Global Order*. Cambridge, U. K.: Polity Press (佐々木寛他訳『デモクラシーと世界秩序』NTT出版、二〇〇二年).
Held, David (2004) *Global Covenant*. Cambridge, U. K.: Polity Press. (中谷義和・柳原克行訳『グローバル社会民主政の展望』日本経済評論社、二〇〇五年).
Hero, R. and C. Tolbert (1996) "A Racial/Ethnic Diversity Interpretation of Politics and Policy in the States of the US," *American Journal of Political Science* 40: 851-871.
Hewitt, Roger (2005) *White Backlash and the Politics of Multiculturalism*. New York: Cambridge University Press.

Hindess, Barry (1987) *Politics and Class Analysis*. Oxford: Basil Blackwell.

Hinnfors, Jonas (2006) *Reinterpreting Social Democracy*. Manchester: Manchester University Press.

Hirschman, Albert O. (1970) *Exit, Voice, and Loyalty: Responses to Decline in Firms, Organizations, and the States*. Cambrdige, Mass.: Harvard University Press.

Hirst, Paul (1994) *Associative Democracy*. Cambridge, U. K.: Polity.

Hirst, Paul (1997) *From Statism to Pluralism*. London: UCL Press.

Hirst, Paul and Grahame Thompson (1999) *Globalization in Question, 2nd ed*. Oxford: Polity.

Hirst, P. and V. Bader, eds. (2001) *Associative Democracy: The Real Third Way*. London: Frank Cass.

Holton, Robert (1989) "Has Class Analysis a Future? Max Weber and the Challenge of Liberalism to Gemeinschaftlich Accounts of Class," excerpts from R. J. Holton and B. S. Turner (eds.), *Max Weber on Economy and Society* in Lee and Turner: 26–41.

Horowitz, Gad (1968) *Canadian Labour in Politics*, Toronto: University of Toronto Press.

Horowitz, Gad (1987) "Tories, Socialists and Demise of Canada," pp. 352–368 in H. D. Forbes (ed.), *Canadian Political Thought*. Ont.: Oxford University Press.

Hout, M., C. Brooks and J. Manza (1993) "The Persistence of Classes in Post-Industrial Societies," *International Sociology* 8(3) in Lee and Turner 1996: 49–59.

Howard, Christoper (1997) *The Hidden Welfare State: Tax Expenditure and Social Policy in the United States*. Princeton: Princeton University Press.

Howe, Irving, ed. (1982) *Beyond the Welfare State*. New York: Schocken Books.

Howe, Paul (2007) "The Political Engagement of New Canadians: A Comparative Perspective," pp. 611–644 in K. Banting, et al., (eds.), *op. cit*.

Howell, David R.(1997) "Block and Manza on the Negative Income Tax," *Politics and Society* 25(4): 533–539.

Hunt, G. and D. Rayside, eds. (2007) *Equity, Diversity, and Canadian Labor*. Toronto: University of Toronto Press.

Huo, Jingjing (2009) *Third Way Reforms*. Cambridge, Mass.: Cambridge University Press.

Inglehart, Ronald (1990) *Culture Shift in Advanced Industrial Society*. Princeton: Princeton University Press.

International Labour Organization (ILO) (2012) *Global Employment Trends*. Geneva.

Iversen, Torben (2001) "The Dynamics of Welfare State Expansion: Trade Openness, De-industrialization, and Partisan Politics," pp. 45–79 in P. Pierson (ed.), *The New Politics of the Welfare State*. Oxford: Oxford University.

Iversen, T. and A. Wren (1998) "Equality, Employment, and Budgetary Restraint: The Trilemma of the Service Economy," *World Politics* 50(July): 507–546.

Jedwab, Jack (2006) "The 'Roots' of Immigrant and Ethnic Voter Participation in Canada," *Electoral Insight* (December).

Jones, Helen, ed. (1997) *Towards A Classless Society?* London: Routledge.

Katrougalos, G. and G. Lazaridis (2003) *Southern European Welfare States: Problems, Challenges and Prospects*. New York: Palgrave Macmillan.

Katzenstein, Peter J. (1985) *Small States in World Markets*. Ithaca: Cornell University Press.

Kaufman, Stuart B. (1973) *Samuel Gompers and the Origins of the American Federation of Labor, 1948–1896*. Westport, Conneticut: Greenwood Press.

Keating, Michael (1996) *Nations against the State : The New Politics of Nationalism in Quebec, Catalonia and Scotland, 2nd ed*. New York: Palgrave.

Keating, Michael (2001) *Plurinational Democracy: Stateless Nations in a Post-Sovereignty Era*. Oxford: Oxford University Press.

Kelly, Scott (2002) *The Myth of Mr. Butskell: the Politics of British Economic Policy, 1950–1955*. London: Ashgate.

King, Desmond (2005) "Making People Work: Democratic Consequences of Workfare," pp. 65–81 in L. Mead and C. Beem (eds.), *Welfare Reform and Political Theory*. New York: Russell Sage Foundation.

Kitschelt, Herbert (1994) *The Transformation of European Social Democracy*. Cambridge, U. K.: Cambridge University Press.

Korpi, Walter (1978) *The Working Class in Welfare Capitalism*. London: Routledge and Kegan Paul.

Kohn, Hans (2005) *The Idea of Nationalism*, with a new introduction by Craig Calhourn. New Brunswick: Transaction Publishers.

Kumar, P. and C. Schenk, eds, (2006) *Paths to Union Renewal*. Toronto: Broadview.

Kurzer, Paulette (1993) *Business and Banking*. Ithaca: Cornell University Press.

Kykes, R., B. Palier and P. M. Prior, eds. (2001) *Globalization and European Welfare States*. Basingstoke: Palgrave.

Kymlicka, Will (2007a) *Multicultural Odysseys: Navigating the New International Politics of Diversity*. Oxford: Oxford University Press.

Kymlicka, Will (2007b) "Ethnocultural Diversity in a Liberal State: Making Sense of the Canadian Model(s)," pp. 39–86 in Keith Banting, et al., (eds.), *op. cit.*

Lee, D. J. and B. S. Turner, eds. (1996) *Conflicts about Class*. London: Longman.

Lee, D. J. and B. S. Turner (1996) "Introduction: Myths of Classlessness and the 'Death' of Class Analysis," in Lee and Turner 1996: 1–20.

Lenin, V. I. (1969) *What Is to Be Done?* New York: International Publishers.

Levine, R. F., ed. (1998) *Social Class and Stratification*. London: Rowman & Littlefield.

Levine, R. F. (1998) "Conclusion," pp. 249–260 in *ibid.*.

Lin, Nan (2001) *Social Capital: A Theory of Social Structure and Action*. Cambridge, U. K.: Cambridge University Press（筒井淳也・石田光規・桜井政成・三輪哲・土岐智賀子訳『ソーシャル・キャピタル――社会構造と行為の理論』ミネルヴァ書房、二〇〇八年）.

Lindgren, Anne-Marie (1999) "Swedish Social Democracy in Transition," pp. 47–58 in Gavin Kelly (ed.), *The New European Left*. London: Fabian Society.

Lipset, Seymour M. (1981) *Political Man: The Social Bases of Politics,* expanded and updated edition. Baltimore: Johns Hopkins University Press.

Lipset, Seymour M. (1990) *Continental Divide: The Values and Institutions of the United States and Canada*. New York: Routledge.

Lipset, Seymour M.(1996) *American Exceptionalism: A Double-Edged Sword*. New York: W. W. Norton & Company.

Lipset, S. M. and R. Bendix, eds. (1959) *Social Mobility in Industrial Society*. London: Heinemann.

Lipset, S. M. and S. Rokkan, eds. (1967) *Party Systems and Voter Alignments*. New York: Free Press.

Little, Adrian (1998) *Post-Industrial Socialism: Towards a New Politics of Welfare*. London: Routledge.
Lively, Jack (1983) "Paternalism," pp. 147–165 in A. P. Griffiths (ed.), *Of Liberty*. Cambridge, U. K.: Cambridge University Press.
Lockwood, David (1986) "Class, Status, and Gender," pp. 11–22 in R. Crompton and M. Mann (eds.), *Gender and Stratification*. Oxford: Blackwell.
Magnusson, L. and B. Strath, eds. (2004) *A European Social Citizenship?* Brussels: P. I. E.-Peter Lang.
Marshall, T. H. (1964) *Class, Citizenship, and Social Development*. Chicago: University of Chicago Press.
McKenzie, Richard and Dwight R. Lee (1991) *Quicksilver Capital: How the Rapid Movement of Wealth Has Changed the World*. New York: Free Press.
McLean, S. L., D. A. Schultz, and M. B. Steger (2002) "Introduction," pp. 1–17 in S. L. McLean, D. A. Schultz, and M. B. Steger (eds.), *Social Capital: Critical Perspectives on Community and 'Bowling Alone'*. New York: New York University Press.
McRoberts, Kenenth (1997) *Misconceiving Canada*. Don Mills, Ont.: Oxford University Press.
Mead, Lowrence M.(1997) "The Rise of Paternalism," pp. 1–38 in L. M. Mead (ed.), *The New Paternalism: Supervisory Approaches to Poverty*. Washington, D. C.: Brookings Institution Press.
Mead, Lowrence M. (2005) "Welfare Reform and Citizenship," pp. 172–199 in L. M. Mead and C. Beem (eds.), *Welfare Reform and Political Theory*. New York: Russell Sage Foundation.
Mead, Lowrence M. (2011) *From Prophecy to Charity*. Washington, D. C.: AEI Press.
Mehra, Natalie (2006) "A Community Coalition in Defense of Public Medicare," pp. 261–276 in P. Kumar and C. Schenk (eds.), *op. cit.*
Merkel, Wolfgang (2001) "The Third Way of Social Democracy," pp. 50–73 in A. Giddens (ed.), *op. cit.*
Miliband, Ralph (1969) *The State in Capitalist Society*. London: Weidenfeld & Nicolson.
Mill, John S. (1975) *On Liberty*, edited by David Spitz. New York: W. W. Norton & Company.
Miller, David (1995) *On Nationality*. Oxford: Oxford University Press（富沢克・長谷川一年・馳光恒・竹島博之訳『ナショナリティについて』風行社、二〇〇七年).
Mishra, Ramesh (1999) *Globalization and the Welfare State*. Cheltenham, U. K.: Edward Elgar.

Morton, Desmond (2007) *Working People: An Illustrated History of the Canadian Labor Movement, 5th ed.* Montreal and Kingston: McGill-Queen's University Press.

Moschonas, Gerassimos (2011) "Historical Decline or Change of Scale?," pp. 50–85 in James Cronin, George Ross, and James Shoch (eds.), *What's Left of the Left?* Durham: Duke University Press.

Myles, John and Adnan Turegun (1994) "Comparative Studies in Class Structure," *Annual Review of Sociology* 20 in Lee and Turner 1996: 171–183.

Myles, John and Paul Pierson (1997) "Friedman's Revenge: The Reform of 'Liberal' Welfare States in Canada and the United States," *Politics and Society* 25(4): 443–472.

Myrdal, Gunnar (1960) *Beyond the Welfare State: Economic Planning in the Welfare States and Its International Implications.* London: Gerald Duckworth（北川一雄監訳『福祉国家を超えて』ダイヤモンド社、一九七〇年）.

Nathan, Ganesh (2010) *Social Freedom in a Multicultural State: Towards a Theory of Intercultural Justice.* Houndmills: Palgrave Macmillan.

Nieuwbeerta, Paul and N. D. D. Graaf (1999) "Traditional Class Voting in Twenty Postwar Societies," pp. 24–49 in G. Evans (ed.), *The End of Class Politics?* Oxford: Oxford University.

Nieuwbeerta, P. and W. Ultee (1999) "Class Voting in Western Industrialized Countries, 1945–1990: Systemazing and Testing Explanations," *European Journal of Political Research* 35: 123–160.

Nisbet, Robert (1959) "The Decline and Fall of Social Class," *Pacific Sociological Review* 2(1): 11–17.

Nisbet, Robert (1986) *Conservatism.* Minneapolis: University of Minnesota Press.

O'Connor, Alice (2002) *Poverty Knowledge: Social Science, Social Policy, and the Power in Twentieth Century U. S. History.* Princeton, N. J.: Princeton University Press.

O'Connor, James (1973) *The Fiscal Crisis of the State.* New York: St. Martin's Press（池上惇・横尾邦夫監訳『現代国家の財政危機』御茶の水書房、一九八一年）.

O'Connor, J. S. and G. Olsen, eds. (1998) *Power Resources Theory.* Toronto: University of Toronto Press.

OECD (2011) *Economic Policy Reforms: Going for Growth*. Paris.
OECD (2012) *Factbook 2012*. Paris.
Offe, Claus (1996) *Modernity and the State: East, West*. Cambrdige, U. K.: Polity.
Offe, Claus (2006) "Social Protection in a Supernational Context: European Integration and the Fates of the 'European Social Model'," pp. 33–63 in P. Bardhan, et al. (eds.), *Globalization and Egalitarian Redistribution*. Princeton, N. J.: Princeton University Press.
Olson, Mancur (1965) *The Logic of Collective Action: Public Goods and the Theory of Groups*. Cambridge, Mass.: Harvard University Press（依田博・森脇俊雅訳『集合行為論――公共財と集団理論［新装版］』ミネルヴァ書房、一九九六年）.
O'Sullivan, Noel (1993) "Political Integration, the Limited State, and the Philosophy of Postmodernism," *Political Studies XLI*: 21–42.
Pahl, Ray E. (1989) "Is the Emperor Naked? Some Questions on the Adequacy of Sociological Theory in Urban and Regional Research," *International Journal of Urban and Regional Research* 13(4) in Lee and Turner 1996: 89–97.
Pahl, Ray E (1993) "A Reply to Goldthorpe and Marshall," *Sociology* 27(2) in Lee and Turner 1996: 110–114.
Pakulski, J. and M. Waters (1996) *The Death of Class*. London: Sage.
Palier, Bruno, ed. (2010) *A Long Goodbye to Bismark?* Amsterdam: Amsterdam University Press.
Palier, B. and R. Kykes (2001) "Challenges and Change: Issues and Perspectives in the Analysis of Globalization and the European Welfare States," pp. 1–16 in R. Kykes, B. Palie, and P. M. Prior (eds.), *Globalization and European Welfare States: Challenges and Change*. New York: Palgrave.
Palmer, Bryan D. (1992) *Working Class Experience, 2nd ed*. Toronto: McClelland & Stewart.
Panitch, L. and D. Swartz (1993) *The Assault on Trade Union Freedoms*. Toronto: Garamond Press.
Pateman, Carole (2005) "Another Way Forward: Welfare, Social Reproduction, and a Basic Income," pp. 34–64 in L. Mead and C. Beem (eds.), *op. cit*.
Peck, Jamie (2001) *Workfare States*. New York: Guilford Press.

Peck, Jamie (2010) *Constructions of Neoliberal Reason*. Oxford: Oxford University Press.

Perrucci, R. and Earl Wysong (1999) *The New Class Society*. London: Rowman & Littlefield.

Pestoff, Victor A. (1998) *Beyond the Market and State: Social Enterprises and Civil Democracy in a Welfare Society*. Aldershot: Ashgate（藤田暁男他訳『福祉社会と市民民主主義』日本経済評論社、二〇〇〇年）.

Peters, B. Guy (1999) *Institutional Theory in Political Science: The 'New Institutionalism'*. London: Pinter.

Petersen, Alan, et al. (1999) *Poststructuralism, Citizenship, and Social Policy*. New York: Routledge.

Pierson, Christopher (1991) *Beyond the Welfare State?: The New Political Economy of Welfare*. Cambridge, U. K.: Polity.

Pierson, Paul (1994) *Dismantling the Welfare State*? Cambridge, U. K.: Cambridge University Press.

Pierson, Paul (1996) "The New Politics of the Welfare State," *World Politics* 48 (January): 143–179.

Pierson, Paul (2000) "Three Worlds of Welfare State Research," *Comparative Political Studies* 33 (6/7): 791–821.

Pierson, Paul (2001) "Post-Industrial Pressures on the Mature Welfare States," pp. 80–104 in P. Pierson (ed.), *op. cit.*

Pierson, Paul, ed. (2001) *The New Politics of the Welfare State*. Oxford: Oxford University Press.

Piore, M. and C. Sabel (1984) *The Second Industrial Divide*. New York: Basic Books（山之内靖他訳『第二の産業分水嶺』筑摩書房、一九九三年）.

Plotnick, R. and R. Winters (1985) "A Politico-Economic Theory of Income Redistribution," *American Political Science Review* 79: 458–473.

Polanyi, Karl (1957) *The Great Transformation*, with foreword by Robert M. MacIver. Boston: Beacon（吉沢英成・野口健彦・長尾史郎・杉村芳美訳『大転換——市場社会の形成と崩壊』東洋経済新報社、一九七五年）.

Pontusson, Jonas (1991) "Labor, Corporatism, and Industrial Policy," *Comparative Politics* 23: 163–179.

Pontusson, Jonas (1993) "The Comparative Politics of Labor-Initiated Reforms: Swedish Cases of Success and Failure," *Comparative Political Studies* 25: 548–578.

Poulantzas, Nicos (1978) *Political Power and Social Classes*. London: Verso.

Przeworski, Adam (1985) *Capitalism and Social Democracy*. Cambridge, U. K.: Cambridge University Press.

Przeworski, Adam (2001) "How Many Ways Can Be Third?," pp. 312–333 in A. Glyn (ed.), *Social Democracy in Neoliberal Times.* New York: Oxford University Press.

Putnam, Robert D. (1995) "Bowling Alone: America's Declining Social Capital," *Journal of Democracy* 6(1): 65–78.

Putnam, Robert D. (2000) *Bowling Alone: The Collapse and Revival of American Community.* New York: Simon & Schuster（柴内康文訳『孤独なボウリング――米国コミュニティの崩壊と再生』柏書房，二〇〇六年）.

Putnam, Robert D., with Robert Leonardi and Raffaella Y. Nanetti (1993) *Making Democracy Work: Civic Tradition in Modern Italy.* Princeton, N. J.: Princeton University Press.

Quaid, Maeve (2002) *Workfare: Why Good Social Policy Ideas Go Bad.* Toronto: University of Toronto Press.

Rae, Douglas (2002) "Forward," pp. xi–xvi in S. L. McLean, D. A. Schultz, and M. B. Steger (eds.), *op. cit.*

Raventos, Daniel (2007) *Basic Income: The Material Conditions of Freedom,* translated from the Spanish by Julie Wark. London: Pluto Press.

Resnick, Philip (2005) *The European Roots of Canadian Identity.* Toronto: Broadview Press.

Rieger, Elmar and Stephan Leibfried (1998) "Welfare State Limits to Globalization," *Politics and Society* 26(3): 363–390.

Robentson, D. and B. Murnighan (2006) "Union Resistance and Union Renewal in the CAW," pp. 161–183 in P. Kumar and C. Schenk (eds.), *op. cit.*

Robertson, James (1996) "Towards a New Social Compact: Citizen's Income and Radical Tax Reform," *Political Quarterly* 67(1): 54–58.

Rodger, John (2000) *From a Welfare State to a Welfare Society: The Changing Context of Social Policy in a Postmodern Era.* London: Macmillan.

Rodrik, Dani (1997) *Has Globalization Gone Too Far?* Washington, D. C.: Institute for International Economics.

Ross, Fiona (2000) "Beyond Left and Right," *Governance* 13(2): 155–183.

Rothstein, Bo (1992) "Labor-Market Institutions and Working Class Strength," pp. 33–56 in K. Thelen, et al. (eds.), *Structuring Politics.* Cambridge, U. K.: Cambridge University Press.

Rothstein, Bo (2001) "Social Capital in the Social Democratic Welfare State," *Politics and Society* 29(2): 207–241.

Ruggie, John G. (1983) "International Regimes, Transactions, and Change: Embedded Liberalism in the Postwar Economic Order," pp. 195–271 in S. Krasner (ed.), *International Regimes*. Ithaca: Cornell University Press.

Russell, Bertrand (1966) *Roads to Freedom*. London: George Allen & Unwin.

Russell, Peter H. (2004) *Constitutional Odyssey, 3rd ed.* Toronto: University of Toronto Press.

Russo, John and Sherry L. Linkon (2005) *New Working-Class Studies*. Ithaca: ILR Press.

Sainsbury, Diane (1996) *Gender, Equality and Welfare States*. Cambridge, U. K.: Cambridge University Press.

Sainsbury, Diane, ed. (1994) *Gendering Welfare States*. London: Sage.

Sainsbury, Diane, ed. (1999) *Gender and Welfare State Regimes*. Oxford: Oxford University Press.

Sassen, Saskia (2004) "New Global Classes: Implications for Politics," pp. 143–153 in A. Giddens and P. Diamond (eds.) *op. cit.*

Sasoon, Donald (1996) *One Hundred Years of Socialism*. London: Fontana Press.

Scambler, G. and P. Higgs (1998) *Modernity, Medicine and Health*. London: Routledge.

Scarbrough, Elinor (2000) "West European Welfare States: The Old Politics of Retrenchment," *European Journal of Political Research* 38: 225–259.

Scharpf, Fritz (1991) *Crisis and Choice in European Social Democracy*. Ithaca: Cornell University Press.

Schwartz, Herman (2001) "Round up the Usual Suspects! : Globalization, Domestic Politics, and Welfare State Change," pp. 17–44 in P. Pierson (ed.), *op. cit.*

Scott, John (1994) "Class Analysis: Back to the Future?," pp. 127–132 in Lee and Turner 1996.

Scott, John (1996) *Stratification and Power: Structures of Class, Status and Command*. Cambridge, U. K.: Polity Press.

Scott, John, ed. (1996) *Class I–IV*. London: Routledge.

Shavit, Y. and H. P. Blossfeld (1993) *Persistent Inequality*. Boulder: Westview.

Siaroff, Allan (1994) "Work, Welfare, and Gender Equality: A New Typology," pp. 82–100 in Diane Sainsbury (ed.), *op. cit.*

Sklair, Leslie (2001) *The Transnational Capitalist Class*. Oxford: Blackwell.

Skocpol, Theda (1997) "Building Community: Top-Down or Bottom-Up?" *Brookings Review* (fall): 16–19.

Skocpol, Theda (2003) *Diminished Democracy: From Membership to Management in American Civic Life*. Norman: University of Oklahoma Press（河田潤一訳『失われた民主主義――メンバーシップからマネージメントへ』慶應義塾大学出版会，二〇〇七年）.

Soroka, S., R. Johnston, and K. Banting (2004) "Ethnicity, Trust and the Welfare State."（http://www.etes.ucl.ac.be/Franqui/Livre/Livre.htm, 二〇〇七年八月一三日閲覧）

Soroka, S., K. Banting, and R. Johnston (2006) "Immigration and Redistribution in a Global Era," pp. 261–288 in P. Bardhan, et al. (eds.), *Globalization and Egalitarian Redistribution*. Princeton, N.J.: Princeton University Press.

Squires, Peter (1990) *Anti-Social Policy*. New York: Harvester Wheatsheaf.

Statistics Canada (2008) *Labour Force Historical Review 2007*.

Statistics Canada (2009) *2006 Census: Immigration in Canada*.

Statistics Canada (2011) *Linguistic Characteristics of Canadians: Language, 2011 Census of Population*.

Steger, Manfred B.(1997) *The Quest for Evolutionary Socialism: Eduard Bernstein and Social Democracy*. Cambridge, U.K.: Cambridge University Press.

Stinson, J. and M. Ballantyne (2006) "Union Renewal and CUPE," pp. 145–160 in P. Kumar and C. Schenk (eds.), *op. cit.*

Strange, Susan (1986) *Casino Capitalism*. New York: Basil Blackwell.

Tarrow, Sidney (1996) "Making Social Science Work across Space and Time: A Critical Reflection on Robert Putnam's Making Democracy Work," *American Political Science Review* 90(2): 389–397.

Taylor, Charles (1993) *Reconciling the Solitudes*. Montreal and Kingston: McGill-Queen's University Press.

Taylor, Robert (2005) "Margaret Thatcher's Conservative Party—Midwife of the New Labour Project," *Socialist History* 27: 78–84.

Taylor-Gooby, Peter (1994) "Postmodernism and Social Policy: A Great Leap Backwards?" *International Social Policy* 23 (3): 385–404.

Taylor-Gooby, Peter (1997) "In Defense of Second-Best Theory: State, Class and Capital in Social Policy," *Journal of Social Policy* 26

(2): 171–192.

Thompson, N. (1996) "Supply-Side Socialism: The Political Economy of New Labour," *New Left Review* 216: 37–54.

Thomson, Stuart (2000) *The Social Democratic Dilemma: Ideology, Governance and Globalization*. London: Macmillan.

Tsebellis, George (2002) *Veto Players: How Political Institutions Work*. Princeton, N. J.: Princeton University Press（眞柄秀子・井戸正伸監訳『拒否権プレーヤー——政治制度はいかに作動するか』早稲田大学出版部、二〇〇九年）.

Turner, Bryan (1996) "Capitalism, Classes and Citizenship" in Lee and Turner 1996: 254–261.

Uslaner, Eric M. (2002) *The Moral Foundations of Trust*. Cambridge, U. K.: Cambridge University Press.

Van Parijs, Philippe (1995) *Real Freedom for All*. Oxford: Clarendon Press.

Van Parijs, Philippe (1996) "Basic Income and the Two Dilemmas of the Welfare State," *Political Quarterly* 67(1): 63–66.

Van Parijs, Philippe (1997) "Reciprocity and the Justification of an Unconditional Basic Income. Reply to Stuart White," *Political Studies* 45(2): 327–330.

Visser, Jelle (1992) "The Strength of Union Movements in Advanced Capitalist Democracies: Social and Organizational Variations," pp. 17–52 in M. Regini (ed.), *The Future of Labour Movements*. London: Sage.

Walby, Sylvia (1986) *Patriarchy at Work*. Cambridge, U. K.: Polity Press.

Warren, Mark E. (2001) *Democracy and Association*. Princeton, N. J.: Princeton University Press.

Watson, C. W. (2000) *Multiculturalism*. Buckingham: Open University Press.

Weaver, R. Kent (1986) "The Politics of Blame Avoidance," *Journal of Public Policy* 6: 371–398.

Weaver, R. Kent (2000) *Ending Welfare as We Know It*. Washington, D. C.: Brookings Institution Press.

Weaver, R. Kent (2005) "Public Pension Reform in the United States," pp. 230–251 in G. Bonoli and T. Shinkawa (eds.), *Ageing and Pension Reform around the World: Evidence from Elven Countries*. Cheltenham: Edward Elgar.

Weber, Max (1946) *From Max Weber: Essays in Sociology* (translated, edited, and with an introduction by H. H. Gerth and C. Wright Mills). New York: Oxford University Press.

Westergaard, J. (1972) "Sociology: The Myth of Classlessness," pp. 119–163 in R. Balackburn (ed.), *Ideology in Social Science*.

Glasgow: Collins.

Westergaard J. and H. Resler (1975) *Class in a Capitalist Society*. London: Heinemann.

White, Stuart (1997) "Liberal Equality, Exploitation, and the Case for an Unconditional Basic Income," *Political Studies* 45(2): 312-326.

White, Stuart (2000) "Review Article: Social Rights and the Social Contract Political Theory and the New Welfare Politics," *British Journal of Political Science* 30: 507-532.

White, Stuart (2003) *The Civic Minimum*. Oxford: Oxford University Press.

White, Stuart (2005) "Is Conditionality Illiberal?," pp. 82-109 in L. Mead and C. Beem (eds.), *op. cit.*

Widerquist, Karl (1999) "Reciprocity and the Guaranteed Income," *Politics and Society* 27(3): 387-402.

Wilensky, Harold L. (1975) *The Welfare State and Equality*. Berkeley: University of California Press.

Williams, Raymond (1976) *Keywords*. London: Fontana.

Willis, Paul E. (1978) *Learning to Labour*. London: Ashgate.

Wood, Ellen M. (1995) *Democracy against Capitalism*. Cambridge, U. K.: Cambridge University Press（森川辰文訳『民主主義対資本主義』論創社、一九九九年）.

Wright, Erik O. (1978) *Class, Crisis and the State*. London: New Left Books.

Wright, Erik O. (1985) *Classes*. London: New Left Books.

Wright, Erik O. (1997) *Class Counts*. Cambridge, U. K.: Cambridge University Press.

Yates, Charlotte A. B. (1993) *From Plant to Politics: The Autoworkers Union in Postwar Canada*. Philadelphia: Temple University Press.

あとがき

本書が試みたのは、福祉国家の実証研究をベースにしながらも、理論研究や歴史研究の成果を取り入れ、福祉国家という政治経済システムの存立構造、変容、超克の論理をトータルに把握することである。学問の専門分化が進むなかで、あえてこのような領空侵犯を犯しながら、福祉国家論の体系化に取り組んだのは、二一世紀の今日、一九世紀の社会科学の創始者たちが立ち向かっていた伝統社会から近代社会へのパラダイム大転換に匹敵するほどの変動が世界規模で生じており、この大転換を把握し、分析するためには、個別専門分化された領域と手法を超えたアプローチが必要であると考えたからである。

福祉国家の制度や政策は存在理由を失うどころか、高齢化のなかでますます重要性を増していることは確かであるが、福祉国家は「栄光の三〇年」の時代の輝きを失った。グローバル化の時代、福祉国家は政治経済パラダイムとしての支配力を失ってしまったといってもよい。新しいパラダイムは何かといえば、現実のなかにみえるのは新自由主義のほかにはない。もちろんそれは単純な市場原理主義ではない。私たちは、福祉国家再編のなかに新自由主義の多様性を確認できる。新自由主義に代わる選択肢を問おうとすれば、私たちは「理想の力」、知的想像力に頼るほかない。

私が福祉国家研究に手を染めるようになったのは、一九八〇年代中葉トロント大学に留学中であるが、そこに長い間とどまるつもりはなかった。福祉国家研究は、あくまで私なりの国家研究の出発点のはずであった。今研究者として夕暮れ時を迎えて、私の研究はようやく「始まりの終わり」に近づきつつあるようである。といって長すぎた助走の後に、飛躍の時が来るなどと図々しく思っているわけではない。ただ本書をまとめる途上で、なお向き合いたいと思う幾つかの課題に出会った。それらについて、残されたいくばくかの研究時間のなかで考えてみたいと思っている。

私は、一九八八年一〇月新潟大学に職を得、カナダから帰国したが、新潟大学の同僚たちは私を温かく迎え入れてくれた。とりわけ内藤俊彦先生（現新潟大学名誉教授）には、大変お世話になった。生意気な留学帰りが何とか日本社会に再適応できたのは、ひとえに内藤先生のおかげだと思っている。また当時新潟におられた故内山秀夫先生（慶応大学名誉教授）に夕食を御馳走になったのも、新潟での大切な思い出の一つである。内山先生は、当時出版間もない拙著を一通り褒めて下さった後、「新川さん、ひと言いわせてもらえば、政治経済学には夢がない」とおっしゃった。恥ずかしながら、いわれたことの意味はそのときよくわからなかったのだが、いつまでも私の心に残る言葉となった。

一九九五年四月私は縁あって北海道大学に移るが、当時の北大法学部は梁山泊のごとし、定例の政治研究会はまさに血をみる真剣勝負の場であり、ずいぶんと鍛えられた。各人自由気ままな議論ができたのは、最後に建設的に話をまとめてくれる中村研一先生（現北海道大学名誉教授）の存在に負うところが大きい。中村先生は北大法学部叢書の一冊のなかに階級論を書くことを私に勧めてくださった。そのとき書いた階級論は、あまりできのよいものにはならなかったが、本書第二章の下敷きになっている。また田中浩先生（現一橋大学名誉教授）は見ず知らずの若輩者である私に数年前「リベラル・デモクラシーとソーシャル・デモクラシー」というテーマを与えてくださり、そのおかげで本書の中心概念となっている「リベラル・ソーシャル・デモクラシー」というアイディアを得ることができた。両先生の学恩に、感謝したい。

本書を編む直接のきっかけとなったのは、畏友杉田敦氏の言葉である。杉田氏とは新潟時代から懇意にさせていただいているが、あるとき私が「単著を書きたいが、そのために本を読んでも最近はすぐ忘れる」とぼやいたところ、すぐさま「覚えていることだけで書けばいい」と助言してくれた。実に目から鱗だった。それからこれまで書いてきた理論的といえそうな自分の論文を、時間があると引っ張り出して読み進める作業が始まった。

それなりに一冊にまとまりそうだと思える論文を選び出し、分解し、重複する部分をできるだけ削り、それなりに一書としての体系性と一貫性をもたせる作業を進める過程で、当初予定していなかったカナダ研究の一部も加えることにした。多文化主義や社会運動ユニオニズムという考えや理論は、カナダという事例に即して考えることで、より説得力をもつように思われたからである。どうしても新たな考察が必要と思われるテーマについては、最低限ではあるが勉強し、書きおろした。結果として、本書の構想を思い立ってからまとめるまで、三年以上の月日が流れてしまった。依然として文章の調子や密度に凸凹はあるものの、何とか一書としてのバランスが生まれたように思うが、自分に甘いだけかもしれない。

本書の原材料となった論文のほとんどは参照文献のなかにあるが、そこに含まれていない論文は、以下の通りである。

「福祉国家の相対化——ガヴァンメントからガヴァナンスへの視座転換」『季刊社会保障研究』第四一巻第三号（二〇〇五年冬）、一八六〜一九九頁。

「不平等と政治的動員戦略」『日本政治学会二〇〇六年第一号年報』、六五〜九三頁。

「脱福祉国家時代の社会権」『現代思想』第三五巻第一一号（二〇〇七年九月号）、一一八～一三〇頁。

「カナダの労働運動と第四の道――もう一つの自由主義レジーム」新川敏光・篠田徹編著『労働と福祉国家の可能性』ミネルヴァ書房（二〇〇九年）、九七～一一八頁。

「ベーシックインカムというラディカリズム」『大原社会問題研究所雑誌』第六三四号（二〇一一年八月）、四五～五七頁。

「リベラル・ソーシャル・デモクラシーの彼方へ」田中浩編『リベラル・デモクラシーとソーシャル・デモクラシー』未來社（二〇一三年）、一八一～一九九頁。

「福祉国家の存立構造」新潟大学法学会『法政理論』第四五巻第三号（二〇一三年三月）、七～三四頁。


補論として、私が修士論文執筆時に構想し、一九八四年留学直前に脱稿した旧論文を載せた。今となれば、若書きの生硬さが目立つし、権力論としてはフーコー以前にとどまっており、明らかに時代遅れであるが、恥ずかしながら私の思考スタイルは当時とあまり変わっておらず、ある意味では本書の原型がここにあるといってよい。この論文の校正は、まだ国際通信が不便でかつ高額な時代であったため、すべて大学院の先輩であった井上義比古氏（現東北学院大学教授）にお願いした記憶がある。記して、改めて感謝の意を表したい。

本書の作成段階で、啓発を受け、お世話になった方々は数知れないが、ここでは何人かのお名前を記すにとどめたい。川崎修氏とは北海道大学で同僚として一時期を一緒に過ごし、それ以来懇意にさせていただいている。氏との会話から幾つもの考えるヒントを得た。京都大学大学院法学研究科の同僚からは常日頃多大な協力と励ましをいただいている。なかでも唐渡晃弘、島田幸典の両氏は、日本比較政治学会において、そして現在も共同研究の場で助けていただいている。厚く御礼申し上げたい。

今回もまたミネルヴァ書房にお世話になった。担当いただいた編集部堀川健太郎氏には、最後の最後まで多大な負担を強いてしまった。お詫びと感謝の意を表したい。ありがとうございました。

私事にわたるが、長年にわたり私を励まし、精神的に支えてくれた三人の友人が本書執筆中に相次いで黄泉へと旅立った。本書をFと二人のYの思い出に捧げたい。

二〇一四年早春の吉田キャンパスにて

新川敏光

本書は科学研究費補助金基盤研究(A)『労働の国際移動が福祉国家政策および政治に与える影響に関する比較研究』(平成二三～二六年度)の成果の一部である。

索　引

さ　行

た　行

な　行

は　行

ま　行

や・ら・わ　行

欧　文

《著者紹介》

新川敏光（しんかわ・としみつ）

1990年　トロント大学大学院政治学研究科博士課程修了（Ph.D. in Political Science）。

新潟大学教授，北海道大学教授を経て，
現　在　京都大学大学院公共政策連携研究部・法学研究科教授。

主　著　『日本型福祉レジームの発展と変容』ミネルヴァ書房，2005年。

『幻視のなかの社会民主主義 増補改題』法律文化社，2007年。

『多文化主義社会の福祉国家』（編著）ミネルヴァ書房，2008年。

『労働と福祉国家の可能性』（篠田徹と共編著）ミネルヴァ書房，2009年。

『福祉レジームの収斂と分岐』（編著）ミネルヴァ書房，2011年。

『現代日本政治の争点』（編著）法律文化社，2013年，他多数。

福祉国家変革の理路
――労働・福祉・自由――

2014年５月30日　初版第１刷発行　〈検印省略〉

定価はカバーに
表示しています

著　者　新　川　敏　光
発行者　杉　田　啓　三
印刷者　坂　本　喜　杏

発行所　株式会社　ミネルヴァ書房
607-8494　京都市山科区日ノ岡堤谷町1
電話代表（075）581-5191
振替口座　01020-0-8076

冨山房インターナショナル・兼文堂

ISBN 978-4-623-07051-0
Printed in Japan